古代歷史文化研究輯刊

九 編

王明蓀 主編

第 11 冊

歌謠俗語與兩漢魏晉南北朝社會

李傳軍 著

國家圖書館出版品預行編目資料

歌謠俗語與兩漢魏晉南北朝社會／李傳軍 著 — 初版 — 新北
市：花木蘭文化出版社，2013〔民 102〕
目 2+234 面；19×26 公分
（古代歷史文化研究輯刊 九編：第 11 冊）
ISBN：978-986-322-193-7（精裝）
1. 社會生活　2. 漢代　3. 魏晉南北朝
618　　　　　　　　　　　　　　　　　　　102002673

ISBN-978-986-322-193-7

古代歷史文化研究輯刊
九 編　第十一冊　　　　　　ISBN：978-986-322-193-7

歌謠俗語與兩漢魏晉南北朝社會

作　　者　李傳軍
主　　編　王明蓀
總 編 輯　杜潔祥
出　　版　花木蘭文化出版社
發 行 所　花木蘭文化出版社
發 行 人　高小娟
聯絡地址　235 新北市中和區中安街七二號十三樓
　　　　　電話：02-2923-1455／傳真：02-2923-1452
網　　址　http://www.huamulan.tw 信箱 sut81518@gmail.com
印　　刷　普羅文化出版廣告事業
初　　版　2013 年 3 月
定　　價　九編 27 冊（精裝）新台幣 45,000 元

歌謠俗語與兩漢魏晉南北朝社會

李傳軍　著

作者簡介

李傳軍，男，1975 年 6 月 2 日生，2002 年從師於歷史系曹文柱教授，於 2005 年 7 月畢業於北京師範大學中國古代史專業並獲歷史學博士學位。

提　　要

　　歌謠是流傳於民眾中的口頭詩歌，是能歌唱或能吟誦的韻文，俗語則是一種包含和反映特定社會知識和社會現象的約定俗成、廣泛流行的定型的語句。歷史上幾乎所有的歌謠和大部分俗語都是因人而起、緣事而發的，是在一定時代、一定社會文化和政治背景之下的產物，它們反映了民眾的生存狀況和情感意願，是古代民眾生活與思想實踐的直接反映。歌謠俗語在社會上通過各種途徑和方式廣泛傳播開來，不僅能夠成為發生重要影響的公眾輿論，而且其本身也成為中國古代社會風俗和文化的重要組成部分。我國歷史上的兩漢魏晉南北朝時期廣泛存在的歌謠風議，是民眾和一部分官僚士人對現實政治和生活的反映，它們作為一種公眾輿論，表達了對時政和統治上層的批評和意見，可以看作是普通民眾參與社會政治的一種特殊手段。兩漢魏晉南北朝時期的統治者非常注重民間歌謠的輿論作用，經常派遣皇帝身邊的近侍作為風俗使者分路巡行天下，收輯歌謠。從先秦時期的采詩觀風到兩漢魏晉南北朝時期的繡衣使者和風俗巡使制度，統治者之所以特別重視民間歌謠的搜集和采察工作，正是因為他們意識到作為社會風俗重要內容的歌謠可以起到下情上達的作用。不僅如此，兩漢魏晉南北朝時期的統治者同時還賦予風俗使者一定的權力，可以根據民間歌謠風議對地方官進行監督甚至黜置，有的統治者本人也注意根據社會上的歌謠風議調整統治措施和統治方法。這樣就在普通民眾和統治上層之間通過歌謠這種介質形成了一種互動關係。這種互動對於我國古代的社會機制及其良性運轉，具有積極的意義。同時，兩漢魏晉南北朝時期的官僚制度，特別是由於儒吏區分和選舉蜩濫等造成的貪官污吏對民眾利益的侵害，也是兩漢魏晉南北朝時期歌謠產生的重要原因。

目
次

緒　論

一、選題意義

　　歌是一種可以詠唱而有韻律的口訣，〔註1〕謠是指流傳於社會和民間的沒有韻律的口訣，〔註2〕俗語則是一種包含和反映特定社會知識及社會現象的「約定俗成、廣泛流行的定型的語句。」〔註3〕古代歌謠俗語是我國歷史文化

〔註1〕《尚書・虞書・舜典》曰：「詩言志，歌永言。」《十三經註疏》，中華書局，1980年版，頁131。《詩經・魏風・園有桃》鄭箋云：「曲合樂曰歌，徒歌曰謠。」頁357。《史記》卷24《樂書》也説：「詩，言其志也；歌，詠其聲也。」頁1214。《漢書》卷30《藝文志》又云：「《書》曰：『詩言志，歌詠言。』故哀樂之心感，而歌詠之聲發。誦其言謂之詩，詠其聲謂之歌。」頁1708。綜上可見，在我國古代歌是指一種可以詠唱而有韻律的口訣。

〔註2〕《爾雅・釋樂》解釋「謠」説：「徒吹謂之和，徒歌謂之謠」。頁2602。《漢書》卷27《五行志》顏師古注曰：「徒歌曰謠。」頁1393。《韓詩章句》則云：「有章句曰歌，無章曲曰謠。」頁1053。《魏書》卷108《禮志》四也説：「是以徒歌謂之謠，徒吹謂之和。」頁2796。綜上可見，在我國古代，謠通常是指在民間流傳的沒有韻律的口訣。

〔註3〕《辭源》，商務印書館，1988年版，頁120。案《史記》卷99《劉敬傳》載太史公曰：「語曰『千金之裘，非一狐之腋也；台榭之楹，非一木之枝也；三代之際，非一士之智也』。信哉！夫高祖起微細，定海內，謀計用兵，可謂盡之矣。然而劉敬脱輓輅一説，建萬世之安，智豈可專邪！」頁2726。又如《漢書》卷51《路溫舒傳》載：「獄吏專爲深刻，殘賊而亡極，偷爲一切，不顧國患，此世之大賊也。故俗語曰：『畫地爲獄，議不入；刻木爲吏，期不對。』此皆疾吏之風，悲痛之辭也。」頁2370。再如《北史》卷43《邢巒傳》載：「及梁城賊走，中山王英乘勝攻鍾離，又詔巒率眾會之。巒以爲鍾離天險，朝貴所具，若有內應，則所不知，如其無也，必無克狀。且俗語云『耕則問田奴，絹則問織婢』，臣既謂難，何容強遣。巒既累表求還，

－1－

的重要組成部分，尤其是古代的民間歌謠，更具有形式活潑、內涵豐富和感染力深厚的特點，從獨特的視角較爲全面地反映出我國古代民眾的生存狀況和情感意願。正如清代學者劉毓松所說的那樣：「誠以言爲心聲，而謠諺皆天籟自鳴，直抒己志，如風行水上，自然成文，言有盡而意無窮，可以達下情而宣上德。」〔註4〕我國古代的很多歌謠都琅琅上口，眾口流傳，它們宛如一段段歷史的記憶，雖久經漫長歲月的塵封也難以磨滅其歷史的光華，一言一語、一字一句之中無不顯示出它們與我國古代社會、政治、經濟和文化的種種聯繫。而且，散見於各種史籍和文獻中的古代歌謠，從點到面，點線交織，千絲萬縷地連在一起，又足以織成一幅反映我國古代政情民心的歷史畫卷。因而，可以說，我國古代的歌謠，不僅是構成我國古代文學寶庫的重要內容，也是研究我國古代歷史和文化的獨特而重要的材料。我國歷史上的兩漢魏晉南北朝時期，歌謠俗語資料尤其豐富。這些歌謠俗語涉及到社會生活的各個方面，較爲全面地反映了兩漢魏晉南北朝時期的政治變動、社會風俗和文化特點，值得給予深入地探討和研究。

歌在中國古代除指民歌之外，還包括文人創作的一種文學體裁，如文人創作的樂府詩歌和宗廟祭祀歌等等，屬於現代文化分類中的雅文化或上層文化的範疇。本文所研究的「歌」主要是指民眾口頭流傳的民歌，就其形式和傳播途徑而言可以看作是屬於俗文化或民間文化的範疇。由於歷史的原因，中國古代的歷史歌謠不盡是民眾口頭創造的作品，有相當部分是出於官僚統治者等社會上層之手，有的在傳播和載入史籍的過程還經過了潤色和修飾，但總體來說其民眾性和作爲民間文學的特色仍然基本保持，與載之於詩集、文集裏的文人雅士的吟詠、唱和之作和應用於郊廟祭祀的廟堂雅樂無論在形式上還是在性質上的差別都還是十分明顯的。本文所研究的民謠和童謠也屬於這種情況。民間歌謠是勞動人民的口頭詩歌，是能歌唱或能吟誦的韻文。習慣上一般把能歌唱的民間歌謠叫民歌，把能吟誦的叫民謠。在我國古代，歌謠不僅包括民歌（folk song）、民謠（ballad），還包括兒歌（children's song）和童謠（children's folk rhymes），內容十分豐富。更值得注意的是，歷史上幾

帝許之。英果敗退，時人伏其識略。」頁 1583。由以上例證可以看出，俗語作爲在社會上久爲流傳的定型語句，其內容大多是具有借鑒意義的人們對社會經驗和社會知識的總結，也包含一部分人物評議性語句，其性質同於現代的諺語。

〔註 4〕 劉毓松《古謠諺》序，見杜文瀾輯《古謠諺》，中華書局，1958 年版。

乎所有的歌謠都是因人而起、緣事而發，不僅和許多重要的史事相關，而且也包含著相當重要的政治和社會知識。因此，其表面的詞藻和意象之下往往反映著具體的人物內容或政治事件。通過深入的分析和解釋，是能夠發掘出其政治寓意和社會內涵的。俗語是通俗並廣泛流行於社會的定型的語句，是歷代民眾所創造的並反映民眾經驗和願望的特殊語言。俗語作爲一種語言形式在我國先秦時期的文獻裏就已出現，祇是那時還沒有「俗語」這個名詞，歷史上的俗語多叫做「野語」、「民語」、「鄙語」和「里語」，〔註5〕「諺語」〔註6〕則是對中國古代俗語最常見的概括，也是中國古代俗語中最重要的內容和表現形式。因此古代學者常常以「謠諺」一詞來總稱歌謠和俗語兩類內容。杜文瀾在其《古謠諺》中即採用這種分類和概括方法。杜氏並解釋「諺」的含義說：「諺訓傳言，言者直言之謂。直言即徑言，徑言即捷言也。長言（案即歌謠）主於詠歎，故曲折而紆徐。捷言欲其顯明，故平易而急速。」〔註7〕這種觀點，就是認爲諺語即俗語是針對某些社會現象、社會經驗和社會人物而發出的簡短的和直抒胸臆的評論和總結。這種概括可以說較爲鮮明地把握住了俗語在形式和性質上的特點：俗語是口頭的評議性語言，追求的是對社會現象和人

〔註5〕　俗語和歌謠既有區別也有聯繫。童謠流傳日久可以成爲俗語，如《三國志》卷61《陸凱傳》所引童謠：「寧飲建業水，不食武昌魚；寧還建業死，不止武昌居」（頁1401），在《南齊書》卷52《文學傳・丘巨源傳》中即被丘巨源當作俗語引用：「（丘巨源）除武昌太守，拜竟，不樂江外行，世祖問之，巨源曰：『古人云：『寧飲建業水，不食武昌魚。』臣年已老，寧死於建業。』以爲餘杭令。」頁896。俗語中的某些里語、鄙語史籍中常見「某某語曰」、「爲某語曰」等字眼，這種情況下所說的話，也多屬於歌謠的範疇。如《後漢書・黨錮列傳》：「後汝南太守宗資任功曹范滂，南陽太守成瑨亦委功曹岑睊，二郡又爲謠曰：『汝南太守范孟博，南陽宗資主畫諾。南陽太守岑公孝，弘農成瑨但坐嘯。』因此流言轉入太學，諸生三萬餘人，郭林宗、賈偉節爲其冠，並與李膺、陳蕃、王暢更相褒重。學中語曰：『天下模楷李元禮，不畏強禦陳仲舉，天下俊秀王叔茂。』」頁2186。這個例子中學中之語和二群之謠形式相似，內容相類，實質上也是謠諺。

〔註6〕　《太平御覽》卷495《人事部・諺》引《說文》曰：「諺，傳言也。俗言曰諺。」頁2262。又《文心雕龍》卷5《書記篇》云：「諺者，直語也……廛路淺言，有實無華。鄒穆公云：『囊漏儲中。』皆其類也。《太誓》曰：『古人有言：『牝雞無晨』』。《大雅》云：『人亦有言：『惟憂用老』』。並上古遺諺，詩書可引者也。至於陳琳諫辭，稱掩目捕雀，潘岳哀辭，稱掌珠伉儷，並引俗說而爲文辭者也。夫文辭鄙俚，莫過於諺，而聖賢詩書，採以爲談，況踰於此，豈可忽哉！」楊明照：《增訂文心雕龍校注》，中華書局2000年版，第349頁。可見漢魏南朝時人視「諺」爲傳言，爲俗說，也是俗語的一類。

〔註7〕　《古謠諺・凡例》，頁3。

事評議的簡潔性，故而通常是由一、兩簡短的話語甚至是一兩個字的片語構成，字數長短不一，形式較爲自由，押韻與否皆可。在我國古代，除去一部分對社會知識和經驗的總結性諺語具有歷時性的特點以外，還有一部分對社會現象和社會人物的評議性俗語則具有鮮明的時代性，其使用也具有相當的針對性。俗語在兩漢魏晉南北朝時期的政治生活和生產活動中經常被廣泛使用，包含著特別豐富的內容，在特定歷史條件下也能夠反映出人們的知識、心態和人生經驗，所以可以作爲我們研究歷史的重要材料。但是，由於俗語通常是對長期歷史經驗或社會知識的總結，具有歷時性的特點，與歌謠相比在時代性和針對性等方面存在著一定差異，所以本文主要以歌謠爲研究的對象。

中國古代統治者特別重視民間歌謠的社會作用。這是與他們對歌謠產生的社會原因的理解分不開的。中國古代統治者對民間歌謠社會屬性和社會作用的認識，既和民間歌謠的的內容和性質有關，也和中國古代的「天人感應」學說和民本思想等政治文化傳統有關係。可以說，源自民間的歌謠，在古代統治者看來既是上天警示的產物，又是民眾心聲的呼告，被賦予神秘和現實的雙重色彩，包含著豐富的文化內涵，具有特殊的社會作用。因爲在中國古代以「天視自我民視，天聽自我民聽」〔註8〕、「民惟邦本，本固邦寧」〔註9〕和「民爲貴，社稷次之，君爲輕」、「得乎丘民而爲天子」〔註10〕等民本思想爲代表的儒家政治文化傳統中，民眾、民心和民情具有特殊重要的位置，是任何時代的統治者都須臾不可忽視的社會動態指標。所以，歌謠一旦在社會上廣泛傳播，發揮公眾輿論作用的時候，必然會引起統治者的關注和重視，無論這種重視是被動的接受還是主動的採納。

我國古代的君主以「天子」自居，將君權神授作爲其統治權威的基礎，同時又不能不把「天人感應」作爲其實現神權與王權合一的政治基礎。所以無論是從樹立統治權威的需要還是從維護政權良性運作的目的出發，他們都十分重視所謂的祥瑞和災異在社會和民間的反映，於是從神獸、祥雲、靈芝的出現到地震、雷電、水旱之災的發生，無不被視爲上天對他們統治的贊許

〔註8〕 《尚書・泰誓》：「天視自我民視，天聽自我民聽。」孔安國注云：「言天因民以視聽，民所惡者天誅之。」見《十三經註疏》，頁181。

〔註9〕 《尚書・夏書・五子之歌》。見《十三經註疏》，頁156。

〔註10〕 《孟子・盡心下》曰：「民爲貴，社稷次之，君爲輕。是故得乎丘民而爲天子，得乎天子爲諸侯，得乎諸侯爲大夫。」見《十三經註疏》，頁2774。

或警示，這其中自然也包含了一向被視爲五行失度、熒惑勃亂產物的歌謠和童謠。這其實也是我國古代史書往往把歌謠載入《五行志》〔註11〕中的主要原因。

　　《史記正義》引《天官占》說：「熒惑爲執法之星，其行無常，以其捨命國：爲殘賊，爲疾，爲喪，爲饑，爲兵。環繞句已，芒角動搖，乍前乍後，其殃逾甚。熒惑主死喪，大鴻臚之象；主甲兵，大司馬之義；伺驕奢亂孽，執法官也。其精爲風伯，惑童兒歌謠嬉戲也。」〔註12〕這種神秘玄妙的看法就是在中國古代占主導地位卻被現代民俗和文化學學者痛加批判的對歌謠認識的所謂「五行志派」的基本觀點。〔註13〕這種觀點，把世間的政理混亂歸結爲上天的五星〔註14〕失度，把人間的現實災難解釋成氣候的陰陽失調，其實質是爲統治者辯護和開脫，自然不能解釋歷代歌謠特別是民間歌謠產生的根本原因。其實，我國古代早就有人對這種看法提出質疑，《漢書》中就曾經說過：「古人有言曰：『天下太平，五星循度，亡有逆行。日不食朔，月不食望。』」〔註15〕認爲如果天下太平、政治修明，五星就不會發生運行逆亂的情況。因此，探討歌謠產生的根源就不應該單純從天象上找原因，而應該多考慮一些人事即統治者施政方面的原因。這種認識和看法，雖然還未擺脫「天人感應」的色彩，但卻更強調人事方面即現實社會和政治的原因對歌謠產生的影響，無疑已經具有較爲積極和進步的意義。那麼，上面所談到的人事方面的原因又是什麼呢？對此，《漢書》解釋說：「上號令不順民心，虛嘩憒亂，

〔註11〕《漢書》與《後漢書》都有《五行志》，而在與魏晉南北朝史相關的「一志九書二史」中，除《魏書》有志而無《五行志》外，有志的諸史如《晉書》、《宋書》、《南齊書》和《隋書》等都把歌謠等內容載在《五行志》中。
〔註12〕《史記》卷27《天官書》，頁1317。我們還可以舉出一個有關熒惑和歌謠關係的典型例證，〔元〕馬端林《文獻通考》卷309《物異考‧詩異》記載：「孫休永安二年，將守質子群聚嬉戲，有異小兒忽來言曰：『三公鋤，司馬如。』又曰：『我非人，熒惑星也。』言畢上升，仰視若曳一疋練，有頃沒。干寶曰：『後四年而蜀亡，六年而魏廢，二十一年而吳平。』於是九服歸晉。魏與吳、蜀並滅國，三公鋤，司馬如之謂也。」中華書局，1986年版，頁2424。
〔註13〕代表性的文章有周作人的《讀〈童謠大觀〉》（《歌謠周刊》第10號，1923年3月18日）等。
〔註14〕關於五星和五行的關係，《史記正義》引張衡的看法說：「文曜麗乎天，其動者有七，日月五星是也。日者，陽精之宗；月者，陰精之宗；五星，五行之精。眾星列布，體生於地，精成於天，列居錯峙，各有所屬，在野象物，在朝象官，在人象事。」可資參證。見《史記》卷27《天官書》，頁1289。
〔註15〕《漢書》卷26《天文志》，頁1291。

則不能治海內，……刑罰妄加，群陰不附，則陽氣勝，故其罰常陽也。旱傷百穀，則有寇難，上下俱憂，故其極憂也。君炕陽而暴虐，臣畏刑而柑口，則怨謗之氣發於歌謠，故有詩妖。」〔註16〕《南齊書・五行志》所引《言傳》對此解釋更清楚：「下既悲苦君上之行，又畏嚴刑而不敢正言，則必先發於歌謠。歌謠，口事也。口氣逆則惡言，或有怪謠焉。」〔註17〕認爲歌謠是民眾疾苦的反映，它們產生的根本原因是君主的暴政和官僚們的壅閉民情。

　　無論是把歌謠產生的原因歸結爲天理還是人事，這兩種看法至少有一點是共同的，那就是都把社會上和民間流傳的歌謠和現實的政治動蕩、社會災難和民眾的疾苦聯繫在一起。所以歷代君主和有識之士無一不對民間歌謠給以特別的關注。《國語・晉語》裏就記載趙文子對范文子的話說：「古之言王者，政德既成，又聽於民，於是乎使工誦諫於朝，在列者獻詩，使勿兜，風聽臚言於市，辨祅祥於謠，考百事於朝，問謗譽於路，有邪而正之，盡戒之術也。」〔註18〕甚至有人還把歌謠看作是與天文地理、社會變動同等重要的社會因素，並以之作爲判斷世情民心的重要依據。比如漢代學者李尋就認爲：「仰視天文，俯察地理，觀日月消息，侯星辰行伍，揆山川變動，參人民謠俗，以制法度，考禍福。舉措悖逆，咎敗將至，徵兆爲之先見。明君恐懼修正，側身博問，轉禍爲福；不可救者，即蓄備以待之，故社稷亡憂。」〔註19〕正因如此，我國古代的統治者，尤其是兩漢魏晉南北朝時期的帝王，常常派人到民間收輯和採察歌謠。《漢書》中即說：「古有采詩之官，王者所以觀風俗，知得失，自考正也。」〔註20〕西漢武帝劉徹認識到歌謠「皆感於哀樂，

〔註16〕《漢書》卷27《五行志》，頁1376～1377。按「詩妖」是很多史籍以陰陽五行的觀點對政治和社會性歌謠和童謠的稱呼。比如《漢書・五行志》說：「晉惠公時童謠曰：『恭太子更葬兮，後十四年，晉亦不昌，昌乃在其兄。』是時，惠公賴秦力得立，立而背秦，內殺二大夫，國人不說。及更葬其兄恭太子申生而不敬，故詩妖作也。」頁1394。這種看法其實也是把這類歌謠看作是祥瑞、災異的一種。比如《隋書》卷22《五行志》上說：「《洪範五行傳》曰：『言之不從，是謂不乂。厥咎僭，厥罰常暘，厥極憂。時則有詩妖，時則有毛蟲之孽，時則有犬禍。故有口舌之痾，有白眚白祥。惟木沴金。』」頁633。這裏所說的「言之不從」，其義即爲《漢書・五行志》所解釋的「上號令不順民心」。

〔註17〕《南齊書》卷19《五行志》，頁381。

〔註18〕徐元誥著《國語集解》，王樹民、沈長雲點校，中華書局，2002年版，頁387～288。

〔註19〕《漢書》卷75《李尋傳》，頁3180。

〔註20〕《漢書》卷30《藝文志》，頁1708。

緣事而發，亦可以觀風俗，知薄厚」，〔註21〕於是專門設立樂府，採察民歌和民謠。東漢的許多大臣也認爲「聽民庶之謠吟，問路叟之所憂」，可以使「天下之心，國家大事，粲然皆見，無有遺惑」，〔註22〕達到「以自鑒照，考知政理」〔註23〕的重要作用。這種做法在魏晉南北朝時期更得到了進一步的強化。如梁武帝即曾下詔說：「昔哲王之宰世也，每歲卜徵，躬事巡省，民俗政刑，罔不必逮。末代風凋，久曠茲典，雖欲肆遠忘勞，究臨幽仄，而居今行古，事未易從，所以日晏踟躕，情同再撫。總總九州，遠近民庶，或川路幽逖，或貧羸老疾，懷冤抱理，莫由自申，……念此於懷，中夜太息。可分將命巡行州部，其有深冤鉅害，抑鬱無歸，聽詣使者，依源自列。庶以矜隱之念，昭被四方，逖聽遠聞，事均親覽。」〔註24〕北魏孝文帝拓跋宏不僅「慮獨見之不明，欲廣訪於得失，乃命四使，觀察風謠」，〔註25〕而且還規定以「風謠黜陟，案爲考第」。〔註26〕事實上，從先秦兩漢到魏晉南北朝的漫長歷史時期中，很多統治者都常常派官員到民間採察歌謠，藉以「觀風俗，知得失，自考正」。〔註27〕

　　古代歌謠何以能夠成爲兩漢魏晉南北朝時期的統治者觀察社會風俗的對象呢？這是因爲，以現代的眼光來看，民歌和民謠（包括童謠）作爲民間口承文學，無論其形式有多少區別，其涉及社會階層的情況有多麼複雜，它們都是當時社會政治、民眾生活與思想實踐的直接反映，加之這些歌謠又有在社會上廣泛傳播的特點，因此可以把它們視爲一種「公眾輿論」（public opinion）〔註28〕──在特定社會和歷史條件下的社會心理和感受的產物，其表現即是對清官廉吏的讚美以及對驕臣虐政和困苦生活的憤恨和呼號。除去讚美的頌歌以外，古代歌謠反映的往往主要是「驕臣虐政之事」，所發出的往往是「遠

〔註21〕　《漢書》卷 30《藝文志》，頁 1756。
〔註22〕　《後漢書》卷 57《劉陶傳》，頁 1846。
〔註23〕　《後漢書》卷 29《郅惲傳附子壽傳》引何敞疏。頁 1033。
〔註24〕　《梁書》卷 2《武帝紀》中，頁 40。
〔註25〕　《魏書》卷 69《張彝傳》，頁 1430。
〔註26〕　《魏書》卷 25《獻文六王傳・北海王詳傳》，頁 560。
〔註27〕　《漢書》卷 30《藝文志》，頁 1708。
〔註28〕　趙世瑜：《謠諺與新史學──張守常〈中國近世謠諺〉讀後》，《歷史研究》2002
　　　　年第 5 期。關於輿論，徐向紅認爲輿論是指「相當數量的個人、群體或組織
　　　　對公共事務所發表的傾向一致的議論。」（《現代輿論學》中國國際廣播出版
　　　　社，1991 年版，頁 23。）

近呼嗟之音」，牽涉到的是民眾的疾苦，政治的美惡，影響到的是民心的嚮背，政情的變動。〔註29〕這些歌謠通過口耳相傳、題壁、歌誦傳唱和呼告等多種方式在社會上廣泛傳播開來，不僅能夠成爲有重要影響的公眾輿論，其本身也成爲中國古代社會風俗和文化的重要組成部分。

我國古人在談到「風俗」〔註30〕這個詞時，其含義遠比現代寬泛和深刻：它不僅包括「特定區域、特定人群沿革下來的風氣、禮節、習慣等的總和」（social custom）〔註31〕這種著眼於過去歷史影響所塑造的社會風氣和習慣的含義，而且還包含著現實社會和政治影響形成的「社會心理和感受」，所以其確切的含義應該是「社會風氣和心理」（social custom and human feelings）。假如我們要從我國傳統的辭彙中找個名詞來恰當地表達這種含義的話，那麼古人所說的「風俗」其實就相當於我們所熟悉的「風俗民情」。這裡，民情是指民眾的生存狀況和思想意願（condition of the people and the public feeling），兩者相比雖然只增加兩個字，含義卻更爲豐富。前面我們已經指出，歌謠作爲一種社會輿論，所反映的是民眾和一部分官僚士人的心聲和願望，現在我們則更可以說歌謠又是風俗民情的最直接和形象的反映，因此可以看作是民心和政情的動態尺規。而民心和民眾的生存狀態也恰恰正是社會風俗的最重要的內容和指標。事實上，在我國古代的語境中，「風俗」還有直接指歌謠的時候，比如《史記·樂書》就曾經說：「州異國殊，情習不同，故博采風俗，協比聲律，以補短移化，助流政教。」〔註32〕此處的「風俗」一詞，就只能理解爲歌謠。

〔註29〕《後漢書》卷 57《劉瑜傳》載，延熹八年，太尉楊秉舉劉瑜爲賢良方正，及到京師，劉瑜上書陳事曰：「臣在下土，聽聞歌謠，驕臣虐政之事，遠近呼嗟之音，竊爲辛楚，泣血漣如。幸得引錄，備答聖問，泄寫至情，不敢庸回。誠願陛下且以須史之慮，覽今往之事，人何爲咨嗟，天曷爲動變。」頁 1855。

〔註30〕應劭《風俗通義序》裏不僅注意到風俗包含著自然環境和文化生活的雙重因素，還明確地指出歌謠是風俗的重要內容：「風者，天氣有寒暖，地形有險易，水泉有美惡，草木有剛柔也。俗者，含血之類，象之而生，故言語歌謳異聲，鼓舞動作殊形，或直或邪，或善或謠也。」元代學者李果還注意到風俗所包含的人們的行爲和心理的因素，他在《風俗通義前序》中說：「上行下效謂之風，眾心安定謂之俗。」〔明〕程榮纂輯《漢魏叢書》，吉林大學出版社，1992年影印明萬曆新安程氏刊本，頁 637、638。

〔註31〕《辭海》對風俗的解釋是「歷代相沿積久而成的風尚習俗」（上海辭書出版社，1999 年版，第 461 頁），《辭源》的解釋爲「一地方長期形成的風尚、習慣。」（商務印書館，1988 年版，第 1854 頁。）都不如引文中《高級漢語大詞典》解釋的準確。

〔註32〕《史記》卷 24《樂書》，頁 1175。

歌謠因爲是民心政情的眞實反映，所以更是一種鮮活直接的社會輿論。歌謠作爲一種公眾輿論，與當時的政治和社會有著密切的關係，它們是大多數民眾和一部分官僚、士人對現實政治和生活意見和願望的反映，表達了對時政和統治階層的批評和意見。從這個意義上講，民間歌謠也可以看作社會下層民眾提出政治要求、參與社會政治〔註 33〕的一種重要的手段。兩漢魏晉南北朝時期歷代統治者都非常重視歌謠風議的社會輿論作用，經常派風俗使者去民間收輯歌謠，以此作爲考課和監察地方官員的重要方式。有的統治者也注意從民間歌謠的輿論導向中吸取經驗，及時調整統治政策和措施，來因應民眾的呼聲和要求。這樣，作爲公眾輿論的歌謠就使普通民眾與統治集團（皇帝和官僚階層）之間產生了一種互動（interaction）關係：一方面，皇帝的昏庸和官僚的貪虐使得人民生活困苦，民眾憤而呼號，以民謠和童謠的形式對他們進行指責和詈罵，或者皇帝的英明和地方官吏的寬惠給百姓帶來安寧和利益，民眾喜而作歌頌揚他們。這些歌謠通過一定途徑上達各級官吏以至皇帝耳中，使其不斷調整和加強統治措施，並對地方官僚加以相應的獎懲和調換。這樣就可以不致壅閉政情民心，使統治上層和下層民眾之間得以良性的互動，這種互動對於我國古代政府和官僚政治的良性運轉，具有積極的意義。

當然，作爲一種重要的社會文化，歌謠本身也包含著十分豐富的內容，並不僅限於發揮公眾輿論的作用。兩漢魏晉南北朝時期的歌謠不僅僅是歷史上某些人物政治際遇與個人情懷的抒發，也不僅僅是民眾的情感和願望的表達，它們還包含著重要的政治知識和歷史經驗，許多歌謠諺語還表現了豐富的社會風俗和學術文化。這種歌謠俗語，不僅在記載兩漢魏晉南北朝時期歷史的正史中多有記載，在《華陽國志》、《樂府詩集》、《齊民要術》、《水經注》、《洛陽伽藍記》和《荊楚歲時記》等個人和私家著述中也有較多的記載和反映。

總之，從歌謠俗語的角度來考察兩漢魏晉南北朝時期的社會、政治、風俗和文化狀況是一個相當有意義的課題。加之，我國學界對兩漢魏晉南北朝

〔註33〕政治學認爲政治參與主要是指一個國家的公民通過一定的方式和程式，直接或間接地對政府政策的制定和執行表達集體或個人的政治意願的活動。雖然美國學者亨廷頓和納爾遜在《難以抉擇——發展中國家的政治參與》（華夏出版社，1989 年版，頁 77、頁 2～3）一書中認爲參與不指涉心理層面的因素。但筆者認爲參與既然是表達角色意願的活動，參與者的精神狀態就成爲影響參與行爲不可或缺的因素，這些因素往往會成爲分析政治參與行爲的重要基礎。社會因素之外的文化心理因素對政治參與也會產生重要的影響。

史的研究多集中在政治、經濟、制度、民族等方面，而從歷史的角度對兩漢魏晉南北朝時期歌謠俗語的研究則著力較少，本文的研究或許多少可以彌補一下這方面的缺漏。

二、研究現狀

我國學者歷來十分注意歌謠俗語的收輯。正史中比較集中地記錄兩漢魏晉南北朝時期歌謠俗語的有《漢書》、《後漢書》、《晉書》、《宋書》、《南齊書》和《隋書》中的《五行志》，另外，南宋初郭茂倩所編的《樂府詩集》裏的《雜歌謠辭》裏也搜集了一些魏晉南北朝時期的歌謠。唐宋時期的幾部重要類書如《藝文類聚》（唐歐陽詢等編，中華書局上海編輯所 1965 年版）、《初學記》（唐徐堅等編，中華書局 1962 年版）和《太平御覽》（宋李昉等編，中華書局 1960 年版）裏，也輯錄了兩漢魏晉南北朝時期一些歌謠俗語資料，它們所輯錄的一些原始材料多爲正史和他書所未見，更是彌足珍貴。中國古代學者對諺語的專門收輯則是從宋代學者周守忠的《古今諺》〔註 34〕開始的，明代學者楊慎在其《古今風謠》和《古今諺》〔註 35〕裏也收輯了不少諺語和民謠。清末學者史夢蘭繼續對楊慎的《古今風謠》、《古今諺》作了一些補遺。明人郭子章編的《六語》〔註 36〕也是採錄諸書中謠諺的著作。從文獻上輯錄民謠、諺語的集大成之作是清代學者杜文瀾纂輯的《古謠諺》，該書 100 卷，引書達 860 種，搜集先秦至明代的謠諺 3300 多首，堪稱是同類著作中的集大成之作。本書有中華書局 1958 年出版的周紹良點校本，特別方便使用，是本文重要的參考著作。繼續杜文瀾工作的則有張守常教授，其所輯《中國近世謠諺》（北京出版社 1998 年版）一書，搜羅宏富，可視爲《古謠諺》的續編和補編。該書中採錄的幾首魏晉南北朝時期的童謠，與《古謠諺》所輯出處不同。高殿石的《中國歷代童謠輯注》（山東大學出版社 1990 年版），也收集了上古至民

〔註34〕〔清〕永瑢等著《四庫全書總目提要》卷 144《子部・小説家類存目・古今諺》說：「《古今諺》一卷，宋周守忠撰。……是編前有自序，稱略以所披之編，採摘古今俗語，又得近時常語。雖鄙俚之詞，亦有激諭之理。漫錄成集，名《古今諺》。古諺多本史傳，今諺則鄙俚者多矣。」中華書局，1965 年版，頁 1233。

〔註35〕《四庫全書總目提要》說：「《古今諺》二卷，《古今風謠》二卷，明楊慎編。是書採錄古今謠諺，各爲一編。」頁 1234。

〔註36〕《四庫全書總目提要》說：「《六語》三十卷，明郭子章編。是編凡謠語七卷、諺語七卷、隱語二卷、讖語六卷、讖語一卷、諧語七卷，皆雜采諸書爲之。」頁 1235。

國歷代童謠 1000 餘首。在今人著作中，逯欽立輯校的《先秦漢魏晉南北朝詩》（中華書局，1983 年版），按時代先後輯錄了自先秦迄於隋代的詩歌，這部書雖然是以輯錄詩歌爲重點，但其於每時代詩歌篇什之末，又以專卷的形勢特別輯錄當時的雜歌謠辭於後，並以歌辭、謠辭和諺語的分類將此時期的歌謠俗語一併收入，體例精審，搜羅廣泛，資料翔實，體現了今人搜輯兩漢魏晉南北朝時期歌謠俗語的新水平，是本文寫作很好的參考書籍。另外溫端政主編的，沈慧雲、宋玉岫和楊廷祥等參與收輯的《古今俗語集成》第一至七卷（山西人民出版社 1989 年版），也是收輯歷代諺語和俗語的重要著作。歷代學者在歌謠搜輯方面所作的不懈努力及其所取得的工作成就，嘉惠學林，澤被後世，也都爲本文的研究提供了豐富而重要的資料基礎，這是需要特別值得指出的。

　　自五・四新文化運動以來，民俗學研究迅速繁榮，被視爲民俗重要事項和民間文化重要內容的歌謠也越來越受到學者們的關注。我國研究歌謠的現代學者很多，〔註 37〕而前輩學者所開創的歌謠研究的風氣至今也還方興未艾。但綜觀我國學者自上個世紀二十年代以來的歌謠研究，主要呈現出下列幾個特點：其一，學者們對歷代歌謠和民間歌謠做了大量的搜集工作，從而對歌謠的研究工作的展開打下了十分堅實的基礎。其二，學者們對許多現代歌謠和民間歌謠做了豐富的研究工作，對少數民族歌謠和史詩的研究尤其多所開拓；其三，學者們在對歌謠的研究既有從文學研究的角度展開的，也有以民俗學和民俗志的方法考察歌謠的，在視野、方法和觀點等多方面都對本文的研究給予了很大的啓發。不過，儘管如此，古代歌謠的研究，特別是以古代歷史和社會的眼光來研究古代歌謠，仍然是我國歌謠研究中較爲薄弱的環節，而兩漢魏晉南北朝時期歌謠俗語的研究則更多有待開拓之處。

　　兩漢魏晉南北朝歌謠的研究並非沒有前人的開拓之作。20 世紀 80 年代以來，我國學者對兩漢魏晉南北朝歌謠的研究陸續有所涉及，其中不乏很有見地和深度的著作。謝貴安的《謠諺與古代社會》（華中理工大學出版社，1994 年版）是學術界研究中國古代歌謠的較爲系統的著作，並且達到了相當高的

〔註 37〕1918 年春北京大學成立了歌謠徵集處，在校刊上逐日刊登近世歌謠。1920 年
　　　　歌謠徵集處改爲歌謠研究會，兩年後發行《歌謠周刊》，出版了 97 期，並印
　　　　行《吳歌甲集》等書。從此以後，採集民間歌謠的工作盛行一時。鍾敬文主
　　　　編的《歌謠論集》（上海北新書局，1928 年版）較爲系統地反映了這一時期我
　　　　國歌謠研究在理論探索和實證研究方面的成就。

水平。該書以民間潛流文化的定位作爲研究中國古代謠諺的出發點，對中國古代謠諺的種類、內容和社會功能做了較爲全面和深入的探討，第一次以現代的學術眼光梳理了我國古代的謠諺文化。對古代謠諺所包含的哲理內容、歷史經驗和生產、生活知識等，做了較爲全面的概括。該書所取得的這些出色成就和提出的許多問題，都值得作爲本文借鑒並作爲進一步研究的基礎和起點。但該書並非研究兩漢魏晉南北朝時期歌謠諺語的專著，作爲一部通論式的著作，內容上難免存在著歆重歆輕的現象。比如，該書所舉例證多以兩漢和宋、元、明時期的謠諺爲主，對魏晉南北朝時期的謠諺涉及的則相對不多，另外，許多有關古代歌謠諺語的值得探討的問題，該書也沒有涉及。我國學術界討論歌謠與政治關係的著作，還有宋抵的《社會反三和弦──民族、民俗與中國政治》（吉林教育出版 1993 年版），該書探討了中國古代社會政治民俗的諸多問題，並以一章的篇幅從政治文化的角度論述了童謠與政治的關係，如五行說與童謠的關係，民謠與貪官、清官的關係，認爲民謠反映了群眾精神力量的歷史主動性，許多分析都頗具啓發性。但該書研究的內容主要侷限在對《後漢書・五行志》中的童謠與東漢政治關係的探討，對西漢和東漢以後的歌謠俗語則並沒有涉及。

楊民康的《中國民歌與鄉土社會》（吉林教育出版社 1992 年版）也是一部以研究現代民歌和少數民族民歌的著作，本書探討了民歌與人生禮儀、民歌與婚戀習俗、民歌與社會民俗的關係。本書的研究雖然沒有涉及到兩漢魏晉南北朝的民歌，但本書探討了民歌文化的符號特徵、民歌符號系統的結構和文化功能等一般理論問題，這些問題，對本文的研究無疑都具有一定的啓發意義。

雷群明等著的《中國古代童謠賞析》（湖南文藝出版社 1988 年版）是一本有關古代童謠研析的專著。書中對八十多首有意義且較有代表性的童謠作了思想、藝術方面的賞析，其中不少是兩漢魏晉南北朝時期的童謠。該書書末還附錄有一些中國古代的重要童謠，去粗取精，選材得當，是一個不錯的瞭解我國古代歌謠文化的選本。葉桂剛、王貴元主編的《中國古代歌謠精品賞析》（北京廣播學院出版社 1993 年版）也是同類著作。專門探討魏晉南北朝時期童謠的著作則有臺灣學者龔顯宗的《魏晉南北朝童謠研析》（（臺灣）國語日報出版社 1995 年版）一書。該書主要是從文法、修辭等角度對魏晉南北朝的童謠做了一些分析和梳理，著眼甚細，用力甚深，對瞭解我國古代歌謠的修辭方法和創作特點，有很大的裨益。雖然從內容上看該書仍然是一部

歌謠賞析的作品，但是該書的前言對魏晉南北朝時期的歌謠做了一些概要的分析，除此以外，該書前言中還對魏晉南北朝時期的童謠所涉及的地理環境和民族特點做了一些說明，其思路非常具有啓發意義，其觀點也多有超越前人之處。但是由於是概述性的文字，龔氏對這兩個問題的論述篇幅過於簡略（總字數不超過 500 字），留下了相當開闊的研究餘地。

　　海外對兩漢魏晉南北朝時期歌謠的研究十分薄弱。就筆者所瞭解的情況，日本グラネネー著的《支那古代の祭禮と歌謠》（弘文堂書房／昭 13）是中國古代祭祀歌的研究專著。松本幸男的《魏晉詩壇の研究》（中國藝文研究會發行），是作者積 40 餘年功力研究中國魏晉時期文學的專著，書中的「前漢樂府の宗教的背景」和「五言詩成立の諸問題」，探討了古代歌謠對樂府詩和五言詩形成的影響，部分地涉及了漢魏時期歌謠的研究。此外，松村武雄的《童謠及童話の研究》（大阪每日新聞社／大 12）、高野辰之的《民謠と童謠論》（春秋社／昭 4），則是日本學者研究童謠和民謠理論的著作。這些著作有助於我們對歌謠的認識，但它們都沒有涉及我國兩漢魏晉南北朝時期的民謠和童謠。在美國，佛吉尼亞大學（the University of Virginia）圖書館所推出的「中國文學集錦」系列電子圖書中，包含有杜文瀾的《古謠諺》一書簡本（即只錄入謠諺而未錄入前後的引文和背景、出處等相關資料文字。），而且還把其中第一至三十四卷翻譯成英文，是謠諺英譯難得的參考資料。〔註 38〕

　　綜上所述，國內和海外學者對中國古代歌謠的研究取得了一些成就，這既爲本文的研究奠定了一定的基礎，也爲我們研究兩漢魏晉南北朝時期的歌謠俗語給予了一些啓發。但總的說來，到目前爲止還沒有一部研究兩漢魏晉南北朝時期歌謠俗語與社會政治的專門性著作。因此，兩漢魏晉南北朝歌謠俗語的研究還有很多課題值得開拓，這也是本文寫作的重要原因。

三、研究思路和方法

　　本文主要是以專題章節的形式來展開論述的。第一章「兩漢魏晉南北朝時期歌謠俗語的分類及其反映的政治與社會生活」主要是在對兩漢魏晉南北朝時期的歌謠做了系統梳理的基礎上，將它們分爲政治類、社會類和文化類三種，並通過具體的例證來簡要介紹它們所涉及和反映的兩漢魏晉南北朝時期的政

〔註 38〕 網址爲：http://etext.lib.virginia.edu/chinese/guyao/

治、社會和文化狀況。第二章「兩漢魏晉南北朝歌謠輿論的社會空間」主要是通過對兩漢魏晉南北朝時期歌謠作者和傳播者的身份考察，來探討作爲公眾輿論的歌謠所產生和傳播的社會空間問題，指出以普通閭里爲代表的社會基層空間和以臺寺府署爲代表的政府官僚機構是兩漢魏晉南北朝時期歌謠發生和傳播的最主要的社會舞臺，這種情況是中國古代官民並立的社會和政治二元結構的反映。第三章「兩漢魏晉南北朝時期歌謠產生和傳播的社會心理氛圍」，主要以與歌謠性質相類、形式相似的社會流言和訛謠的產生和傳播爲例，來探討兩漢魏晉南北朝時期歌謠產生和傳播的社會和文化背景。認爲社會政治危機對特定區域和階層民眾的影響和刺激和由此產生的恐懼的社會心理氛圍，是流言、訛言以及歌謠產生的最重要原因。同時，政治人物的刻意操作和特定歷史背景下的民間信仰，對流言、訛謠的產生和傳播也會產生一定的影響。第四章「兩漢魏晉南北朝時期歌謠的傳播」則是探討兩漢魏晉南北朝歌謠俗語的具體傳播方式，認爲歌謠的社會輿論功能，必須通過傳播才能夠實現。兩漢魏晉南北朝歌謠的傳播主要是通過個體傳播和群體傳播來實現的，其具體的形式則有口耳相傳、題壁、歌誦傳唱和呼告傳播等多種。同時，本文也認爲兩漢魏晉南北朝時期歌謠在社會上傳播的過程，也是歌謠俗語的社會化〔註39〕過程。第五章「兩漢魏晉南北朝時期歌謠風議與官民互動」是本文的特別著力之處。主要探討作爲公眾輿論的歌謠在普通民眾和統治階層之間形成的互動關係，探討兩漢魏晉南北朝時期的政府和民眾之間以歌謠風議爲媒介的溝通。本章指出，歌謠作爲一種社會輿論和民心民情的反映，早在先秦時期就受到統治者的重視。周代的采詩之官就是專爲採察民間歌謠風議而設置的。而兩漢時期的三公謠言奏事和御史風聞奏事制度，也在一定程度上可以看作是上述制度的繼續，表明了兩漢統治者對社會公眾輿論尤其是對官員的批評性輿論的重視。到了魏晉南北朝時期，統治者更加注重民間歌謠的輿論作用，他們不僅經常派遣自己身邊的近侍作爲風俗使者分路巡行天下，收輯歌謠。同時還賦予他們一定的權力，可以根

〔註39〕社會化本來是一個社會學概念，是指「使新的個人適應有組織的生活方式並教給他們社會文化傳統的過程。」（L‧布魯姆 P‧塞爾茨內克 D‧B 達拉赫著《社會學》，張傑等譯，四川人民出版社，1991 年版，頁 120。）本文所講的「社會化」則是由此引申出的一個概念，是指各種特殊的「地方性知識」（local knowledges）或「地方性文化」（local cultures）逐漸被社會視爲合理的知識或解釋系統而予以普遍接受和理解的過程。據此，本文所講的歌謠俗語的「社會化」實際上就是指歌謠俗語經過傳播而成爲社會文化一部分的過程。

據民間歌謠風議對地方官進行監督甚至黜置。另外，兩漢魏晉南北朝時期的統治者還經常通過政策的調整和官員的黜置來回應民間歌謠和民眾的呼聲與要求。這樣，就在普通民眾和統治上層之間通過歌謠這種介質形成了一種互動關係。這種互動關係不僅對於我國兩漢魏晉南北朝時期的社會機制及其良性運轉具有積極的意義，還能夠爲理解中國古代民眾的政治參與和政府的權威[註40]維護與社會控制提供一個具體個案。第六章「吏道、官事與民謠」，主要是探討兩漢魏晉南北朝歌謠俗語與官僚政治的關係，即歌謠俗語產生的制度和政治層面的原因。這部分主要是從兩漢魏晉南北朝時期循吏和酷吏的差別及造成這種差別的原因來探討兩漢魏晉南北朝時期官吏的選舉、官德的不可憑藉和貪官污吏對民眾利益的侵害等多來方面探討歌謠產生的現實社會和政治原因，認爲作爲兩漢魏晉南北朝時期乃至整個中國古代官僚代表的廉吏和酷吏兩種典型官僚，是中國古代特定的選官途徑和選舉標準的產物。但是，兩漢魏晉南北朝時期的循吏並不多見，而由上述選官途徑和標準造就的酷吏，特別是由選舉蝐濫造就的大量的貪官污吏對民眾利益的侵害，是兩漢魏晉南北朝時期民生艱難和官民對立的社會矛盾產生的現實根源。也是兩漢魏晉南北朝時期針對官僚統治者的大量的批評性歌謠風議產生的最直接的原因。

在本文的研究中，所採用的基本論證方式還是實證的方法，堅持點面結合，宏觀與微觀的聯繫，注意對典型例證的深入發掘和個案分析，一切的分析和結論，都以具體的史實和文獻資料爲出發點。當然，完成這樣的一個研究課題，在研究方法上既要注重傳統的考證和實證研究的運用，也要以開闊的視野借鑒當今人文和社會科學研究的新方法和新理論。誠然，以「公眾輿論」的觀點來界定我國古代歌謠俗語的社會屬性，並以此爲基點來探討歌謠俗語與兩漢魏晉南北朝時期社會和政治的各種關係是本文的一個主要特點，但這是在基於研究者對大量史料進行系統梳理和深入分析後得出的一個基本看法，它不是也不同於一般研究中的理論預設。本文也不追求用某種理論或

〔註40〕社會學一般認爲，合法的權力（Macht）就是權威（Herrschaft），它來自社會的承認或贊同。馬克斯・韋伯（Max Weber）認爲「權力乃是這樣一種可能性，即處於某一社會關係內的一個行動者能夠不顧抵制而實現其個體意志的可能性，而不論這種可能性的基礎是什麼。」換言之，權力就是使行爲發生變化的能力，而這種變化本來是不會發生的。權力包括個人權力和集體權力。一個組織的權力是倚仗其權力機構來實施的。權力屬於個人品格，而權威則和等級制度中的社會作用或地位有關。關於政府和權威統治的關係，簡單說來，政府要靠獎懲的特殊安排實行社會控制，權威在政府中起核心作用。

研究範式統馭全文，而是要儘量根據具體研究內容的需要借鑒一些其他社會科學的方法和理論來剖析具體的材料和問題。近年以來，政治學、社會學、民俗學、傳播學乃至社會心理學等諸多學科和理論已經被廣泛地引進和應用於歷史研究中，實踐證明，如果運用得當，這些學科和理論對於擴展新的研究領域和提高歷史研究的水平是非常有益的。由於研究內容的需要，本文在寫作過程中也會採用一些相關學科的理論和方法。但是，由於本人對這些學科的學習不夠，理論駕馭能力也十分有限，難以做到運用自如。同時，人文社會科學的研究沒有固定的方法和模式，對其他任何學科和理論的借鑒都必須從自己的研究實踐出發，既要善於吸收有益的理論精華，又必須有所選擇去取，努力做到合理適度，這樣才能夠達到既不膠柱鼓瑟、削足適履似地拘泥於某些理論，又能夠達到登高一望，有所創新的境界。

第一章　兩漢魏晉南北朝歌謠俗語的分類及其所反映的政治與社會生活

　　兩漢魏晉南北朝時期的歌謠俗語雖然內容十分豐富，但從總體上看，卻基本上可以分為政治性歌謠俗語、社會性歌謠俗語和文化性歌謠俗語三個大類，而從具體的歌謠俗語所反映的不同內容和事項來看，這三大類歌謠又可以劃分為更多的小類和細目。不同種類和內容的歌謠俗語，反映著不同層面的政治、社會和文化生活。它們既可以條分縷析，區別出每一首歌謠俗語的內容特點和歷史價值，更可以綜合統理，點線交織，共同構成一幅相當細密的反映兩漢魏晉南北朝時期政治和社會生活的多彩畫卷。當然，上面的分類方法衹是筆者個人的認識，關於歌謠俗語的分類其實也是見仁見智的工作，不同人們之間的取捨標準和劃分方法不同，對歌謠俗語的分類就會有不同的看法。另外，如同建築師設計好的圖紙一樣，無論其設計多麼嚴整規範，總有一些建築材料難以合樺合卯地自安其位，全部適宜地嵌入相應的牆體和房屋間架之中。兩漢魏晉南北朝時期歌謠俗語資料不僅內容十分豐富，而且有的歌謠還能夠一身二任甚至一身多任，可以以不同的側面分別反映政治和社會方面的內容，在這種情況下，筆者固然要力爭完備求全，但有的時候也難免有所取捨，以儘量避免一條資料的迭見重出。下面，筆者就按照本文的分類標準和方法，對兩漢魏晉南北朝歌謠俗語的主要類別及其所反映的政治、社會和文化生活做一些簡要的探討和介紹。

一、歌謠俗語所反映的兩漢魏晉南北朝的政治生活

　　在兩漢魏晉南北朝時期的政治性歌謠俗語中，有相當多的歌謠俗語是對官

僚統治者的評議性歌謠，而這類歌謠，又可以分爲讚美型和譴責型兩類。關於這類歌謠出現的原因及其社會意義，在本文的第六章還會有專門的章節討論，這裡僅就此類歌謠俗語反映的兩漢魏晉南北朝時期的政治現象做一些敘述。

讚美型的歌謠是兩漢魏晉南北朝時期民眾對當政官僚統治者施行仁政和禮儀教化或在亂世中能夠保全民眾的讚美。這類歌謠，在史籍中佔有很大的比重。兩漢時期，這類歌謠尤其眾多。比如《史記・曹相國世家》記載，漢惠帝時，曹參代蕭何爲相國。初，劉邦與蕭何定天下，法令已經明具。及曹參爲漢相國，出入三年，舉事無所變更，一遵何之法。政治清靜，社會安定。百姓歌之曰：「蕭何爲法，顜若畫一；曹參代之，守而勿失。載其清淨，民以寧一。」〔註1〕又如《後漢書・張堪傳》記載，光武帝時期，張堪爲漁陽太守。他「捕擊奸猾，賞罰必信，吏民皆樂爲用。匈奴嘗以萬騎入漁陽，堪率數千騎奔擊，大破之，郡界以靜。乃於狐奴開稻田八千餘頃，勸民耕種，以致殷富。百姓歌曰：『桑無附枝，麥穗兩岐。張君爲政，樂不可支。』」〔註2〕《後漢書・朱暉傳》載，朱暉字文季，建武年間任臨淮太守。他「好節概，有所拔用，皆厲行士。其諸報怨，以義犯率，皆爲求其理，多得生濟。其不義之囚，即時僵僕。吏人畏愛，爲之歌曰：『強直自遂，南陽朱季。吏畏其威，人懷其惠。』」〔註3〕《後漢書・廉范傳》載：廉范，字叔度。建中初爲蜀郡太守。成都民物阜盛，邑宇逼側。而舊制禁民夜作，以防火災。但百姓卻暗地裏違反禁令，火災難以避免。針對這種情況，廉范乃毀削前令，祇是嚴令百姓儲備好防火之水而已。百姓爲便，乃歌之曰：「廉叔度，來何暮。不禁火，民安作，平生無襦今五絝。」〔註4〕又《後漢書・張霸傳》載，張霸永元中爲會稽太守。「霸始到越，賊未解，郡界不寧，乃移書開購，明用信賞，賊遂束手歸附，不煩士卒之力。童謠曰：『棄我戟，捐我矛，盜賊盡，吏皆休。』」〔註5〕《後漢書・杜師傳》也記載說：南陽太守杜師，政治清平，百姓便之。又修治陂池，廣拓土田，郡內比室殷足，時人以方召信臣。南陽爲之語曰：「前有召父，後有杜母。」〔註6〕司馬彪《續漢書》記載：「李燮拜京兆尹，詔發西園錢，燮上一封事，遂止不發。吏民愛仰，乃歌

〔註1〕　《史記》卷54《曹參世家》，頁2031。
〔註2〕　《後漢書》卷31《張堪傳》，頁1100。
〔註3〕　《後漢書》卷43《朱暉傳》，頁1458～1459。
〔註4〕　《後漢書》卷31《廉范傳》，頁1103。
〔註5〕　《後漢書》卷36《張霸傳》，頁1242。
〔註6〕　《後漢書》卷31《杜詩傳》，頁1094。

曰：『我府君，道教舉；恩如春，威如虎；剛不吐，弱不茹；愛如母，訓如父。』」
〔註7〕《列異記》記載：司隸校尉上黨鮑子都（即鮑宣），及其子永、其孫昱，
在漢代都曾經任司隸。鮑氏子孫三代在京師任司隸校尉時，都經常乘一匹驄馬。
故京師歌之曰：「鮑氏驄，三入司隸再入公，馬雖瘦，行步工。」〔註8〕《長沙
耆舊傳》〔註9〕載：「祝良，字召卿，爲洛陽令，歲時亢旱，天子祈雨不得。良
乃曝身階庭，告誡引罪，自晨至中午，紫雲遝起，甘雨登降。人爲歌曰：『天久
不雨，烝人失所。天王自出，祝令特苦。精符感應，滂沱雨下。』」〔註10〕《吳
錄》載：「王譚，字世容。爲成武令，民服德化，宿惡奔迸。父老歌之曰：『王
世容，治無雙；省徭役，盜賊空。』」〔註11〕又《華陽國志》記載說：「孝順帝
永建中，太山吳資爲巴郡太守，民歌之曰：『習習晨風動，澍雨潤乎苗。郡後恤
時務，我民以優饒。』及資遷去，民人思資，又歌曰：『望遠忽不見，惆悵當徘
徊。恩澤實難忘，悠悠心永懷。』」〔註12〕《華陽國志》又載：「閻憲，字孟度，
成固人也，名知人。爲綿竹令，以禮讓爲化，民莫敢犯。男子杜成夜行，得遺
物一囊，中有錦二十五匹。求其主，還之，曰：『縣有明君，何敢負其化。』『童
謠曰：『閻君賦政，既明且昶。蠲苛去闢，動以禮讓。』」〔註13〕東漢末年軍閥
混戰，連年戰火給百姓造成了極大的災難，因此，能夠在亂世保全民眾的官員，
也受到了民眾的讚揚。比如《江表傳》記載說，鉅鹿太守郭典參與鎮壓黃巾起
義，「與中郎將董卓攻黃巾賊張寶於曲陽。典作圍塹，卓不肯，典獨於西當賊之
沖，晝夜進攻，寶出是城守不敢出。時人爲語曰：『郭君圍塹，董將不許。幾令
狐狸，化爲豺虎。賴我郭君，不畏強禦；轉機之間，敵爲窮虜。猗猗惠君，保
完疆土。』」〔註14〕

<hr>

〔註7〕　《太平御覽》卷465《人事部·謳》，頁2138。
〔註8〕　《太平御覽》卷897《獸部·馬》，頁3984。
〔註9〕　《隋書》卷33《經籍志·史志》云，《長沙耆舊傳贊》三卷，晉臨川王郎中劉
　　　　或撰，據此則此條史料所載史實當爲晉或晉以前事。頁975。
〔註10〕　《水經注》卷15《洛水注》「（洛水）又東過洛陽縣南，伊水從西來注之」句
　　　　下注。關於洛陽縣和河南尹的設置，熊會貞指出：「（洛陽）秦置縣，爲三川
　　　　郡治。前漢爲河南郡治，後漢、魏、晉爲河南尹治。宋曰河南郡，後魏復曰
　　　　河南尹。……治在今洛陽縣東北二十里洛陽城。」頁1315～1316。
〔註11〕　《太平御覽》卷465《人事部·謳》，頁2138。
〔註12〕　《太平御覽》卷262《職官部·良太守》下，頁1228。
〔註13〕　《華陽國志校補圖注》，〔晉〕常璩撰，任乃強校注，上海古籍出版社，1987
　　　　年版，頁601。
〔註14〕　《太平御覽》卷496《人事部·諺》下，頁2267。

　　魏晉南北朝時期，政權轉換頻繁，門閥擅權、吏治腐敗和統治者之間的
鬥爭及南北政權的攻鬥也給百姓造成了極大的社會災難。在這種情況下，造
福一方的良吏和廉吏更爲難得，因此，魏晉南北朝民眾對官僚統治者的讚美
也就寄寓了更多的政治期許和願望。如《殷氏世傳》就記載說：殷褒在曹魏
時期爲滎陽令，他「廣築學館，會集朋徒，民知禮讓，乃歌曰：滎陽令，有
異政，修立學校人易性，令我子弟恥訟爭。」〔註15〕《晉書·王祥傳》則記
載說：「漢末遭亂，（王祥）扶母攜弟覽避地廬江，隱居三十餘年，不應州郡
之命。……徐州刺史呂虔檄爲別駕，祥年垂耳順，固辭不受。覽勸之，爲具
車牛，祥乃應召，虔委以州事。於時寇盜充斥，祥率勵兵士，頻討破之。州
界清靜，政化大行。時人歌之曰：『海沂之康，實賴王祥。邦國不空，別駕之
功。』」〔註16〕又《陶氏家傳》記載：「陶汪，晉咸康中爲宣城內史，君從父
猷，先爲之，君到郡，乃招隱逸，廣開學舍，以此教民，民有向方者，則闢
爲掾吏，百姓歌之曰：『人當勤學得主簿，誰使爲之陶明府。』」〔註17〕南朝
劉宋時期，丘仲孚以功遷山陰令，「居職甚有聲稱。百姓謠曰：『二傅、沈、
劉，不如一丘。』前世傅琰父子、沈憲、劉玄明相繼宰山陰，並有政績，言
仲孚皆過之。」〔註18〕《梁書·陸襄傳》則記載，梁大通七年（533年），吳
郡人陸襄出爲鄱陽內史。「先是，郡民鮮于琛服食脩道法，嘗入山採藥，拾得
五色幡眊，又於地中得石璽，竊怪之。琛先與妻別室，望琛所處，常有異氣，
益以爲神。大同元年（535年），遂結其門徒，殺廣晉令王筠，號上願元年，
署置官屬。其黨轉相誑惑，有眾萬餘人。將出攻郡，襄先已帥民吏脩城隍，
爲備禦，及賊至，連戰破之，生獲琛，餘眾逃散。時鄰郡豫章、安成等守宰，
案治黨與，因求賄貨，皆不得其實，或有善人盡室離禍，惟襄郡部枉直無濫。
民作歌曰：『鮮于平後善惡分，民無枉死，賴有陸君。』又有彭李二家，先因
忿爭，遂相誣告，襄引入內室，不加責誚，但和言解喻之，二人感恩，深自
咎悔。乃爲設酒食，令其盡歡，酒罷，同載而還，因相親厚。民又歌曰：『陸
君政，無怨家，鬥既罷，讎共車。』在政六年，郡中大治。」〔註19〕北朝時
期，趙郡人李孝伯，在北魏道武帝時期任趙郡太守，他「令行禁止，劫盜奔

〔註15〕 《藝文類聚》卷19《人部·謳謠》，頁351。
〔註16〕 《晉書》卷33《王祥傳》，頁987～988。
〔註17〕 《藝文類聚》卷6《郡部·宣城郡》，頁119。
〔註18〕 《南史》卷72《文學傳·丘仲孚傳》，頁1764。
〔註19〕 《梁書》卷27《陸襄傳》，頁410。

竄。太宗嘉之。并州丁零，數爲山東之害，知曾能得百姓死力，憚不入境。賊於常山界得一死鹿，謂趙郡地也，賊長責之，還令送鹿故處。鄰郡爲之謠曰：『詐作趙郡鹿，猶勝常山粟。』」〔註 20〕《北史・元淑傳》又記載說：「〔元〕淑，字買仁。彎弓三百斤，善騎射。孝文時，爲河東太守。河東俗多商賈，罕事農桑，人至有年三十不識耒耜。淑下車勸課，躬往教示，二年間，家給人足，爲之謠曰：『泰州河東，杼柚代舂。元公至止，田疇始理。』」〔註 21〕《北齊書・鄭述祖傳》記載說：「鄭述祖，字恭文，滎陽開封人。……初，述祖父爲光州，於城南小山起齋亭，刻石爲記。述祖時年九歲。及爲刺史，往尋舊迹，得一破石，有銘云：『中嶽先生鄭道昭之白雲堂。』述祖對之嗚咽，悲動群僚。……有人入市盜布，其父怒曰：『何忍欺人君！』執之以歸首，述祖特原之。自是之後，境內無盜。人歌之曰：『大鄭公，小鄭公，相去五十載，風教猶尚同。』」〔註 22〕又《北齊書・崔伯謙傳》記載：崔伯謙任濟北太守，恩信大行。乃改鞭，用熟皮爲之，不忍見血，示恥而已。「有朝貴行過郡境，問人太守治政何如。對曰：『府君恩化，古者所無。』因誦民爲歌曰：『崔府君，能治政。易鞭鞭，布威德，民無爭。』客曰：『既稱恩化，何由復威？』曰：『長吏憚威，民庶蒙惠。』」〔註 23〕《周書・裴俠傳》則記載說，裴俠在北周大統年間爲河北郡守。他「躬履儉素，愛民如子，所食唯菽麥鹽菜而已。吏民莫不懷之。此郡舊制，有漁獵夫三十人以供郡守。俠曰：『以口腹役人，吾所不爲也。』乃悉罷之。又有丁三十人，供郡守役使。俠亦不以入私，並收庸直，爲官市馬。歲月既積，馬遂成群。去職之日，一無所取。民歌之曰：『肥鮮不食，丁庸不取，裴公貞惠，爲世規矩。』俠嘗與諸牧守俱謁太祖。太祖命俠別立，謂諸牧守曰：『裴俠清愼奉公，爲天下之最，今眾中有如俠者，可與之俱立。』眾皆默然，無敢應者。太祖乃厚賜俠。朝野歎服，號爲獨立君。」〔註 24〕

　　對貪官污吏的譴責性歌謠，則構成了兩漢魏晉南北朝時期政治評議性歌謠俗語的另一種類型。這類歌謠所反映的貪官污吏或酷吏的貪殘之狀，其實遠比讚揚型歌謠更能夠反映出社會的現實和民眾的心聲。因爲就兩漢魏晉南

〔註 20〕　《魏書《卷 58《李孝伯傳》，頁 1167。
〔註 21〕　《北史》卷 15《魏諸宗室傳・元淑傳》，頁 573。
〔註 22〕　《北齊書》卷 29《鄭述祖傳》，頁 397～298。
〔註 23〕　《北齊書》卷 46《循吏傳・崔伯謙傳》，頁 642。
〔註 24〕　《周書》卷 35《裴俠傳》，頁 619。

北朝時期整體的政治和社會狀況而言，民眾的生活幾乎很少能夠達到國富民安的程度，而更多的則是在統治者所發動的政爭和戰亂中求生存，而且還常常伴隨疾疫、天災等自然災害的侵襲。因此，兩漢魏晉南北朝時期的民眾因不滿或不堪忍受貪官污吏的統治而發出的困苦呼號，在歷史的時空中就尤爲令人感到驚心和爲之動容。

《漢書‧翟方進傳》載：「汝南舊有鴻隙大陂，郡以爲饒，成帝時，關東數水，陂溢爲害。方進爲相，與御史大夫孔光共遣掾行視，以爲決去陂水，其地肥美，省堤防費而無水憂，遂奏罷之。及翟氏滅，鄉里歸惡，言方進請陂下良田不得而奏罷陂云。王莽時常枯旱，郡中追怨方進，童謠曰：『壞陂誰？翟子威。飯我豆食羹芋魁。反乎覆，陂當復。誰云者？兩黃鵠。』」〔註25〕這是民眾因爲翟方進破壞了水利設施而抱怨的歌謠，也在一定程度上反映了漢代陂塘水利對農業生產的影響。〔註26〕《後漢書‧樊曄傳》載：「隗囂滅後，隴右不安，乃拜曄爲天水太守。政嚴猛，好申韓法，善惡立斷。人有犯其禁者，率不生出獄，吏人及羌胡畏之。道不拾遺。行旅至夜，聚衣裝道傍，曰『以付樊公』。涼州爲之歌曰：『游子常苦貧，力子天所富。寧見乳虎穴，不入冀府寺。大笑期必死，忿怒或見置。嗟我樊府君，安可再遭值！』」〔註27〕這首歌謠則反映了漢代涼州胡漢百姓對酷吏的怨憎之情，也反映了東漢初年統治者以嚴酷的手法對待少數民族和處理民族關係的特點。《述異記》載：「漢中有虎生角。道家云：虎千歲，則牙蛻而角生。漢宣城郡守封邵一日忽化虎，食郡民，民呼曰『封使君』。因去，不復來。故時人語曰：『無作封使君，生不治民死食民。』」〔註28〕貪官死後猶能夠化爲猛虎來吃百姓，這固然是民眾的虛構和誇張。但是這種誇張卻極具有生活的眞實。把貪官比喻爲猛虎，正是對他們在位期間苛政的最爲形象的概括。《魯國先賢志》載：「東門奐，歷吳郡、濟陰太守，所在貪濁，謠曰：『東門奐，取吳半；吳不足，濟陰續。』」〔註29〕而《華陽國志》也記載說：「李盛爲太守，貪財重

〔註25〕《漢書》卷84《翟方進傳傳附子義傳》，頁3440。

〔註26〕曹文柱先生有《魏末晉初的陂塘之害——讀〈晉書‧食貨志〉箚記》一文（見《北京師範大學學報》，1984年第2期），探討了魏晉時期陂塘水利的影響，可作爲探討此類問題的參考。

〔註27〕《後漢書》卷77《酷吏傳‧樊曄傳》，頁2491。

〔註28〕《太平御覽》卷892《獸部‧虎》，頁3960。

〔註29〕《太平御覽》卷492《人事部‧貪》，頁2250。

賦，國人詈之曰：『盧鵲何喧喧，有吏來在門。披衣出門應，府縣欲得錢。語窮乞請期，吏怒反見尤。』」〔註30〕這兩則史料反映的則是民眾對貪官的憤恨和諷刺。《襄陽耆舊傳》則記載說：「黃穆，字伯開，博學，爲山陽守，有德政。弟奐，字仲開，爲武陵太守，貪穢無行。武陵人諺曰：『天有冬夏，人有二黃。』」〔註31〕黃穆、黃奐爲兄弟，家庭和教育背景應該大體相似，但卻一爲良吏，一爲貪官，說明廉吏和酷吏的差別並不是道德教化的不同而造成的結果。這點在本文後面的有關章節中還會論及，茲不贅述。事實上，因貪殘而對民眾造成侵害的又何止是普通官吏呢？北朝時期，這類歌謠也不少見。比如《魏書》記載：「廣平人李波，宗族強盛，殘掠生民。前刺史薛道攜親往討之，波率其宗族拒戰，大破攜軍。遂爲逋逃之藪，公私成患。百姓爲之語曰：『李波小妹字雍容，裹裙逐馬如卷蓬，左射右射必疊雙。婦女尚如此，男子那可逢！』」〔註32〕這首歌謠反映的則是北朝地方強宗大族魚肉鄉里、橫行霸道的狀況。同時在一個側面也反映了李波小妹爲代表的北朝婦女勇猛尚武的一種風采。《魏書》還記載說：「世祖將北征，發民驢以運糧，使（公孫）軌部詣雍州。軌令驢主皆加絹一匹，乃與受之。百姓爲之語曰：『驢無強弱，輔脊自壯。』眾共嗤之。」〔註33〕這首歌謠則反映了北魏將官挖空心思剝削民眾的狀況。相對於官僚階層的腐化，最高統治者的貪賄和昏庸給民眾造成的社會災難更爲深重。這在魏晉南北朝時期的歌謠中也有所反映。比如南齊東昏侯「以閱武堂爲芳樂苑，窮奇極麗。當暑種樹，朝種夕死，死而復種，率無一生。於是徵求人家，望樹便取，毀徹牆屋，以移置之。大樹合抱，亦皆移掘，插葉繫華，取玩俄頃。刈取細草，來植階庭，烈日之日，至便焦燥。紛紜往還，無復已極。……又於苑中立店肆，模大市，日遊市中，雜所貨物，與宮人閹豎共爲褻販。以潘妃爲市令，自爲市吏錄事，將濺者就潘妃罰之。帝小有得失，潘則與杖，乃敕虎賁威儀不得進大荊子，合內不得進實中荻。雖畏潘氏，而竊與諸姊妹淫通。每遊走，潘氏乘小輿，宮人皆露褌，著綠絲屩，帝自戎服騎馬從後。又開渠立埭，躬自引船，埭上設店，坐而屠肉。於時百姓歌云：『閱武堂，種楊柳，至尊屠肉，潘妃酤酒。』」

〔註30〕《太平御覽》卷492《人事部・貪》，頁2250。
〔註31〕《太平御覽》卷22《時序部・夏》中，頁107。
〔註32〕《魏書》卷53《李安世傳》，頁1176～1177。
〔註33〕《魏書》卷33《公孫表傳附子軌傳》，頁784。

〔註34〕這首歌謠把這位窮奢極欲而又貪殘無道皇帝的特點刻畫的可謂入木三分，也表達了民眾對最高統治者的失望。《南史・蕭正德傳》也記載說，梁代宗室蕭正德為梁武帝的侄子，中大通四年（533年）被封為臨賀郡王，他與其父蕭宏都窮奢極欲，荒淫無道，蕭正德還引侯景入都，造成梁武帝困死臺城，種下了梁室傾覆的種子，以至「百姓至聞臨賀郡名亦不欲道。童謠云：『寧逢五虎入市，不欲見臨賀父子。』其惡之如是。」〔註35〕這首歌謠所反映的也是民眾對統治者的不滿和失望。

兩漢魏晉南北朝時期的政治性歌謠中，還有相當一部分反映了統治者之間的政治矛盾和鬥爭，魏晉南北朝時期南北政權之間的鬥爭在這類歌謠中也有所反映。這類政治鬥爭，雖然不會與民眾產生直接的聯繫，但卻會對兩漢魏晉南北朝時期的社會政治產生巨大的影響，從而也會不同程度地影響到社會各個階層的生活，並因而受到社會各界人士的關注，諷喻這類政治鬥爭的歌謠俗語也就因此而發生。這類政治性歌謠，雖然在史籍中有大量的記載，但在前人的研究中未給予此類歌謠以足夠的重視，因而尤其值得給予特別的關注。

漢代的歌謠所反映的統治者之間的政治鬥爭，主要集中在西漢初期最高統治者爭權奪利的鬥爭和西漢末年的王莽代漢等歷史事件上。比如《漢書・外戚傳》載：「高祖崩，惠帝立，呂后為皇太后，乃令永巷囚戚夫人，髡鉗衣赭衣，令舂。戚夫人舂且歌曰：『子為王，母為虜，終日舂薄暮，常與死為伍！相離三千里，當誰使告女？』太后聞之大怒，曰：『乃欲倚女子邪？』乃召趙王誅之。使者三反，趙相周昌不遣。太后召趙相，相徵至長安。使人復召趙王，王來。惠帝慈仁，知太后怒，自迎趙王霸上，入宮，挾與起居飲食。數月，帝晨出射，趙王不能蚤起，太后伺其獨居，使人持鴆飲之。遲帝還，趙王死。太后遂斷戚夫人手足，去眼熏耳，飲瘖藥，使居鞠域中，名曰『人彘』。」〔註36〕這首被史籍稱為戚夫人歌的歌謠，所反映的呂后為控制政權而採取殘酷手段剪除曾經受劉邦寵愛的戚姬及其子趙王如意的事實，就折射出了漢初呂后及其家族與劉姓宗室之間的矛盾。其實，即使沒有異姓勢力的政治奪權威脅，漢代最高統治者之間的鬥爭也仍然是會存在的，漢文帝和淮南王劉長之間的鬥爭即屬於此類。史載：「淮南厲王長，高帝少子也，其母故趙王張敖

〔註34〕《南史》卷5《齊廢帝東昏侯紀》，頁154～155。
〔註35〕《南史》卷51《臨川王宏傳附正德傳》，頁1282。
〔註36〕《漢書》卷97《外戚傳・高祖呂皇后傳》，頁3937～2938。

美人。高帝八年（西元前 199 年），從東垣過趙，趙王獻美人，厲王母也，幸，有身。……王早失母，常附呂后，孝惠、呂后時以故得幸無患，然常心怨辟陽侯，不敢發。及孝文初即位，自以爲最親，驕蹇，數不奉法。上寬赦之。三年，入朝，甚橫。從上入苑獵，與上同輦，常謂上『大兄』。……當是時，自薄太后及太子諸大臣皆憚厲王，厲王以此歸國益恣，不用漢法，出入警蹕，稱制，自作法令，數上書不遜順。」〔註 37〕淮南王以親貴自許，其驕恣之狀也許是歷史的事實，但是更具可能性的則是上述淮南王的種種犯上情節祇是漢文帝爲消除心腹之患而羅織的罪名。孝文帝對淮南王的忌憚和後來以參與謀逆的罪名逮捕劉長並最終導致其不食而死的政治用心和深層原因，在民間爲此事所作的歌謠和漢文帝自己的政治表白裏倒還是可以略窺一二的。史載漢文帝十二年（西元前 168 年），「民有作歌歌淮南王曰：『一尺布，尚可縫；一斗粟，尚可春。兄弟二人，不相容！』上聞之曰：『昔堯、舜放逐骨肉，周公殺管、蔡，天下稱聖，不以私害公。天下豈以爲我貪淮南地邪！』」〔註 38〕這就表明，漢文帝和淮南王劉長之間的矛盾，並非普通的意氣之爭，其兄弟二人不相容的根本原因，還在於皇位的歸屬和對土地人民的統治權之爭。在漢代，圍繞著某一政治事件而產生眾多歌謠的情況，還有王莽代漢事件。王莽爲了代漢，廣泛利用祥瑞災異現象和五德終始學說，不斷地神化和美化自己，來創造禪漢的政治和社會輿論，並由大司馬、安漢公、宰衡、眞皇帝到皇帝而一步步地走上權力頂峰，最終建立新朝，取代西漢政權。但是，王莽代漢並不是一帆風順的，他不僅受到劉姓宗室勢力的反對和抵制，還受到擁護漢朝的地方大臣的反對，〔註 39〕而反對王莽代漢的社會輿論也因此油然而生。比如《漢書・五行志》就記載說：「元帝時童謠曰：『井水溢，滅竈煙，灌玉堂，流金門。』至成帝建始二年（西元前 31 年）三月戊子，北宮中井泉

〔註 37〕《漢書》卷 44《淮南厲王劉長傳》，頁 2135～2136。
〔註 38〕《漢書》卷 44《淮南厲王劉長傳》，頁 2144。
〔註 39〕《漢書・王莽傳》載，在王莽代漢以後不久，就有「東郡太守翟義都試，勒車騎，因發奔命，立嚴鄉侯劉信爲天子，移檄郡國，言莽『毒殺平帝，攝天子位，欲絕漢室，今共行天罰誅莽』。郡國疑惑，眾十餘萬。莽惶懼不能食，晝夜抱孺子告禱郊廟，放《大誥》作策，遣諫大夫桓譚等班於天下，諭以攝位當反政孺子之意。遣王邑、孫建等八將軍擊義，分屯諸關，守厄塞。槐里男子趙明、霍鴻等起兵，以和翟義，相與謀曰：『諸將精兵悉東，京師空，可攻長安。』眾稍多，至且十萬人，莽恐，遣將軍王奇、王級將兵拒之。」頁 4087～4088。此後，類似的反抗運動更不絕如縷，直至王莽新朝政權被推翻。

稍上，溢出南流，象春秋時先有鸜鵒之謠，而後有來巢之驗。」班固解釋說：「井水，陰也；竈煙，陽也；玉堂、金門，至尊之居，象陰盛而滅陽，竊有宮室之應也。王莽生於元帝初元四年（西元前 45 年），至成帝封侯，爲三公輔政，因以篡位。」〔註40〕又記載說「成帝時歌謠又曰：『邪徑敗良田，讒口亂善人。桂樹華不實，黃爵巢其顛。故爲人所羨，今爲人所憐。』」班固解釋說：「桂，赤色，漢家象。華不實，無繼嗣也。王莽自謂黃象，黃爵巢其顛也。」〔註41〕《後漢書・公孫述傳》也記載說：「是時，述廢銅錢，置鐵官錢，百姓貨幣不行。蜀中童謠言曰：『黃牛白腹，五銖當復。』好事者竊言王莽稱『黃』，述自號『白』，五銖錢，漢貨也，言天下並還劉氏。」〔註42〕另外，王莽爲了實現代漢的政治目標大樹黨羽，而許多大臣也趨附於王莽門下，爲其出謀劃策。這類大臣，也受到了人們的諷刺。比如《後漢書・彭寵傳》記載彭寵對劉秀講述說：「王莽爲宰衡時，甄豐且夕入謀議，時人語曰：『夜半客，甄長伯。』及莽篡位後，豐意不平，卒以誅死。」〔註43〕當時的著名學者劉歆等也投靠王莽，爲王莽代漢竭盡全力製造政治輿論，因而受到人們的辛辣諷刺。《漢書》記載說：「王莽時，劉歆、甄豐皆爲上公，莽既以符命自立，即位之後欲絕其原以神前事，而豐子尋、歆子棻復獻之。莽誅豐父子，投棻四裔，辭所連及，便收不請。時，雄校書天祿閣上，治獄使者來，欲收雄，雄恐不能自免，乃從閣上自投下，幾死。莽聞之曰：『雄素不與事，何故在此？』間請問其故，乃劉棻嘗從雄學作奇字，雄不知情。有詔勿問。然京師爲之語曰：『惟寂寞，自投閣；爰清靜，作符命。』」〔註44〕

　　魏晉南北朝時期，圍繞著政權轉換而發生的政治集團之間權力之爭和政治傾軋更爲常見，而同一政權內部的政權奪利的鬥爭也愈演愈烈，殘酷異常。這種政治鬥爭，在魏晉南北朝時期的歌謠俗語中也有很多的反映。魏晉禪代是魏晉南北朝時期一個重要的政治變局，圍繞著曹魏和司馬氏的權力鬥爭，大臣們也形成了分屬於曹氏和司馬氏的政治黨派集團。這兩個政治集團的鬥爭，在當時的歌謠中也有所反映。比如《晉書・宣帝紀》記載：「曹爽

〔註40〕《漢書》卷27《五行志》中之上，頁1395。
〔註41〕《漢書》卷27《五行志》中之上，頁1396。
〔註42〕《後漢書》卷13《公孫述傳》，頁537～538。
〔註43〕《後漢書》卷12《彭寵傳》，頁503。
〔註44〕《漢書》卷87《揚雄傳》下，頁3584。

用何晏、鄧颺、丁謐之謀，遷太后於永寧宮，專擅朝政，兄弟並典禁兵，多樹親黨，屢改制度。帝（司馬懿）不能禁，於是與爽有隙。五月，帝稱疾不與政事。時人為之謠曰：『何、鄧、丁，亂京城。』」〔註45〕又《三國志·曹爽傳》注記載：「曹爽宿與（丁謐）相親，時爽為武衛將軍，數為帝稱其可大用。會帝崩，爽輔政，乃拔謐為散騎常侍，遂轉尚書。謐為人外似疏略，而內多忌。其在臺閣，數有所彈駁，臺中患之，事不得行。又其意輕貴，多所忽略，雖與何晏、鄧颺等同位，而皆少之，唯以勢屈於爽。爽亦敬之，言無不從。故於時謗書，謂『臺中有三狗，二狗崖柴不可當，一狗憑默作疽囊。』三狗，謂何、鄧、丁也。默者，爽小字也。其意言三狗皆欲齧人，而謐尤甚也。」〔註46〕這兩則史料所記載的歌謠，反映的是同樣的問題，即以曹爽為代表的曹氏集團當政時期，在與司馬氏集團鬥爭中形成的政治黨派。又《三國志·夏侯玄傳》注記載「正始中，（李豐）遷侍中尚書僕射。……初，豐子韜以選尚公主，豐雖外辭之，內不甚憚也。豐弟翼及偉，仕數歲間，並歷郡守。豐嘗於人中顯誡二弟，言當用榮位為□。及司馬宣王久病，偉為二千石，荒於酒，亂新平、扶風二郡而豐不召，眾人以為恃寵。曹爽專政，豐依違二公間，無有適莫，故於時有謗書曰：『曹爽之勢熱如湯，太傅父子冷如漿，李豐兄弟如游光。』其意以為豐雖外示清淨，而內圖事，有似於游光也。」〔註47〕這首歌謠形象地反映出曹爽當政時期曹氏與司馬氏集團的不同政治表現，也說明了在政治鬥爭的漩渦中，沒有所謂的超黨派的第三者。李豐父子雖然表面上擺出一副超然的政治態度，但因為豐子韜尚公主的緣故，實際上早已因政治婚姻的關係黨附於曹氏集團。因此，在司馬氏通過高平陵政變奪權以後，李豐父子並未被司馬氏集團立刻接受，還面臨著重新選擇政治立場的嚴峻問題。史載：「及宣王奏誅爽，住車闕下，與豐相聞，豐怖，遽氣索，足委地不能起。至嘉平四年（252年）宣王終後，中書令缺，大將軍諮問朝臣：『誰可補者？』或指向豐。豐雖知此非顯選，而自以連婚國家，思附至尊，因伏不辭，遂奏用之。」〔註48〕兩晉時期，統治者之間最為典型的政治鬥爭則是桓玄因篡位而與東晉政權和擁立司馬氏的大臣們之間展開的

〔註45〕《晉書》卷1《宣帝紀》，頁16。
〔註46〕《三國志》卷9《魏書·曹真傳附桓範傳》注引《魏略》，頁289。
〔註47〕《三國志》卷9《魏書·夏侯尚傳附子玄傳》注引《魏略》，頁301。
〔註48〕《三國志》卷9《魏書·夏侯尚傳附子玄傳》注引《魏略》，頁301。

政治和軍事角逐。《晉書·五行志》記載：「庾楷鎮歷陽，百姓歌曰：『重羅黎，重羅黎，使君南上無還時。』後楷南奔桓玄，爲玄所誅。」又記載說：「殷仲堪在荊州，童謠曰：『芒籠目，繩縛腹。殷當敗，桓當復。』未幾而仲堪敗，桓玄遂有荊州。」〔註49〕又《續安帝紀》記載：「司馬休之兄尚，爲桓玄所敗，休之奔淮泗，頗得彼之人心，從者爲之歌曰：可憐司馬公，作性甚溫良，憶昔水邊戲，使我不能忘。」〔註50〕這幾首歌謠反映的就是桓玄爲奪取帝位而剪除東晉實力派大臣的史實。《宋書·五行志》記載的另外幾首歌謠，則反映了桓玄篡晉政治鬥爭的殘酷和造成的社會災難。史載：「桓玄得志，童謠曰：『長干巷，巷長干。今年殺郎君，明年斬諸桓。』及玄走而諸桓悉誅焉。郎君，司馬元顯也。」又載：「晉安帝隆安中，民忽作《懊惱歌》，其曲中有『草生可攬結，女兒可攬抱』之言。桓玄既篡居天位，義旗以三月二日掃定京都，玄之宮女及逆黨之家子女伎妾，悉爲軍賞。東及甌、越，北流淮、泗，皆人有所獲焉。」《宋書·五行志》還記載說：「桓玄既篡，童謠曰：『草生及馬腹，烏啄桓玄目。』及玄敗走至江陵，五月中誅，如其期焉。桓玄時，民謠語云：『徵鍾落地桓迸走。』徵鍾，至穢之服；桓，四體之下稱。玄自下居上，猶徵鍾之廁歌謠，下體之詠民口也。而云『落地』，墜地之祥，迸走之言，其驗明矣。」〔註51〕正因如此，桓玄必然失敗的命運就昭然若揭了，以至在童謠中就有類似的反映：《太平廣記》記載：「東晉桓玄時，朱雀門下，忽有兩小兒，通身如墨，相和作《芒籠歌》，路邊小兒從而和之數十人。歌云：『芒籠茵，繩縛腹。車無軸，倚孤木』聲甚哀楚，聽者忘歸。日既夕，二小兒還入建康縣，至閣下，遂成一雙漆鼓槌。鼓吏列云：『槌積久，比恒失之而復得，不意作人也。』明年春而桓玄敗。言『車無軸，倚孤木』，『桓』字也。荊州送玄首，用敗籠茵包裹之，又以芒繩束縛其屍，沈諸江中。悉如童謠所言爾。」〔註52〕

南朝時期，統治者之間圍繞皇權爭奪和權力傾軋的政治鬥爭也不斷髮生，這在當時的歌謠中也有持續的反映。比如《南史·檀道濟傳》記載：「道濟立功

〔註49〕《晉書》卷28《五行志》中，頁847。

〔註50〕《藝文類聚》卷19《人部·謳謠》，頁350。

〔註51〕《宋書》卷31《五行志》，頁918～919。

〔註52〕《太平廣記》卷第368《精怪·桓玄》，出《續齊諧記》，中華書局，1961年版，頁2926。

前朝，威名甚重，左右腹心並經百戰，諸子又有才氣，朝廷疑畏之。時人或目之曰：『安知非司馬仲達也。』文帝寢疾累年，屢經危殆，領軍劉湛貪執朝政，慮道濟爲異說，又彭城王義康亦慮宮車晏駕，道濟不復可制。（元嘉）十二年（435年），上疾篤，會魏軍南伐，召道濟入朝。其妻向氏曰：『夫高世之勳，道家所忌，今無事相召，禍其至矣。』及至，上已間。十三年春，將遣還鎮，下渚未發，有似鵁鳥集船悲鳴。會上疾動，義康矯詔召入祖道，收付廷尉，及其子給事黃門侍郎植、司徒從事中郎粲、太子舍人混、征北主簿承伯、秘書郎中尊等八人並誅。時人歌曰：『可憐白浮鳩，枉殺檀江州。』道濟死日，建鄴地震白毛生。又誅司空參軍薛肜、高進之，並道濟心腹也。」〔註53〕又《異苑》記載：「檀道濟，元嘉中鎮尋陽。十二年，入朝，與家人分別，顧瞻城闕，欷歔逾深。識者是知道濟之不南旋也，故時人爲其歌曰：『生人作死別，荼毒當奈何？』濟將發舟，所養孔雀來衛其衣，驅去復至，如此數焉。以十三年三月伏誅。」〔註54〕這則史料反映的也是同一史實。劉宋時期，統治者不僅對掌握軍政權力的大臣無端猜疑，大肆誅殺，最高統治者之間的鬥爭更是你死我活，殘酷無情。史載：「（宋文帝劉）義隆太子劭及始興王休明令女巫嚴道育咒詛義隆，事發，義隆憤愧自失，廢於政事。乃議黜劭殺休明，屢召尚書僕射徐湛之、吏部尚書江湛、侍中王僧綽等謀議。……休明母潘有寵於義隆，義隆以廢立之謀告之。潘請赦，弗許，遂告休明。休明馳報劭，劭知己當廢，遂夜召左右隊主陳叔兒、詹淑兒、齊帥張超之、任建之等總二千餘人被甲自衛。又召左衛率袁淑、中舍人殷仲素、左積弩將軍王正見，又呼左軍長史蕭斌。……明晨……超之等率十餘人走入雲龍門，拔刃徑登含章殿。義隆夜與徐湛之屏人閒語，時猶未訖，門戶並無侍衛。義隆迫急，以幾自鄣，兵刃交下，五指俱落。超之斬義隆，徐湛之爲亂兵所害。……劭弟駿，時爲江州刺史。……（與）司徒義宣、雍州刺史臧質、司州刺史魯爽同舉兵。駿以沈慶之、柳元景、宗慤爲前軍。駿諮議參軍顏竣專主軍謀。劭葬義隆，託疾不出。臧質子敦逃走，劭乃悉聚諸王及大臣徙入城內，移南岸百姓渡淮，貴賤皆被驅逼，建業淆亂。……駿至南洲，頓漂洲，令柳元景等擊劭，劭眾崩潰，奔走還宮。義恭單馬奔駿，勸即位。劭大怒，遣休明就西省殺義恭子南豐王朗等十二人。駿乃僭即大位於新亭。於是擒劭、休明，並梟首大桁，暴屍於市，經日壞爛，投之水中，男女妃妾一皆從戮。時人爲之語曰：『遙望建

〔註53〕《南史》卷15《檀道濟傳》，頁446～447。
〔註54〕《太平御覽》卷885《妖異部·怪》，頁3932。

康城，小江逆流縈，前見子殺父，後見弟殺兄。』」〔註55〕

　　侯景之亂是南朝蕭梁時期的重大歷史事件，也是當時統治者之間影響最大的政治鬥爭。這在歌謠中也有大量的反映。如《梁書・侯景傳》記載說：「普通中，童謠曰：『青絲白馬壽陽來。』後景果乘白馬，兵皆青衣。所乘馬，每戰將勝，輒蹢躅嘶鳴，意氣駿逸，其奔衄，必低頭不前。」〔註56〕而《南史・侯景傳》也記載說：「於時（侯）景修飾臺城及朱雀、宣陽等門，童謠曰：『的脰烏，拂朱雀，還與吳。』又曰：『脫青袍，著芒屩，荊州天子挺應著。』時都下王侯庶姓五等廟樹，咸見殘毀，唯文宣太后廟四周柏樹獨鬱茂。及景篡，修南郊路，偽都官尚書呂季略說景令伐此樹以立三橋。始斫南面十餘株，再宿悉枿生，便長數尺。時既冬月，翠茂若春。賊乃大驚惡之，使悉斫殺。識者以為昔僵柳起於上林，乃表漢宣之興，今廟樹重青，必彰陝西之瑞。又景床東邊香爐無故墮地，景呼東西南北皆謂為廂，景曰：『此東廂香爐那忽下地。』議者以為湘東軍下之征。」〔註57〕又說：「及景將敗，有僧通道人者，意性若狂，飲酒噉肉，不異凡等。……人並呼為闍梨。景甚信敬之。……景後又宴集其黨，又召僧通。僧通取肉搵鹽以進景，問曰：『好不？』景答：『所恨大鹹。』僧通曰：『不鹹則爛。』及景死，僧辯截其二手送齊文宣，傳首江陵，果以鹽五斗置腹中，送於建康，暴之於市。……首至江陵，元帝命梟於市三日，然後煮而漆之，以付武庫。先是江陵謠言：『苦竹町，市南有好井。荊州軍，殺侯景。』及景首至，元帝付諮議參軍李季長宅，宅東即苦竹町也。既加鼎鑊，即用市南井水焉。」〔註58〕

　　北朝時期，統治者之間的政治鬥爭也時有發生，有的時候還很激烈，這在歌謠中也有相當的反映。比如《魏書・元禧傳》記載，北魏高祖崩後，咸陽王元禧受遺詔輔政。元禧「雖為宰輔之首，而從容推委，無所是非，而潛受賄賂，陰為威惠者，禧特甚焉。……禧性驕奢，貪淫財色，姬妾數十，意尚不已，衣被繡綺，車乘鮮麗，猶遠有簡娉，以恣其情。由是昧求貨賄，奴婢千數，田業鹽鐵遍於遠近，臣吏僮隸，相繼經營。世宗頗惡之。……世宗（宣武帝拓跋恪）既覽政，禧意不安。而其國齊帥劉小苟，每稱左右言欲誅禧。禧聞而歎曰：『我不負心，天家豈應如此！』由是常懷憂懼。加以趙修

〔註55〕　《魏書》卷103《島夷劉裕傳》，頁2140～2142。
〔註56〕　《梁書》卷56《侯景傳》，頁862。
〔註57〕　《南史》卷80《賊臣傳・侯景傳》，頁2013。
〔註58〕　《南史》卷80《賊臣傳・侯景傳》，頁2016～2017。

專寵，王公罕得進見。禧遂與其妃兄兼給事黃門侍郎李伯尚謀反。……俄而禧被擒獲，送華林都亭。世宗親問事源，著千斤鎖格龍虎，羽林掌衛之。……遂賜死私第。其宮人歌曰：『可憐咸陽王，奈何作事誤。金床玉幾不能眠，夜蹋霜與露。洛水湛湛彌岸長，行人那得渡。』其歌遂流至江表，北人在南者，雖富貴，弦管奏之，莫不灑泣。同謀誅斬者數十人，潛瘞禧於北邙。絕其諸子屬籍。」〔註59〕這則史料和歌謠所反映的就是北魏宣武帝拓跋恪為了集權而掃除先帝所置輔政大臣的事實。《北史‧尒朱彥伯傳》記載：尒朱榮的從弟爾朱彥伯，是爾朱氏集團的重要成員，仕位顯赫。及至高歡起兵反對爾朱氏集團，尒朱彥伯也難逃覆亡的命運。史載：「（尒朱）天光等敗於韓陵，彥伯欲領兵屯河橋，世隆不從。及張勸等掩襲世隆，……彥伯狼狽出走，為人所執。尋與世隆同斬於閶闔門外，縣首於斛斯椿門樹，傳於神武。先是洛中謠曰：『三月末，四月初，揚灰簸土覓真珠。』又曰：『頭去項，腳根齊，驢上樹，不須梯。』至是並驗。」〔註60〕《北史‧孝武帝紀》記載說：「神武之入洛也，爾朱仲遠部下都督橋寧、張子期自滑臺歸命，神武以其助亂，且數反覆，皆斬之。斛斯椿由是內不自安，乃與南陽王寶炬及武衛將軍元毗、魏光、王思政構神武於魏帝。舍人元士弼又奏神武受敕大不敬，故魏帝心貳於賀拔岳。初，孝明之時，洛下以兩拔相擊，謠言：『銅拔打鐵拔，元家世將末』。好事者以二拔謂拓拔、賀拔，言俱將衰敗之兆。」〔註61〕這首謠言反映了北魏政權在高歡的武力威逼之下搖搖欲墜的政治命運。《北齊書‧神武帝紀》還記載說，北魏政權分裂以後，高歡擁立孝靜帝建立北齊政權，「神武以孝武既西，恐逼崤、陝，洛陽復在河外，接近梁境，如向晉陽，形勢不能相接，乃議遷鄴，……詔下三日，車駕便發，戶四十萬狼狽就道。……自是軍國政務，皆歸相府。先是童謠曰：『可憐青雀子，飛來鄴城裏，羽翮垂欲成，化作鸚鵡子。』好事者竊言，雀子謂魏帝清河王子，鸚鵡謂神武也。」〔註62〕《北史‧孝武帝紀》還記載說，北魏孝武帝拓跋修永熙三年（534年）：「宇文泰使元氏諸王取明月殺之。帝不悅，或時彎弓，或時推案，君臣由此不安平。閏十二月癸巳，潘彌奏言：『今日當甚有急兵。』其夜，帝在逍遙園宴阿至羅，顧侍臣曰：『此處彷彿華林園，使人聊增淒怨。』命取所乘波

〔註59〕　《魏書》卷25《獻文六王傳‧咸陽王禧傳》，頁537～539。
〔註60〕　《北史》卷48《尒朱彥伯傳》，頁1767。
〔註61〕　《北史》卷6《高祖神武帝紀》，頁218。
〔註62〕　《北齊書》卷2《神武帝紀》，頁18。

斯騮馬，使南陽王躍之。將攀鞍，蹶而死，帝惡之。日晏還宮，至後門，馬驚不前，鞭打入。謂潘彌曰：『今日幸無他不？』彌曰：『過夜半則大吉，』須臾，帝飲酒，遇鴆而崩，時年二十五。……始宣武、孝明間謠曰：『狐非狐，貉非貉，焦梨狗子齧斷索。』識者以爲索謂本索發，焦梨狗子指宇文泰，俗謂之黑獺也。」〔註63〕這則歌謠所反映的則是宇文泰爲奪取西魏政權而弒殺孝武帝的史實，反映了西魏後期統治者圍繞政權之爭而進行的政治鬥爭的殘酷。其實，北朝時期統治者之間的政治矛盾和鬥爭，不僅在政權更替之際會集中地爆發，在新政權建立或穩固之後，統治者之間圍繞權力爭奪而進行的鬥爭也會不可避免地發生，有時也十分激烈。比如《北齊書・上洛王思宗子元海傳》記載：「初孝昭之誅楊愔等，謂武成云：『事成，以爾爲皇太弟。』及踐祚，乃使武成在鄴主兵，立子百年爲皇太子，武成甚不平。先是，恒留濟南於鄴，除領軍庫狄伏連爲幽州刺史，以斛律豐樂爲領軍，以分武成之權。武成留伏連而不聽豐樂視事。乃與河南王孝瑜偽獵，謀於野，暗乃歸。先是童謠云：『中興寺內白鳧翁，四方側聽聲雍雍，道人聞之夜打鐘。』時丞相府在北城中，即舊中興寺也。鳧翁，謂雄雞，蓋指武成小字步落稽也。道人，濟南王小名。打鐘，言將被擊也。」〔註64〕總之，北朝時期，或者說整個兩漢魏晉南北朝時期統治者之間頻發的政治鬥爭，眞如同自然界裏豺狼虎豹等獸類爲爭奪食物和地盤而發生的相互追逐和撕咬一般殘酷，這種鬥爭，也恰恰可以用《隋書・五行志》裏所記載的一首歌謠來概括，這就是：「狐截尾，你欲除我我除你。」〔註65〕

　　兩漢魏晉南北朝時期的政治性歌謠，還有比較特殊的兩類，即政治預言型和政治知識型歌謠。這兩類歌謠雖然內容不同，但由於篇幅的限制，這裡放在一起來加以敘述。

　　政治預言性歌謠，即特定人士或社會群體，出於不同的政治目的或政治態度，根據政治形勢的變化和社會發展的趨勢，通過歌謠的形式對將要發生的政治事件作出預測或暗示。這類歌謠，通常不同於人們對某種已經發生的政治事件的形爲「先見之明」而實爲既往追述式的歌謠概括，而應該是人們

〔註63〕 《北史》卷5《魏紀・孝武帝紀》，頁174。
〔註64〕 《北齊書》卷14《上洛王思宗子元海傳》，頁183。
〔註65〕 《隋書》卷22《五行志》說：「〔北齊〕武平元年，童謠曰：『狐截尾，你欲除我我除你。』其年四月，隴東王胡長仁謀遣刺客殺和士開，事露，反爲士開所譖死。」頁638。

根據特定的政治和社會氛圍產生的預感或做出的預測。大體上，史籍在記載此類歌謠時，還需要給以特別的解釋，才能夠明瞭其所包涵或要預示的內容。當然，在史籍記載的眾多預言性歌謠中，要明確無誤地辨認和舉證這類歌謠，是很有難度的。因此本文所舉例證，亦容或有誤。

政治預言類歌謠在史籍中記載很多，比如《後漢書・公孫述傳》記載說：東漢建武六年（30 年），「（公孫）述廢銅錢，置鐵官錢，百姓貨幣不行。蜀中童謠言曰：『黃牛白腹，五銖當復。』好事者竊言王莽稱『黃』，述自號『白』，五銖錢，漢貨也，言天下並還劉氏。」〔註66〕這首歌謠一方面反映了公孫述廢除銅錢給民眾經濟生活帶來的不便，另一方面也說明，在東漢初期的政治形勢下，人們企盼國家統一，社會安定，分裂割據是不得人心的。又《後漢書・五行志》記載說：「靈帝中平中，京都歌曰：『承樂世董逃，遊四郭董逃，蒙天恩董逃，帶金紫董逃，行謝恩董逃，整車騎董逃，垂欲發董逃，與中辭董逃，出西門董逃，瞻宮殿董逃，望京城董逃，日夜絕董逃，心摧傷董逃。』案『董』謂董卓也，言雖跋扈，縱其殘暴，終歸逃竄，至於滅族也。」又說：「獻帝踐祚之初，京都童謠曰：『千里草，何青青。十日卜，不得生。』案千里草為董，十日卜為卓。凡別字之體，皆從上起，左右離合，無有從下發端者也。今二字如此者，天意若曰：卓自下摩上，以臣陵君也。青青者，暴盛之貌也。不得生者，亦旋破亡。」〔註67〕這兩首歌謠也反映了東漢末年民眾對董卓在政治上所做出的種種「天地所不祐，人神所同疾」的倒行逆施的憤恨和渴望其早日覆亡的心態，所以，當董卓死後，才會出現「長安士庶咸相慶賀」〔註68〕的局面。

又《宋書・五行志》記載說：「魏明帝太和中，京師歌《兜鈴曹子》，其唱曰：『其奈汝曹何。』此詩妖也。其後曹爽見誅，曹氏遂廢。魏明帝景初中，童謠曰：『阿公阿公駕馬車，不意阿公東渡河。阿公東還當奈何！』及宣王平遼東，歸至白屋，當還鎮長安。會帝疾篤，急召之。乃乘追鋒車東渡河，終翦魏室，如童謠之言也。」〔註69〕按照史籍記載的時間，這兩首在社會流傳的時間都在魏明帝當政時期，其時司馬懿已經成為曹魏政權的重要謀臣，又掌握軍權，擔任獨當一面的軍事首領。他通過防吳、拒蜀的戰功，由撫軍大將軍升大將軍，

〔註66〕　《後漢書》卷 13《公孫述傳》，頁 537。
〔註67〕　《後漢書》卷 113《五行志》，頁 3284～2285。
〔註68〕　《三國志》卷 6《魏書・董卓傳》，頁 179。
〔註69〕　《宋書》卷 31《五行志》，頁 912。

又遷太尉，司馬氏的權力開始坐大。魏明帝曹叡臨死前又遺命馬司懿與曹爽共同輔政，拉開了其後司馬氏集團與曹氏集團鬥爭的序幕。另外，這兩首歌謠在內容上也較爲模糊，不像史籍中所記載的大量的爲迎合某個新政權而特別附會的讖緯謠言一樣一望而知出於某些特殊政治集團人士的僞託。因此，這兩首歌謠應該屬於本文所界定的政治預言型歌謠。《三國志・孫權傳》載，黃龍元年（222年）夏四月丙申，孫權即帝位。「初，興平中（漢獻帝劉協年號，194～196年），吳中童謠曰：『黃金車，班蘭耳，闔昌門，出天子。』」〔註70〕按在孫權稱帝之前，曹丕和劉備已經分別於 220 年和 221 年於洛陽和成都稱帝，因此，孫權的稱帝也就在人的意料之中了，人們即是將這首流傳於漢末的歌謠看作是孫權稱帝的徵兆。《晉書・五行志》又記載說：「咸康二年（336 年）十二月，河北謠云：『麥入土，殺石武。』後如謠言。」又記載說：「太和末（370 年左右），童謠曰：『犁牛耕御路，白門種小麥。』及海西公被廢，百姓耕其門以種小麥，遂如謠言。」〔註71〕這兩首童謠，一首反映了民眾對石虎暴政的厭惡，一首則反映了桓溫專權後對在位皇帝權位的威脅，都具有很深的現實政治基礎。魏晉南北朝時期，有的歌謠雖然是特殊人士所爲，但其表達的是對現實政治的希望或預測，也具有政治預言的特點。比如《宋書・五行志》記載：「司馬元顯時，民謠詩云：『當有十一口，當爲兵所傷。木互當北度，走入浩浩鄉。』又云：『金刀既以刻，娓娓金城中。』此詩云襄陽道人竺曇林所作，多所道，行於世。孟顗釋之日，『十一口』者，玄字象也；『木互』，桓也。桓氏當悉走入關、洛，故云『浩浩鄉』也。『金刀』，劉也。倡義諸公，皆多姓劉。『娓娓』，美盛貌也。」〔註72〕竺曇林所作的這首歌謠則反映了桓玄篡晉的史實，及東晉政府在利用地方實力集團對抗桓玄的過程中，以劉裕爲代表的京口武力集團勢力的興起。又《南史・陳本紀》云：「梁末童謠云：『可憐巴馬子，一日行千里。不見馬上郎，但見黃塵起。黃塵汙人衣，皂莢相料理。』及僧辯滅，群臣以謠言奏聞，曰：僧辯本乘巴馬以擊侯景，馬上郎，王字也，塵謂陳也；而不解皂莢之謂。既而陳滅於隋，說者以爲江東謂殺羊角爲皂莢，隋氏姓楊，楊，羊也，言終滅於隋。然則興亡之兆，蓋有數云。」〔註73〕以李延壽等爲代表的古代史臣不能夠清楚地認識到

〔註70〕《三國志》卷 47《吳主傳・孫權傳》，頁 1134。
〔註71〕《晉書》卷 28《五行志》中，頁 846、847。
〔註72〕《宋書》卷 31《五行志》二，頁 919。
〔註73〕《南史》卷 10《陳本紀》，頁 311～212。

取亂侮亡的道理，看不出南北實力的差距和南朝的誅殺大臣等政治鬥爭和內耗才是南朝滅於隋朝的眞正原因，而把王僧辯的被殺和陳朝的滅亡都看作是天命使然。但這首歌謠，卻爲人們反思此類政治興亡的問題提供了一個很好的引入點。北朝時期，也有不少這樣的政治預言型歌謠。比如，《北齊書・文襄帝紀》載，武定五年（547 年），高歡崩。七月戊戌。魏帝詔以高澄爲渤海王。七月，高澄還晉陽。辛卯，遇盜而殂，時年二十九。前此，「時有童謠曰：『百尺高竿摧折，水底燃燈燈滅。』識者以爲王將殂之兆也。數日前，崔季舒無故於北宮門外諸貴之前誦鮑明遠詩曰：『將軍既下世，部曲亦罕存。』聲甚淒斷，淚不能已，見者莫不怪之。」〔註74〕又《樂府詩集》載《邯鄲郭公歌》說：「邯鄲郭公九十九，技兩漸盡入膝口。大兒緣高岡，雉子東南走。不信吾言時，當看歲在酉。」對於這首歌謠，《樂府廣題》解釋其本事說：「北齊後主高緯，雅好傀儡，謂之郭公。時人戲爲《郭公歌》。及將敗，果營邯鄲。高郭聲相近。九十九，末數也。膝口，鄧林也。大兒，謂周帝，太祖子也。高岡，後主姓也。雉雞類，武成小字也。後敗於鄧林，盡如歌言，蓋語妖也。」〔註75〕總之，兩漢魏晉南北朝時期政治動蕩和紛爭不斷，自然爲這類政治預言型歌謠的產生提供了適宜的政治環境和社會土壤。

兩漢魏晉南北朝時期的政治性歌謠俗語中，有一類歌謠是對爲政之道的經驗總結，可以稱之爲政治知識型歌謠俗語。這類歌謠以提供做官和爲政之道爲目的，把很多官吏的從政經驗和政治教訓濃縮在一兩句簡明的歌謠俗語裏，供人借鑒。這類歌謠俗語也是頗具意味的。

《漢書・賈誼傳》記載，漢文帝時，賈誼看到當時「天下初定，制度疏闊。諸侯王僭擬，地過古制，淮南、濟北王皆爲逆誅。」於是數上疏陳政事，多所欲匡建。爲了闡明借鑒歷代統治經驗的的重要性，賈誼在奏疏中說：「鄙諺曰：『不習爲吏，視已成事。』又曰：『前車覆，後車誡。』夫三代之所以長久者，其已事可知也；然而不能從者，是不法聖智也。秦世之所以亟絕者，其轍迹可見也；然而不避，是後車又將覆也。夫存亡之變，治亂之機，其要在是矣。」〔註76〕《史記・韓長孺列傳》載，漢景帝時，公孫詭、羊勝使人刺殺吳故相袁

〔註74〕《北齊書》卷 3《文襄帝紀》，頁 37。

〔註75〕〔宋〕郭茂倩編《樂府詩集》卷 87《雜歌謠辭》五，中華書局，1979 年版，頁 1220～1221。

〔註76〕《漢書》卷 48《賈誼傳》，頁 2230、2251。

盎，以此要挾讓梁孝王爲帝太子並益梁國封地，景帝知道此事後，遣使到梁國捉捕詭、勝，但梁孝王卻寵愛這兩人，藏匿不予。結果「漢使十輩至梁，相以下舉國大索，月餘不得。」梁國內史韓安國聞知此事後，入見梁王而泣曰：「『主辱臣死。大王無良臣，故事紛紛至此。今詭、勝不得，請辭賜死。』王曰：『何至此？』安國泣數行下，曰：『大王自度於皇帝，孰與太上皇之與高皇帝及皇帝之與臨江王親？』孝王曰：『弗如也。』安國曰：『夫太上、臨江親父子之間，然而高帝曰『提三尺劍取天下者朕也』，故太上皇終不得制事，居於櫟陽。臨江王，適長太子也，以一言過，廢王臨江；用宮垣事，卒自殺中尉府。何者？治天下終不以私亂公。語曰：『雖有親父，安知其不爲虎？雖有親兄，安知其不爲狼？』今大王列在諸侯，悅一邪臣浮說，犯上禁，橈明法。天子以太后故，不忍致法於王。太后日夜涕泣，幸大王自改，而大王終不覺寤。有如太后宮車即晏駕，大王尚誰攀乎？』」〔註77〕結果梁王聽了韓安國的話後，馬上悔悟，詭、勝自殺而梁事得釋。在這次事件中，韓安國就是利用「雖有親父，安知其不爲虎？雖有親兄，安知其不爲狼？」的俗語而對梁王曉以「治天下終不以私亂公」的道理，並取得良好效果的。又《漢書·劉輔傳》載：漢成帝欲立趙婕妤爲皇后，先下詔封婕妤父臨爲列侯，襄賁令劉輔上書言：「臣聞天之所與，必先賜以符瑞；天之所違，必先降以災變：此神明之征應，自然之占驗也。……況於季世，不蒙繼嗣之福，屢受威怒之異者虖！雖夙夜自責，改過易行，畏天命，念祖業，妙選有德之世，考卜窈窕之女，以承宗廟，順神祇心，塞天下望，子孫之詳猶恐晚暮，今乃觸情縱欲，傾於卑賤之女，欲以母天下，不畏於天，不愧於人，惑莫大焉。里語曰：『腐木不可以爲柱，卑人不可以爲主。』天人之所不予，必有禍而無福，市道皆共知之……唯陛下深察。」〔註78〕劉輔在奏疏中，所要講的道理，集中起來就是帝王選拔官員和冊封后妃，都要依照嚴格的貴賤等級來行事，而「腐木不可以爲柱，卑人不可以爲主」的俗語，正是對這個道理的最形象地概括。

在魏晉南北朝時期的歷史上，還有不少人用歌謠俗語的形式對帝王加以曉喻。比如，東漢末年，軍閥混戰，曹操挾天子以令諸侯，而袁紹在河北也擁兵自重。後袁紹出長子譚鎮青州，欲令其諸兒各據一州，以強其威勢。袁紹的謀士沮授認爲不可。史載：「授諫辭曰：『世稱一兔走衢，萬人逐之，一

〔註77〕《史記》卷108《韓長孺列傳》，頁2859～2860。
〔註78〕《漢書》卷77《劉輔傳》，頁3251～2252。

人獲之，貪者悉止，分定故也。且年均以賢，德均則卜，古之制也。原上惟先代成敗之戒，下思逐兔分定之義。』紹曰：『孤欲令四兒各據一州，以觀其能。』授出曰：『禍其始此乎！』」〔註79〕在勸阻袁紹的不明智的舉動時，沮授就用「一兔走衢，萬人逐之，一人獲之，貪者悉止」的俗語來說明君臣名分的重要性，而不可使多人各擁強兵，互不統屬。《三國志・王粲傳》則記載：「（陳）琳前為何進主簿。進欲誅諸宦官，太后不聽，進乃召四方猛將，並使引兵向京城，欲以劫恐太后。琳諫進曰：『易稱『即鹿無虞』。諺有『掩目捕雀』。夫微物尚不可欺以得志，況國之大事，其可以詐立乎？」〔註80〕陳琳用「掩目捕雀」的俗諺指出在政治上使用詐術的危險。《三國志・杜周傳》也記載說，蜀漢劉禪時期，軍旅數出，百姓雕瘁，杜周與尚書令陳祗論其利害，退而著《仇國論》以闡述自己的政見。其中說：「今我與肇建皆傳國易世矣，既非秦末鼎沸之時，實有六國並據之勢，故可為文王，難為漢祖。夫民疲勞則騷擾之兆生，上慢下暴則瓦解之形起。諺曰：『射幸數跌，不如審發。』是故智者不為小利移目，不為意似改步，時可而後動，數合而後舉，故湯、武之師不再戰而克，誠重民勞而度時審也。」〔註81〕認為諸葛亮主動出擊，攻打魏國的舉動沒有審時度勢，不符合當時各國只能分立而難以統一的形勢。而在講述這一看法時，杜周就很好地利用了「射幸數跌，不如審發」的俗諺來支援自己的觀點。又《三國志・孫奮傳》載，孫權子孫奮被立為齊王，居武昌。孫權死後，太傅諸葛恪不欲諸王處江濱兵馬之地，乃徙奮於豫章。奮怒，不從命。諸葛恪上箋諫曰：「帝王之尊，與天同位，是以……仇讎有善，不得不舉，親戚有惡，不得不誅……昔漢初興，多王子弟，至於太強，輒為不軌，上則幾危社稷，下則骨肉相殘，其後懲戒，以為大諱。自光武以來，諸王有制，惟得自娛於宮內，不得臨民，干與政事，其與交通，皆有重禁，遂以全安，各保福祚。此則前世得失之驗也。近袁紹、劉表各有國土，土地非狹，人眾非弱，以適庶不分，遂滅其宗祀。此乃天下愚智，所共嗟痛。大行皇帝覽古戒今，防芽遏萌，慮於千載。是以寢疾之日，分遣諸王，各早就國，詔策殷勤，科禁嚴峻，其所戒敕，無所不至，誠欲上安宗廟，下全諸王，使百世相承，無凶國害家之悔也。大王宜上惟太伯順父之志，中念河間獻王、

〔註79〕　《三國志》卷6《魏書・袁紹傳》注引《九州春秋》，頁195。
〔註80〕　《三國志》卷21《王粲傳》，頁600。
〔註81〕　《三國志》卷42《蜀書・杜周傳》，頁1029。

東海王強恭敬之節，下當裁抑驕恣荒亂以爲警戒。……里語曰：『明鏡所以照形，古事所以知今。』大王宜深以魯王爲戒，改易其行，戰戰兢兢，盡敬朝廷，如此則無求不得。」〔註82〕孫奮得箋後大懼，遂移南昌。在這則箋書裏，諸葛恪用前代國家和家族興亡的歷史經驗對孫奮曉以利害，指出其若不從命將要面臨的嚴重後果。其所引「明鏡所以照形，古事所以知今」的俗語，則說明了借鑒歷史經驗的重要性。又北魏世宗時期，蕭梁與北魏邊境紛爭不斷，戰火連綿不絕。時南朝蕭衍在位，政治和軍事實力都還算強大，而北魏世宗試圖派中山王英率軍南下鍾離，意欲攻打蕭梁，又詔安東將軍邢巒帥眾會之。邢巒在系統分析了敵我形勢後，認爲這種軍事計劃不妥，因此上書說：「蕭衍侵境，久勞王師，今者奔走，實除邊患。……今正宜修復邊鎮，俟之後動。且蕭衍尚在，凶身未除，螳螂之志，何能自息。唯應廣備以待其來，實不宜勞師遠入，自取疲困。今中山進軍鍾離，實所未解。……今若往也，彼牢城自守，不與人戰，城塹水深，非可填塞，空坐至春，則士自敝苦。遣臣赴彼，糧何以致？夏來之兵，不齎冬服，脫遇冰雪，取濟何方？臣寧荷怯懦不進之責，不受敗損空行之罪。……若信臣言也，願賜臣停；若謂臣難行，求回臣所領兵統，悉付中山，任其處分，臣求單騎隨逐東西。且俗諺云，耕則問田奴，絹則問織婢。臣雖不武，忝備征將，前宜可否，頗實知之。臣既謂難，何容強遣？」邢巒在上表中用「耕則問田奴，絹則問織婢」的俗諺來強調自己的專業身份和軍事權威，用以說明自己意見的正確性，收到了很好的效果，史載「巒累表求還，世宗許之。英果敗退，時人伏其識略。」〔註83〕又《魏書·高謙之傳》記載說：北魏時期高謙之爲正河陰令，他「在縣二年，損益治體，多爲故事。……舊制，二縣令得面陳得失，時佞倖之輩惡其有所發聞，遂共奏罷。謙之乃上疏曰：『……有國有家者，不患民不我歸，唯患政之不立，不恃敵不我攻，唯恃吾不可侮。此乃千載共遵，百王一致。且琴瑟不韻，知音改弦更張；騑驂未調，善御執轡成組。諺云：『迷而知反，得道不遠。』此言雖小，可以論大。」〔註84〕高謙之用「迷而知反，得道不遠」的古諺來說明保持縣令在皇帝面前面陳得失的舊制的必要性，以求爲基層官員把社會的真實情況彙報給皇帝留一條道路。

〔註82〕 《三國志》卷59《吳書·孫奮傳》，頁1373～1374。
〔註83〕 《魏書》卷70《邢巒傳》，頁1446。
〔註84〕 《魏書》卷82《高崇傳附子謙之傳》，頁1708～1710。

　　政治知識性歌謠俗語，不僅在正史中有較多的記載，在兩漢魏晉南北朝時期諸子的著作裏，更多有運用。比如《淮南子・齊俗訓》中就說：「亂世之法，高爲量而罪不及，重爲任而罰不勝，危爲禁而誅不敢。民困於三責，則飾智而詐上，犯邪而干免。故雖峭法嚴刑，不能禁其奸。何者？力不足也。故諺曰：『鳥窮則啄，獸窮則攫，人窮則詐。』此之謂也。」〔註85〕文中引用的諺語，就恰當地表達出在亂世雖用重法而不能阻止人們犯罪的道理。東漢王逸《意林・正部》在論述怎樣明審刑法時則說：「明刑審法，憐民惠下，生者不怨，死者不恨。諺曰：『政如冰霜，奸軌消亡，威如雷霆，寇賊不生。』」用這條諺語來說明嚴明刑法對於維護社會秩序的重要性。〔註86〕崔寔《政論》也曾經用：「一歲再赦，奴兒喑啞」的諺語來說明統治者不應該毫無原則地濫施恩惠，赦宥犯人，以免驕縱那些不軌之民。〔註87〕王符《潛夫論・救邊篇》在論述漢代的邊患時說：「乃者，邊害震如雷霆，赫如日月，而談者皆諱之，曰焱丼竊盜。淺淺善靖，俾君子怠，欲令朝廷以寇爲小，而不蚤憂，害乃至此，尚不欲救。諺曰：『痛不著身言忍之，錢不出家言與之。』假使公卿子弟有被羌禍，朝夕切急如邊民者，則競言當誅羌矣。」〔註88〕王符用一條諺語就把王公大臣們事不關己，高高掛起的官僚主義和掩蓋、漠視邊患及國家和民眾利益的醜陋政治形象刻畫無餘。類似的歌謠諺語在史籍中還有不少記載，茲不贅述。

　　軍事活動是政治鬥爭的延續，兩漢魏晉南北朝時期許多反映軍旅生活的歌謠俗語也可以看作是這一時期政治性歌謠的一部分。這類歌謠在兩漢魏晉南北朝時期也是比較豐富的。如《漢書・匈奴傳》載：高祖自將兵三十二萬。

〔註85〕　《淮南子》卷11《齊俗訓》，頁1256。見《二十二子》，上海古籍出版社，1986年版。

〔註86〕　逯欽立輯校《先秦漢魏晉南北朝詩・漢詩》卷8《雜歌謠辭・諺語》，中華書局，1983年版，頁233。

〔註87〕　《太平御覽》卷496《人事部・諺》下，頁2269。這種政治經驗，很受後世帝王的重視，比如《新唐書》卷62《刑法志》就記載說：「太宗以英武定天下，然其天姿仁恕。初即位，有勸以威刑肅天下者，魏徵以爲不可，因爲上言王政本於仁恩，所以愛民厚俗之意，太宗欣然納之，遂以寬仁治天下，而於刑法尤愼。四年，天下斷死罪二十九人。六年，親錄囚徒，閔死罪者三百九十人，縱之還家，期以明年秋即刑；及期，囚皆詣朝堂，無後者，太宗嘉其誠信，悉原之。然嘗謂群臣曰：『吾聞語曰：一歲再赦，好人暗啞。吾有天下未嘗數赦者，不欲誘民於倖免也。』」頁1409。

〔註88〕　《潛夫論箋校正・救邊》，〔漢〕王符著，〔清〕汪繼培箋，彭鐸校正。中華書局，1985年版，頁262。

擊韓王信。帝先至平城，步兵未盡到，冒頓精兵三十餘萬，圍帝於白登七日。漢兵中外不得救餉。軍士皆歌之曰：「平城之下亦誠苦。七日不食。不能彀弩。」〔註89〕後用陳平秘計得免。《三國志‧夏侯淵傳》載：夏侯淵「為將，赴急疾，常出敵之不意，故軍中為之語曰：『典軍校尉夏侯淵，三日五百，六日一千。』」〔註90〕《三國志‧典韋傳》則記載說：「（典韋）壯武，……好酒食，飲啖兼人，每賜食於前，大飲長歠，左右相屬，數人益乃供，太祖壯之。韋好持大雙戟與長刀等，軍中為之語曰：『帳下壯士有典君，提一雙戟八十斤。』」〔註91〕又《魏略》曰：「始太祖欲廣耳目，使盧洪、趙達二人主刺舉，洪、達多所陷入，故於時軍中為之語曰：『不畏曹公，但畏盧洪；盧洪尚可，趙達殺我。』」〔註92〕又《晉書‧杜預傳》載軍中為杜預謠說，太康元年（280 年），杜預與孫吳都督孫歆作戰，杜預遣部將周旨等「發伏兵，隨歆軍而入，歆不覺，直至帳下，虜歆而還。故軍中為之謠曰：『以計代戰一當萬。』」〔註93〕再如《樂府詩集》載軍中為汲桑謠說：「《後趙錄》曰：汲桑嘗事成都王司馬穎，穎之死也，桑聚眾劫掠郡縣，自稱大將軍。嘗六月盛暑，而重裘累茵，使人扇之。患不清涼，乃斬扇者。時軍中為之謠曰：『士為將軍何可羞。六月重茵披衲裘。不識寒暑斷他頭。雄兒田蘭為報仇。中夜斬首謝并州。』」樂府廣題曰：晉汲桑，清河貝丘人。力能扛鼎，殘心少恩。六月盛暑，重裘累茵，使十餘人扇之。忽不清涼，便斬扇者。并州大姓田蘭、薄盛斬於平原。士女慶賀，奔走道路而歌。」〔註94〕南朝時期，軍士歌謠則有南豫州軍士為王玄謨、宗越語。《宋書‧王玄謨傳》載：「玄謨性嚴剋少恩，而將軍宗越御下更苛酷，軍士謂之語曰：『寧作五年徒，不逢王玄謨。玄謨猶自可，宗越更殺我。』」〔註95〕《南史‧蕭巨集傳》則記載說，梁臨川王蕭宏為揚州刺史。天監中，武帝詔宏都督諸軍侵魏。宏以帝之介弟，所領皆器甲精新，軍穀甚盛，北人以為百數十年所未之有。軍次洛口，前軍克梁城，諸將欲乘勝深入。宏聞魏援近，畏懦不敢進。魏人知其不武,遺以巾幗。北軍

〔註89〕 《漢書》卷 94《匈奴傳》上，頁 3755。
〔註90〕 《三國志》卷 9《魏書‧夏侯淵傳》注引《魏略》，頁 270。
〔註91〕 《三國志》卷 18《魏書‧典韋傳》，頁 544。
〔註92〕 《太平御覽》卷 241《職官部‧都尉》，頁 1144。
〔註93〕 《晉書》卷 34《杜預傳》，頁 1030。
〔註94〕 《樂府詩集》卷 85《雜歌謠辭》，頁 1199。
〔註95〕 《宋書》卷 76《王玄謨傳》，頁 1976。

乃歌：「不畏蕭娘與呂姥。但畏合肥有韋武。」〔註 96〕這是北魏軍士作歌謠
諷刺南朝敵方的將領情況。《北史·蘭陵王長恭傳》也記載說「蘭陵武王長
恭，一名孝瓘，文襄第四子也。……芒山之敗，長恭為中軍，率五百騎再入
周軍，遂至金墉之下，被圍甚急。城上人弗識，長恭免冑示之面，乃下弩手
救之，於是大捷。武士共歌謠之，為《蘭陵王入陣曲》是也。」〔註 97〕這首
歌謠則是軍人對主將勇猛的讚美。

二、歌謠俗語所反映的兩漢魏晉南北朝時期的社會生活

　　社會性歌謠俗語是相對於政治性歌謠俗語而言的。這類歌謠一般不直接
涉及政治內容，具有非政治性的特點。就史籍中所記載的社會性歌謠而言，
這類歌謠俗語通常包含以下幾個方面的類別，即反映社會性人物評論歌謠俗
語、反映社會構成及結構的歌謠俗語、反映民眾生活狀況、地方風土和風俗
的歌謠俗語以及社會知識型歌謠俗語等。需要說明的是，經濟生活也是兩漢
魏晉南北朝時期社會生活的重要組成部分，但反映這方面內容的歌謠，如反
映官僚地主莊園經濟各生產部門使用勞動者情況的「耕當問奴，織當問婢」
俗語和其他反映商人的地位、貨幣政策的失誤的歌謠在兩漢魏晉南北朝時期
雖然也有一些，但總體數量不多，本文不便專門集中介紹，故將其分別納入
反映兩漢魏晉南北朝時期社會結構和民眾社會生活狀況的歌謠中加以援引介
紹。下面，筆者就分別對上述類別的歌謠俗語及其所反映的兩漢魏晉南北朝
時期的社會生活做一些簡單的介紹和論述。

　　社會性人物評論歌謠俗語同樣是兩漢魏晉南北朝時期比較常見的歌謠類
別，它們與政治性人物評論歌謠的區別通常在於其所涉及的評論對象一般不
是在位的政治人物，而是在學術上、品德上或生活上對民眾產生影響的一般
公眾人物或社會賢達，或者所評議的人物雖然是政治人物，但所評議的內容
並非針對其政治行為而發。這類歌謠，就其性質和源流而言，應該是漢代興
起的人物評議的傳統的產物，而在魏晉南北朝時期鄉里清議十分盛行的社會
背景下，更見發達。〔註 98〕

〔註 96〕　《南史》卷 51 梁臨川靜惠王宏傳》，頁 1275。
〔註 97〕　《北史》卷 52《蘭陵王長恭傳》，頁 1879。
〔註 98〕　東漢時期最著名的鄉里清議是汝南的「月旦評」，《後漢書》卷 68《許劭傳》載：
　　　　　「（許）劭邑人李逵，壯直有高氣，劭初善之，而後為隙，又與從兄靖不睦，時
　　　　　議以此少之。初，劭與靖俱有高名，好共核論鄉黨人物，每月輒更其品題，故

　　兩漢時期的社會性人物評議歌謠在史籍中十分常見。這類歌謠的社會性，一般是指此類歌謠不是針對身處高位的達官顯宦等政治性人物，而是針對一般的社會賢達或文人隱士；或者雖然是對一些官僚而發，但卻主要不是針對這些官僚的政績，而是針對他們的立身行事和個人修養而發的。比如，《史記・季布傳》記載：「季布者，楚人也。爲氣任俠，有名於楚。……楚人曹丘生，辯士，數招權顧金錢。事貴人趙同等，與竇長君善。季布聞之，寄書諫竇長君曰：『吾聞曹丘生非長者，勿與通。』及曹丘生歸，欲得書請季布。……使人先發書，季布果大怒，待曹丘。曹丘至，即揖季布曰：『楚人諺曰『得黃金百（斤），不如得季布一諾』，足下何以得此聲於梁楚間哉？且僕楚人，足下亦楚人也。僕游揚足下之名於天下，顧不重邪？何足下距僕之深也！』季布乃大說，引入，留數月，爲上客，厚送之。」〔註99〕《漢書・樓護傳》載：「樓護字君卿，齊人。……是時，王氏方盛，賓客滿門，五侯兄弟爭名，其客各有所厚，不得左右，唯護盡入其門，咸得其驩心。結士大夫，無所不傾，其交長者，尤見親而敬，眾以是服。爲人短小精辯，論議常依名節，聽之者皆竦。與谷永俱爲五侯上客，長安號曰『谷子雲筆札，樓君卿脣舌』，言其見信用也。母死，送葬者致車二三千兩，閭里歌之曰『五侯治喪樓君卿。』」〔註100〕又如《廣韻・十六蒸》記載：「漢有應曜，隱於淮陽山中。與四皓俱徵，曜獨不至，時人語之曰：『南山四皓。不如淮陽一老。』」〔註101〕嵇康《高士傳》則記載說：「蔣詡字元卿，杜陵人，爲兗州刺史。王莽爲宰衡，詡奏事到灞上，稱病不進。歸杜陵，荊棘塞門，舍中三徑，終身不出。時人諺曰：『楚國二龔，不如杜陵蔣翁。』」〔註102〕又《華陽國志》載：「費貽，字奉君，南安人也。公孫述時，漆身爲厲，佯狂避世。述破，爲合浦守。蜀中歌之曰：『節義至仁費奉君，不仕亂世，不關惡名。修身於蜀，紀名亦足。』後世爲大族。」〔註103〕又《文士傳》載：「留侯七世孫張贊，

汝南俗有『月旦評』焉。」頁2235。而「月旦評」及魏晉時期的鄉中正的人物評議，正是此類社會性人物評議歌謠俗語的重要源流。關於魏晉南北朝時期的鄉論清議，周一良先生在《兩晉南朝的清議》（《魏晉南北朝史論集續編》，北京大學出版社，1991年版，頁116～124。）一文中論述甚詳，可資參考。

〔註99〕　《史記》卷100《季布傳》，頁2729、2731～2732。
〔註100〕《漢書》卷92《遊俠傳・樓護傳》，頁3706～2707。
〔註101〕轉引自逯欽立輯校《先秦漢魏晉南北朝詩・漢詩》卷3《雜歌謠辭・謠辭》，頁135。
〔註102〕《太平御覽》卷510《逸民部・逸民》，頁2321。
〔註103〕《華陽國志校補圖注》卷10中《廣漢仕女・犍爲士女贊》。〔晉〕常璩撰，任

字子卿，初居吳縣相人里，時人諺曰：『相里張，多賢良，積善應，子孫昌。』」
〔註104〕《風俗通・過譽篇》載：「汝南陳茂君因爲荆州刺史，時南陽太守灌恂
本名清能。茂不入宛城，引車到城東，爲友人衛修母拜。到州，恂先是茂客，
仕蒼梧還，到修家，見修母婦。說修坐事繫獄當死。因詣府門，移詞乞恩，隨
輩露首入坊中。容止嚴恪，鬚眉甚偉。太守大驚，不覺起立。賜金宴請，甚嘉
敬之。即焉出修。南陽士大夫謂恂能救解修。茂彈繩不撓，修竟極罪，恂亦以
他事去。南陽疾惡殺修，爲之語曰：『衛修有事，陳茂治之。衛修無事，陳茂殺
之。』」〔註105〕《全唐文・後漢山亭鄉侯蔣澄碑》曰：「（蔣）澄，字少朗。貽
慶丕構，降生靈哲，懷忠國之志，立全家之蹤。雖滅迹江湖，而克雪冤恥。大
將軍初遘禍蔑也，爲司隸羌路所譖，延以非罪。泣血枕戈，誓將讎復，時童謠
曰：『君用讒慝，忠烈是殛。鬼怨神怒，妖氣充塞。』帝以覺悟，覆羌路之族焉。」
〔註106〕

　　魏晉南北朝時期，類似的歌謠俗語也很常見。茲舉數例，以明其證。《三國
志・呂布傳》載：「（呂）布自以殺卓爲術報讎，欲以德之。術惡其反覆，拒而
不受。北詣袁紹，紹與布擊張燕於常山。燕精兵萬餘，騎數千。布有良馬曰赤
兔。常與其親近成廉、魏越等陷鋒突陳，遂破燕軍。」裴松之注引《曹瞞傳》
曰：「時人語曰：『人中有呂布，馬中有赤兔。』」〔註107〕《三國志・陳泰傳》
注引《博物記》曰：「太丘長陳寔、寔子鴻臚紀、紀子司空群、群子泰四世，於
漢、魏二朝並有重名，而其德漸漸小減。時人爲其語曰：『公慚卿，卿慚長。』」
〔註108〕又《魏略》載：「楊阿若後名豐，字伯陽，酒泉人。少游俠，常以報仇
解怨爲事，故時人爲之號曰：『東市相斫楊阿若，西市相斫楊阿若。』」〔註109〕
又《襄陽記》載：「黃承彥者，高爽開列，爲沔南名士，謂諸葛孔明曰：『聞君
擇婦；身有醜女，黃頭黑色，而才堪相配。』孔明許，即載送之。時人以爲笑
樂，鄉里爲之諺曰：『莫作孔明擇婦，正得阿承醜女。』」〔註110〕又《江表傳》

　　　　乃強校注，上海古籍出版社，1987年版，頁583。
〔註104〕《太平御覽》卷496《人事部・諺》下，頁2267。
〔註105〕《風俗通義》卷4《過譽篇》。《漢魏叢書》，頁649。
〔註106〕《全唐文》卷354齊光義《後漢山亭鄉侯蔣澄碑》，中華書局，1982年版，頁
　　　　3586。
〔註107〕《三國志》卷7《魏書・呂布傳》，頁220。
〔註108〕《三國志》卷22《魏書・陳群傳附子泰傳》注引《博物記》，頁641。
〔註109〕《三國志》卷18《閻溫傳》注，頁552。
〔註110〕《三國志》卷35《蜀書・諸葛亮傳》注，頁929。

載：「諸葛亮表都護李嚴，嚴少爲郡職吏，用性深克，苟利其身。鄉里爲嚴諺曰：
『難可狎，李鱗甲。』」〔註111〕《世說新語‧賞譽篇》云：「諺曰：『揚州獨步
王文度，後來出人郗嘉賓。』」劉孝標注引《續晉陽秋》曰：「（郗）超少有才氣，
越世負俗，不循常檢，爲一代盛譽。時人語曰：『大才盤盤謝安家，江東獨步王
文度（即王坦之），盛德日新郗嘉賓。』」〔註112〕《梁書‧王筠傳》載：「王筠，
字元禮，一字德柔，琅邪臨沂人。祖僧虔，齊司空簡穆公。父楫，太中大夫。
筠幼警寤，七歲能屬文。年十六，爲《芍藥賦》，甚美。及長，清靜好學，與從
兄泰齊名。陳郡謝覽，覽弟舉，亦有重譽，時人爲之語曰：『謝有覽舉，王有養
炬。』」〔註113〕又《梁書‧何思澄傳》載：「何思澄字元靜，東海郯人。父敬叔，
齊征東錄事參軍、餘杭令。思澄少勤學，工文辭。起家爲南康王侍郎，累遷安
成王左常侍，兼太學博士，平南安成王行參軍，兼記室。隨府江州，爲《遊廬
山詩》，沈約見之，大相稱賞，自以爲弗逮。……初，思澄與宗人遜及子朗俱擅
文名，時人語曰：『東海三何，子朗最多。』思澄聞之，曰：『此言誤耳。如其
不然，故當歸遜。』思澄意謂宜在己也。」〔註114〕《陳書‧張種傳》載：「張
種，字士苗，吳郡人也。祖辯，宋司空右長史、廣州刺史。父略，梁太子中庶
子、臨海太守。種少恬靜，居處雅正，不妄交遊，傍無造請，時人爲之語曰：『宋
稱敷、演，梁則卷、充。清虛學尚，種有其風。』」〔註115〕北朝時期，社會性
人物評論歌謠也時有所見。比如《魏書‧元彧傳》載：「〔元〕彧，字文若，紹
封。彧少有才學，時譽甚美。……少與從兄安豐王延明、中山王熙並以宗室博
古文學齊名，時人莫能定其優劣。尚書郎范陽盧道將謂吏部清河崔休曰：『三人
才學雖無優劣，然安豐少於造次，中山皂白太多，未若濟南風流沈雅。』時人
爲之語曰：『三王楚琳琅，未若濟南備圓方。』」〔註116〕又《魏書‧祖瑩傳》載：
「祖瑩，字元珍，范陽遒人也。……瑩年八歲，能誦《詩》、《書》，十二，爲中
書學生。好學耽書，以晝繼夜，父母恐其成疾，禁之不能止，常密於灰中藏火，
驅逐僮僕，父母寢睡之後，燃火讀書，以衣被蔽塞窗戶，恐漏光明，爲家人所

〔註111〕《太平御覽》卷496《人事部‧諺》下，頁2267。
〔註112〕《世說新語箋疏》，〔宋〕劉義慶著，余家錫箋疏，上海古籍出版社，1993年版，頁484。
〔註113〕《梁書》卷33《王筠傳》，頁484。
〔註114〕《梁書》卷50《文學傳‧何思澄傳》，頁713～714。
〔註115〕《陳書》卷21《張種傳》，頁280。
〔註116〕《魏書》卷20《臨淮王譚傳附子彧傳》，頁419。

覺。由是聲譽甚盛，內外親屬呼爲『聖小兒』。尤好屬文，中書監高允每歎曰：
『此子才器，非諸生所及，終當遠至。』……瑩與陳郡袁翻齊名秀出，時人爲
之語曰：『京師楚楚，袁與祖；洛中翩翩，祖與袁。』」〔註117〕《周書‧裴漢傳》
記載說：「（裴）漢字仲霄，操尚弘雅，聰敏好學。嘗見人作百字詩，一覽便誦。
魏孝武初，解褐員外散騎侍郎。大統五年（539 年），除大丞相府士曹行參軍，
補墨曹參軍。漢善尺牘，尤便簿領，理識明贍，決斷如流。相府爲之語曰：『日
下粲爛有裴漢。』」〔註118〕又《隋書‧於仲文傳》記載說：「於仲文，字次武，……
仲文少聰敏，髫齔就學，耽閱不倦。……其後就博士李祥受《周易》、《三禮》。
略通大義。及長，倜儻有大志，氣調英拔，當時號爲名公子。……始州刺史屈
突尚，宇文護之黨也，先坐事下獄，無敢繩者。仲文至郡窮治，遂竟其獄。蜀
中爲之語曰：『明斷無雙有於公，不避強禦有次武。』」〔註119〕

　　兩漢魏晉南北朝時期的一些歌謠俗語，還反映出當時一些外戚權臣、世
家大族的生活狀況和普通民眾的生活景況，形成了較爲強烈的對比。這在一
定程度上也可以看作是兩漢魏晉南北朝歌謠俗語對當時社會階層和社會結構
的反映，值得給以特別的介紹。

　　官僚大臣是兩漢魏晉南北朝時期的統治者階層的主體，他們官位顯赫，
權力巨大，擁有龐大的財富，處於社會結構的最上層。對於這類特殊的社會
階層，兩漢魏晉南北朝時期的民眾，通過歌謠俗語表達了對他們的看法。比
如《史記‧外戚世家》記載：「衛子夫立爲皇后，後弟衛青字仲卿，以大將軍
封爲長平侯。四子，長子伉爲侯世子，侯世子常侍中，貴幸。其三弟皆封爲
侯，各千三百戶，一曰陰安侯，二曰發干侯，三曰宜春侯，貴震天下。天下
歌之曰：『生男無喜，生女無怒，獨不見衛子夫霸天下！』」〔註120〕又《漢書‧
元皇后傳》載：成帝河平二年（西元前 27 年），悉封舅大將軍王鳳庶弟譚爲
平阿侯，商爲成都侯，立爲紅陽侯，根爲曲陽侯，逢時爲高平侯。五人同日
封，故世謂之「五侯」。「自是公卿見鳳，側目而視，郡國守相刺史皆出其門。
又以侍中太僕音爲御史大夫，列於三公。而五侯群弟，爭爲奢侈，賂遺珍寶，
四面而至；後廷姬妾，各數十人，僮奴以千百數，羅鍾磬，舞鄭女，作倡優，

〔註117〕《魏書》卷 87《祖瑩傳》，頁 1798～1799。
〔註118〕《周書》卷 34《裴寬傳附弟漢傳》，頁 597。
〔註119〕《隋書》卷 60《于仲文傳》，頁 1450～1451。
〔註120〕《史記》卷 49《外戚世家》，頁 1983。

狗馬馳逐；大治第室，起土山漸臺，洞門高廊閣道，連屬彌望。百姓歌之曰：『五侯初起，曲陽最怒，壞決高都，連竟外杜，土山漸臺西白虎。』其奢僭如此。」〔註121〕《東觀漢記》又載：「明德馬后，時上欲封諸舅，外間白太后，曰：『吾自念親屬皆無柱石之功，俗語曰：時無赭，澆黃土。』」〔註122〕又如《拾遺記》載：「漢郭況，光武皇后之弟也。累金數億，家童四百人。以金為器皿，鑄冶之聲，徹於都鄙。時人謂『郭氏之室，不雨而雷』，言鑄冶之聲盛也。於庭中起高閣，厝衡石於其上，以稱量。下有藏金窟，列武士衛之。錯雜寶以飾臺榭，懸明珠於梁棟間。光彩射目，晝視如星，夜望如月。里語曰：『洛陽多錢郭氏室，夜月晝星富難匹。』其內寵者，皆以玉器盛食。故東京謂郭氏家為『瓊廚金窟』。」〔註123〕這幾條史料反映的是兩漢時期外戚勢力以與皇家聯姻的關係而大得封爵與富貴的史實，也反映出外戚家族豪奢淫逸的生活狀況。《漢書·佞倖傳》則記載說：「石顯字君房，濟南人；弘恭，沛人也。皆少坐法腐刑，為中黃門，以選為中尚書。宣帝時任中書官，恭明習法令故事，善為請奏，能稱其職。恭為令，顯為僕射。元帝即位數年，恭死，顯代為中書令。是時，元帝被疾，不親政事，方隆好於音樂，以顯久典事，中人無外黨，精專可信任，遂委以政。事無小大，因顯白決，貴幸傾朝，百僚皆敬事顯。……顯與中書僕射牢梁、少府五鹿充宗結為黨友，諸附倚者皆得寵位。民歌之曰：『牢邪石邪，五鹿客邪！印何累累，綬若若邪！』言其兼官據勢也。」〔註124〕《後漢書·宦者列傳》則記載說：單超、左縮、徐璜、具瑗、唐衡，漢桓帝時共誅梁冀，得到封賞，成為桓帝的心腹，「悺、衡遷中常侍。封超新豐侯，二萬戶，璜武原侯，瑗東武陽侯，各萬五千戶，賜錢各千五百萬；悺上蔡侯，衡汝陽侯，各萬三千戶，賜錢各千三百萬。五人同日封，故世謂之『五侯』。……自是權歸宦官，朝廷日亂矣。……其後四侯轉橫，天下為之語曰：『左迴天，具獨坐，徐臥虎，唐兩墮。』皆競起第宅，樓觀壯麗，窮極伎巧。金銀罽毦，施於犬馬。多取良人美女以為姬妾，皆珍飾華侈，擬則宮人，其僕從皆乘牛車而從列騎。又養其疏屬，或乞嗣異姓，或買蒼頭為子，並以傳國襲封。兄弟姻戚皆宰州臨郡，辜較百姓，與盜賊無異。」〔註

〔註121〕《漢書》卷98《元皇后傳》，頁4023～4024。
〔註122〕《太平御覽》卷495《人事部·諺》上，頁2263。
〔註123〕《太平廣記》卷236《奢侈·郭況》，頁1811。
〔註124〕《漢書》卷93《佞幸列傳》，頁3726～2727。
〔註125〕《後漢書》卷78《宦者列傳》，頁2520～2521。

125〕這兩則史料則從反映了漢代宦官專權時的宦官權勢及其交結大臣、兼官據
勢的顯赫地位與如日中天般的政治影響。在兩漢魏晉南北朝時期，比外戚和
權宦勢力稍遜的是一些權臣和世家大族，他們一般也擁有巨大的財富和顯赫
的官勢，同屬於居統治地位的社會階層。《漢書·灌夫傳》記載說：「灌夫字
仲孺，潁陰人也。父張孟，嘗爲潁陰侯灌嬰舍人，得倖，因進之，至二千石，
故蒙灌氏姓爲灌孟。……夫不好文學，喜任俠，已然諾。諸所與交通，無非
豪桀大猾。家累數千萬，食客日數十百人。波池田園，宗族賓客爲權利，橫
潁川。潁川兒歌之曰：『潁水清，灌氏寧；潁水濁，灌氏族。』」〔註 126〕這則
史料中記載的歌謠，則反映了人們對潁川灌氏家族豪富和橫行鄉里極端不滿
的情況。又《西京雜記》載：「韓嫣好彈，以金爲丸，一日所失者十餘。長安
爲之語曰：『若飢寒，逐彈丸。』京師兒童每聞嫣出彈，輒隨之，望丸所落，
便拾取焉。」〔註 127〕以金彈作彈子游戲，反映了韓嫣的豪富，而這種豪富，
固然是政治上受寵擅權的不凡身份的反映，〔註 128〕也與「飢寒」的京師兒童
所代表的平民的生活形成了強烈的對比。《後漢書·戴良傳》則記載說：「戴
良字叔鸞，汝南慎陽人也。曾祖父遵，字子高，平帝時，爲侍御史。王莽篡
位，稱病歸鄉里。家富，好給施，尙俠氣，食客常三四百人。時人爲之語曰：
『關東大豪戴子高。』」〔註 129〕

　　類似這樣反映世家大族豪富生活的歌謠在魏晉南北朝時期還有很多。比如
《三輔決錄》記載說：「五門子孫，凡民之伍門。今在河南四十里，澗、穀、洛
三水之交。傳聞馬氏兄弟五人共居此地，作五門客舍，因以爲名。主養豬賣豚。
故民爲之語曰：『苑中三公，館下二卿。五門謹謹，但聞豚聲。』」〔註 130〕又如
《趙書》云：「燕人龐世爲光祿勳。奏案豪強苛克，人物咸懼疾之。及卒，門無
弔客。時人爲之謠曰：『龐家之巷車馬鱗鱗，泥丸之日無弔賓，弔賓不來何所因，
由性苛克寡所親。』」〔註 131〕《晉書·麴允傳》又記載說：「麴允，金城人也。

〔註 126〕《漢書》卷 52《灌夫傳》，頁 2382、2384。
〔註 127〕《太平御覽》卷 496《人事部·諺》下，頁 2267
〔註 128〕按韓嫣是與漢武帝常「共臥起」的寵臣，其「官至上大夫，賞賜擬鄧通」，曾
　　　　因在上林苑中逾制乘天子副車馳騁而被人誤會作漢武帝，可見其權勢之大。
　　　　而且，在漢武帝在位期間，韓嫣就因受寵而受到大臣王嘉以日食爲藉口的彈
　　　　劾。參見《漢書》卷 93《佞幸傳》和《漢書》卷 86《王嘉傳》。
〔註 129〕《後漢書》卷 83《逸民傳·戴良傳》，頁 2772～2773。
〔註 130〕《太平御覽》卷 496《人事部·諺》下，頁 2267～2268。
〔註 131〕《太平御覽》卷 465《人事部·謠》，頁 2140。

與游氏世爲豪族，西州爲之語曰：『麴與游，牛羊不數頭。南開朱門，北望青樓。』」
〔註132〕《宋書・徐湛之傳》也記載說：「湛之善於尺牘，音辭流暢。貴戚豪家，
產業甚厚。室宇園池，貴遊莫及。伎樂之妙，冠絕一時。門生千餘人，皆三吳
富人之子，姿質端妍，衣服鮮麗。每出入行遊，途巷盈滿，泥雨日，悉以後車
載之。太祖嫌其侈縱，每以爲言。時安成公何勗，無忌之子也，臨汝公孟靈休，
昶之子也，並各奢豪，與湛之共以肴膳、器服、車馬相尚。京邑爲之語曰：『安
成食，臨汝飾。』湛之二事之美，兼於何、孟。」〔註133〕又《南史・徐君蒨傳》
載：「（徐）君蒨字懷簡，幼聰朗好學，尤長丁部書，問無不對。善弦歌，爲梁
湘東王鎮西諮議參軍。頗好聲色，侍妾數十，皆佩金翠，曳羅綺，服玩悉以金
銀。飲酒數升便醉，而閉門盡日酣歌。每遇歡謔，則飲至斗。有時載伎肆意遊
行，荊楚山川，靡不畢踐。朋從遊好，莫得見之。時襄陽魚弘亦以豪侈稱，於
是府中謠曰：『北路魚，南路徐。』然其服翫次於弘也。」〔註134〕又沈麟士《沈
氏述祖德碑》曰：「沈莫盛於吳興，始吾祖戎建大勳，辭顯職。縣江北避地居吳
之餘不鄉。其卒也永平元年（291 年），葬鄉之金鼇山。時有金鵝，三鳴而去，
童謠曰：『金鵝鳴，沈氏興，代代出公卿。』遂更名其山曰金鵝。」〔註135〕這則
史料和歌謠所反映的則是南朝時期世家大族的錦羅綺豔、紙醉金迷和爭豪鬥富
的豪奢生活，是對魏晉南北朝時期世家大族社會地位和生活狀況的最形象的寫
照。而最後一首歌謠也告訴人們，魏晉南北朝時期的世家大族，之所以會保持
長久的富貴，其根本原因還在於「代代出公卿」的政治特權。

　　與歌謠中所反映的大臣權宦和世家大族的豪富相對應，兩漢魏晉南北朝時
期的歌謠俗語有的還反映出社會底層民眾的生活狀況。反映了社會官民對立的
二元結構和貧富分化的社會差異。比如《風俗通》記載說：「河南平陰寵儉，本
魏郡鄴人，遭倉卒之世，失亡其父。時儉三四歲，在襁褓。母抱轉流客居。盧
中鑿井，得錢千餘萬，遂巨富。行求老蒼頭。堂上作樂，奴在廚中竊言：『堂上
老母，我婦也。』婢以告母，呼問事實，復爲夫婦。時人爲之語曰：『盧裏龐公，
鑿井得銅，買奴得翁。』」〔註136〕子爲豪富，父爲奴僕，這固然是東漢末年社

〔註132〕　《晉書》卷 89《忠義傳・鞠允傳》，頁 2307。
〔註133〕　《宋書》卷 71《徐湛之傳》，頁 1844～1845。
〔註134〕　《南史》卷 15《徐繩傳附子君蒨傳》，頁 441。
〔註135〕　《湖錄金石考》卷 4 沈麟士《沈氏述祖德碑》。轉引自逯欽立輯校《先秦漢魏
　　　　　　晉南北朝詩・南齊詩》卷 6《雜歌謠辭》，頁 1481。
〔註136〕　《太平御覽》卷 836《資產部・錢》下，頁 3733。

會動盪所造成的民人流離失所的社會狀況的產物，但這則故事所記載的寵儉因得錢而由平民一躍而成富豪、其父因貧窮而爲奴的亂世悲喜劇也十分形象地反映出兩漢社會富家大族與普通民眾社會地位的差別，及社會成員因經濟地位不同而產生分化的社會成因。又《洛陽伽藍記》記載，洛陽大市「市西有退酤、治觴二里。里內之人多醞酒爲業。河東人劉白墮善能釀酒。季夏六月，時暑赫晞，以罌貯酒，暴於日中，經一旬，其酒不動，飲之香美而醉，經月不醒。京師朝貴多出郡登藩，遠相餉饋，逾於千里，以其遠至，號曰『鶴觴』。亦名『騎驢酒』。永熙年中，南青州刺史毛鴻賓齎酒之蕃，逢路賊，盜飲之即醉，皆被擒獲，因復命『擒奸酒。』遊俠語曰：『不畏張弓拔刀，唯畏白墮春醪。』」〔註137〕《洛陽伽藍記》還記載說：「洛陽城東北有上商里，殷之頑民所居處也，高祖名聞義里。遷京之始，朝士住其中，疊相譏刺，竟皆去之。惟有造瓦者止其內，京師瓦器出焉。世人歌曰：『洛城東北上商里，殷之頑民昔所止。今日百姓造甕子，人皆棄去住者恥。』」〔註138〕這兩則史料及記載的歌謠則反映了北朝洛陽以釀酒和造瓦器爲生的手工業者的居住環境和社會地位。這類手工業者，由於從事商業活動，一般生活也較爲豐足，有的還相當富裕。《洛陽伽藍記》即說洛陽大市諸里的商人們「多諸工商貨殖之民，千金比屋，層樓對出，重門啓扇，閣道交通，疊相臨望。金銀錦繡，奴婢緹衣，五味八珍，僕隸畢口」，是所謂的「富人」。〔註139〕與商人和手工業者相比，沒有產業和無所經營的普通民眾占了中國古代平民階層的絕大部分，是國家賦稅和勞役的主要承擔者。在社會安定之際，他們尚可艱難度日，而如果每逢社會動盪和不幸遭遇貪官酷吏的盤剝和壓榨，其基本的生存條件就難以得到保證。在哀告無助的情況下，很多人鋌而走險，走上了起義或發動暴動的道路。他們的困苦呼號，在兩漢魏晉南北朝時期的歌謠裏，也有所反映。如崔寔《政論》中就說：「小民髮如韭，剪復生；頭如雞，割復鳴。吏不必可畏，從來必可輕，奈何欲望致州厔乎？」〔註140〕而楊慎《古今風謠》中也記載隋大業年間長白山民謠說：「長白山前知世郎，純著紅羅綿背襠。長矟侵天半，輪刀耀日光。上山吃獐鹿，下山吃牛羊。忽聞官軍至，提刀向前蕩。譬如遼東死，斬頭何所傷？」〔註141〕

〔註137〕《洛陽伽藍記校注》卷4《城西・法雲寺》，頁203～204。
〔註138〕《洛陽伽藍記校注》卷5《城北・凝圓寺》，頁249。
〔註139〕《洛陽伽藍記校注》卷4《城西・法雲寺》，頁205。
〔註140〕《太平御覽》卷976《菜茹部・菜部・韭》，頁4327。
〔註141〕〔明〕楊慎《古今風謠》。轉引自《先秦漢魏晉南北朝詩・隋詩》卷8《雜歌

　　兩漢魏晉南北朝的社會性歌謠俗語裏，有一部分還直接反映了當時民眾在戰亂、自然災害和統治者亂政之下生活的疾苦，是認識當時民眾社會地位和生活境況的很好的材料。

　　兩漢魏晉南北朝時期，尤其是自東漢末年到魏晉南北朝時期的漫長歷史時期內，軍閥之間的混戰和不同政權之間的軍事鬥爭頻繁發生，給這一時期的民眾造成了巨大的社會災難。民眾呼告無助，只有用歌謠來抒發心中的憤恨和對統治者的不滿。比如，《漢書・王莽傳》記載，地皇三年（22 年）四月，王莽遣太師王匡、更始將軍廉丹東擊赤眉起義軍，而「太師、更始合將銳士十餘萬人，所過放縱。東方爲之語曰：『寧逢赤眉，不逢太師！太師尚可，更始殺我！』」〔註142〕類似的歌謠還有《後漢書・西南夷傳》所載的李固轉述的民謠：「前中郎將尹就討益州叛羌，益州諺曰：『虜來尚可，尹來殺我。』」〔註143〕這兩歌謠反映了民眾在戰亂中無所逃避，不僅受到農民軍的侵擾，還受到官軍的驅趕的悲慘境地。《後漢書・五行志》則記載說，桓帝元嘉中，「涼州諸羌一時俱反，南入蜀、漢，東抄三輔，延及并、冀，大爲民害。命將出眾，每戰常負，中國益發甲卒，麥多委棄，但有婦女獲刈之也。」民不堪命，天下童謠曰：「小麥青青大麥枯，誰當獲者婦與姑。丈人何在西擊胡，吏買馬，君具車，請爲諸君鼓嚨胡。」而史臣解釋說：「吏買馬，君具車者，言調發重及有秩者也。請爲諸君鼓嚨胡者，不敢公言，私咽語。」〔註144〕這首歌謠則反映出漢代民眾不堪繁重的兵役的情況。《後漢書・皇甫嵩傳》說，皇甫嵩，字義眞。靈帝時，黃巾作亂，以嵩爲左中郎將。嵩以討賊數有功，拜左車騎將軍，領冀州牧。他「奏請冀州一年田租，以贍饑民，帝從之。百姓歌曰：『天下大亂兮市爲墟，母不保子兮妻失夫，賴得皇甫兮復安居。』」〔註145〕這首歌謠則眞實地反映出漢末戰亂造成的天下大亂，民眾骨肉分離，妻離子散的社會悲劇。《晉書・五行志》載：「王恭鎮京口，舉兵誅王國寶。百姓謠云：『昔年食白飯，今年食麥麩。天公誅謫汝，教汝撚嚨喉。嚨喉喝復喝，京口敗復敗。』」〔註146〕這首歌謠除了表現出連年的戰亂給民眾造成的生活困苦以外，還反映了民眾對發動戰亂的軍閥深惡痛

謠辭・謠辭》，頁 2745。

〔註142〕《漢書》卷 99《王莽傳》下，頁 4175。

〔註143〕《後漢書》卷 86《西南夷傳》，頁 2838。

〔註144〕《後漢書》卷 113《五行志》一，頁 3281。

〔註145〕《後漢書》卷 71《皇甫嵩傳》，頁 2302。

〔註146〕《晉書》卷 28《五行志》中，頁 848。

絕、盼望其早日滅亡的強烈情感。北朝時期，統治者因爭權奪利而引發的戰爭也給民眾造成了巨大的災難，而作爲社會弱勢群體的婦女更難以倖免於難。如《洛陽伽藍記》載：「瑤光寺，世宗宣武皇帝所立，在閶闔城門御道北，東去千秋門二里。……尼房五百餘間，……椒房嬪御，學道之所，掖庭美人，並在其中。亦有名族處女，性愛道場，落髮辭親，來儀此寺，屏珍麗之飾，服修道之衣，投心八正，歸誠一乘。永安三年（530 年）中，爾朱兆入洛陽，縱兵大掠，時有秀容胡騎數十入瑤光寺淫穢。自此後頗獲譏訕。京師語曰：『洛陽男兒急作髻，瑤光寺尼奪作婿。』」〔註 147〕這些以遁世修行爲目的的比丘尼，不僅沒有達到避世修行的宗教目的，甚至在戰亂中連自身的名節和生命安全都難以保證，不能不令人同情和感歎。在缺少必要的社會保障的兩漢魏晉南北朝時期，自然災害的發生也常常令民眾生活無著，饑寒交迫。而且，就漢末魏晉時期的史實來看，饑荒的發生又常常是自然和人爲雙重因素造成的後果。如任昉《述異記》就記載說：「光武興，洛陽斗粟萬錢，人死者相枕。漢末大饑，江淮間童謠曰：『大兵如市，人死如林。持金易粟，粟貴於金。』洛中謠云：『雖有千黃金，無如我斗粟。斗粟自可飽，千金何所直！』袁紹在冀州時，滿市黃金而無斗粟，餓者相食，人爲之語：『虎豹之口，不如饑人。』劉備在荊州，粟與金同價。永嘉之亂，洛中饑荒，懷帝遣人觀市，珠玉金銀填委市門而無粟麥。袁宏上表云：『田畝由是丘墟，都市化爲珠玉。』」〔註 148〕又《後漢書・五行志》注引東漢末民謠說：「茅田一頃中有井，四方纖纖不可整。嚼復嚼，今年尚可後年饒。」〔註 149〕注者認爲這首歌謠是對黨錮之禍的反映，實屬無稽之談。就這首歌謠本身的意思來看，它所反映的也是民眾對饑寒的恐懼和面對自然災害岌岌可危、朝不保夕的感覺，考慮到漢末饑疫頻發的的歷史事實，這應該是較爲合理的解釋。

　　相對於戰亂和自然災害而言，統治者專以誅求爲務的經濟政策和不恤民情的徭役徵發也是造成中國古代民眾經濟破產和生活困苦的重要原因。在兩漢魏晉南北朝時期的歌謠俗語中，對此也有所反映。比如《三國志・陸凱傳》記載說：「（孫）皓徙都武昌，揚土百姓溯流供給，以爲患苦，又政事多謬，黎元窮匱。（陸）凱上疏曰：『……武昌土地，實危險而塉确，非王都安國養民之處，

〔註 147〕范祥雍《洛陽伽藍記校注》，上海古籍出版社，1978 年版，頁 46～47。
〔註 148〕《太平御覽》卷 840《百穀部・粟》，頁 3756～2757。
〔註 149〕《後漢書》卷 103《五行志》一，頁 3283。

船泊則沈漂，陵居則峻危，且童謠言：『寧飲建業水，不食武昌魚；寧還建業死，不止武昌居。』」〔註150〕這則史料所反映的就是孫皓隨意遷都，使國家的首都遠離經濟中心帶來的物資供給困難，以及由此造成的承擔供給任務的百姓的苦難。又如《隋書・食貨志》載：「陳初，承梁喪亂之後，鐵錢不行。始梁末又有兩柱錢及鵝眼錢，於時人雜用，其價同，但兩柱重而鵝眼輕。私家多熔錢，又間以錫鐵，兼以粟帛爲貨。至文帝天嘉五年（564年），改鑄五銖。初出，一當鵝眼之十。宣帝太建十一年（579年），又鑄大貨六銖，以一當五銖之十，與五銖並行。後還當一，人皆不便。乃相與訛言曰：『六銖錢有不利縣官之象。』未幾而帝崩，遂廢六銖而行五銖。竟至陳亡。」〔註151〕而據《泉志》記載，在陳宣帝死後，民間有謠言說：「大貨六銖錢，又腰哭天子。」〔註152〕蓋篆書六字字形與人又腰的形象很相似，故民作此謠。在這個事件中，陳宣帝肆意更改貨幣形制和幣值，在人爲造成的貨幣變更和幣值陟降中，對人民加以殘酷的剝削，造成了嚴重的社會經濟危機，民眾經濟利益飽受侵害，所以招致了人們對他的憤恨和詛咒。這是典型的國家統治者因失政而給民眾造成的損失。又如《海山記》記載說：「隋煬帝大業十年（614年）東幸維揚，御龍舟。中道夜半聞歌者甚悲，其辭曰：『我兒征遼東，餓死青山下。今我挽龍舟，又困隨堤道。方今天下饑，路糧無些小。前去三十程，此身安可保。寒骨枕荒沙，幽魂泣煙草，悲損門內妻，望斷吾家老。安得義男兒，爛此無主屍？引其孤魂回，負其曰舟歸。』帝聞其歌，遽遣人求其歌者，至曉不得人。帝頗彷徨，通夕不寐。」〔註153〕這個故事容或是虛構的，但它反映的問題卻非常契合隋煬帝時期的史實。隋朝時期，煬帝爲了征服朝鮮，大批徵發民間丁男應兵役。而煬帝的幾次乘舟南巡，更給沿岸民眾造成了巨大的經濟和勞役負擔。上述歌謠無疑真實地反映出了隋煬帝時期不堪朝廷虐政的困苦呼號。

除了反映社會結構和民眾生活的歌謠以外，兩漢魏晉南北朝時期還有相當一部分歌謠俗語反映了當時的風土民情和地理風貌。這類地理謠諺是兩漢魏晉南北朝時期歌謠俗語中很有特色的一類，也值得本文略加介紹。

焉支山是漢代匈奴的重要牧場和生活棲息地，對匈奴的發展具有重要的

〔註150〕《三國志》卷61《吳書・陸凱傳》，頁1400～1401。
〔註151〕《隋書》卷24《食貨志》，頁690。
〔註152〕轉引自逯欽立輯校《先秦漢魏晉南北朝詩・陳詩》卷9《雜歌謠辭》，頁2613。
〔註153〕轉引自逯欽立輯校《先秦漢魏晉南北朝詩・隋詩》卷8《雜歌謠辭・歌辭》，頁2742。

意義。《西河舊事》載：「焉支山，東西百餘里，南北二十里，亦有松柏五木，其水草美茂宜畜牧，與祁連山同。匈奴失祁連、焉支二山，歌曰：『亡我祁連山。使我六畜不蕃息。失我焉支山。使我婦女無顏色。』」〔註154〕從這首歌謠裏我們可以看出對兩漢政權發生過重要影響的匈奴民族的生存環境和經濟狀況。《後漢書・西南夷傳》載：「永平十二年（69年），哀牢王柳貌遣子率種人內屬，……西南去洛陽七千里，顯宗以其地置哀牢、博南二縣，割益州郡西部都尉所領六縣，合爲永昌郡。始通博南山，度蘭倉水。行者苦之。歌曰：『漢德廣，開不賓。度博南，越蘭津。度蘭倉，爲它人。』」〔註155〕這首歌謠則反映了東漢時期我國西南地區的行政區劃、民族狀況和漢政權開拓西南交通的艱難。《常州圖經》曰：「惠山之側有錫山，其山出錫。古謠云：『有錫兵，無錫寧。』按杜文瀾《古謠諺》引陸羽《慧山寺記》曰：「慧山，古華山也，山東峰當周秦間，大產鉛錫，至漢興方殫。故創無錫縣，自光武至孝順之世，錫果竭。順帝更爲吳錫縣，屬吳郡。」〔註156〕這首歌謠則反映了無錫古代的礦產情況和漢代礦業發展之一斑。又《元和郡縣志》載：「漢置左右候官，在徐聞縣南一里，積物於此，備其所求，與交易有利。故諺曰：『欲拔貧。詣徐聞。』」〔註157〕這首歌謠則反映了徐聞縣在漢代地理交通中的重要地位和作爲

〔註154〕　《樂府詩集》卷84《雜歌謠辭・歌辭》記載了這首歌謠並說：「《十道志》曰：『焉支、祁連二山，皆美水草。匈奴失之，乃作此歌。』《漢書》曰：『元狩二年春，霍去病將萬騎出隴西，討匈奴，過焉支山千有餘里。其夏，又攻祁連山，捕首虜甚多。』『祁連山即天山，匈奴呼天爲祁連，故曰祁連山。焉支山即燕支山也。』」頁1186。

〔註155〕　《後漢書》卷86《西南夷傳》，頁2849。

〔註156〕　《古謠諺》卷28，頁433。按今無錫西郊有錫山，僅爲一小丘，或即爲歌謠中所歌詠的地點。

〔註157〕　《輿地紀勝》卷118，轉引自逯欽立輯校《先秦漢魏晉南北朝詩・漢詩》卷8《雜歌謠辭・謠辭》。關於徐聞縣，《水經注》卷36《溫水注》「溫水東北入於鬱」句下酈道元注曰：「鬱水又東逕高要縣，牢水注之。水南出交州合浦郡，治合浦縣，漢武帝元鼎六年平越所置也。」（頁2992）又云：「王氏《交廣春秋》曰：朱崖、儋耳二郡，與交州俱開，皆漢武帝所置，在大海中，南極之外，對合浦徐聞縣，清朗無風之日，遙望朱崖州如囷廩大。從徐聞對渡，北風舉帆，一日一夜而至。」（頁3020～2021）按《漢書・地理志》云：「合浦郡，武帝元鼎六年開，莽曰桓合。屬交州。……縣五：徐聞，高涼，合浦，有關……臨允。」（頁1630）熊會貞指出：漢（徐聞）縣屬合浦郡，後漢因，吳爲朱崖郡治，晉複屬合浦郡，宋因，齊爲郡治，梁因。」（頁3020。）按今廣西壯族自治區有合浦市，屬北海市，而據地圖標示，從今北海市至海南海口市距離爲119海里。

海上和海外貿易貨物集散地的商貨雲集的繁榮狀況，也從一個側面反映出漢代海外貿易的發達。《水經注・漾水注》則記載說：「漢水又西，逕南岈北岈之中，上下有二城相對，左右墳壠低昂，亙山被阜。古諺云：南岈北岈，萬有餘家。諸葛亮《表》言：祁山去沮縣五百里，有民萬戶，矚其邱墟，信爲殷矣。」〔註158〕這首歌謠則反映了蜀漢時期漢水流域民戶的殷富。又晉郭仲產《秦州記》曰：「隴山東西百八十里。登隴，東望秦川四五百里，極目泯然，墟宇桑梓，與雲霞一色。其上有懸溜，吐於山中，彙爲澄潭，名曰萬石潭，流溢散下皆注乎渭。山東人行役升此而瞻顧者，莫不悲思。故其歌曰：『隴頭流水，流離四下。念我行役，飄然曠野。登高望遠，涕零雙墮。』」〔註159〕這段記載則反映了魏晉時期西北地區隴山和秦川一帶的自然風光和交通狀況，其中的歌謠則反映了當時服役民眾奔忙行役的痛苦和不堪。《樂府詩集》記載《淫豫歌》曰：「灩預大如馬，瞿塘不可下。灩預大如牛，瞿塘不可流。」並解釋說：「酈道元《水經注》曰：『白帝山城水門之西，江中有孤石，名淫豫石。冬出水二十餘丈，夏則沒，亦有裁出焉。江水東徑廣溪峽，乃三峽之首也。峽中有瞿塘、黃龕二灘，夏水回覆，沿溯所忌。』《十道志》曰：『淫豫石與城郭門外石潛通，蜀人往燒火伏石則淫預邊沸。』《國史補》曰：『蜀之三峽，最號峻急，四月五月尤險，故行者歌之。』淫或作灩，預或作豫。」〔註160〕按酈道元《水經注》又記載說：「自三峽七百里中，兩岸連山，略無闕處，重岩疊嶂，隱天蔽日，自非停午夜分，不見曦月。至於夏水襄陵，沿泝阻絕，或王命急宣，有時朝發白帝，暮到江陵，其間千二百里，雖乘奔御風，不以疾也。春冬之時，則素湍綠潭，回清倒影，絕巘多生檉柏，懸泉瀑布，飛漱其間，清榮峻茂，良多趣味。每至晴初霜旦，林寒澗肅，常有高猿長嘯，屬引淒異，空谷傳響，哀轉久絕。故漁者歌曰：巴東三峽巫峽長，猿鳴三聲淚沾裳。」〔註161〕與朝發白帝，暮到江陵的快速與輕盈相對應的，則是過三

〔註158〕《水經註疏》卷 20《漾水注》「漾水出隴西氐道縣嶓塚山，東至武都沮縣爲漢水」句下注，頁 1692。

〔註159〕《後漢書》卷 123《郡國志・漢陽郡》注引郭仲產《秦州記》，頁 3518。按《初學記》卷 15《樂部・歌》記載：「《辛氏三秦記》曰：隴渭西關，其阪九回，上有水四注下。俗歌云：『隴頭流水，鳴聲幽咽，遙望秦川，肝腸斷絕。』」頁 378。

〔註160〕《樂府詩集》卷 86《雜歌謠辭・歌辭》，頁 1207。

〔註161〕《水經註疏》卷 34《江水注》「（江水）又東過巫縣南，鹽水從縣東南流注之」句下注，頁 2834。

峽黃牛灘的艱險。《水經注》亦載：「江水又東逕黃牛山，下有灘，名曰黃牛灘。南岸重嶺叠起，最外高崖間有石色如人負刀牽牛，人黑牛黃，成就分明，既人迹所絕，莫能究焉。此岩既高，加以江湍紆回，雖途逕信宿，猶望見此物，故行者謠曰：朝發黃牛，暮宿黃牛，三朝三暮，黃牛如故。言水路紆深，回望如一矣。」〔註162〕這兩則史料和歌謠則反映出古代三峽絢麗的風光、峻急的水道和航行的艱險，而三峽卻是中國古代蜀人出川的必經水路。讀罷這三首歌謠，足可以激發起人們一覽三峽風光的強烈願望，也會不由得令人對中國古代三峽水路交通的艱險倍生感慨。

　　《水經注》大量地記載了類似的風土謠諺，下面再略舉幾個例證。《漯水注》載：「《魏土地記》曰：清泉河上承桑乾河，東流與潞河合。漯水東入漁陽，所在枝分，故俗諺云，高粱無上源，清泉無下尾。蓋以高粱微涓淺薄，裁足津通，憑藉涓流，方成川畎。清泉至潞，所在枝分，更爲微津，散漫難尋故也。」〔註163〕《沔水注》說：「漢水又東，謂之淺灘，多則水淺，而下多大石。又東爲淨灘，夏水急盛，川多湍洑，行旅苦之。故諺曰：冬淺夏淨，斷官使命，言二灘阻礙也。」〔註164〕《沮水注》又云：「沮水又東南逕驢城西，磨城東，又南逕麥城西，昔關雲長詐降處，自此遂叛。《傳》云：子胥造驢、磨二城以攻麥邑，即諺所云：東驢西磨，麥城自破者也。」〔註165〕《湘水注》又云：「衡山東南二面，臨映湘川，自長沙至此，沿湘七百里中，有九向九背，故漁者歌曰：帆隨湘轉，望衡九面。山上有飛泉下注，下映青林，直注山下，望之若幅練在山矣。」〔註166〕其他文獻中也不乏類似的風土謠諺。比如宋永初《古今山川記》就記載說：「鼓山有石鼓形二所，南北相當。俗語云：『南彭北鼓。相去十五。』」又任昉《述異記》引古詩論香泉說：「吳故宮亦有香水溪，俗云西施浴處，至今馨香。古《詩》云：『安得香水泉，濯朗衣上塵。』」

〔註162〕《水經註疏》卷 34《江水注》「（江水）又東過夷陵縣南」句下注，頁 2843　～2844。

〔註163〕《水經註疏》卷 13《漯水注》「（漯水）又東至漁陽雍奴縣西入笥溝」句下注，頁 1197。

〔註164〕《水經註疏》卷 28《沔水注》中「（沔水）又東過堵陽縣，堵水出自上粉縣，北流注之」句注，頁 2349。

〔註165〕《水經註疏》卷 32《沔水注》「沮水沮水出漢中房陵縣景山，東南過臨沮縣界」句下注，頁 2699～2700。

〔註166〕《水經註疏》卷 38《湘水注》「（湘水）又東北過重安縣東。又東北過酃縣西，承水從東南來注之」句下注，頁 3139。

〔註167〕

　　另外，有的社會性歌謠還可以反映出一個地區的人物風貌、風俗民情和物產狀況。比如《漢書・江充傳》載：「初，充召見犬臺宮，自請願以所常被服冠見上。上許之。充衣紗縠禪衣，曲裾後垂交輸，冠禪纚步搖冠，飛翮之纓。充為人魁岸，容貌甚壯。帝望見而異之，謂左右曰：『燕趙固多奇士。』」〔註168〕又《後漢書・虞詡傳》載：「永初四年（110 年），羌胡反亂，殘破并、涼，大將軍鄧騭以軍役方費，事不相贍，欲棄涼州，並力北邊，……詡聞之，乃說李修曰：『……先帝開拓土宇，劬勞後定，而今憚小費，舉而棄之。涼州既棄，即以三輔為塞；三輔為塞，則園陵單外。此不可之甚者也。諺曰：『關西出將，關東出相。』觀其習兵壯勇，實過余州。今羌胡所以不敢入據三輔，為心腹之害者，以涼州在後故也。其土人所以推鋒執銳，無反顧之心者，為臣屬於漢故也。若棄其境域，徙其人庶，安土重遷，必生異志。如使豪雄相聚，席卷而東，雖賁、育為卒，太公為將，猶恐不足當御。』」〔註169〕其實，類似這種某某地多奇士的看法，在兩漢魏晉南北朝時期的史籍中十分常見，這些看法，也幾乎已經成為當時人們的共識。比如《三國志・郭嘉傳》載：「潁川戲志才，籌畫士也，太祖甚器之。早卒。太祖與荀彧書曰：『自志才亡後，莫可與計事者。汝、潁固多奇士，誰可以繼之？』彧薦嘉。召見，論天下事。太祖曰：『使孤成大業者，必此人也。』」〔註170〕而《晉書・周顗傳》也記載說：「周顗，字伯仁，安東將軍濬之子也。少有重名，神彩秀徹，雖時輩親狎，莫能媟也。司徒掾同郡賁嵩有清操，見顗，歎曰：『汝潁固多奇士！自頃雅道陵遲，今復見周伯仁，將振起舊風，清我邦族矣。』」〔註171〕又如《世說新語・言語篇》記載：「王武子、孫子荊各言其土地人物之美。王云：『其地坦而平，其水淡而清，其人廉且貞。』孫云：『其山崔嵬以嵯峨，其水㳺甲渫而揚波，其人磊砢而英多。』」關於王濟和孫楚的籍貫，劉孝標注云：「《晉語・諸公贊》曰：『王濟字武子，太原晉陽人，司徒渾第二子也。……《文士傳》曰：『孫楚字子荊，太原中都人也。』」〔註172〕

〔註167〕轉引自逯欽立輯校《先秦漢魏晉南北朝詩・宋詩》卷 10（頁 1333）及《梁詩》卷 29《雜歌謠辭・諺語》，（頁 2150）。
〔註168〕《漢書》卷 45《江息夫傳》，頁 2176。
〔註169〕《後漢書》卷 58《虞詡傳》，頁 1866。
〔註170〕《三國志》卷 14《魏書・郭嘉傳》，頁 431。
〔註171〕《晉書》卷 69《周顗傳》，頁 1850。
〔註172〕《世說新語箋疏・言語第二》，頁 86。

所以王濟和孫楚所作詩歌，讚美的乃是太原風土的壯美和人物的鼎盛。而王濟
所自矜的王氏，更是魏晉南北朝隋唐時期著名的世家大族。〔註173〕兩漢魏晉南
北朝時期的歌謠中對某些地區民風的反映也不乏例證。比如《十三州志》曰：「冀
州之地，蓋古京也。人患剽悍，故語曰：『仕宦不偶值冀部，幽冀之人鈍如椎。』
其人剛狠，淺於恩義，無賓序之禮，懷居慳嗇。古語云：『亦履山之險，爲逋逃
之藪。』」〔註174〕這首歌謠反映了冀州士眾剽悍不馴的性格特點。《樂府詩集》
載《越謠》曰：「君乘車，我帶笠，它日相逢下車揖。君簷簦，我跨馬，它日相
逢爲君下。」〔註175〕晉周處《風土記》解釋這首歌謠說曰：「越俗，性率樸，
意親好合，即脫頭上手巾，解儀間五尺刀以與之爲交。拜親跪妻，定交有禮，
俗皆當於山間大樹下，封土爲壇，祭以白犬一、丹雞一、雞子三，名曰『木下
雞犬五』。其壇地，人畏不敢犯也。祝曰：『卿雖乘車我戴笠，後日相逢下車揖。
我雖步行卿乘馬，後日相逢卿當下。』」〔註176〕據此則這首歌謠反映了當時山
越族民眾樸質的性格和重禮尚交的民族特點。又《洛陽伽藍記》記載說：「太傅
李延實者，莊帝舅也。永安年中，除青州刺史。臨去奉辭，帝謂實曰：『懷磚之
俗，世號難治。舅宜好用心，副朝廷所委。』……時黃門侍郎楊寬在帝側，不
曉懷磚之義，私問舍人溫子升。子升曰：『聞至尊兄彭城王作青州刺史，問其俗，
賓客從至青州者云：『齊土之民，風俗淺薄，虛論高談，專在榮利。太守初欲入
境，皆懷磚叩首以美其意。及其代下還家，以磚擊之。』言其嚮背速於反掌。
是以京師謠語云：『獄中無繫囚，舍內無青州，假令家道惡，腹中不懷愁。』懷
磚之義起在於此也。』」〔註177〕這首歌謠則反映了北魏時期青州民眾對政府官
員嚮背無常的態度，實質上也說明統治者不能以實際政績獲得民心支援的狀
況。闞駰《十三州志》則記載說：「山桑縣人俗貪僞，好持馬鞭行邑，故語曰：
『沛國龍冗至山桑，詐託旅使若奔喪，道遇寇抄失資糧。』」〔註178〕這首歌謠
則說明了山桑縣〔註179〕民風剽悍的狀況。當然，山桑縣百姓中鋌而走險，劫掠

〔註173〕參見陳爽《世家大族與北朝政治》第四章《太原王氏在北朝的沈浮》，中國社
　　　　會科學出版社，1998 年版。
〔註174〕《太平寰宇記》卷 63。轉引自《先秦漢魏晉南北朝詩・漢詩》卷 8《雜歌謠
　　　　辭・謠辭》，頁 247。
〔註175〕《樂府詩集》卷 87《雜歌謠辭・謠辭》，頁 1222。
〔註176〕《太平御覽》卷 406《人事部・敘交友》，頁 1877。
〔註177〕《洛陽伽藍記校注》卷 2《城東・秦太上君寺》，頁 95。
〔註178〕《太平御覽》卷 359《兵部・鞭》，頁 1654。
〔註179〕關於山桑縣，《水經注》卷 22《渠水注》「（渠水）又東南過山桑縣北」句下酈

客商行旅的應該祇是少數人。

兩漢魏晉南北朝時期的社會性風土謠諺，還有的反映了當地的物產特點。比如《輿地志》曰：「丹徒界內，土堅緊如蠟。諺云『生東吳，死丹徒』，言吳多產出，可以攝生自奉養，丹徒地可以葬。」〔註180〕又《南越志》記載說：「南土謂蠣爲蠔，甲爲牡蠣。合澗州圓蠣，土人重之，語曰：『得合澗一蠣，雖不足豪，亦可以高也。』」〔註181〕這兩則史料及其記載的歌謠反映了魏晉南北朝時期南方的物產狀況。《洛陽伽藍記》載：洛陽「宣陽門外四里至洛水上作浮橋，所謂永橋也。……永橋以南，圓丘以北，伊、洛之間，夾御道有四夷館。……道西有四里：一曰歸正，二曰歸德，三曰慕化，四曰慕義。……自蔥嶺已西，至於大秦，百國千城，莫不歡附，商胡販客，日奔塞下，……是以附化之民，萬有餘家。門巷修整，閶闔填列，青槐蔭陌，綠樹垂庭，天下難得之貨，咸悉在焉。別立市於洛水南，號曰四通市，民間謂永橋市。伊、洛之魚，多於此賣，士庶須膾，皆詣取之。魚味甚美，京師語曰：『洛鯉伊魴，貴於牛羊。』」〔註182〕又云：「白馬寺，漢明帝所立也，佛入中國之始。寺在西陽門外三里御道南。……浮屠前，奈林蒲萄異於餘處，枝葉繁衍，子實甚大。奈林實重七斤，蒲萄實偉於棗，味並殊美，冠於中京。帝至熟時，常詣取之，或復賜宮人。宮人得之，轉餉親戚，以爲奇味，得者不敢輒食，乃歷數家。京師語曰：『白馬甜榴，一實直牛。』」〔註183〕這兩則史料，則分別反映了北魏時期洛陽的物產及北魏洛陽因民族融和、佛教傳播而帶來的飲食文化的變化。

兩漢魏晉南北朝時期社會性歌謠的最後一類是社會知識型歌謠俗語。這

道元注曰：「山桑故城在渦水北」。頁1922。而《水經注》卷23《陰溝水注》「（陰溝水）東南至沛爲渦水」句下酈道元注曰：「《郡國志》曰：山桑縣有下城父聚者也。渦水又屈逕其聚東郎山西，又東南屈，逕郎山南，山東有垂惠聚，世謂之禮城。袁山松《郡國志》曰：山桑縣有垂惠聚，即此城也。渦水又東南逕渦陽城北，臨側渦水，魏太和中爲南兗州治」。趙一清指出：「按《環宇記》後魏孝文帝置渦州，理山桑縣，其地後入於梁，復入魏，改爲譙州，改譙縣爲渦陽縣。」頁1952～1953。《通典》卷177《州郡典》載譙郡下轄蒙城，杜佑指出，蒙城即「漢山桑縣。後魏置渦州及渦陽縣。東漢置蒙郡，後曰山桑。又有漢垂惠聚，在縣西北。」頁4666。筆者按，渦陽即爲今安徽蒙城縣。

〔註180〕《太平御覽》卷170《州郡部·江南道·潤州》，頁827。
〔註181〕《太平御覽》卷942《鱗介部·蠣》，頁4184。
〔註182〕《洛陽伽藍記校注》卷3《城南·龍華寺》，頁160～161。
〔註183〕《洛陽伽藍記校注》卷4《城西·白馬寺》，頁196。

類歌謠，通常包含以下幾類內容，即反映社會現象的歌謠俗語，反映天文知識的歌謠俗語和反映農業生產知識和經驗的歌謠俗語。下面，本文也對此分別加以簡單的介紹。

　　反映社會現象的歌謠俗語，主要是指反映一些社會不良現象和社會經驗的歌謠，它們是兩漢魏晉南北朝時期的人們對長久以來的此類現象和經驗形象化概括，通常可以起到提示或警示世人的作用。比如西漢大臣貢禹曾經上書批評當時的社會風氣說：「武帝始臨天下，尊賢用士，闢地廣境數千里，自見功大威行，遂從奢欲，用度不足，乃行一切之變，使犯法者贖罪，入穀者補吏，是以天下奢侈，官亂民貧，盜賊並起，亡命者眾。郡國恐伏其誅，則擇便巧史書習於計簿能欺上府者，以爲右職；奸軌不勝，則取勇猛能操切百姓者，以苛暴威服下者，使居大位。故亡義而有財者顯於世，欺謾而善書者尊於朝，悖逆而勇猛者貴於官。故俗皆曰：『何以孝弟爲？財多而光榮。何以禮義爲？史書而仕宦。何以謹愼爲？勇猛而臨官。』故黥劓而髡鉗者猶復攘臂爲政於世，行雖犬彘，家富勢足，目指氣使，是爲賢耳。故謂居官而置富者爲雄桀，處奸而得利者爲壯士，兄勸其弟，父勉其子，俗之壞敗，乃至於是！」〔註184〕史料中的這首歌謠，就反映出了漢武帝時期吏治腐敗、民風敗壞的社會現象。《史記·貨殖列傳》說：「『倉廩實而知禮節，衣食足而知榮辱。』禮生於有而廢於無。故君子富，好行其德；小人富，以適其力。淵深而魚生之，山深而獸往之，人富而仁義附焉。富者得執益彰，失執則客無所之，以而不樂。夷狄益甚。諺曰：『千金之子，不死於市。』此非空言也。」〔註185〕這則史料中所引用的「倉廩實而知禮節」的俗語和「千金之子，不死於市」的諺語就說明了民眾富而講禮和明教化、避禍亂的道理。在《史記·佞倖列傳》裏，司馬遷還用「力田不如逢年，善仕不如遇合」〔註186〕來說明機遇對於人們事業或仕宦成功的重要性。〔註187〕《漢書·韋賢傳》則說：「韋賢字長孺。魯國鄒人也。其先韋孟，家本彭城，爲楚元王傅……自孟至賢五世。賢爲人質樸少欲，篤志於學，兼通《禮》、《尚書》，以《詩》教授，號稱鄒魯大

〔註184〕《漢書》卷72《貢禹傳》，頁3077。
〔註185〕《史記》卷129《貨殖列傳》，頁3256。
〔註186〕《史記》卷125《佞倖列傳》，頁3191。
〔註187〕徐陵《答諸求官人書》所引世諺「圖官在亂世，覓富在荒年」（見〔宋〕李昉等編《文苑英華》卷677，中華書局，1966年版，頁3498。）也是這類性質的歌謠俗語。

儒。……賢四子：長子方山爲高寢令，早終；次子弘，至東海太守；次子舜，留魯守墳墓；少子玄成，復以明經歷位至丞相。故鄒魯諺曰：『遺子黃金滿籯，不如一經。』」〔註188〕在這首歌謠裏，人們把韋氏家族歷代富貴的道理歸結爲其家族以經學相尙的家風，這無疑是對漢代崇尙經學的政治文化傳統的正確而微妙的總結。東漢著名女學者班昭在其《女誡・敬愼篇》中說：「陰陽殊性，男女異行。陽以剛爲德，陰以柔爲用，男以強爲貴，女以弱爲美。故鄙諺有云：『生男如狼，猶恐其尫；生女如鼠，猶恐其虎。』然則修身莫若敬，避強莫若順。故曰敬順之道，婦人之大禮也。」〔註189〕班昭用這首諺語來說明婦女應該以柔順爲立身之道，反映了漢代女教的變化。《顏氏家訓・教子篇》說：「古者，聖王有胎教之法：懷子三月，出居別宮，目不邪視，耳不妄聽，音聲滋味，以禮節之。……凡庶縱不能爾，當及嬰稚，識人顏色，知人喜怒，便加教誨，使爲則爲，使止則止。比及數歲，可省笞罰。……吾見世間，無教而有愛，每不能然；飲食運爲，恣其所欲，宜誡翻獎，應訶反笑，至有識知，謂法當爾。驕慢已習，方複製之，捶撻至死而無威，忿怒日隆而增怨，逮於成長，終爲敗德。孔子云：『少成若天性，習慣如自然』是也。俗諺曰：『教婦初來，教兒嬰孩。』誠哉斯語！」〔註190〕顏之推在這裡指出的教育子女應該從小時候抓起的道理，很符合現代教育學和認知心理學的原理，他所引用的「教婦初來，教兒嬰孩」的諺語，也是具有眞知灼見的道理。上述史料中所引用的歌謠俗語，都是此類社會經驗的總結。

兩漢魏晉南北朝時期反映天文和農業生產知識的歌謠俗語，大多見於當時的農書等文獻中。比如《風俗通》說：「俗說臨日月薄食而飲，令人蝕口。謹案，日，太陽之精，君之象也。日有蝕之，天子不舉樂。里語：『不救蝕者，出行遇雨。』恐有安坐飲食，重懼也。」〔註191〕這則史料中所反映的人們對日食的敬畏雖然是一種具有濃厚的迷信色彩，可是如果考慮到漢代人們的科學水平，這類認識和諺語也可以看作是當時人們的一種天文知識。梁元帝《金樓子自述》云：「初至荊州，卜雨，聊附見首末。孟秋之月，亢陽日久，月旦雖雨，俄爾便晴。有人云：『諺曰：『雨月額，千里赤。』蓋旱之征也。』」〔註192〕又《周地

〔註188〕《漢書》卷73《韋賢傳》，頁3101、3107。
〔註189〕《後漢書》卷84《列女傳・班昭傳》，頁2788。
〔註190〕《顏氏家訓集解》卷1《教子篇》，頁8。
〔註191〕《太平御覽》卷849《飲食部・食》下，頁3796。
〔註192〕《太平御覽》卷728《方術部・筮》下，頁3230。

圖記》曰：「太白山甚高，上恆積雪，無草木。半山有橫雲如瀑布，則澍雨。人常以為候，驗之如離畢焉。故語曰：『南山瀑布，非朝即暮。』」〔註193〕這兩則史料中所引謠諺分別是對天文知識及荊州地區與太白山區和地理氣候的總結。當然，在兩漢魏晉南北朝時期的史籍和文獻中，記載更多的此類歌謠俗語還是農諺，這類農業歌謠和諺語是兩漢魏晉南北朝時期的農民對他們長期以來的生產知識的總結，是經過長期農業實踐檢驗的富有生命力的鮮活教材，對農業生產具有很實際的指導作用。如《禮記・月令》注載氾勝之引古語說：「土長冒撅，陳根可拔，耕者急發。」又如《臨海異物志》說：「楊桃，似南方橄欖子，其味甜。常五月、十月熟。諺言：『楊桃無蹙，一歲三熟。』其色青黃，核如棗核。」〔註194〕當然，這類農諺更多地是見於《氾勝之書》和《齊民要術》等古代農書中。這裡僅舉數例，以明其義。如《氾勝之書》曰：「麥生黃色，傷於太稠，稠者鋤而稀之，秋鋤以棘柴耬之，以壅麥根。故諺曰：『子欲富，黃金覆。』『黃金覆』者，謂秋鋤麥、曳柴壅麥根也。至春凍解，棘柴曳之，突絕其幹葉。須麥生，復鋤之。到榆莢時，注雨止，候土白背復鋤。如此則收必倍。」〔註195〕《齊民要術・雜說》在講到鋤地對保持田地水份的作用時說：「又鋤耨以時，諺曰『鋤頭三寸澤』，此之謂也。堯湯旱澇之年，則不敢保，雖然，此乃常式。古人云『耕鋤不以水旱息功，必獲豐年之收。』」〔註196〕又《齊民要術・黍》載：「《氾勝之書》曰：「黍者暑也，種者必待暑。先夏至二十日，此時有雨，彊土可種黍。諺曰：『前十鴟張，後十羌襄，欲得黍，近我傍。』『我傍』，謂近夏至也，蓋可以種晚黍也。」〔註197〕在講到種豆之法時，《齊民要術》又說：「崔寔曰：『五月可種踔豆，二月可種大豆』又曰：『三月，昏參夕，杏花盛，桑椹赤，可種大豆，謂之上時。四月，時雨降，可種大、小豆。美田欲稀，薄田欲稠。』」〔註198〕在講到小麥的種植特點時，《齊民要術》又載：「小麥宜下田。歌曰：『高田種小麥，穬穆不成穗。男兒在他鄉，那得不憔悴！」〔註199〕《齊民要術・養牛馬驢騾篇》又云：「服牛乘馬，量其力能，寒溫飲飼，適其天性，如不肥充繁

〔註193〕《太平御覽》卷40《地部・太白山》，頁192。

〔註194〕《太平御覽》卷974《果部・楊桃》，頁4316。

〔註195〕見《齊民要術校釋》卷2《大小麥》，〔北魏〕賈思勰著，繆啓愉校釋，中國農業出版社，1998年版，頁133。

〔註196〕《齊民要術・雜說》，頁25～26。

〔註197〕《齊民要術》卷2《黍》，頁105。

〔註198〕《齊民要術》卷2《大豆》，頁113。

〔註199〕《齊民要術》卷2《大小麥》，頁127。

息者未之有也。諺曰：『羸牛劣馬寒食下』。務在充飽調適而已。」〔註200〕總之，類似這樣的歌謠在《齊民要術》還很多見，它們都是我國古代農民總結的寶貴的農業生產經驗，含有豐富的科學道理在內。這類農業歌謠和諺語的出現，也是中國古代農業發展水平的反映。

三、歌謠俗語所反映的兩漢魏晉南北朝時期的文化風貌

兩漢魏晉南北朝時期的歌謠俗語，有相當一部分反映了當時的社會文化風貌，其中既包含了對當時一些宿儒和經師的讚美性評價，也包含著對一部分佛教或道教人物和學者的稱讚。如果仔細分析這類歌謠及其所反映的儒學、佛教和道教學者的學行風尚，則必定會對認識兩漢魏晉南北朝時期以儒學爲主體的，以佛教和道教爲輔助的社會文化和意識形態特點有所裨益。

兩漢時期的文化性歌謠俗語中，絕大部分是對當時儒者和經師的讚頌。這類歌謠俗語，很能夠反映出兩漢時期統治者對儒學和經學的好尚特點，及由此造成的兩漢儒學和經學的發展，並在某種程度上能夠展示出兩漢時期經今、古文學的發展和演變一些特點。另外，如果我們注意到此類歌謠所涉及的儒家學者所在的籍貫及其活動所影響地域的話，我們也會對這些歌謠俗語所反映出的兩漢時期儒學和經學的地域分布和區域差異有所認識。下面，我們就對這類歌謠作一些簡單的介紹。當然，在介紹這類歌謠俗語的學術背景時，不能不涉及到漢代的經今古文學之爭，因爲這是研討兩漢經學時不可忽略的政治和學術背景。對中國儒學史上的這一課題，學者們已經作出了很多的研究，本文在此處就無需贅述了。但爲了下文敘述的方便，根據兩漢經學發展的基本情況，簡單地表列兩漢時期今古文經學的各自特點和主要區別如下，以便於對這一時期相關歌謠俗語所涉及的學者的學術特點有較爲清晰的認識。

兩漢今古文經學對照表

比較項目	今 文 經 學	古 文 經 學
經書字體	今文（隸書）	古文（篆書）
興起時間	起源於西漢初年	起源於西漢末葉
盛行時間	盛行於西漢	盛行於東漢
立於學官	兩漢時立於學官	新莽時曾立於學官

〔註200〕《齊民要術》卷6《養牛馬驢騾篇》，頁383。

崇尚經典	嚴、顏二家《春秋公羊傳》、施、孟、梁丘、京氏《易》，歐陽、大小夏侯《尚書》，齊、魯、韓《詩》，大小戴《禮》。	《左氏春秋傳》、《穀梁春秋》、《古文尚書》、《毛詩》、《周禮》、《逸禮》、費氏《易》。
尊崇對象	尊從孔子，以其為哲學家、政治家、教育家	尊從周公，認為孔子是史學家
對六經的看法	認為六經是孔子政治思想的體現和依託	認為六經是古代史料，孔子不過加以整理傳授而已
學術特點	重微言大義和通經致用	重章句訓詁
對讖緯態度	喜談陰陽，深信讖緯	少談陰陽，不信讖緯

　　下面，就讓我們來看一下兩漢時期這類涉及到儒學和經學的歌謠俗語都講了一些什麼內容。

　　西漢時期，是今文經學一統天下的時代，今文經學的經典在儒學和經學界佔有絕對的統治地位。《漢書‧朱雲傳》載：「朱雲字遊，魯人也，徙平陵。……（漢元帝時）少府五鹿充宗貴幸，為《梁丘易》。自宣帝時善梁丘氏說，元帝好之，欲考其異同，令充宗與諸《易》家論。充宗乘貴辯口，諸儒莫能與抗，皆稱疾不敢會。有薦云者，召入，攝齋登堂，抗首而請，音動左右。既論難，連拄〔註201〕五鹿君，故諸儒為之語曰：『五鹿岳岳，朱雲折其角。』由是為博士。」〔註202〕這首歌謠反映了西漢宣帝和宣帝時期《梁丘易》地位的上陞和儒者競相學習這部經典的情況。又《漢書‧匡衡傳》載：「匡衡字稚圭，東海承人也。父世農夫，至衡好學，家貧，庸作以供資用，尤精力過絕人。諸儒為之語曰：『無說《詩》，匡鼎來；匡語《詩》，解人頤。』……學者多上書薦衡經明，當世少雙，令為文學就官京師；……事下太子太傅蕭望之、少府梁丘賀問，衡對《詩》諸大義，其對深美。望之奏衡經學精習，說有師道，可觀覽。」〔註203〕這則史料和歌謠則反映了漢代《詩》學的發展。又《漢書‧張禹傳》載：「張禹字子文，河內軹人也。……及禹壯，至長安學，從沛郡施讎受《易》，琅邪王陽、膠東庸生問《論語》，既皆明習，……甘露中，諸儒薦禹，有詔太子太傅蕭望之問。禹對《易》及《論語》大義，望之善焉，奏禹經學精習，有師法，可試事。……久之，試為博士。初元中，立皇太子，而博士鄭寬中以《尚書》授太子，薦言禹善說《論語》。詔令禹授太子《論語》，

〔註201〕顏師古注曰：「拄，刺也，距也。」《漢書》卷67《朱雲傳》，頁2914。
〔註202〕《漢書》卷67《朱雲傳》，頁2912、2913。
〔註203〕《漢書》卷81《匡衡傳》，頁3331～2332。

－63－

由是遷光祿大夫。……初，禹爲師，以上難數對己問經，爲《論語章句》獻之。始，魯扶卿及夏侯勝、王陽、蕭望之、韋玄成皆說《論語》，篇第或異。禹先事王陽，後從庸生，采獲所安，最後出而尊貴。諸儒爲之語曰：『欲爲《論》，念張文。』由是學者多從張氏，餘家浸微。」〔註204〕這則資料則反映出西漢時期《論語》之學的發展概況。

東漢時期，古文經學開始興起，當時的學者開始從學古文經師和經典。〔註205〕但是，由於今文經學的傳統影響和師法流傳，今文經學在東漢時期不僅沒有消亡，還擁有很大的政治勢力〔註206〕和學術影響。因此當時的學者在修習古文經學的同時，很多還仍然學習今文經學。因此，今古文經學的兼收並蓄也成了東漢儒者的學術選擇。這在歌謠中也有所反映。比如，《後漢書‧郭憲傳》載：「郭憲字子橫，汝南宋人也。少師事東海王仲子。……及後（王莽）篡位，拜憲郎中，賜以衣服。憲受衣焚之，逃於東海之濱。……建武七年（62 年），代張堪爲光祿勳。從駕南郊。憲在位，忽迴向東北，含酒三潠。執法奏爲不敬。詔問其故。憲對曰：『齊國失火，故以此厭之。』後齊果上火災，與郊同日。……時，匈奴數犯塞，帝患之，乃召百僚廷議。憲以爲天下疲敝，不宜動眾。諫爭不合，乃伏地稱眩瞀，不復言。帝令兩郎扶下殿，憲亦不拜。帝曰：『常聞「關東觥觥郭子橫」，竟不虛也。』」〔註207〕

〔註204〕《漢書》卷 81《張禹傳》，頁 3352。

〔註205〕《後漢書‧儒林傳》載：「（光武）中興，北海牟融習《大夏侯尚書》，東海王良習《小夏侯尚書》，沛國桓榮習《歐陽尚書》。榮世習相傳授，東京最盛。扶風杜林傳《古文尚書》，林同郡賈逵爲之作訓，馬融作傳，鄭玄注解，由是《古文尚書》遂顯於世。」又載：「初，九江謝曼卿善《毛詩》，乃爲其訓。宏從曼卿受學，因作《毛詩序》，善得《風雅》之旨，於今傳於世。後從大司空杜林更受《古文尚書》，爲作《訓旨》。時濟南徐巡師事宏，後從林受學，亦以儒顯，由是古學大興。光武以爲議郎。……中興後，鄭眾、賈逵傳《毛詩》，後馬融作《毛詩傳》，鄭玄作《毛詩箋》。……鄭眾傳《周官經》，後馬融作《周官傳》，授鄭玄，玄作《周官注》。玄本習《小戴禮》，後以古經校之，取其義長者，故爲鄭氏學。」頁 2566～2577。這些記載反映了古文經學在東漢時期的發展。

〔註206〕東漢時期今文經學依然被立爲博士，《後漢書‧儒林傳》載：「光武中興，愛好經術，未及下車，而先訪儒雅，采求闕文，補綴漏逸。先是，四方學士多懷協圖書，遁逃林藪。自是莫不抱負墳策，雲會京師，……於是立《五經》博士，各以家法教授，《易》有施、孟、梁丘、京氏，《尚書》歐陽、大小夏侯，《詩》齊、魯、韓，《禮》大小戴，《春秋》嚴、顏、凡十四博士，太常差次總領焉。」頁 2545。這十四家博士全部是今文經學，古文經學雖然對東漢時期的思想、政治和文化產生過很大的影響，但一直未得立爲博士。

〔註207〕《後漢書》卷 82《方術傳‧郭憲傳》，頁 2708～2709。

據這則史料中所記郭憲好言災異和不仕王莽的情況來看，郭憲所學當爲今文經學。又《後漢書‧儒林傳》載：「任安字定祖，廣漢綿竹人也。少游太學，受《孟氏易》，兼通數經。又從同郡楊厚學圖讖，究極其術。時人稱曰：『欲知仲桓問任安。』又曰：『居今行古任定祖。』學終，還家教授，諸生自遠而至。」又載：「楊政字子行，京兆人也。少好學，從代郡范升受《梁丘易》，善說經書。京師爲之語曰：『說經鏗鏗楊子行。』教授數百人。」〔註208〕任安和楊政所學的《孟氏易》和《梁丘易》也是典型的今文經，而時人對任安「居今行古任定祖」的稱讚，尤其值得玩味。《後漢書‧召馴傳》又載：「召馴字伯春，九江壽春人也。曾祖信臣，元帝時爲少府。父建武中爲卷令，儵儻不拘小節。馴少習《韓詩》，博通書傳，以志義聞，鄉里號之曰『德行恂恂召伯春』。」〔註209〕召馴所學習的《韓》詩也是今文經學的三家詩學之一。再如，《東觀漢記》載：「陳囂字君期，明《韓詩》。時語曰：『關東說詩陳君期。』」〔註210〕又如《陳留風俗傳》載：「許晏字偉君，授《魯詩》於琅琊。王改學曰：『許氏章句，列在儒林。』故諺曰：『殿上成群許偉君。』」〔註211〕這些例證都說明了今文經學在東漢時期也是很流行的。

　　當然，由於古文經學的發展及其在東漢政治和意識形態中的重要地位，東漢時期大多數學者還是今古文學兼修並習的，而到了東漢後期，博通五經更成爲學者們相互標尙的境界。所以，會通今古，五經並重也就成爲東漢時期學者之間的學術風尙。這在當時的歌謠俗語中也有充分的反映。比如《後漢書‧井丹傳》載：「井丹字大春，扶風郿人也。少受業太學，通《五經》，善談論，故京師爲之語曰：『《五經》紛綸井大春。』」〔註212〕又《後漢書‧賈逵傳》載：「賈逵字景伯，扶風平陵人也。……父徽，從劉歆受《左氏春秋》，兼習《國語》、《周官》，又受《古文尙書》於涂惲，學《毛詩》於謝曼卿，……逵悉傳父業，弱冠能誦《左氏傳》及《五經》本文，以《大夏侯尙書》教授，雖爲古學，兼通五家《穀梁》之說。自爲兒童，常在太學，不通人間事。身長八尺二寸，諸儒爲之語曰：『問事不休賈長頭。』」〔註213〕又《後漢書‧魯丕傳》載：「丕字叔陵，

〔註208〕　《後漢書》卷79《儒林傳》，頁2551～2552。
〔註209〕　《後漢書》卷79《儒林傳‧召馴傳》，頁2573。
〔註210〕　《太平御覽》卷615《學部‧講說》，頁2764。
〔註211〕　《太平御覽》卷496《人事部‧諺》下，頁2267。
〔註212〕　《後漢書》卷83《逸民傳‧井丹傳》，頁2764。
〔註213〕　《後漢書》卷36《賈逵傳》，頁1234～1235。

性沈深好學，孳孳不倦，遂杜絕交遊，不答候問之禮。士友常以此短之，而丕欣然自得。遂兼通《五經》，以《魯詩》、《尚書》教授，爲當世名儒。……門生就學者常百科人，關東號之曰『《五經》復興魯叔陵』。」〔註214〕又《後漢書·楊震傳》載：「楊震字伯起，弘農華陰人也。……父寶，習《歐陽尚書》。哀、平之世，隱居教授。……震少好學，受《歐陽尚書》於太常桓鬱，明經博覽，無不窮究。諸儒爲之語曰：「關西孔子楊伯起。」〔註215〕又《後漢書·儒林傳》載：「許慎字叔重，汝南召陵人也。性淳篤，少博學經籍，馬融常推敬之，時人爲之語曰：『《五經》無雙許叔重。』」〔註216〕只要對照前面的今古文經學對照表即可看出，東漢時期尤其是東漢後期的學者，大多數已經不再單純地拘守今古文經學的師法，而是五經兼通、今古並重了，這點，在賈逵的求學經歷和經學特點中表現的尤爲突出。當然，在東漢後期，會通經今古文學的最著名的學者還要數鄭玄和王肅。由於本文研究課題和資料的限制，此點就不能深論了。〔註217〕另外，漢末魏晉以後，隨著政治環境的改變和學術思想的發展與變化，經今古文之爭逐漸推出歷史舞臺，南北朝時期的儒者和經師，大多也是五經並重，學習經書時也幾乎全然不論今古文的差別了。比如《北史·陸乂傳》載：「(陸)乂字旦，襲爵始平侯。乂聰敏博學，有文才，年十九舉司州秀才。歷秘書郎、南陽王文學、通直散騎侍郎，待詔文林館，兼散騎侍郎。……乂於《五經》最精熟，館中謂之石經。人爲之語曰：『《五經》無對，有陸乂。』」〔註218〕

在兩漢魏晉南北朝關於儒學的歌謠俗語中，有一部分還反映了一些儒者好學不倦的風采和當時儒林的學風風貌。比如《廣輿記》載：「漢桓譚字君山，宿州人，博學有文章名。光武欲以讖決疑，桓譚諫，出爲六安丞。著《新論》，藏書甚多。時人語曰：『玩揚子雲之篇。樂於居千乘之官，挾桓君之書，富於積猗頓之財。』」〔註219〕這首歌謠反映了漢代大多數學者重學輕財、好尚儒術的風氣。這種風氣的形成，是與兩漢魏晉南北朝時期統治者對儒學的提倡和政治支

〔註214〕《後漢書》卷25《魯丕傳》，頁883。

〔註215〕《後漢書》卷54《楊震傳》，頁1759。

〔註216〕《後漢書》卷79《儒林傳·許慎傳》，頁2588。

〔註217〕筆者的碩士學位論文《〈孔子家語〉與王肅經學》對鄭玄與王肅經學的特點和時代背景有專門的論述，其中部分內容已經以《魏晉禪代與「鄭王之爭」——政權更迭與儒學因應關係的一個歷史考察》爲題發表在《孔子研究》2005年第2期。

〔註218〕《北史》卷28《陸乂傳》，頁1018～1019。

〔註219〕轉引自《先秦漢魏晉南北朝詩·漢詩》卷3《雜歌謠辭·諺語》，頁141。

援分不開的。兩漢魏晉南北朝時期的儒者耳濡目染這種風氣，表現出勤學好學的美好品格。如《後漢書・荀爽傳》載：「（荀）爽字慈明，一名譜。幼而好學，年十二，能通《春秋》、《論語》。（潁川）太尉杜喬見而稱之，曰：『可為人師。』爽遂耽思經書，慶弔不行，徵命不應。潁川為之語曰：『荀氏八龍，慈明無雙。』」〔註220〕又如《孔叢子》載：東漢章帝元和年間，孔子後裔子和為臨晉令，不久因病去世，有二子，「長曰長彥，年十有二；次曰季彥，年十歲。父之友西洛人姚進先有道，徵不就，養志於家。長彥、季彥常受教焉，既除喪，則苦身勞力以自衣食。家有先人遺書，兄弟相勉，諷誦不倦。……於是甘貧，研精墳典，十餘年間，會徒數百。故時人為之語曰：『魯國孔氏好讀經，兄弟講誦皆可聽。學士來者有聲名，不過孔氏那得成。』」〔註221〕《後漢書・馮豹傳載》：「（馮）豹字仲文，……長好儒學，以《詩》、《春秋》教麗山下。鄉里之語曰：『道德彬彬馮仲文。』」〔註222〕又殷興《通語》記載：「殷禮字往嗣，幼而鄉里異之。七歲就官學書，在師未嘗戲弄。諷誦恒不為聲，潛識而已。……行在舟車，手不釋卷。從曲阿往返，遂不知堤瀆廣狹，及行旅喧鬧，未嘗視之。時人語曰『奇才強記，殷往嗣。』」〔註223〕又《魏書・李諡傳》載：「李諡，字永和，趙郡人，相州刺史安世之子。少好學，博通諸經，周覽百氏。初師事小學博士孔璠。數年後，璠還就諡請業。同門生為之語曰：『青成藍，藍謝青，師何常，在明經。』」〔註224〕《周書・呂思禮傳》載：「呂思禮，東平壽張人也。性溫潤，不雜交遊。年十四，受學於徐遵明。長於論難。諸生為之語曰：『講書論易，其鋒難敵。』

〔註220〕《後漢書》卷62《荀爽傳》，頁2050～2051。

〔註221〕（西漢）孔鮒撰《孔叢子》卷下附《連叢子》下第二十三，中華書局，1985年版《叢書集成初編》本，頁168～169。又見《太平御覽》卷385《人事部・幼知》，頁1778～1779。關於《孔叢子》所附《連叢子》的性質、作者和成書時間問題，四庫館臣認為系「以孔藏所著賦與書上下二篇附綴於末，別名曰《連叢》」，晁公武《郡齋讀書志》也認為《連叢》即孔藏書：「《連叢》又出孔藏。意者《孔叢子》即《漢志》孔甲《盤盂書》，而亡六篇；《連叢》即《漢志》孔藏收，而其子孫或續之也。」而李濂認為，《連叢子》係「漢孝武朝太常孔藏，又以所著賦與書謂之《連叢》上下篇，合為一卷附焉。」（見《叢書集成初編》本《孔叢子》序）但就本文所引的《連叢子》這條資料來看，其明確記載孔子和在元和二年（85年）擔任臨晉令，而元和則為東漢章帝年號。據此則《連叢子》的成書必然在東漢以後，所謂孔藏之書云云，顯係後人偽託，是難以令人信從的。

〔註222〕《後漢書》卷28《馮衍傳附子豹傳》，頁1004。

〔註223〕《太平御覽》卷614《學部・幼學》，頁2760～2761。

〔註224〕《魏書》卷96《李諡傳》，頁1932。

十九，舉秀才，對策高第。除相州功曹參軍。」〔註225〕

　　另外，兩漢魏晉南北朝時期的還有一部分歌謠俗語反映了當時儒者的個人境遇與名士風采。比如漢代以經術取士，因此通過鑽研儒術而入仕便成為儒生和經師們的一個重要進身途徑。很多人都為此而皓首窮經，但正如俗語所云「學者如牛毛，成者如麟角」，〔註226〕朝廷所取士人畢竟衹是少數，因此大多數儒生難以擺脫窮困潦倒的命運。如《後漢書‧獻帝紀》記載說：初平四年（193 年）「九月甲午，試儒生四十餘人，上第賜位郎中，次太子舍人，下第者罷之。詔曰：『……今耆儒年逾六十，去離本土，營求糧資，不得專業。結童入學，白首空歸，長委農野，永絕榮望，朕甚愍焉。其依科罷者，聽為太子舍人。」李賢注引劉艾《獻帝紀》曰：「時長安中為之謠曰：『頭白皓然，食不充糧。裹衣蹇裳，當還故鄉。聖王愍念，悉用補郎。舍是布衣，被彼玄黃。』」〔註227〕又修習儒術，恪守禮法，是漢代儒者獲取名譽的一個基本條件。有很多人遵守禮法到了固執的地步，表現的幾乎不近人情。如《風俗通義》載：「山陽太守汝南薛恭祖，喪其妻不哭。臨殯，於棺上大言：『自同恩好，四十餘年，服食祿賜，男女成人，幸不為夭，夫復何恨哉！今相及也。』謹按禮為嫡妻杖，重於宗也。妻者既齊於己，澄灑酒以養姑舅，契闊中饋，經理蠶織，垂統傳重，其為恩篤勤至矣。且鳥獸之微，尚有迴翔之思，喟噍之痛，何有死喪之感。終始永絕，而曾無慽容，尚當內崩傷，外自矜飾，此為矯情，偽之至也。俚語：『婦死腹悲，唯身知之。』又言妻非禮所與，此何禮也？豈不悖哉。」〔註228〕與漢代士人的恪遵禮法相反，魏晉南北朝時期的很多士人以放達相尚，追求個人的精神自由，顯示出不同常人的個性和風度。這在當時的歌謠中也有所記載。如《晉書‧山簡傳》載：「永嘉三年（309 年），（山簡）出為征南將軍、都督荊、湘、交、廣四州諸軍事、假節，鎮襄陽。於時四方寇亂，天下分崩，王威不振，朝野危懼。簡優游卒歲，唯酒是耽。諸習氏，荊土豪族，有佳園池，簡每出嬉遊，多之池上，置酒輒醉，名之曰高陽池。時有童兒歌曰：「山公出何許，往至高陽池。日夕倒載歸，茗艼無所知。時時能騎馬，倒著白接䍦。舉鞭向葛彊：『何如并州兒？』」〔註229〕又《宋

〔註225〕《周書》卷 38《呂思禮傳》，頁 682。
〔註226〕《太平御覽》卷 496《人事部‧諺》下引蔣子《萬機論》，頁 2268。
〔註227〕《後漢書》卷 9《獻帝紀》，頁 374～275。
〔註228〕《風俗通義》卷 3《愆禮篇》，《漢魏叢書》，頁 647。
〔註229〕《晉書》卷 43《山濤傳附子簡傳》，頁 1229～1230。

書‧五行志》記載：「陳郡謝靈運有逸才，每出入，自扶接者常數人。民間謠曰『四人挈衣裙，三人捉坐席』是也。」〔註230〕又《南齊書‧劉繪傳》載：「永明末，京邑人士盛爲文章談義，皆湊竟陵王西邸。繪爲後進領袖，機悟多能。時張融、周顒並有言工，融音旨緩韻，顒辭致綺捷，繪之言吐，又頓挫有風氣。時人爲之語曰：『劉繪貼宅，別開一門。』言在二家之中也。」〔註231〕而《太平御覽‧學部》引《齊書》記載此事更爲詳細：「永明末，都下人士盛爲文章談義，皆湊竟陵西邸。繪爲後進領袖。時張融以言辭辯健，周顒稱爲『清綺』，而繪音采瞻麗，雅有風則。時人爲之語曰：『三人共宅夾清漳，張南周北劉中央。』言其處二人間也。」〔註232〕這些歌謠俗語，都是對當時士人不拘細節、注重個性的通達風度的讚譽之詞。

　　涉及魏晉南北朝時期佛教人物的文化性歌謠俗語，在史籍和文獻中也有一定的記載。這類歌謠俗語反映的大多是當時人們對魏晉南北朝時期佛教高僧學問和風采的讚譽，以及當時佛教僧人受魏晉時期清談的影響而擅長辯論和談論佛教義理的特點。下面我們也作一些簡單的介紹。支謙是漢末三國時期來華的高僧，《高僧傳》載：「時孫權已制江左，而佛教未行。先有優婆塞支謙，字恭明，一名越。本月支人，來遊漢境。……博覽經籍莫不精究，世間伎藝多所綜習，遍學異書，通六國語。其爲人細長黑瘦，多白而睛黃，時人爲之語曰：『支郎，眼中黃，形軀雖細是智囊。』漢獻末亂，避地於吳。孫權聞其才慧，召見悅之，拜爲博士，使輔導東宮。」〔註233〕又云：「卑摩羅叉，此云無垢眼，罽賓人。……及羅什棄世，又乃出遊關左，……頃之南適江陵於辛寺夏坐開講《十誦》。既通漢言，善相領納，無作妙本，大闡當時，析文求理者其聚如林，明條知禁者數亦殷矣。……道場慧觀深括宗旨，記其所製內禁輕重，撰爲二卷。送還京師，僧尼披習競相傳寫。時聞者諺曰：『卑羅鄙語，慧觀才錄。都人繕寫，紙貴如玉。』」〔註234〕又載：「于法開，不知何許人。事蘭公爲弟子，深思孤發，獨見言表。善《放光》及《法華》。……開有

〔註230〕《宋書》卷30《五行志》一，頁884。

〔註231〕《南齊書》卷48《劉繪傳》，頁841。

〔註232〕《太平御覽》卷617《學部‧談論》，頁2722。

〔註233〕《高僧傳》卷1，T50，頁0325a。本文所引佛教經籍俱見臺北佛陀教育基金會印贈《大正新修大藏經》。在本文有關佛教經籍的注釋中，T表示卷數，頁表示頁碼，a、b、c表示欄數。下同。

〔註234〕《高僧傳》卷2，T50，頁0333b－0333c

弟子法威。清悟有樞辯。……此中舊難通，威既至郡，正值遁講，果如開言。往復多番，遁遂屈。因厲聲曰：『君何足復，受人寄載來耶。』故東山嗟云：『深量開思，林談識記。』」〔註235〕《高僧傳》又載：「釋道安，姓衛氏，常山扶柳人也。……至年十二出家，神智聰敏。……至鄴入中寺遇佛圖澄，澄見而嗟歎，與語終日。眾見形貌不稱，咸共輕怪。澄曰：『此人遠識非爾儔也。』因事澄爲師。澄講，安每覆述，眾未之愜，咸言：『須待後次當難殺崑崙子。』即安後更覆講，疑難鋒起，安挫銳解，紛行有餘力。時人語曰：『漆道人，驚四鄰。』」〔註236〕又載：「竺道生，本姓魏，鉅鹿人。……生幼而穎悟聰哲若神……後值沙門竺法汰，遂改俗歸依，伏膺受業。既踐法門俊思奇拔，研味句義即自開解。故年在志學，便登講座，吐納問辯，辭清珠玉，雖宿望學僧、當世名士，皆慮挫詞窮、莫敢酬抗。……初生與叡公及嚴觀同學齊名，故時人評曰：『生叡發天眞，嚴觀窪流得，慧義彭享進，寇淵於默塞。』生及叡公獨標天眞之目，故以秀出群士矣。」〔註237〕又《續高僧傳》載「釋靈裕，俗姓趙，定州鉅鹿曲陽人也。……精爽宏贍，理相兼通。……或大德同集，間以謔情，及裕之臨席，無不肅然自持，諠鬧攸靜。……故通儒開士，積疑請決，藝術異能，抱策呈解，皆頂受絕歡，言不寫情，可謂坐鎮雅俗於斯人矣。故鄴下諺曰：『衍法師伏道不伏俗，裕法師道俗俱伏。』誠其應對無思，發言成論故也。」〔註238〕又記載說：「釋眞觀，字聖達，吳郡錢唐人。……時人語曰：『錢唐有眞觀，當天下一半。』……由此王公貴遊多所知識。始興王東臨禹井，請以同行。於時興皇講筵，選能義集，觀臨途既促，咸推前次。既登高座，開二諦宗，百並縱橫，一言冰泮。學士傅繹在席嗟曰：『三千稱首，七十當初，是上人者，當爲酬對。』金陵道俗見知若此。」〔註239〕《宋書·天竺傳》載：「又有慧嚴、慧議道人，並住東安寺，學行精整，爲道俗所推。時斗場寺多禪僧，京師爲之語曰：『斗場禪師窟，東安談義林。』」〔註240〕上述這些史料所記載的歌謠，所反映的都是對魏晉南北朝時期名僧風采的讚美。另外，佛教初傳入中國時，爲了取得中國民眾的信從，還經常虛構神話故事

〔註235〕《高僧傳》卷4，T50，頁0350a－0350b。
〔註236〕《高僧傳》卷5，T50，頁0351c。
〔註237〕《高僧傳》卷7，T50，頁0366b－0367a。
〔註238〕《續高僧傳》卷9，T50，頁0495b-0497b。
〔註239〕《續高僧傳》卷30，T50，頁0701c-0702a。
〔註240〕《宋書》卷97《夷蠻傳·天竺迦毗黎國傳附慧嚴、慧議傳》，頁2391～2392。

和顯示出種種「神迹」來吸引民眾。這在歌謠中也有反映。比如《廬山記》載，廬山白蓮池上「有文殊殿瑞像者，晉陶侃初爲廣州刺史，海濱漁人□見夜有光豔，遂網之，得金文殊菩薩之像。旁有志云：『昔阿育王所鑄。』……侃以送武昌寒溪寺，主者僧珍常往復口，夢寺火，而像屋獨有神物圍繞。珍馳還寺，果已焚，惟像屋並存。侃移督江州，以像神靈，使人迎以自隨，復爲風濤所溺。時荆楚爲之謠曰：『陶惟劍雄，像以神標。雲翔泥宿，邈何遙遙。可以誠致，難以力招。』至遠公刱寺，乃禱於水上，其像復出，始迎置神運殿。後造重閣，以奉香火，故李邕寺記云：『育王贖罪，文殊降形。蹈海不沈，驅於陶侃。迫火不熱，夢於僧珍。』蓋謂此也。」〔註241〕

　　反映道教情況的文化性歌謠俗語，在魏晉南北朝時期數量較少，但這有限的幾首歌謠卻能夠形象地反映出魏晉南北朝時期人們對道教成神成仙境界的嚮往，及由此引發的競相入山采藥所造成的弊病。神仙是道教文化的產物，也是道教爲信眾塑造的最高修煉境界的象徵，因此，神仙就成爲道教信徒和受道教影響的民眾嚮往的目標。如李尊《太玄眞人茅君內傳》載：「茅盈留句曲山，告二弟曰：『吾去有局任，不復得數相往來。』父老歌曰：『茅山連金陵，江湖據下流。三神乘白鶴，各在一山頭。佳雨灌旱稻，陸田亦復周。妻子保堂室，使我無百憂。白鶴翔金穴，何時復來遊？』」〔註242〕這首歌謠反映的是人們對茅盈這位得道「仙人」乘鶴遨遊天下的神仙生活的讚美。又《搜神記》載：「漢陰生者，長安渭橋下乞小兒也。常於市中丐，市中厭苦，以糞灑之。旋復在市中乞，衣不見汙如故。長吏知之，械收繫，著桎梏，而續在市乞。又械欲殺之，乃去。灑之者家，屋室自壞，殺十數人。長安中謠言曰：『見乞兒，與美酒，以免破屋之咎。』」〔註243〕這則故事中所記載的「神仙」和前一首歌謠中的神仙形象截然不同，他於鬧市之中行乞，並不與人主動接觸，但每受攻擊則睚眥必報，使人破室傷家，對人們構成了極大的威脅。這種道教神仙形象，與人們通常所理解的超然物外，遨遊人間的神仙形象差距甚遠，故此引起了人們的敬畏。又道教神仙理想一旦形成，其對世人的影響也就開始發生作用。而道教給信眾指示的成仙途徑除了修煉以外，還有服食丹藥一途。南北朝時期，追求成仙的信眾眾多，而由此造成的社會問題也十

〔註241〕《廬山記》卷1，T51，頁1028b。

〔註242〕《太平御覽》卷916《羽族部‧鶴》，頁4061。

〔註243〕《搜神記》卷1《漢陰生》。〔晉〕干寶著，見《漢魏六朝筆記小說大觀》，上
　　　　海古籍出版社，1999年版，頁282。

分突出。《抱朴子・內篇・登涉》載：「或問登山之道。抱朴子曰：『凡爲道合藥，及避亂隱居者，莫不入山。然不知入山法者，多遇禍害。故諺有之曰：太華之下，白骨狼籍。皆謂偏知一事，不能博備，雖有求生之志，而反強死也。』」〔註244〕因求長生而入山采藥，卻往往遇害丟命，這大概是求仙者所始料不及的，也是古代宗教理想與實現可能的天然悖論。而這首歌謠卻簡潔地概括並形象地表達出了這種悖論。

總之，通過以上簡單而初步的梳理可以看出，兩漢魏晉南北朝時期的歌謠俗語，雖然被筆者簡單地劃分爲政治性歌謠俗語、社會性歌謠俗語和文化性歌謠俗語三類，但其卻包含著更多的細目和類別，其所反映的兩漢魏晉南北朝時期的政治、社會和文化生活的特點，也是異常豐富而多彩的。另外，兩漢魏晉南北朝時期，尤其是十六國和北朝時期，民族發展、民族關係和民族政治也是貫穿這一時代的重要歷史主題和內容。與此相適應，反映這一時期民族發展和各民族之間關係的歌謠俗語也十分豐富，如《史記正義》引《西河故事》云：「匈奴失祁連、焉支二山，乃歌曰：『亡我祁連山，使我六畜不蕃息；失我焉支山，使我婦女無顏色。』」〔註245〕又如《魏書・序記》裏所記載的「詰汾皇帝無婦家，力微皇帝無舅家」〔註246〕諺語等，都是研究兩漢魏晉南北朝民族關係史和民族發展史的生動材料。本文對此本應作專門的探討和介紹，但一則由於本文已經將這些歌謠分別納入上面所列舉的三類歌謠俗語中加以敘述，且這類歌謠所包含的內容亦不易與上述三類內容相區分，二則此類歌謠牽涉的民族史和政治史的內容異常複雜，而筆者對兩漢魏晉南北朝民族史研究領域涉獵不深，一些問題思考還不成熟。所以本文對有關反映兩漢魏晉南北朝民族史的歌謠俗語的探討暫付闕如，更深入的研究只能有待他日展開。儘管如此，通過本章以管窺豹式的簡單分類和介紹，我們仍然完全可以得出以下的結論：兩漢魏晉南北朝時期的歌謠俗語，的確可以稱得上是我國古代文學和史學寶庫中的一顆顆璀璨明珠，閃耀其上的多彩光輝和蘊含其中的歷史奧秘都值得我們給以特別的深入發掘和專門研究。

〔註244〕《抱朴子內篇校釋》卷17《登涉》。〔晉〕葛洪著，王明校釋，中華書局，1985年版，頁299。
〔註245〕《史記》卷110《匈奴列傳》，頁2909。
〔註246〕《魏書》卷1《序紀・聖武帝紀》，頁3。

第二章　兩漢魏晉南北朝歌謠輿論的社會空間——兼論閭里巷路與臺寺府屬在歌謠傳播中的作用

　　我國古代的歷史歌謠，宛若一首首響徹千年的古歌，時至今日它們還能夠在遙遠的時空深處振蕩著我們的耳鼓。隨便翻開一部歷史典籍，都會不時可以感受到這些歌謠獨特的語言魅力和對我們形成的心靈震撼。這些歌謠，內容豐富，既有官僚上層的悲歌際遇、慷慨情懷之作，也有普通百姓的刺貪刺虐之音、哀告無助之語，其中雖然不乏對當政者的歌頌和讚譽，更多的卻是民眾對社會危機和自身生活境遇的控訴和呼告。通過它們，千載之下我們猶然能夠體會得出那些歌者的生活狀態和情感色彩。這些載之於史籍和文獻中的歌謠都曾經是眾口諷誦的鮮活文字，都曾經在一定的社會群體和社會空間中傳播，也都曾經在一定時期和範圍內產生過值得注意的影響。我們可以通過對歌謠俗語作者身份和傳播範圍的考察，來探討魏晉南北朝歌謠輿論的社會空間和政治空間問題。

一、兩漢魏晉南北朝歌謠作者身份初探

　　由於歌謠具有大眾傳播的特點，在通常情況下，不僅很難確認它們的最初作者，而且也很難辨別傳播者和受眾之間的區別，因為在口耳相傳的情況下，一首歌謠的受眾，往往又是這首歌謠得以進一步擴散的傳播者。正因如此，歌謠在流布傳播的過程中往往使得真正作者的名字湮沒於大眾群體之中。事實也正是這樣，我國古代的史籍和文獻記載的絕大多數歌謠都沒有確

切的作者可考。歷史文獻中記錄歌謠的形式往往祇是在每條歌謠之前冠以某時、某地「歌謠曰」的字樣，或者逕直套用「有童謠」、「歌謠曰」或「時人語曰」的格式。這樣的例子是不勝枚舉的。但是眾口流傳的歌謠俗語畢竟不是無源之水和無根之木，其最初的起源總能夠在一些特定的人物或特定的群體中得到大體的確認。如果在眾多的資料中細心考索，還是能夠找到足夠的材料來確定一些歌謠的作者及其身份的。即便是眾口流傳的民歌和童謠，有些我們也還是能夠大體確定它們的傳播群體和流傳地域的。因此，從歌謠傳播者的身份和地域出發來探討歌謠傳播群體的生存和生活環境，便不失爲探討歌謠輿論發生和流傳的社會空間和時代背景的可行方法和有效途徑。

一般而言，我們可以按照歌謠傳播和發生影響的範圍來確定群體傳播歌謠者的身份。通過這樣的考察，兩漢魏晉南北朝時期歌謠的作者和最初的傳播者就大體上可以分爲普通民眾、社會特殊群體（如學生、軍人、婦女和兒童等）、官僚或統治階層的某些人物等。

歌謠傳播中的普通民眾主要是指州、郡、縣、鄉、裏等各級政府或組織治下的百姓。這個群體是兩漢魏晉南北朝時期歌謠傳播者中最主要的部分。普通民眾製造和傳播歌謠的例證在史書中是很多見的。

兩漢時期民眾爲官吏作歌謠者有很多例證，比如：西漢惠帝時，曹參代蕭何爲相國。初，高帝與蕭何定天下，法令既明具，及參守職。舉事無所變更，一切都依照蕭何製定的政策和辦法行事。百姓便之，於是作歌說：「蕭何爲法，顜若畫一。曹參代之，守而勿失。載其清靖，民以寧一。」〔註1〕《漢書》記載說：成帝時，馮野王爲上郡太守。其後，弟立亦自五原太守徙西河上郡，立居職公廉，治行略與野王相似。而多智有恩貸，好爲條教。吏民嘉美野王、立相代爲太守，歌之曰：「大馮君，小馮君，兄弟繼踵相因循，聰明賢知惠吏民，政如魯、衛德化鈞，周公、康叔猶二君。」〔註2〕《後漢書》載：張堪光武時爲漁陽太守，捕擊奸猾，賞罰必信，吏民皆樂爲之用。於是乃於狐奴開稻田八千餘頃，勸民耕種。百姓因以致殷富。民眾歌之曰：「桑無附枝，麥穗兩歧。張君爲政，樂不可支。」〔註3〕《後漢書·朱暉傳》載：宋暉建武年間爲臨淮太守，「暉好節概，有所拔用，皆屬行士。其諸報怨，以義犯率，

〔註1〕 《史記》卷54《曹相國世家》，頁2031。
〔註2〕 《漢書》卷79《馮奉世傳附子立傳》，頁3305。
〔註3〕 《後漢書》卷31《張堪傳》，頁1100。

皆爲求其理，多得生濟。其不義之囚，即時僵僕。吏人畏愛，爲之歌曰：『強直自遂，南陽朱季。吏畏其威，人懷其惠。』」〔註4〕

魏晉南北朝時期也有很多這樣的例證。比如：《北堂書鈔》卷七十八引《殷氏家傳》說：曹魏時期殷褒爲滎陽令，他「廣築學館，會集朋徒，民知禮讓，乃歌之：『滎陽令，有異政，修立學校人易性。令我子弟恥鬥訟。』」〔註5〕《晉書·苟晞傳》載苟晞爲青州刺史，「晞乃多置參佐，轉易守令，以嚴刻立功，日加斬戮，流血成川，人不堪命，號曰『屠伯』。頓丘太守魏植爲流人所逼，眾五六萬，大掠兗州。晞出屯無鹽，以弟純領青州，刑殺更甚於晞，百姓號『小苟酷於大苟。』晞尋破植。」〔註6〕這是青州百姓不堪苟氏兄弟的暴政而做的諺語。《宋書·奚顯度傳》說：「奚顯度者，南東海郯人也。官至員外散騎侍郎。世祖常使主領人功，而苛虐無道，動加捶撲，暑雨寒雪，不聽暫休，人不堪命，或有自經死者。人役聞配顯度，如就刑戮。時建康縣考囚，或用方材壓額及踝脛，民間謠曰：『寧得建康壓額，不能受奚度拍。』又相戲曰：『勿反顧，付奚度。』其酷暴如此。」〔註7〕這是民眾爲奚顯度暴虐而作的歌謠。在這兩個例證中，雖然沒有指出歌謠傳播者的具體身份，但都明確指出這是民眾的作品。

作爲群體傳播的歌謠，其傳播群體身份還有較爲特殊的，如學生、軍人、婦女和行人等，這些具有特定社會身份的歌謠傳播群體，是歌謠製造和傳播中比較特殊的一類。

自漢武帝設立以太學爲代表的國家教育體系以來，〔註8〕太學生和各級各類的儒生就作爲一群特殊的知識份子群體登上了歷史舞臺，他們是未來政治和文化官僚的候選人，在兩漢魏晉南北朝時期發揮了獨特的歷史作用。尤其是在東漢盛行清議的時期，太學生更成爲作出人物品評和製造政治輿論的主要社會

〔註4〕　《後漢書》卷43《朱暉傳》，頁1459。
〔註5〕　〔唐〕虞世南《北堂書鈔》卷78《設官部·縣令》，臺北文海出版社，頁342。
〔註6〕　《晉書》卷61《苟晞傳》，頁1667。
〔註7〕　《宋書》卷94《恩倖傳·戴明寶傳附奚顯度傳》，頁2306。
〔註8〕　《文獻通考》卷40《學校考·太學》中說：「漢興，高帝尚有干戈，平定四海，未遑庠序之事。至武帝，始興太學。……董仲舒《對策》曰：『養士莫大乎太學。太學者，賢士之所關也，教化之本原也。今以一郡一國之眾，對亡應書者，是王道往往而絕也。臣願陛下興太學，置明師，以養天下之士，數考問以盡其材，則英俊宜可得矣。』後武帝立學校之官，皆自仲舒發之。元朔五年，置博士弟子員。前此博士雖各以經授徒，而無考察試用之法，至是官始爲置弟子員，即武帝所謂興太學也。」頁381〜382。

群體。《後漢書・黨錮傳序》記載這種情況說：「初，桓帝爲蠡吾侯，受學於甘陵周福，及即帝位，擢福爲尚書。時同郡河南尹房植有名當朝，鄉人爲之謠曰：『天下規矩房伯武，因師獲印周仲進。』二家賓客，互相譏揣，遂各樹朋徒，漸成尤隙，由是甘陵有南北部，黨人之議，自此始矣。……流言轉入太學，諸生三萬餘人，郭林宗、賈偉節爲其冠，並與李膺、陳蕃、王暢更相褒重。學中語曰：『天下模楷李元禮，不畏強禦陳仲舉，天下俊秀王叔茂。』又渤海公族進階、扶風魏齊卿，並危言深論，不隱豪強。自公卿以下，莫不畏其貶議，屣履到門。……自是正直廢放。邪枉熾結，海內希風之流，遂共相標榜，指天下名士，爲之稱號。上曰『三君』，次曰『八俊』，次曰『八顧』，次曰『八及』，次曰『八廚』，猶古之『八元』、『八凱』也。」〔註9〕這種歌謠清議，不僅對東漢時期的政治產生了直接而重要的影響，還對魏晉南北朝時期的鄉里清議和人物月旦評議風氣的形成起到了重要的作用。不過，此類與政治直接發生關係和產生影響的歌謠風議，由於統治者的嚴屬打擊，在漢代以後已經很難見到，其後史籍中所載的大多是諸儒爲某某語的評議型歌謠，這類歌謠，在兩漢魏晉南北朝時期則偶爾可以見到。比如《漢書・朱雲傳》載：少府五鹿充宗貴幸，爲梁丘易，元帝好之。欲考其異同，令與諸易家論。充宗辨口，諸儒莫能抗。有薦朱云者，召入攝齊登堂，抗首而請。音動左右。故諸儒爲之語曰：「五鹿岳岳，朱雲折其角。」〔註10〕《漢書・匡衡傳》載：匡衡好學，家貧傭作，以供資用，而精力過人。諸儒爲之語曰：「無說詩，匡鼎來。匡說詩，解人頤。」〔註11〕

〔註9〕 《後漢書》卷67《黨錮列傳》，頁2185～2187。按關於所謂「三君」、「八俊」、「八顧」、「八及」、「八廚」人選及太學生爲他們所作的歌謠，袁山松《後漢書》曰：「桓帝時，朝廷日亂。李膺風格秀整，高自標尚。後進之士，升其堂者以爲登龍門。太學生三萬餘人，榜天下士，上稱三君，次八俊，次八顧，次八及，次八廚，猶古之八元、八凱也。因爲七言謠曰：『天下忠誠實遊平，天下義府陳仲舉，天下德弘劉仲承（右三君）。天下模楷李元禮，天下英秀王叔茂，天下良輔杜周甫，天下冰淩朱季陵，天下忠貞魏少英，天下好交荀伯條，天下稽古劉伯祖，天下才英趙仲經（右八俊）。天下和雍郭林宗，天下慕悌夏子治，天下英藩尹伯元，天下清苦羊嗣祖，天下琚金劉叔林，天下雅志蔡孟喜，天下臥虎巴恭祖，海內貴珍陳子鱗，海內忠烈張元節，海內翳諤范孟博，海內通士檀文友，海內彬彬范仲眞，海內珍好岑公孝，海內所稱劉景升（右八及）。海內賢智王伯義，海內修整蕃嘉景，海內良貞秦平王，海內珍奇胡母季皮，海內光光劉子相，海內依怙王文祖，海內嚴恪張孟卓，海內清明度博平（右八廚）。』」節引自逯欽立輯校《先秦漢魏晉南北朝詩・漢詩》卷8《雜歌謠辭・謠辭》，頁222～224。

〔註10〕 《漢書》卷67《朱雲傳》，頁2913。

〔註11〕 《漢書》卷81《匡衡傳》，頁3331。

《後漢書‧賈逵傳》載：賈逵，字景伯，扶風平陵人。能誦《左氏傳》及五經本文。自爲兒童，常在太學，不通人間事，身長八尺二寸。諸儒爲之語曰：「問事不休賈長頭」〔註12〕《後漢書‧楊震傳》曰：楊震，字伯起，弘農華陰人。少好學，受歐陽尚書於太常桓鬱，明經博覽，無不窮究。諸儒爲之語曰：「關西孔子，楊伯起。」〔註13〕另外，《魏書‧李謐傳》載：李謐少好學，周覽百氏。初師事小學博士孔璠，數年後，璠還就謐請業。同門生爲之語曰：「青成藍，藍謝青，師何常，在明經。」〔註14〕《周書‧呂思禮傳》則記載說：呂思禮，東平壽張人。性溫雅，不雜交遊。年十四，受學於徐遵明，長於論難。諸生爲之語曰：「講書論易，其鋒難敵。」〔註15〕這類儒生之間的評議性歌謠，有的可以看出是在太學生中間傳播的，如讚揚賈逵的歌謠就屬於這種情況，但大部分都是普通學者之間針對學業和學者們各自的學術修養的評價。這其實也從一個側面反映了東漢以後，太學生和各類普通儒學知識份子在國家政治和社會輿論中影響的降低。

軍人是一個較爲特殊的社會群體，但在戰爭頻仍的兩漢魏晉南北朝時期，軍人所作的歌謠是很常見的。這類歌謠，在本文第一章第一節的關於歌謠俗語分類的政治性歌謠中，已經舉了大量的例證，這裡不再重複引述。從前面所舉的例證我們可以看出，這類歌謠主要是對己方主將的讚美和對戰爭及殘暴的軍人給民眾造成的疾苦的厭倦和憤怒，可以說是軍旅生涯和軍人喜怒哀樂的集中反映。這類歌謠，大多都是軍人創作的，而軍人在中國古代也是一個比較特殊的社會群體。

婦女所作歌謠在史籍中也屢有所見。如《搜神記》記載，建安初，華容有女子在獄中歌吟曰：「不意李立爲貴人。」〔註16〕結果其後不久，曹操平荊州，以涿州李立爲荊州刺史。又《拾遺記》載：曹魏明帝時期，昆明國貢嗽金鳥，鳥常吐金屑如粟，用飾釵佩，謂之辟寒金。宮人相嘲曰：「不服辟寒金，那得帝王心。不服辟寒鈿，那得帝王憐！」〔註17〕這首歌謠則反映了曹魏時期統治者淫逸的生活和宮女們盛妝自飾以邀帝王寵愛的心態。北朝時期，斛

〔註12〕《後漢書》卷36《賈逵傳》，頁1235。
〔註13〕《後漢書》卷54《楊震傳》，頁1759。
〔註14〕《魏書》卷90《逸士傳‧李謐傳》，頁1932。
〔註15〕《周書》卷38《呂思禮傳》，頁682。
〔註16〕《三國志》卷6《魏書‧劉表傳》注，頁215。
〔註17〕《太平御覽》卷718《服用部‧釵》，頁3181。

律部部帥倍侯利「質直勇健過人，奮戈陷陳，有異於眾。北方之人畏嬰兒啼者，語曰『倍侯利來』，便止。處女歌謠云：『求良夫，當如倍侯。』其服眾如此。」〔註18〕這首歌謠反映了民間婦女對倍侯利的企慕之心。北魏咸陽王元禧因遭猜忌而被賜死私第，其宮人歌曰：「可憐咸陽王，奈何作事誤。金床玉幾不能眠，夜蹋霜與露。洛水湛湛彌岸長，行人那得渡？」結果「其歌遂流至江表，北人在南者，雖富貴，弦管奏之，莫不灑泣。」〔註19〕這首遠播異國他鄉，引起北朝南渡貴族無限遐思的歌謠，就是由宮人即宮女創作和傳唱的作品。

又《後漢書・西南夷傳》載：「永平十二年（69 年），哀牢王柳貌遣子率種人內屬……西南去洛陽七千里，顯宗以其地置哀牢、博南二縣，割益州郡西部都尉所領六縣，合爲永昌郡。始通博南山，度蘭倉水，行者苦之。歌曰：『漢德廣，開不賓。度博南，越蘭津。度蘭倉，爲它人。』」〔註20〕另外，三國時期，魏文帝喜愛美人薛靈芸，不僅將其迎至京師，而且修建燭臺以置之：「靈芸未至京師數十里，膏燭之光，相續不滅。車徒嗌路，塵起蔽於星月，時人謂爲『塵霄』。又築土爲臺，基高三十丈，列燭於臺下，而名曰『燭臺』，遠望如列星之墜地。又於大道之旁，一里致一銅表，高五尺，以志里數。故行者歌曰：『青槐夾道多塵埃，龍樓鳳闕望崔嵬。清風細雨雜香來，土上出金火照臺』。」〔註21〕這兩首歌謠則是行人，也即爲求生存而奔波的百姓因悲苦或感慨而作歌謠的例證。

兒童是歌謠作者群體中最爲特殊的一類，雖然史籍中記載的童謠的數量數不勝數，但是特別記載童謠是在什麼情況下產生的文本卻是少之又少。對此筆者有一種推測，即大多數政治童謠和兒歌都是個別人物的作品（這點在下文還將進一步論述），而只有極少數童謠是兒童在玩耍嬉戲時的產物。雖然真正的、嚴格意義上的出自童心的童謠在史籍中記載的數量不多，但也不乏例證，比如：《搜神記》記載：「吳以草創之國，信不堅固，邊屯守將，皆質其妻子，名曰保質。童子少年，以類相與嬉遊者，日有十數。永安二年（259 年）三月，有一異兒，長四尺餘，年可六七歲，衣青衣，來從群兒戲，諸兒莫之識也。皆問曰：

〔註18〕《魏書》卷 103《高車傳》，頁 2309。
〔註19〕《魏書》卷 21 上《咸陽王禧傳》，頁 539。
〔註20〕《後漢書》卷 86《西南夷傳・哀牢傳》，頁 2849。
〔註21〕《太平廣記》卷 272《婦人・美婦人・薛靈芸》，出《王子年拾遺記》，頁 2139〜2140。

『爾誰家小兒，今日忽來？』答曰：『見爾群戲樂，故來耳。』詳而視之，眼有光芒，爍爍外射。諸兒畏之，重問其故。兒乃答曰：『爾惡我乎？我非人也，乃熒惑星也。將有以告爾：三公鉏，司馬如。』諸兒大驚，或走告大人，大人馳往觀之。兒曰：『舍爾去乎！』竦身而躍，即以化矣。仰面視之，若引一匹練以登天。大人來者，猶及見焉，飄飄漸高，有頃而沒。時吳政峻急，莫敢宣也。後五年而蜀亡，六年而晉興，至是而吳滅，司馬如矣。」〔註22〕如果拂去這則故事的神話色彩，那它所記載的兒童嬉戲時歌唱童謠的情節是很符合歷史實際的。東晉桓玄時，「朱雀門下，忽有兩小兒，通身如墨，相和作《芒籠歌》，路邊小兒從而和之數十人。歌云：『芒籠茵，繩縛腹。車無軸，倚孤木』聲甚哀楚，聽者忘歸。日既夕，二小兒還入建康縣。」〔註23〕又東晉義熙二年（406年），有小兒相逢於道，輒舉其兩手曰「盧健健」，次曰「鬥歡鬥歡」，末曰「翁年老翁年老」。〔註24〕當時人們都不解這些謠言的意思。南齊永明年間，市里兒童做遊戲，以鐵相擊於地，謂之「鬥鑿」，甚爲風行，後來人們意識到「鑿」字其實就是「族」字，表示南齊宗室相鬥殺。〔註25〕再如北齊河清末年，「遊童戲者好以兩手持繩，拂地而卻上，跳且唱曰『高末』，……高末之言，蓋高氏運祚之末也」〔註26〕這些童謠，雖然帶有神秘主義的色彩，然而都是對政治現實的一種反映，實質上也是公眾輿論的產物。

個體的歌謠製造和傳播者也可以分爲兩類，即可以確切知道創作者姓名的和不能確知姓名但可以確定爲個人製造或傳播歌謠的。這些人物大多都是統治階層中的成員。正因如此，他們的名字和所作歌謠才得以載諸史籍。兩漢魏晉南北朝在史籍和文獻中有名可考的歌謠作者有：

漢高祖戚夫人：《漢書·外戚傳》載：「高祖崩，惠帝立，呂后爲皇太后，乃令永巷囚戚夫人，髡鉗衣赭衣，令舂。戚夫人舂且歌曰：『子爲王，母爲虜，終日舂薄暮，常與死爲伍！相離三千里，當誰使告女？』」〔註27〕

慕容廆：《晉書·吐谷渾傳》載，鮮卑慕容廆部與吐谷渾部分裂後，「廆

〔註22〕《三國志》卷48《吳書·三嗣主傳·孫皓傳》注引《搜神記》，頁1177。
〔註23〕《太平廣記》卷368《精怪一》，出《續齊諧記》。中華書局，1961年版，頁2926。
〔註24〕《晉書》卷28《五行志》，頁849。
〔註25〕《南史》卷5《廢帝鬱林王紀》，頁140。
〔註26〕《北齊書》卷8《後主紀》，頁114。
〔註27〕《漢書》卷97《外戚傳》，頁3937。

悔之，遣其長史史那蔞馮及父時耆舊追還之。……樓馮遣從者二千騎，擁馬東出數百步，輒悲鳴西走。如是者十餘輩，樓馮跪而言曰：『此非人事也。』遂止。鮮卑謂兄爲阿干，庪追思之，作《阿干之歌》，歲暮窮思，常歌之。」〔註28〕（案陳澄之《伊犁煙雲錄》記載《阿干之歌》曰：「阿干西，我心悲，阿干欲歸我不歸。爲我謂馬何太苦，我阿干爲阿干西。……阿干身苦寒，辭我土棘住白蘭。我見落日不見阿干。嗟嗟，人生能有幾阿干。」）〔註29〕

王珉、王廞：《宋書‧樂志》載「《團扇哥》者，晉中書令王珉與嫂婢有情，愛好甚篤，嫂捶撻婢過苦，婢素善哥，而珉好捉白團扇，故製此歌。……《長史變》者，司徒左長史王廞臨敗所製。」〔註30〕《團扇哥》和《長史變》都是個人創作的民歌作品。

張敬兒：《南史‧張敬兒傳》載：「（敬兒）性好卜術，信夢尤甚，初征荊州，每見諸將帥，不遑有餘計，唯敘夢云：『未貴時，夢居村中，社樹欻高數十丈。及在雍州，又夢社樹直上至天。』以此誘說部曲，自雲貴不可言。……

〔註28〕 《晉書》卷 97《吐谷渾傳》，頁 2537。

〔註29〕 轉引自黎虎、金成淑《慕容鮮卑音樂略論》，《中國史研究》，2002 年第 2 期。黎虎先生指出：「陳氏認爲這就是當年慕容庪所作的《阿干之歌》，可惜他沒有說明其來歷和出處，因此我們無法確定它就是慕容庪的原作。有的學者根據歌辭內容與歷史事實大體相符，而斷定這個歌辭應當是慕容庪的原作。雖然從歌辭內容來看，大多是符合當時歷史事實的，但仍然不能據此認爲它就是慕容庪的原作。因爲後人根據歷史資料也可以寫出上述歌辭。事實上包括《阿干之歌》在內的大多數慕容鮮卑歌，在古代一直是用鮮卑語演唱而沒有翻譯成漢語，因而早在唐代對於它們就已經是『雖譯者亦不能通知其辭，蓋年歲久遠，失其眞矣』。可見從它產生直至唐代都沒有被翻譯成漢語，那麼一千多年後的這首漢譯歌辭就不能不令人懷疑了。不過這首歌發現於蘭州附近，也不會是空穴來風，據王先謙合校本《水經注》卷二《河水二》引清人全祖望語云：『阿步干，鮮卑語也。慕容庪思其兄吐谷渾，因作阿干之歌，蓋胡俗稱其兄曰阿步干。阿干者阿步干之省也。今蘭州阿干峪、阿干河、阿干城、阿干堡，金人置阿干縣，皆以《阿干之歌》得名。阿干水至今利民，曰溥惠渠。又有沃干嶺，亦阿干之轉音。』可見《阿干之歌》曾在這一地區廣泛流傳。這個地區是在吐谷渾的活動範圍和影響之內，流傳《阿干之歌》的可能性是存在的。」

〔註30〕 《宋書》卷 19《樂志》，頁 550。《樂府詩集》卷 45 記載《團扇歌》云：「白團扇，辛苦五流連，是郎眼所見。白團扇，憔悴非昔容，羞與郎相見。」頁 660《樂府詩集》同卷記載《長史變》共有三首，其一爲：「出儂吳昌門，清水綠碧色。徘徊戎馬間，求罷不能得。」其二爲：「日和狂風扇，心故清白節。朱門前世榮，千載表忠烈。」其三爲「朱桂結貞根，芬芳溢帝庭。陵霜不改色，枝葉永流榮。」頁 662。

又使於鄉里爲謠言，使小兒輩歌曰:『天子在何處？宅在赤谷口，天子是阿誰？非豬如是狗。』敬兒家在冠軍，宅前有地名赤谷。既得開府，又望班劍，語人曰:『我車邊猶少班蘭物。』」〔註31〕

胡太后:《梁書·楊華傳》載「楊華，武都仇池人也。父大眼，爲魏名將。華少有勇力，容貌雄偉，魏胡太后逼通之，華懼及禍，乃率其部曲來降。胡太后追思之不能已，爲作《楊白華歌辭》，使宮人晝夜連臂蹋足歌之，辭甚淒惋焉。」〔註32〕

仇儒:《魏書·長孫肥傳》載:北魏時「中山太守仇儒不樂內徙，亡匿趙郡，推群盜趙準爲主。妄造妖言云:『燕東傾，趙當續，欲知其名，準水不足。』準喜而從之，自號使持節、征西大將軍、青冀二州牧、鉅鹿公，儒爲長史，聚黨二千餘人，據關城，連引丁零，殺害長吏，扇動常山、鉅鹿、廣平諸郡。遣肥率三千騎討之，破準於九門，斬仇儒，生擒準。」〔註33〕仇儒爲爲起義製造輿論而創作的歌謠雖然因帶有神秘的色彩而被北魏統治者視爲妖言，但對趙郡民眾卻頗具號召力，由此也可以看出歌謠對於民眾的輿論影響是不可忽視的。

褚緄:《梁書·褚緄傳》載:「褚緄在魏，魏人欲擢用之。魏元會，緄戲爲詩曰:『帽上著籠冠，袴上著朱衣，不知是今是，不知非昔非。』」褚緄的這首遊戲之作，含有諷刺意味，與普通的詩歌有明顯的不同，可以看作是一首諷刺性歌謠。結果，這首歌謠直接觸怒了北魏統治者，史載:「魏人怒，出（褚緄）爲始平太守。日日行獵，墮馬死。」〔註34〕

斛律金所唱《敕勒歌》:《北齊書·神武帝紀》載，北魏時期，高歡率兵攻打西魏，無功而返。「是時西魏言神武（即高歡）中弩，神武聞之，乃勉坐見諸貴，使斛律金《敕勒歌》，神武自和之，哀感流涕。」〔註35〕

〔註31〕《南史》卷45《張敬兒傳》，頁1138。
〔註32〕《梁書》卷39《王神念傳附楊華傳》，頁556～557。按《樂府詩集》卷73《雜曲歌辭》記載這首歌謠云:「陽春二三月，楊柳齊作花。春風一夜入閨闥，楊花飄蕩落南家。含情出户腳無力，拾得楊花淚沾臆。秋去春還雙燕子，願銜楊花入窠裏。」頁1039～1040。
〔註33〕《魏書》卷26《長孫肥傳》，頁652。
〔註34〕《梁書》卷20《陳伯之傳附褚緄傳》，頁315。
〔註35〕《北齊書》卷2《神武帝紀》，頁23。《樂府詩集》卷86《雜歌謠辭》四載《敕勒歌》云:「敕勒川。陰山下。天似穹廬。籠蓋四野。天蒼蒼。野茫茫。風吹草低見牛羊。」其題注云:「《樂府廣題》曰:『北齊神武攻周玉壁，士卒死者十四五。神武恚憤，疾發。周王下令曰:『高歡鼠子，親犯玉壁，劍弩一發，元兇自斃。』神武聞之，勉坐以安士眾。悉引諸貴，使斛律金唱《敕勒》，神

　　通過以上例證可以看出，兩漢魏晉南北朝時期有名可考的歌謠作者大多是一些具有顯赫身份的政治和社會上層人物，並且大多是在史籍中有傳記的人物，正因如此，他們的活動和歌謠創作才會與特定的政治形勢和事件發生關係，從而被載諸史籍，因而這些人才能夠在兩漢魏晉南北朝時期眾多的歌謠作者和傳播者中凸顯出來，和同樣是歌謠作者的普通民眾的淹沒無聞形成了鮮明的對比。

　　介於群體和個體之間的歌謠製造者和傳播者主要是指一些活動於特殊部門和具有特殊身份的社會階層，比如政府官員和各部官吏。他們雖然也是以群體或個體的身份來創作和傳播歌謠俗語的，但他們所作的歌謠或俗語，主要是對本部門官員的評價和臧否，其中所涉及的政府各個部門的有關資訊，尤其值得注意。這類歌謠和作者，我們可以舉出以下例證：

　　時人為何晏鄧颺丁謐曹爽謗語：「丁謐，字彥靖。……謐少不肯交遊，但博觀書傳。為人沈毅，頗有才略。太和中，常住鄴，借人空屋，居其中。而諸王亦欲借之，不知謐已得，直開門入。謐望見王，交腳臥而不起，而呼其奴客曰：『此何等人？促呵使去。』王怒其無禮，還具上言。明帝收謐，繫鄴獄，以其功臣子，原出。後帝聞其有父風，召拜度支郎中。曹爽宿與相親，時爽為武衛將軍，數為帝稱其可大用。會帝崩，爽輔政，乃拔謐為散騎常侍，遂轉尚書。謐為人外似疏略，而內多忌。其在臺閣，數有所彈駁，臺中患之，事不得行。又其意輕貴，多所忽略，雖與何晏、鄧颺等同位，而皆少之，唯以勢屈於爽。爽亦敬之，言無不從。故於時謗書，謂『臺中有三狗，二狗崖柴不可當，一狗憑默作疽囊。』三狗，謂何、鄧、丁也。默者，爽小字也。其意言三狗皆欲齧人，而謐尤甚也。」〔註36〕

　　桓溫府中為郗超和王珣語：史載：「桓溫辟（郗超）為征西大將軍掾。溫遷大司馬，又轉為參軍。溫英氣高邁，罕有所推，與超言，常謂不能測，遂傾意禮待。超亦深自結納。時王珣為溫主簿，亦為溫所重。府中語曰：『髯參軍，短主簿，能令公喜，能令公怒。』超髯，珣短故也。尋除散騎侍郎。時（郗）愔在北府，徐州人多勁悍，溫恒云『京口酒可飲，兵可用』，深不欲愔

　　　　武自和之。』其歌本鮮卑語，易為齊言，故其句長短不齊。」頁1212～1213。
　　　　按這首歌謠為北朝民歌，雖非斛律金所作，但卻因其演唱而得以載諸史籍，流傳後世，斛律金和高歡在這首歌謠的傳播中所做出的貢獻是很突出的。
〔註36〕《三國志》卷9《魏書・曹真傳附桓範傳》注引《魏略》，頁289。

居之。而惜暗於事機，遣箋詣溫，欲共獎王室，修復園陵。超取視，寸寸毀裂，乃更作箋，自陳老病，甚不堪人間，乞閒地自養。溫得箋大喜，即轉愔為會稽太守。」〔註37〕

宋明帝劉彧為王景文和張永謠：《宋書·王景文傳》載：「時太子及諸皇子並小，上稍為身後之計，諸將帥吳喜、壽寂之之徒，慮其不能奉幼主，並殺之，而景文外戚貴盛，張永累經軍旅，又疑其將來難信，乃自為謠言曰：『一士不可親，弓長射殺人。』一士，王字；弓長，張字也。景文彌懼，乃自陳求解揚州」。〔註38〕

梁世祖藩邸中為顏協、顧協語：《梁書·顏協傳》載：「顏協，字子和，琅邪臨沂人也。……協幼孤，養於舅氏。少以器局見稱。博涉群書，工於草隸。釋褐湘東王國常侍，又兼府記室。世祖出鎮荊州，轉正記室。時吳郡顧協亦在蕃邸，與協同名，才學相亞，府中稱為『二協』。舅陳郡謝暕卒，協以有鞠養恩，居喪如伯叔之禮，議者重焉。又感家門事義，不求顯達，恒辭徵辟，遊於蕃府而已。」〔註39〕

湘東王府中諸吏為魚弘、徐君蒨謠：《南史·徐君蒨傳》載：「緄子君蒨字懷簡，幼聰朗好學，尤長丁部書，問無不對。善弦歌，為梁湘東王鎮西諮議參軍。頗好聲色，侍妾數十，皆佩金翠，曳羅綺，服玩悉以金銀。飲酒數升便醉，而閉門盡日酣歌。每遇歡謔，則飲至斗。有時載伎肆意遊行，荊楚山川，靡不畢踐。朋從遊好，莫得見之。時襄陽魚弘亦以豪侈稱，於是府中謠曰：『北路魚，南路徐。』然其服翫次於弘也。」〔註40〕

時人為祖瑩、袁翻語：《魏書·祖瑩傳》曰：「祖瑩，字元珍，范陽遒人也。……以才名拜太學博士。徵署司徒、彭城王勰法曹行參軍。高祖顧謂勰曰：『蕭賾以王元長為子良法曹，今為汝用祖瑩，豈非倫匹也。』敕令掌勰書記。瑩與陳郡袁翻齊名秀出，時人為之語曰：『京師楚楚，袁與祖；洛中翩翩，祖與袁。』再遷尚書三公郎。」〔註41〕

祖瑩悲彭城詩：《北史·祖瑩傳》載：「尚書令王肅曾於省中詠《悲平城詩》云：『悲平城，驅馬入雲中。陰山常晦雪，荒松無罷風。』彭城王勰甚嗟

〔註37〕　《晉書》卷67《郗鑒傳附愔子超傳》，頁1803。
〔註38〕　《宋書》卷85《王景文傳》，頁2181。
〔註39〕　《梁書》卷50《文學傳·顏協傳》，頁727。
〔註40〕　《南史》卷15《徐羨之傳附孝嗣孫君蒨傳》，頁441。
〔註41〕　《魏書》卷82《祖瑩傳》，頁1798、1799。

其美，欲使蕭更詠，乃失語云：『公可更爲誦《悲彭城詩》。』蕭因戲勰云：『何意呼《悲平城》爲《悲彭城》也？』勰有慚色。瑩在座，即云：『悲彭城，王公自未見。』蕭云：『可爲誦之。』瑩應聲云：『悲彭城，楚歌四面起。屍積石梁亭，血流睢水裏。』蕭甚嗟賞之。」〔註42〕

韋孝寬、祖珽爲斛律光謠：《北齊書‧斛律光傳》載「周將軍韋孝寬忌光英勇，乃作謠言，令間諜漏其文於鄴，曰『百升飛上天，明月照長安』，又曰『高山不推自崩，槲樹不扶自豎』。祖珽因續之曰：『盲眼老公背上下大斧，饒舌老母不得語。』令小兒歌之於路。」〔註43〕

御史臺中爲宋遊道語：《北齊書‧宋遊道傳》載：「宋遊道，廣平人，其先自燉煌徙焉。父季預，爲渤海太守。遊道弱冠隨父在郡，父亡，吏人贈遺，一無所受，事母以孝聞。與叔父別居，叔父爲奴誣以逆，遊道誘令返，雪而殺之。魏廣陽王深北伐，請爲鎧曹，及爲定州刺史，又以爲府佐。廣陽王爲葛榮所殺，元徽誣其降賊，收錄妻子，遊道爲訴得釋，與廣陽王子迎喪返葬。中尉酈善長嘉其氣節，引爲殿中侍御史，臺中語曰：『見賊能討宋遊道。』」〔註44〕

上述例證表明，兩漢魏晉南北朝時期，歌謠的創作者和傳播者，所涉及的社會階層十分廣泛，有普通的百姓，有軍人武士，有婦女兒童，還有郡守縣吏、達官貴族，甚至有太后、皇帝等最高統治者，可以說具有廣泛的代表性。但是如果細心考察一下上述例證，就會發現，兩漢魏晉南北朝時期的歌謠，其最大的創作群體主要有兩個，其一爲處於社會最底層的廣大民眾，其二則是處於各級政府部門尤其是州郡和中央各部一級的高級官吏。民眾是社會上人口最多的階層，他們成爲歌謠輿論發生的主體，自然是合乎情理的。而各級官吏之所以也能夠超越其他社會階層而成爲僅次於民眾的歌謠輿論的製造者和傳播者，固然與中國古代的正史以記載統治階層的活動和事迹爲主的特點有關，但如果進一步深入探討，則會發現，這種現象，在偶然之中其實蘊涵著許多必然的因素。說到底，民眾和官員之所以能夠成爲歌謠輿論的兩大主體，實際上是由兩漢魏晉南北朝時期的社會結構和政治結構的特性決定的。也就是說，兩漢魏晉南北朝時期歌謠輿論的傳播和影響空間，其實是與這個歷史時期的官民並立的二元社會和政治結構是一致的。

〔註42〕 《北史》卷47《祖瑩傳》，頁1735。
〔註43〕 《北齊書》卷17《斛律金傳附子光傳》，頁225。
〔註44〕 《北齊書》卷47《酷吏傳‧宋遊道傳》，頁652。

中國古代的社會階層雖然有士、農、工、商之分，但就各個社會群體的社會地位而言，則除去一部分士人躋身於官僚集團成爲統治階層而外，所有的農民和手工業者和絕大多數的普通商人，儘管其經濟狀況存在相當的差異，但要而言之都屬於缺乏政治權利和地位的的民眾階層。〔註45〕他們作爲最大多數的社會群體，構成了國家政治結構和社會等級中的平民階層。他們缺乏基本的政治話語權力和政治參與手段，處於由皇帝、貴族和各級官吏等組成的統治階層的政治權威統治之下。這種官民並立的二元社會和政治結構可以說是中國古代社會的一個最重要的特點。〔註46〕這種特點，在兩漢魏晉南北朝時期表現尤爲典型。但是，需要進一步申說的是，雖然民眾和官僚統治階層共同構成了中國古代社會的兩大政治階層，但他們之間的政治和社會權力卻存在著天壤之別：由於中國古代等級森嚴的集權體制，國家的一切施

〔註45〕《史記‧貨殖列傳》説：「夫用貧求富，農不如工，工不如商，刺繡文不如倚市門」。頁3274，這形象地説明了漢代農民、手工業者和商人等不同社會階層之間的貧富差異。但這只是經濟狀況的差別，而非社會等級和政治地位的不同。司馬遷就曾經明確地説，商業乃是「貧者之資也」，漢代雖然出現過許多「大者傾郡，中者傾縣，下者傾鄉里」（《史記》卷129《貨殖列傳》，頁3281。）和「因其富厚，交通王侯，力過吏勢，以利相傾」（《漢書》卷24《食貨志》上，頁1132。）的巨商富賈，但社會上大多數普通商人資產都不夠雄厚，他們不僅經濟地位不夠穩固，在政治上還受到持續的歧視和抑制，地位與平民無異。比如劉邦建漢以後，就曾經「令賈人不得衣絲乘車，重租稅以困辱之。」孝惠、高後時，因爲天下初定，儘管「複弛商賈之律」，但是仍然規定「市井之子孫亦不得仕宦爲吏。」（《史記》卷30《平準書》，頁1418。）魏晉南北朝時期商品經濟的發展情況複雜，地域和時代性差異也十分明顯，但總體來講發展程度不高，這種狀況並沒有根本的改變。

〔註46〕有的學者特別強調中國古代士大夫階層特殊的文化地位和政治影響，但中國古代的士大夫大部分都是處於官僚候補地位的學者，實際上是官僚階層的一部分；另外一部則是普通的知識份子，除去文化上的優勢和影響以外，其身份和地位實質上與平民無異。另外，中國古代的皇帝雖然不屬於官僚階層，但他們與官僚統治階層既存在著嚴密的統屬關係，又有著相互依存的共生關係，實際上也可以視爲官僚統治集團的一份子。正如王亞南所説的那樣：「中國帝王的政治經濟權力，一方面使他扮演爲地主的大頭目；另一方面又扮演爲官僚的大頭目，而他以下的各種各色的官僚、士大夫，則又無疑是一些分別利用政治權勢侵漁人民的小皇帝。官僚士大夫們假託聖人之言，創立朝儀，製作律令，幫同把大皇帝的絕對支配權力建樹起來，他們就好像圍繞在鯊魚周圍的小魚，靠著鯊魚的分泌物而生活一樣，這絕對支配權力愈神聖、愈牢固，他們托庇它、依傍它而保持的小皇帝的地位，也就愈不可侵犯和動搖了。」（王亞南《中國官僚政治研究》，中國社會科學出版社，1981年版，頁61。）總之，士大夫階層和皇帝，都不能單獨構成社會或政治意義上的如官吏和民眾一樣的獨立階層。

政和管理都是自上而下的過程。作爲最廣大階層的民眾最缺乏表達自己意願和意志的渠道和代表，甚至對自身最基本生存狀況的關注通常也無由上達。所以一部二十四史雖然充滿了君臣將相的事迹和言行，但民眾的聲音和呼告卻難得一見，正所謂「上覽易遺，下情難達」，〔註47〕由此而造成的政情和民情的壅閉，常常是各種社會矛盾激化的重要原因。而另一方面，作爲統治階層的君主和官僚之間，雖然可以通過詔疏等資訊溝通和對官員的陞遷黜置等行政管理保持較好的互動關係，但由於中國古代的官僚制並非現代意義上的科層制，〔註 48〕各級政府部門行政長官與部屬之間的統屬性和專制特點也同樣十分明顯。因此，兩漢魏晉南北朝時期習見的臺、寺、省等中央機構和各級州、郡、縣府等地方政府內部的官員、屬吏同樣缺乏公開合法的輿論空間。因此，作爲民間和公眾輿論的歌謠，在魏晉南北朝時期廣泛出現於巷路閭里等城市和鄉村等社會基層空間以及臺寺附屬等社會上層空間就在一定程度上有了合理的必然性解釋。下面我們將分兩個部分來探討這個問題。

二、閭里巷路與歌謠輿論的傳播

《晉書》說：「斗粟興謠，逾里成詠」，〔註 49〕這句話昭示了「里」這一兩漢魏晉南北朝時期最基層的社會單位在歌謠傳播中的重要作用：它不僅是許多歌謠興起的地方，而且在歌謠的傳播中還起到進一步放大和推波助瀾的作用。可以說，以里爲代表的城鄉閭里巷路組織，正是兩漢魏晉南北朝時期歌謠發生和傳播的最基本的社會舞臺。正因如此，歌謠自古以來就被與閭里街陌聯繫在一起。如《宋書‧樂志》就說：「凡樂章古詞，今之存者，並漢世街陌謠謳，《江南可采蓮》、《烏生》、《十五子》、《白頭吟》之屬是也。」〔註50〕《漢書‧五行志》顏師古注也說：「女童謠，閭里之童女爲歌謠也。」

〔註47〕見《南齊書》卷 6《明帝紀》所載齊明帝建武元年十二月詔，頁 86。
〔註48〕官僚制（bureaucracy）又稱科層制，按照通行的解釋，官僚制指的是一種權力依職能和職位進行分工和分層，以規則爲管理主體的組織體系和管理方式，也就是說，它既是一種組織結構，又是一種管理方式。馬克斯‧韋伯認爲理性的科層制組織具有專門化、等級制（即在科層制組織中，擁有一大批官員，其中每個人的權威與責任都有明確的規定。這些官員的職位按等級制的原則依次排列。部屬必須接受主管的命令與監督，上下級之間的職權關係嚴格按等級劃定。）、規則化、非人格化和技術化五大基本特徵。
〔註49〕《晉書》卷 39《馮統傳》，頁 1163。
〔註50〕《宋書‧樂志》，頁 549。按《宋書‧樂志》還舉了一個具體的例證來說明閭

〔註51〕《漢書·韓延壽傳》顏師古注「謠俗」一詞時甚至徑直說：「謠俗謂閭里歌謠，政教善惡也。」〔註52〕甚至古代探察民間歌謠風議的官員，也必須「假視巷里，借聽民謠」，〔註53〕通過到城鄉閭里巷路來瞭解民間的輿論和民眾的心聲。關於兩漢魏晉南北朝時期歌謠在閭里巷路傳播的情況，除前面所引證的事例以外，我們還可以舉出不少例證。

里中人為王吉語：《漢書·王吉傳》記載說：「始吉少時學問，居長安。東家有大棗樹垂吉庭中，吉婦取棗以啖吉。吉後知之，乃去婦。東家聞而欲伐其樹，鄰里共止之，因固請吉令還婦。里中為之語曰：『東家有樹，王陽婦去；東家棗完，去婦復還。』其屬志如此。」〔註54〕

閭里為樓護、范冉歌：《漢書·樓護傳》載：「是時，王氏方盛，賓客滿門，五侯兄弟爭名，其客各有所厚，不得左右，唯（樓）護盡入其門，咸得其歡心。結士大夫，無所不傾，其交長者，尤見親而敬，眾以是服。為人短小精辯，論議常依名節，聽之者皆竦。與谷永俱為五侯上客，長安號曰『谷子雲筆札，樓君卿唇舌』，言其見信用也。母死，送葬者致車二三千兩，閭里歌之曰：『五侯治喪樓君卿。』」〔註55〕《後漢書·范冉傳》載：「桓帝時……（范冉）遭黨人禁錮，遂推鹿車，載妻子，捃拾自資。或寓息客廬，或依宿樹蔭。如此十餘年，乃結草室而居焉。所止單陋，有時糧粒盡，窮居自若，言貌無改。閭里歌之曰：『甑中生塵范史雲，釜中生魚范萊蕪。』」〔註56〕

閭里為消腸酒歌：《拾遺記》載：張華為九醞酒，若大醉，不可叫笑搖蕩，否則會令人肝腸消爛，因此人多謂之「消腸酒」，「或云醇酒可為長宵之樂，兩說同則事異也。閭里歌曰『寧得醇酒消腸。不與日月齊光。』言耽此美酒，

里在歌謠傳播中的特點和街陌謳謠的民間色彩：「周衰，有秦青者，善謳，而薛談學謳於秦青，未窮青之伎而辭歸。青餞之於郊，乃撫節悲歌，聲震林木，響遏行雲。薛談遂留不去，以卒其業。又有韓娥者，東之齊，至雍門，匱糧，乃鬻歌假食，既而去，餘響繞梁，三日不絕。左右謂其人不去也。過逆旅，逆旅人辱之，韓娥因曼聲哀哭。一里老幼，悲愁垂涕相對，三日不食。遽而追之，韓娥還，復為曼聲長哥，一里老幼，喜躍抃舞，不能自禁，忘向之悲也。」頁548～549。這個例證，無疑是對歌謠源於街陌謳謠的最好詮釋。

〔註51〕《漢書》卷27《五行志》下之上，頁1466。
〔註52〕《漢書》卷76《韓延壽傳》，頁3211。
〔註53〕《宋書》卷75《王僧達傳》，頁1953。
〔註54〕《漢書》卷72《王吉傳》，頁3066。
〔註55〕《漢書》卷92《遊俠傳·樓護傳》，頁3707。
〔註56〕《後漢書》卷81《獨行傳·范冉傳》，頁2689。

以悅一時，何用保守靈而取長久。」〔註57〕

人爲洛陽退酤、治觴二里酒謠：《洛陽伽藍記》載：「（洛陽大市）市西有退酤、治觴二里。里內之人多醞酒爲業。河東人劉白墮善能釀酒。季夏六月，時暑赫晞，以罌貯酒，暴於日中，經一旬，其酒不動，飲之香美而醉，經月不醒。京師朝貴多出郡登藩，遠相餉饋，逾於千里，以其遠至，號曰『鶴觴』。亦名『騎驢酒』。永熙年中，南青州刺史毛鴻賓齎酒之蕃，逢路賊，盜飲之即醉，皆被擒獲，因復命『擒奸酒。』遊俠語曰：『不畏張弓拔刀，唯畏白墮春醪。』」〔註58〕

宋代里巷「若好」之謠：《宋書・巴陵哀王休若傳》載：「外間有一師，姓徐名紹之，狀如狂病，自云爲塗步郎所使。去三月中，忽云：『神語道巴陵王應作天子，汝使巴陵王密知之。』於是師便訪覓休若左右人，不能得。東宮典書姓何者相識，數去來，師解神語，東宮典書具道神語，東宮典書答云：『我識巴陵間一左右，當爲汝向道。』數日，東宮典書復來語師云：『我已爲汝語巴陵左右，道因達巴陵，巴陵具知，云莫聲但聽。』又頃者史官奏天文占候，頗云休若應挾異端。神道芒昧，乃不可全信。然前後相準，略亦不無彷彿。且帖肆間，自大明以來有『若好』之謠，於今未止。詔若百重章句，皆配以美辭美事，諸不逞之徒，咸云必是休若。休若且知道路有異音，里巷有『若好』之謠，在西已奇懼，致王敬先吐倡狂之言。近休祐、休仁被誅，休若彌不自安，又左右多是不相當負罪之徒，恆說以道路之言叩動之，相與唱云：『萬民之心，屬在休若』，感激其意。」〔註59〕案「若好」本是一則簡短的政治性謠諺，其內容基本與平民百姓無涉，但政治人物爲了擴大這首謠諺的影響，仍然要使其達到在閭里巷路傳播的效果，以便擴大影響，製造輿論。

另外，史書中還記載了大量的在鄉里流傳的歌謠、俗語，這通常都是對鄉里名士或廉吏的讚美和歌頌，是兩漢魏晉南北朝時期鄉里清議的一種重要形式。比如：

《後漢書・馮豹傳》載：「豹字仲文，年十二，母爲父所出。後母惡之，嘗因豹夜寐，欲行毒害，豹逃走得免。敬事愈謹，而母疾之益深，時人稱其孝。長好儒學，以《詩》、《春秋》教麗山下。鄉里爲之語曰：『道德彬彬馮仲

〔註57〕《拾遺記》卷9《晉時事》，《漢魏六朝筆記小說大觀》，上海古籍出版社，1999年版，頁552～553。

〔註58〕《洛陽伽藍記》卷4《城西・法雲寺》，頁203～204。

〔註59〕《宋書》卷72《巴陵哀王休若傳》，頁1884～1885。

文。』舉孝廉，拜尙書郎，忠勤不懈。每奏事未報，常俯伏省閣，或從昏至明。肅宗聞而嘉之，使黃門持被覆豹，敕令勿驚，由是數加賞賜。」〔註60〕又如《後漢書・雷義傳》載：「雷義字仲公，豫章鄱陽人也。初爲郡功曹，嘗擢舉善人，不伐其功。……後舉孝廉，拜尙書侍郎，有同時郎坐事當居刑作。義默自表取其罪，以此論司寇。同臺郎覺之，委位自上，乞贖義罪。順帝詔皆除刑。義歸，舉茂才，讓於陳重，刺史不聽，義遂陽狂被髮走，不應命。鄉里爲之語曰：『膠漆自謂堅，不如雷與陳。』三府同時俱辟二人。義遂爲守灌謁者。使持節督郡國行風俗，太守令長坐者凡七十人。旋拜侍御史，除南頓令，卒官。」〔註61〕

《三國志・馬良傳》載：「馬良字季常，襄陽宜城人也。兄弟五人，並有才名，鄉里爲之諺曰：『馬氏五常，白眉最良。』良眉中有白毛，故以稱之。先主領荊州，闢爲從事。及先主入蜀，……辟良爲左將軍掾」〔註62〕

《梁書・夏侯夔傳》載「魏南兗州刺史劉明以譙城入附，詔遣鎮北將軍元樹帥軍應接，起夔爲雲麾將軍，隨機北討，尋授使持節、督南豫州諸軍事、南豫州刺史。六年，轉使持節、督豫淮陳潁建霍義七州諸軍事、豫州刺史。豫州積歲寇戎，人頗失業，夔乃帥軍人於蒼陵立堰，漑田千餘頃，歲收穀百餘萬石，以充儲備，兼贍貧人，境內賴之。夔兄亶先經此任，至是夔又居焉。兄弟並有恩惠於鄉里，百姓歌之曰：『我之有州，頻仍夏侯；前兄後弟，布政優優。』在州七年，甚有聲績，遠近多附之。」〔註63〕

《魏書・房景伯傳》載：「景伯性淳和，涉獵經史，諸弟宗之，如事嚴親。及弟妓亡，蔬食終喪，期不內御，憂毀之容，有如居重。其次弟景先亡，其幼弟景遠期年哭臨，亦不內寢。鄉里爲之語曰：『有義有禮，房家兄弟。』廷尉卿崔光韶好標牓人物，無所推尙，每云景伯有士大夫之行業。及母亡，景伯居喪，不食鹽菜，因此遂爲水病，積年不愈。孝昌三年（527年）卒於家，時年五十。贈左將軍、齊州刺史。」〔註64〕

可以想見，這類歌謠與前面所引的歌謠一樣，必然是在某些城鄉的閭里、村落或社區裏所傳誦，至少是在一個基層的行政區域如縣或鄉等範圍內傳播

〔註60〕　《後漢書》卷27《馮衍傳附子豹傳》，頁1004。
〔註61〕　《後漢書》卷81《獨行傳・雷義傳》，頁2687～2688。
〔註62〕　《三國志》卷39《蜀書・馬良傳》，頁982～983。
〔註63〕　《梁書》卷28《夏侯亶傳附弟夔傳》，頁421～422。
〔註64〕　《魏書》卷43《房法壽傳附族子景伯傳》，頁977。

的。它們或出於百姓的感歎和讚美，或出於當時士人的議論臧否，或出於鄉里宗正的品評和清議，其具體情況不一而足，但是，它們是在鄉里巷路中傳播的特點卻是十分明顯的。不過，由於大多數史料記載都不夠詳細，而且目前學界對史書中「鄉里」一詞的含義及其所指稱的範圍都還難以給以清晰地界定，〔註65〕因此，本文只舉出上述這樣幾個例證，不再作過多的分析。

其實，造成上述有關閭里和鄉里的史料語焉不詳和分析難度的根本原因，還在於古代史書對兩漢魏晉南北朝時期的城鄉閭里的組織結構和居住人口的差異注意不夠，換言之，即是對這一歷史時期城市的閭里佈局與鄉村的村裏組織的差別缺乏足夠的記載。另外，歷史上較爲重大的政治事件往往發生於作爲政治和文化中心的城市，這也造成了史家對鄉村民眾活動的忽視。正因如此，要想清楚地辨析兩漢魏晉南北朝時期歌謠輿論在城鄉基層社會空間中傳播和發生影響的情況，就具有了相當的難度。所幸的是，中外學者對兩漢魏晉南北朝的鄉里結構的研究已經取得了不少成就，〔註66〕對本文的研

〔註65〕《辭源》釋「鄉」爲行政區域單位，並指出其所轄範圍，歷代不同，但也指出秦漢時期以十里爲一亭，十亭爲鄉，其後鄉則多指縣以下的行政區域單位。並解釋「鄉里」一詞是指「所居之鄉」。（頁1694）據此雖然可以把史書中記載的鄉里之歌謠斷定爲只是在某一鄉的範圍內傳播。但是，一則《辭源》對「鄉」和「鄉里」的釋義不僅較爲籠統，十里一亭，十亭爲鄉的界定本身也並不完全符合歷史的實際（學界關於漢代亭與鄉的關係，研究成果頗豐，概括性的論述，可以參看趙秀玲《中國鄉里制度》的相關介紹（社會科學文獻出版社，2002年版，頁7～14頁），茲不贅述。）；二則據筆者對史料的研析，「鄉里」一詞作爲行政範圍的含義來講的時候，其所指固然大多爲「所居之鄉」的範圍，比如《三國志·王昶傳》注引《別傳》載：「昭先名蝦。別傳曰：蝦，樂安博昌人。世爲著姓，凤智性成，故鄉人爲之語曰：『蔣氏翁，任氏童。』」頁748。東漢樂安縣屬齊郡，治所在今山東濱州博興縣，三國時期沿襲未改，博昌當爲樂安縣一鄉。但漢魏時期「鄉里」一詞有時還含有同縣、同郡的含義。比如《後漢書·黨錮傳序》載：「初，桓帝爲蠡吾侯，受學於甘陵周福，及即帝位，擢福爲尚書。時同郡河南尹房植有名當朝，鄉人爲之謠曰：『天下規矩房伯武，因師獲印周仲進。』二家賓客，互相譏揣，遂各樹朋徒，漸成尤隙，由是甘陵有南北部，黨人之議，自此始矣。」頁2185 房植和周福並爲甘陵人，東漢甘陵爲清河國治所，今地爲山東臨清東。這是「鄉里」指稱同縣甚至同郡的一個典型例證。

〔註66〕這方面的研究概況除可參看前面所引趙秀玲《中國鄉里制度》的相關介紹外，還可參考侯旭東《北朝鄉里制與村民的生活世界——以石刻爲中心的考察》（《歷史研究》2001年第6期）一文的相關介紹。綜合利用考古資料探討中國古代特別是兩漢魏晉南北朝時期長安、洛陽、建康、鄴城等城市結構和里坊佈局的論文，則可參看王維坤的《試論中國古代都城的構造與里坊制的起源》

究大有裨益。但是，本文不想重複前人的研究成果，僅願就筆者所見的史料談談城鄉閭里基層空間在歌謠等社會輿論傳播中的獨特作用。

如果從社會空間和政治空間的角度來看，兩漢魏晉南北朝時期的社會基層組織，呈現出由城市到鄉村的城鄉並立而又有所差異的輻射式層級結構。具體而言，如果以某個城市爲中心，則圍繞著此城市，在城內、廓內、郊內及郊外和鄉村有不同的以閭里和村裏爲主的佈局特點。可以證明以上說法的史料和考古資料有很多，但可以清楚而簡潔地說明這個特點的史料，則以《通典·食貨典》所記載的戰國時期的齊國、北朝時期的北齊和隋代的鄉黨制度資料最爲詳細：

戰國時期雖然不是本文研究的範圍，但因爲齊國的鄉黨制度可以給本文的研究提供一個旁證，因此也引用相關史料如下。戰國齊制爲：「郊內則以五家爲軌，軌十爲里，里四爲連，連十爲鄉，鄉五爲帥，國內十五鄉，自五至帥。郊外則三十家爲邑，邑十爲卒，卒十爲鄉，鄉三爲縣，縣十爲屬。屬有五，自五至屬各有官長，以司其事，以寓軍政焉。」（北魏時期的情況是：「百家爲黨族，二十家爲閭，五家爲比鄰。百家之內，有帥二十五，徵發皆免，……京邑諸坊，或七八百家，唯一里正、二史，庶事無闕」。）〔註67〕北齊時期，「令人居十家爲鄰比，五十家爲閭，百家爲族黨。一黨之內則有黨族一人，副黨一人，閭正二人，鄰長十人，合有十四人，共領百家而已。至於城邑，一坊僑舊或有千戶以上，唯有里正二人，里吏二人。里吏不常置。」隋代的情況則是「五家爲保，保五爲閭，閭四爲族，皆有正。畿外置里正，比閭正，黨長比族正，以相檢察。」〔註68〕

總之，從戰國到北朝時期，儘管城市和鄉村的閭里的名稱時有差異，閭里結構和居住人口〔註69〕也不完全相同，但從以上這些史料我們仍然能夠大

（《中國歷史地理論叢》，1999年第1期。）一文。
〔註67〕《魏書》卷18《臨淮王譚傳附昌子孝友傳》，頁422。
〔註68〕《通典》卷3《食貨典·鄉黨》，〔唐〕杜佑撰，王文錦等點校，中華書局，1988年版，頁55～56、63。
〔註69〕如果以里爲單位計算，大體上齊國一里爲50家，北魏爲20或25家（《南齊書·魏虜傳》說北魏：「令鄰里黨各置一長，五家爲鄰，五鄰爲里，五里爲黨。頁989。），北齊時期一閭爲50家，隋代25家爲一閭，唐代則爲100家。另外，據《後漢書·百官志》「亭里條」：「里有里魁，民有什伍」句本注曰：「里魁掌一里百家。什主十家，伍主五家，以相檢察。」可知漢代一里爲100家。當然，兩漢魏晉南北朝隋唐時期不同時期內城市里的閭里戶

略地看出戰國至北朝間城鄉由城內到郊外直至「山谷阻險，地遠人稀之處」
〔註70〕的由閭里到村裏的社會基層組織的佈局特點和層級分明的管理體制。

當然，本文的研究不在於推究漢唐時期歷代鄉黨制度的概況，而是要藉
此說明城鄉閭里或村裏等社會基層組織和空間在歌謠輿論傳播中的作用和影
響。而要深入地探討這種作用和影響，城市閭里的地位就會再自然不過地凸
現於我們的眼前。因為從政治影響和文化輻射的一般特點來看，城市都是各
種政治和文化事件發生的中心點，城市中的民眾由於地理的優勢，比鄉村的
人民更能夠迅捷地受到政治事件的直接影響，因此城市中的民眾更容易快速
地對各種政治事件和社會變化形成輿論或行動的反應。這種影響←→反應的
互動關係，在重大政治和社會事件發生時，自然在城市的官民互動中表現的
更為典型和直接，因此也被更多地載之於史籍。當然，這種關係在鄉村和邊
緣地區自然也一樣存在，因為社會矛盾總是無處不在的，作為一級行政組織，
縣、鄉所發生的社會事件自然也會發生一定的影響和反應，就當地的官吏和
生於斯、長於斯的民眾來說，這甚至比京城或州郡的大事更能引起他們的關
注。總之，在兩漢魏晉南北朝時期的歌謠風議和社會輿論的傳播中，下層民
眾和城鄉基層閭里空間都是最值得關注的。

閭里是兩漢魏晉南北朝城市中民眾生活的基本空間，有著特殊的建制和特
點。閭里在一些文學作品中又稱廛里、廛閭、閭閻、里巷，閭里是最常見的稱
呼，而到了隋唐時期，里坊又成為比較習見的稱呼。《通典・食貨典》在解釋「以
廛里任國中之地」時說：「廛里者，若今云邑居里矣。廛，民居之區域也。里，
居也。」〔註71〕又南齊顏延年《贈王太常》詩有「林閭時晏開，亟回長者轍」
句，李善注云：「鄭玄周禮注云：閭，里門也。漢書，淮南王曰：早閉晏開。」

數並不一致，即使同一時期同一城市不同里內的住戶人數也有差別，有的
多達數百家，有的貴里戶數則很少。但作為基本的標準，上述數位應該仍
然具有相當的參考價值。

〔註70〕《通典》記載唐代的閭里體制說：「大唐令：諸戶以百戶為里，五里為鄉，四
家為鄰，五家為保。每里置正一人，（若山谷阻險，地遠人稀之處，聽隨便量
置。）……在邑居者為坊，別置正一人，掌坊門管鑰，……在田野者為村，
別置村正一人。其村滿百家，增置一人，掌同坊正。其村居如滿十家者，隸
入大村，不須別置村正。」頁63～64。

〔註71〕《通典》卷・《食貨典・田制・周代田制》，頁5。

〔註72〕閭里街巷之中，錯落分部的則是平民和達官貴人們的房屋和宅第。《文選》陸士衡《君子有所思行》有「廛里一何盛，街巷紛漠漠。甲第崇高闥，洞房結阿閣。」李善注引《漢書音義》說：「有甲乙次第，故曰甲第。」〔註73〕而《初學記》卷二十四所載《魏王奏事》則認爲：「宅亦曰第，言有甲乙之次第也。一曰，出不由里門，面大道者名曰第。爵雖列侯，食邑不滿萬戶，不得作第。其舍在里中，皆不稱第。」〔註74〕巷則是指里中的街道，〔註75〕其門爲閭。左思《魏都賦》說：「瑋豐樓之閈閎，起建安而首立。」李善解釋說：「春秋左傳曰：高其閈閎，繕完葺牆，以待賓客。……爾雅曰：閎，巷門也。一曰：閎，門中所從出入也。」〔註76〕綜合以上資料可知，閭里爲居民居住區。但是城市內的閭里又有特別的建制和特點，就是有里門和中門，而里門的開閉又有一定的時間規定。生活在普通閭里中的多爲是平民百姓，〔註77〕王公貴族的高門甲第即使是鄰民居而建，其府門也是朝向大街，不由里門出入的。當然，也有的里是吏民雜居的，例如《文選》所載左思《吳都賦》「長干延屬，飛甍舛互」句李善注就說：「建業南五里有山崗，其間平地，吏民雜居。東長干中有大長干、小長干，皆相連。大長干在越城東，小長干在越城西，地有長短，故號大、小相干。」〔註78〕文中所說大長干和小長干巷就是吏民雜居的。另外，高級官吏居住的區域，有的也集中於某些里中，這樣的城市高級住宅區，被稱爲「貴里」，也叫做

〔註72〕《文選》卷26 顏延年《贈王太常》詩李善注，頁367。

〔註73〕《文選》卷28 陸士衡《君子有所思行》詩李善注，頁397。

〔註74〕《初學記》卷24《居處部·宅第》，頁578～579。《後漢書·曹節傳》可以爲這種說法提供一個很好的例證。曹節等宦官們在誅殺陳蕃、武和尹勳等後，「因共割裂城社，自相封賞。父子兄弟被蒙尊榮，素所親厚布在州郡，或登九列，或據三司。不惟祿重位尊之責，而苟營私門，多蓄財貨，繕修第舍，連里竟巷。」頁2526。

〔註75〕《辭源》，頁523。

〔註76〕《文選》卷6 左太沖《魏都賦》李善注，頁102。

〔註77〕在閭里中生活的多爲普通百姓，這一點可以有多種史料爲證。除正文中所援引的例證外，《漢書·景帝紀》也提供了能夠說明這個問題的一條重要史料。其載五月詔說：「夫吏者，民之師也，車駕衣服宜稱。吏六百石以上，皆長吏也，亡度者或不吏服，出入閭里，與民亡異。令長吏二千石車朱兩轓，千石至六百石朱左轓。車騎從者不稱其官衣服，下吏出入閭巷亡吏體者，二千石上其官屬，三輔舉不如法令者，皆上丞相御史請之。」頁149。這條史料告訴我們，如果官吏不著官服而出入閭里，簡直和百姓無異，正說明普通閭里所居，通常是沒有官吏的。

〔註78〕《文選》卷5 左思《吳都賦》李善注，頁88。

「戚里」。如《三輔黃圖》記載，西漢長安閭里即有「宣明、建陽、昌陰、尚冠、修成、黃棘、北煥、南平、大昌、陵里、戚里。」〔註 79〕此處記載的戚里就是貴族居住區。〔註 80〕又《文選》所載左思《魏都賦》也說魏都鄴城「其閭閻則長壽吉陽，永平思忠。亦有戚里，寶宮之東。閈出長者，巷苞諸公。都護之堂，殿居綺窗。輿騎朝猥，蹀危欠其中。」對所謂的長壽、吉陽這樣的「戚里」，李善解釋說：「長壽、吉陽二里在宮東，中當石寶。吉陽南入，長壽北入，皆貴里。」〔註 81〕而左思《吳都賦》裏所記載的毗鄰諸長干巷的「橫塘查（浦）下」一帶，也是「其居則高門鼎貴，魁岸豪傑，虞魏之昆，顧陸之裔」〔註 82〕的世家貴族的聚居之處。另外，北魏時期，京邑內規模較大的里坊，也多是豪門貴族的居住區。如《魏書·甄琛傳》說：「京邑諸坊，大者或千戶、五百戶，其中皆王公卿尹，貴勢姻戚，豪猾僕隸，蔭養奸徒，高門邃宇，不可幹問。」〔註 83〕北魏都城洛陽之中更不乏這樣的貴里，如《洛陽伽藍記》在講到修梵寺時就說「（修梵）寺北有永和里。……里中太傅錄尚書長孫稚、尚書右僕射郭祚、吏部尚書邢鸞、廷尉卿元洪超、衛尉卿許伯桃、梁州刺史尉成興等六宅，皆高門華屋，齋館敞麗。楸槐蔭途，桐楊爽植。當世名爲貴里。」〔註 84〕雖然戚里的數量在一個城市中並沒有多少，但是卻是貴族和衣冠人物的居住區，文化水平較高。另外，從北朝時期的史料裏，我們還可以看出有的城市的里是手工業者和商人的集中居住區。〔註 85〕但是，無論是那種里，無論其中居住的是貴族還是平民，居住在同一里中的人們，都很容易形成一個相對封閉的社會聚落。生活、棲息於同一里中的人們的生產、生活的聯繫和文化、資訊的交流，十分緊密和便利。因而也極易成爲歌謠俗語的發源地和傳播區域。本文前面所引「不畏張弓拔刀，唯畏白墮春醪。」和「洛城東北上商里，殷之頑民昔所止。今日百姓造甕子，人皆棄去住者恥」等歌謠，就是直接產生和傳播於這類閭里之中的。

〔註 79〕 陳直《三輔黃圖校證》，陝西人民出版社，1980 年版，頁 32。
〔註 80〕 《漢書·石奮傳》所載石奮因其姊受到劉邦的寵愛而躋身貴族階層，得以徙居長安中戚里，就是漢代長安的戚里是貴族居住區的明證。見《漢書》卷 46《石奮傳》，頁 2193。
〔註 81〕 《文選》卷 6 左思《魏都賦》李善注，頁 102。
〔註 82〕 《文選》卷 5 左思《吳都賦》，頁 88。
〔註 83〕 《魏書》卷 73《甄琛傳》，頁 1514。
〔註 84〕 《洛陽伽藍記校注》卷 1《城內·修梵寺》，頁 60。
〔註 85〕 見《洛陽伽藍記校注》卷 4《城西·法雲寺》所載洛陽城內通商、治觴等里內的情況，頁 202～205。

如果擴大考察的視野，把關注的眼光從縱橫交錯的城市閭里中抽出而放眼於整個城市的佈局，我們還會進一步發現，兩漢魏晉南北朝時期作爲民眾聚落的閭里，在城市佈局中並非單獨集中於一起，而是和官府衙門和貿易市坊交錯分佈在一起的。班固《西都賦》即說西漢長安：「披三條之廣路，立十二之通門。內則街衢洞達，閭閻且千。九市開場，貨別隧分。人不得顧，車不得旋。闐城溢郭，旁流百廛。」李善注云：「漢宮關疏曰：長安立九市，其六市在道西，三市在道東。」〔註 86〕雖然史籍中對長安閭里位置的分佈語焉不詳，但文獻中常把漢代的里與市聯稱，它們都是民眾日常居住和活動的場所。按照史籍記載和考古發掘，它們應該是分佈在縱橫交錯的街道所分割開的一塊塊城市區域內，與朝廷官署和貴族府第是連在一起的。張衡《西京賦》所說的「街衢相經，廛里端直，甍宇齊平」，〔註 87〕大概就反映出了這種狀況。而據史料所言，曹魏鄴城閭里則明確是與官府署寺雜處在一起的。比如《文選·魏都賦》就說鄴城：「內則街沖輻輳，朱闕結隅。石桄飛梁，出控漳渠。疏通溝以濱路，羅青槐以蔭塗。……設官分職，營處署居。夾之以府寺，班之以里閭。」〔註 88〕這一點也已經爲考古發現所證實。考古發現表明，曹魏鄴北城的里坊區劃並不規整，面積大小也不一樣，錯落分佈於城市中軸街的兩側。〔註 89〕又據《洛陽伽藍記》的記載，北魏時期洛陽的閭里雖然分布較爲整齊，但洛陽的里坊也不是集中於一處一地的，而是與官署交錯雜處分佈的。另外，據王維坤的研究，六朝建康城的里坊分佈情況也是與北魏洛陽城的里坊排列是相似的。〔註 90〕

　　兩漢魏晉南北朝時期封閉式的閭里結構和與官署機構交錯佈局的分佈特點，使得居住其中的民眾不僅生活和社會聯繫特別緊密，而且更容易與統治

〔註 86〕《文選》卷 1 班固《西都賦》，頁 23。
〔註 87〕《文選》卷 2 張衡《西京賦》，頁 42。
〔註 88〕《文選》卷 6 左思《魏都賦》李善注，頁 102。李善對這種城市格局解釋說：「當司馬門南出，道西最北東向相國府，第二南行御史大夫府，第三少府卿寺。道東最北奉常寺，次南大農寺，出東掖門正東。道南西頭太僕卿寺，次中尉寺，出東掖門，宮東北行北城下，東入大理寺。宮內大社西郎中令府。城南有五營。」頁 102。
〔註 89〕見中國社會科學院考古研究所、河北省文物研究所鄴城考古工作隊《河北臨漳鄴北城遺址勘探發掘簡報》，《考古》1990 年第 7 期。
〔註 90〕王維坤《試論中國古代都城的構造與里坊制的起源》，《中國歷史地理論叢》，1999 年第 1 期。

階層和官僚集團形成互動關係，從而常常可以在以閭里聚落爲中心的民眾居住區域形成特別的文化氛圍和社會習俗。《鶡冠子・王鈇篇》說同里之人「少則同儕，長則同友，遊敖同品，祭祀同福，死生同受，禍災同憂，居處同樂，行作同和，弔賀同雜，哭泣同哀。」〔註91〕雖然不無誇張之處，卻也基本反映出同一閭里中人們的生活特點，即閭里雖然是一個相對封閉的生活聚落，但是其中的民眾卻聯繫異常緊密，擁有共同的娛樂、祭祀等公共活動，幾乎可以說是禍福相與、休戚與共，生活和文化的交流是很頻繁的。

城鄉閭里中的民眾有很多的公共生活，這主要表現在社日祭祀、祈雨、節日聚會等公眾活動方面。社〔註92〕日是兩漢魏晉南北朝時期富有傳統氣息的節日，漢代以後一般每年都有春、秋二社（漢以前只有春社，在每年的春二月舉行〔註93〕），分別在每年立春和立秋後的第五個戊日舉行。《荊楚歲時記》記載說：「社日，四鄰並結宗會社，牲醪（一作宰牲牢），爲屋於樹下，先祭神，然後享其胙。按：鄭氏云：『百家共一社。』今百家所立社宗，即共立之社也。」〔註94〕從這條資料的「四鄰」、「百家」等字眼來看，每一社的參加者，恰恰是一閭里內居住的的民眾。因此民間百姓所立的社又叫做里社。《史記索隱》說：「諸侯已下至士大夫得祭社，故《禮》云『大夫成群立社曰置社』，亦曰里社也。」〔註95〕認爲士大夫所立之社才叫做里社，這是不確的。即以漢代的情況而論，劉邦、陳平都有祈禱或參加里社活動的記錄，〔註96〕而當時他們都是平民，其

〔註91〕 黃懷信《鶡冠子彙校集注》，中華書局，2004年版，頁199。

〔註92〕 兩漢魏晉南北朝時期的社通常可以分爲官社和里社兩種，官社主要指王社、諸侯之社和大夫之社等統治階層所立之社，而里社則是民眾所立之社。如《禮記・祭法》說：「王爲群姓立社，曰大社。王自爲立社，曰王社。諸侯爲百姓立社，曰國社。諸侯自爲立社，曰侯社。大夫以下成群立社，曰置社。」關於里社，《禮記正義・郊特牲》又說：「《祭法》云：『大夫以下，成群立社曰置社。』注云：『大夫不得特立社，與民族居，百家以上則共立一社。今時里社是也。』如鄭此言，周之政法，百家以上得立社，其秦漢以來，雖非大夫，民二十五家以上則得立社，故云今之里社。又《鄭志》云：《月令》命民社謂秦社也。自秦以下，民始得立社也。」

〔註93〕 如《史記・封禪書》記載：「高祖十年春，有司請令縣常以春二月及時臘祠社稷以羊豕，民里社各自財以祠。」頁1380。

〔註94〕 《荊楚歲時記》，〔南朝梁〕宗懔著，〔隋〕杜公瞻注，〔清〕陳運溶麓山精舍叢書輯本，後同。

〔註95〕 《史記》卷23《禮書》，頁1168。

〔註96〕 《史記・高祖本紀》載：「高祖初起，禱豐枌榆社。」《史記集解》引張晏曰：「枌，白榆也。社在豐東北十五里。或曰枌榆，鄉名，高祖里社也。」頁1378。

參加的里社自然應該是民社。另外，民間還有所謂的私社，在每年的三月九日
舉行。〔註97〕在社日裏，百姓們不僅自己湊錢買祭品獻祭，〔註98〕還要舉行一
定的儀式和活動，以祈求土地神的保祐，最後分享祭品而散。社祭本屬於國家
正祀的範疇，但在民間流行日久，就逐漸成為一項男女都參加的含有公共娛樂
性質的民間節日活動。如《三國志》記載：董卓「嘗遣軍到陽城。時適二月社，
民各在其社下，悉就斷其男子頭，駕其車牛，載其婦女財物，以所斷頭繫車轅
軸，連軫而還洛，云攻賊大獲」。〔註99〕這條資料就反映了漢魏之際民眾社日活
動的一個側影。

　　另外，民間的祈雨和賀嘉雨活動，也是兩漢魏晉南北朝民間社會重要的
公共活動之一，是城鄉閭里民眾的又一個加強聯繫與交往的渠道。在《後漢
書・禮儀志》裏，即有漢代祈雨活動的記載，〔註100〕這種祈雨活動一年四季
都有舉行。其內容主要有禱祝、跪拜、舞龍，同時輔以民間每家單獨的禱祝
活動。民間祈雨的參加者幾乎包括了鄉老、里正和普通民眾等民間社會的所
有成員，甚至婦女和兒童也能夠參加。而且，從「鑿社通之於閭外之溝」、「縣
邑一徙市於邑南門之外」等記載來看，祈雨雖然是整個城邑的集體活動，但
閭里卻是這種活動的基本組織單位。下雨之後，還有同等規模的以「聚會歌
舞」為主要內容的賀嘉雨活動。《荊楚歲時記》就記載說：「六月，必有三時
雨，田家以為甘澤，邑里相賀曰賀嘉雨。」〔註101〕另外，與求雨活動相對應

又《史記・陳平列傳》載「里中社，平為宰，分肉食甚均。」索隱曰：「其里
名庫上里。……陳平由此社宰，遂相高祖也。」頁2052。另外，關於劉邦家
鄉枌榆社的民間性質，《西京雜記》卷二《作新豐移舊社》言之甚詳：「太上
皇徙長安，居深宮，悽愴不樂。高祖竊因左右問其故，以平生所好，皆屠販
少年，酤酒賣餅，鬥雞蹴踘，以此為歡，今皆無此，故以不樂。高祖乃作新
豐，移諸故人實之，太上皇乃悅。故新豐多無賴，無衣冠子弟故也。高祖少
時，常祭枌榆之社。及移新豐，亦還立焉。高帝既作新豐，并移舊社。衢巷
棟宇，物色惟舊。士女老幼，相攜路首，各知其室。放犬羊雞鴨於通途，亦
競識其家。」（見《漢魏六朝筆記小說大觀》，上海古籍出版社，1999年版，
頁88～89。）或並非盡出於虛飾或偽託。

〔註97〕　《漢書・五行志》記載「建昭五年，兗州刺史浩賞禁民私所自立社。」顏師
　　　　古注引張晏曰：「民間三月九月又社，號曰私社。」頁1413。
〔註98〕　《漢書・食貨志》羅列漢代一個五口之家農戶的收支狀況，其中就包含著「社
　　　　閭嘗新春秋之祠，用錢三百」的固定開支。頁1125。
〔註99〕　《三國志》卷6《魏書・董卓傳》，頁174。
〔註100〕　《後漢書》卷95《禮儀志中・請雨條》注，頁3117。文繁不引。
〔註101〕　如《周書・于翼傳》記載說：「建德二年（573年），（于翼）出為安隨等六州

的，如果在某個季節雨水過多，有發生澇災之虞，民間還會舉行止雨活動。這個活動與求雨活動相似，但不同的是止雨活動中「鼓而無歌」，〔註102〕這倒恰恰可以反證出祈雨活動中是有歌舞表演的。總之，兩漢魏晉南北朝時期的祈雨，包含著民眾聚會歌舞活動的內容，其民間性質十分明顯，同時也是閭里集體活動的重要內容。

另外，每逢重大或喜慶的節日，民間也有集會遊樂的習俗。兩漢魏晉南北朝時期，重要的節日如三月三日的曲水會、五月五日的端午節和浴蘭節、九月九日重陽節和十二月八日的臘日，一般都會舉行公共活動或集會，這些活動，都有民眾的大量參與。如《荊楚歲時記》記載三月三日的曲水之會，「四民並出江渚池沼間，臨清流，為流杯曲水之飲。」〔註103〕兩漢魏晉南北朝時期以村裏為單位的有表演活動的節日還有臘日，據《荊楚歲時記》記載：「十二月八日為臘日。諺言：『臘鼓鳴，春草生。』村人並繫細腰鼓，戴胡公頭，及作金剛力士以逐疫，沐浴轉除罪障。」

另外，在兩漢魏晉南北朝時期，每逢社會比較安定，百姓生活安寧之時，民間也會有較多的歌舞活動。古人說：「百姓安寧，歌舞以行」，〔註104〕《史記正義》也說：「民慶必歌舞飲食，庶羞之禮使不過，而各遂歡樂，是有以樂之也。」〔註105〕事實上，「漢、魏之世，歌詠雜興」，〔註106〕自漢代以來，歌舞之風，就盛行於世，街陌謳謠，不時傳於眾口。「樂府之興，肇於漢魏」，〔註107〕而民間的歌舞之風，自晉宋以來，則臻於其極。比如史載劉宋高祖時期，「高祖起自

五防諸軍事、安州總管。時屬大旱，滇水絕流。舊俗，每逢亢陽，禱白兆山祈雨。高祖先禁群祀，山廟已除。翼遣主簿祭之，即日澍雨沾洽，歲遂有年。民庶感之，聚會歌舞，頌翼之德。」《周書》卷30《于翼傳》，頁525。

〔註102〕 參見董仲舒《春秋繁露》卷16《止雨篇》，《漢魏叢書》，頁142～143。

〔註103〕 見《荊楚歲時記》，又《通典·禮典》說：「後漢三月上巳，官民皆潔於東流水上，曰洗濯被除去宿垢疢，為大潔。晉公卿以下，至於庶人，皆禊洛水之側。東晉元帝又詔罷三日弄具。海西公於鍾山立流杯曲水，延百僚。齊以三月三日曲水會，古禊祭也。今相承為百戲之具，雕弄巧飾，增損無常。」頁1553。這條資料也可以說明，三月三日的曲水會參加者是「公卿以下，至於庶人」，幾乎是全民參與的。另外，《先秦漢魏晉南北朝詩·梁詩》卷21載梁簡文帝《三日侍皇太子曲水宴》詩序形容曲水之會的盛況時也說：「都人野老，雲集霧會。結軫方衢，飛軒照日。」頁1929。證明上面兩書所言並非虛語。

〔註104〕 《晉書》卷12《天文志中·七曜》。頁322。

〔註105〕 《史記》卷24《樂書》，頁1200。

〔註106〕 《樂府詩集》卷61《雜曲歌辭》序，頁884。

〔註107〕 〔唐〕吳兢《樂府古題要解》序。上海博古齋據明汲古閣本影印學津討原本。

匹庶，知民事艱難，及登庸作宰，留心吏職，……自此區宇宴安，方內無事，三十年間，氓庶蕃息，奉上供徭，止於歲賦，晨出莫歸，自事而已。守宰之職，以六期爲斷，雖沒世不徙，未及曩時，而民有所繫，吏無苟得。家給人足，即事雖難，轉死溝渠，於時可免。凡百戶之鄉，有市之邑，歌謠舞蹈，觸處成群，蓋宋世之極盛也。」〔註108〕這種伴隨著社會安定或民間閭里節日活動而興起的民間歌舞之風，無疑也爲兩漢魏晉南北朝時期的歌謠輿論的傳播創造出最爲適宜的社會文化氛圍。

由以上分析可以看出，閭里村巷不僅是兩漢魏晉南北朝時期城鄉民眾居住生活的場所，在各種節日和公共活動中，它們還往往民眾活動的基本舞臺。正因爲一年之間有如此多的節日和公共活動，生活在城鄉閭里的兩漢魏晉南北朝時期的下層民眾才能夠不時突破閭里制度下社會活動的限制，增加日常生活中的人際交往、社會聯繫和資訊交流，從而爲歌謠輿論及其它社會資訊的傳播創造出適宜的社會空間和文化心理氛圍。正因如此，閭里坊市和鄉村里巷就成爲歌謠輿論傳播的最佳社會空間。

市里和閭巷既是民間情緒和公眾輿論的發生地，也是民間傳播各種社會資訊的主要渠道。我們可以舉出很多具體的事例以證明這一點。

東漢大將軍梁冀專權跋扈，禍亂朝政，侵漁百姓，使得外戚集團與皇帝及宦官集團在爭奪統治權力方面產生了不可調和的矛盾，漢桓帝乃與中常侍單超、具瑗、唐衡、左悺、徐璜等五人合謀包圍梁冀的府第，削奪梁冀的權力，結果「冀及妻壽即日皆自殺。悉收子河南尹胤、叔父屯騎校尉讓，及親從衛尉淑、越騎校尉忠、長水校尉戟等，諸梁及孫氏中外宗親送詔獄，無長少皆棄市。」〔註109〕這次重大的變局，事發倉猝，不僅朝廷命官們頗感震驚，消息傳來，百姓們也額手稱慶，史載：「是時事卒從中發，使者交馳，公卿失其度，官府市里鼎沸，數日乃定，百姓莫不稱慶。」〔註110〕「鼎沸」二字，傳神地表達出洛陽百姓們的興奮情緒，也生動地說明了社會輿論對這一事件的看法和態度。又如

〔註108〕《宋書》卷92《良吏傳·序》，頁2261。

〔註109〕《後漢書》卷34《梁統傳附玄孫冀傳》，頁1186。

〔註110〕見《後漢書》卷34《梁統傳附玄孫冀傳》，頁1186。按《後漢紀》記載這段史實時說，梁冀自殺後，「坐冀所連及公卿、列侯、校尉、刺史、二千石死者數十人，冀故吏、賓客免絀者三百餘人，朝廷爲之一空，……是時從禁中發使者交馳道路，公卿失其度，州府市朝閭里鼎沸，數日乃定，百姓莫不稱快。」（《後漢紀校注》，〔晉〕袁宏撰，周天遊校注，天津古籍出版社，1987年版，頁589。）更突出了閭里、市朝在公眾情緒和輿論傳播中的作用。

晉元帝太興四年（321 年），「吳郡民訛言有大蟲在槃中及檞樹上，螫人即死。晉陵民又言曰，見一老女子居市，被髮從肆人乞飲，自言：『天帝令我從水門出，而我誤由蟲門。若還，天帝必殺我。如何？』於是百姓共相恐動，云死者已十數也。西及京都，諸家有檞槃者，伐去之。」〔註 111〕這次造成民眾精神極度緊張和恐慌的社會謠言的最初起源便在民間，而那位在市里披髮乞飲的老女子的傳言，無疑對這次謠言的傳播事件起到了推波助瀾的作用。

閭里街巷還是一些社會資訊的重要傳播空間。比如前秦苻堅甘露二年（360 年），有鳳皇集於其東闕，苻堅決定大赦其境內。苻堅在決定大赦之後，「與王猛、苻融密議於露堂，悉屏左右。堅親爲赦文，猛、融供進紙墨。有一大蒼蠅入自牖間，鳴聲甚大，集於筆端，驅而復來。俄而長安街巷市里人相告曰：『官今大赦。』有司以聞。堅驚謂融、猛曰：『禁中無耳屬之理，事何從泄也？』於是敕外窮推之，咸言有一小人衣黑衣，大呼於市曰：『官今大赦。』須臾不見。堅歎曰：『其向蒼蠅乎？聲狀非常，吾固惡之。諺曰：『欲人勿知，莫若勿爲。』聲無細而弗聞，事未形而必彰者，其此之謂也。』」〔註 112〕這個例子中所說的飛蠅傳語雖然荒誕不經，但是關乎囚犯身家性命的大赦決定，因被人泄漏而發生所謂「聲無細而弗聞，事未形而必彰」的現象卻是非常現實和符合邏輯的。在這個例證中有兩點值得注意，一是「官今大赦」的消息是在長安的「街巷市里」內流傳的，一是黑衣人的呼告也是在「市里」這樣民眾聚集的地方發生的，這都可以說明閭里巷路在社會資訊和輿論傳播中的重要作用。

我們還可以舉出很多這樣的例證。西晉大臣羊祜死後，百姓異常悲痛，結果造成了「街衢途巷，傳哭接音，邑里相達」的局面。而南齊安陸昭王蕭緬於永明九年（491 年）五月死後，也造成了「城府颯然，庶僚如霣。男女老幼，大臨街衢，接響傳聲，不逾時而達於四境」〔註 113〕的效果。這類資訊在街道里巷的一「傳」一「接」，正是造成百姓悲傷情緒互相感染，「邑里相達」的根本原因。這也是公眾輿論口耳相傳的兩個實例。南朝宋時，領軍將軍王玄謨功高權重，君臣之間矛盾日增，產生疑忌，於是「邑里訛言云（玄謨）已見誅，市道喧擾。」〔註 114〕事實證明，這些對王玄謨不利的流言很明顯地

〔註 111〕《宋書》卷 31《五行志》，頁 901。
〔註 112〕《晉書》卷 113《苻堅載記》，頁 2887～2888。
〔註 113〕《文選》卷 59 沈休文《齊故安陸昭王碑文一首》並李善注引臧榮緒《晉書》，頁 822。
〔註 114〕《宋書》卷 57《蔡廓傳附子興宗傳》，頁 1580。

也是在閭里、市道里產生和流布的。南朝梁時，蕭昱為晉陵太守，他上任伊始便「勵名迹，除煩苛，明法憲，嚴於奸吏」，結果「旬日之間，郡中大安。」〔註115〕的場面。史書的描寫雖然難免有誇大其詞之處，但在這場百姓悼念蕭昱的活動中，市里、街巷在凝聚百姓情感、傳播社會資訊方面的作用是十分突出的。陳代名臣虞寄秉性仁厚、謙退淡泊，但居官行事卻很有原則，「至於臨危執節，則辭氣凜然，白刃不憚也」，因而深受社會各階層的敬重，百姓都想爭睹其風采。史載虞寄「常出遊近寺，閭里傳相告語，老幼羅列，望拜道左。」〔註116〕這個例證不僅說明了虞寄出遊的資訊是通過閭里百姓傳播的，還從一個側面說明了閭里傳語的效率是很高的。

　　為什麼歌謠在民眾中間，在閭里街巷，在社會的底層更容易流傳呢？除了前面所論述的種種原因以外，還和兩漢魏晉南北朝時期的政治體制和社會階層的分化有關。

　　《史記・周本紀》說周厲王暴虐殘酷，民不堪命，乃謗毀厲王。厲王任用衛巫，使監謗者，結果造成「國人莫敢言，道路以目」的萬馬齊喑的恐怖局面。大臣召公針對這種情況，進諫說：「防民之口，甚於防水。水壅而潰，傷人必多，民亦如之。是故為水者決之使導，為民者宣之使言。故天子聽政，使公卿至於列士獻詩，瞽獻曲，史獻書，師箴，瞍賦，矇誦，百工諫，庶人傳語，近臣盡規，親戚補察，瞽史教誨，耆艾修之，而後王斟酌焉，是以事行而不悖。民之有口也，猶土之有山川也，……口之宣言也，善敗於是乎興。……夫民慮之於心而宣之於口，成而行之。若壅其口，其與能幾何？」〔註117〕結果厲王不聽，三年後被國人驅趕下臺，出奔於彘。這個例子，雖然講的是周代的故事，但是，召公對統治者應該聽取民眾呼聲的看法及其所講的社會各個階層上言帝王的途徑，卻是適合整個中國古代社會的。尤其值得注意的是，在召公的分析中，公卿至於列士，乃至於瞽、史、師、瞍、蒙、百工等社會各個階層，都各自擁有上言帝王的獨特途徑，唯有占國民最大多數的庶人即普通民眾缺乏使其意見上達天聽的起碼途徑，只能用傳語的方式來爭取統治者的注意。為什麼會這樣呢？《史記集解》引韋昭的話說：「庶人卑賤，見時得失，不得達，傳以語王。」對

〔註115〕　《梁書》卷24《蕭景傳附弟昱傳》，頁372。
〔註116〕　《陳書》卷19《虞荔傳附弟寄傳》，頁263。
〔註117〕　《史記》卷4《周本紀》，頁142。

這種說法，《史記正義》又補充說：「庶人微賤，見時得失，不得上言，乃在街巷相傳語。」〔註118〕這告訴我們，民間的傳語，乃是因為民眾社會地位低微不得已而採取的方法。從根本上來講，這還是由中國古代官民對立的二元政治結構和士庶有別、等級森嚴的社會結構造成的社會現象。另外，兩漢魏晉南北朝時期的文化事業壟斷於官府的特點，也是造成公眾輿論以傳語的方式傳播的局面的一個原因。例如，有學者就：「大抵漢武以前，文化事業集中於政府，掌握於史官，故史籍必出於國都，所紀恒屬王侯世家之事。閭里所傳，僅或著於詩歌」。〔註119〕這種文化事業掌握在政府手中的文化體制，雖然講的是西漢武帝以前的事情，可是即使在漢武帝之後的漫長的兩漢魏晉南北朝時期，文化著述的能力和權力又何嘗為民眾所須臾擁有呢？由此可見，中國古代政治專制體制所造成的各個階層的社會分化及由此產生的普通民眾和社會上層之間的文化差異，乃是閭里所傳皆為歌謠的深層社會原因。而這種體制的弊端及其所造成公眾輿論壅閉的嚴重程度，在兩漢魏晉南北朝時期只有強化的趨勢，而未見分毫削弱的蹟象。

如果說民眾的呼聲能否上達天聽還祇是一個體制的問題，那麼民間歌謠風議的不斷產生和廣泛傳播，卻是和兩漢魏晉南北朝時期民眾的生存狀況直接息息相關的。換言之，民間歌謠的產生和流布，乃是民眾對自身經濟狀況和生活環境的必然反映。前面已經講過，當社會安定，民眾生活較為安逸的時候，民間的歌舞之風就會興盛起來，民間的歌舞作品也必然呈現增加的趨勢。但是，對兩漢魏晉南北朝時期的廣大民眾而言，歷史上生活安定的時期畢竟難得一見，這就難怪兩漢魏晉南北朝時期民眾所創作和傳播的歌謠，除去對少數所謂廉吏讚美的頌歌以外，大部分反映的往往是「驕臣虐政之事」，所發出的往往是「遠近呼嗟之音」了。

魏晉南北朝時期普通民眾的經濟和生存狀況，我們可以通過一些史料而略知一二。比如，江南在魏晉南北朝時期作為南朝統治的區域，起經濟較北朝和其他地區發達地多，但是，即便如此，江南地區的人民，生活也很不安定。比如《宋書‧謝方明傳》就說：「江東民戶殷盛，風俗峻刻，強弱相陵，奸吏蜂起，符書一下，文攝相續。又罪及比伍，動相連坐，一人犯吏，則一

〔註118〕《史記》卷4《周本紀》，頁143。
〔註119〕《華陽國志校補圖注‧前言》，〔晉〕常璩撰，任乃強校注，上海古籍出版社，1987年版，頁6。

村廢業，邑里驚擾，狗吠達旦。」〔註120〕又如在魏晉時期，蜀中還時常被人稱爲「天府」之國，〔註121〕然而到了南朝時期，蜀中民生凋敝的程度，卻到了令人難以想像的地步。南朝梁武帝時期，蜀中發生齊苟兒之叛，鄧元起率兵平叛後，有人嘲弄鄧元起的主簿蜀人羅研說：「卿蜀人樂禍貪亂，一至於此。」羅研回答說：「蜀中積弊，實非一朝。百家爲村，不過數家有食，窮迫之人，什有八九，束縛之使，旬有二三。貪亂樂禍，無足多怪。若令家畜五母之雞，一母之豕，床上有百錢布被，甂中有數升麥飯，雖蘇、張巧說於前，韓、白按劍於後，將不能使一夫爲盜，況貪亂乎？」〔註122〕再如，南朝時期號稱可以與建康相比的「大邑」山陰，〔註123〕其民戶經濟狀況和受各級官吏百般盤剝的情況，在南齊時期大臣顧憲之的奏疏裏即可見一斑：「山陰一縣課戶二萬，其人貲不滿三千者，殆將居半，刻又刻之，猶且三分餘一。凡有貲者多是士人復除，其貧極者悉皆露戶役人，三五屬官，蓋惟分定，百端輸調，又則常然。比眾局檢校，首尾尋續，橫相質累者亦復不少。一人被攝，十人相追，一緒裁萌，千孽互起。蠶事弛而農業廢，賤取庸而貴舉責，應公贍私，日不暇給，欲無爲非，其可得乎。死且不憚，矧伊刑罰，身且不愛，何況妻子。是以前檢未窮，後巧復滋，網闢徒峻，猶不能悛。」〔註124〕山陰和益州，向來都被看作是漢魏時期的經濟發達地區，而其民眾的經濟和生活狀況卻也窮迫一至於是，又何況同一時期其他地區的民眾呢？而且，破壞民眾生活安定的，豈止是各級官吏，就連最高統治者，也會對民眾的生活造成直接的傷害和影響。如東漢光和元年（178 年）靈帝「初開西邸賣官，入錢各有差：二千石二千萬；四百石四百萬；其以德次應選者半之，或三分之一；於西園立庫以貯之。或詣闕上書占令長，隨縣好醜，豐約有賈。富者則先入錢，貧者到官然後倍輸。又私令左右賣公卿，公千萬，卿五百萬。」〔註125〕南齊時期的東昏侯蕭寶卷，在平定陳顯達之亂以後，逐漸變得奢侈淫逸，史載他喜歡

〔註120〕《宋書》卷53《謝方明傳》，頁 1524。
〔註121〕《三國志‧諸葛亮傳》就記載諸葛亮對劉備說：「益州險塞，沃野千里，天府之土，高祖因之以成帝業。」頁 912～913。而《晉書‧袁瓖傳附子喬傳》也記載袁喬說：「蜀土富實，號稱天府」。頁 2168。
〔註122〕《南史》卷 55《鄧元起傳附羅研傳》，頁 1369。
〔註123〕如《南齊書‧良政傳‧序》就說：「以山陰大邑，獄訟繁滋，建元三年，別置獄丞，與建康爲比。」頁 913。
〔註124〕《南史》卷 35《顧覬之傳附孫憲之傳》，頁 923。
〔註125〕《資治通鑒》卷 57《漢紀》靈帝光和元年，頁 1849～1850。

於京城各地遊玩，每當他出行時，「不欲令人見之，驅斥百姓，唯置空宅而已。是時率一月二十餘出，既往無定處，尉司常慮得罪，東行驅西，南行驅北，應旦出，夜便驅逐，吏司奔驅，叫呼盈路。打鼓蹋圍，鼓聲所聞，便應奔走，臨時驅迫，衣不暇披，乃至徒跣走出，犯禁者應手格殺。百姓無復作業，終日路隅。從萬春門由東宮以東至郊外，數十里，皆空家盡室。巷陌縣幔爲高障，置人防守，謂之『屏除』。高障之內，設部伍羽儀，復有數部，皆奏鼓吹羌胡伎，鼓角橫吹。夜反火光照天。每三四更中，鼓聲四出，幡戟橫路，百姓喧走，士庶莫辨。或於市肆左側過親幸家，環繞宛轉，周遍都下，老小震驚，啼號塞道。」〔註126〕簡直成爲京城百姓的災星。又如北齊文宣帝高洋「既征伐四克，威振戎夏。六七年後，以功業自矜。遂留情耽湎，肆行淫暴。或躬自鼓舞，歌謳不息，從旦通宵，以夜繼晝；或袒露形體，塗傅粉黛，散髮胡服，雜衣錦彩，拔刃張弓，遊行市肆。……街坐巷宿，處處遊行。……凡諸殺害，多令支解。或焚之於火，或投之於河。沈酗既久，彌以狂惑。每至將醉，輒拔劍掛手，或張弓傅矢，或執持矛矟。遊行高麗，問婦人曰：『天子何如？』答曰：『顛顛癡癡，何成天子。』」〔註127〕熟悉中國歷史的人們都知道，如此貪鄙和淫逸的帝王，在兩漢魏晉南北朝時期並不在少數，上述三位皇帝，祇是他們的典型代表而已。

事實上，魏晉南北朝時期民眾生活的窮迫，並非自然狀況的惡化而造成的，而是如羅研和顧憲之所說的，是官府「百端輸調」和「束縛之使」的結果。也就是說，各級官府長吏的繁重剝削和無窮徭役，才是造成民眾生活無繼、困苦無助甚至鋌而走險的根源。所以，漢代陸賈就說過：「官府若無吏，亭落若無民，閭里不訟於巷，老幼不愁於庭，近者無所議，遠者無所聽，郵無夜行之卒，鄉無夜召之征，犬不夜吠，雞不夜鳴，耆老甘味於堂，丁男耕耘於野」。〔註128〕但是，起而反抗畢竟不是多數普通百姓的選擇，大多數的民眾還只能是靠歌謠風議來發洩他們的不滿和憤慨。這也是歌謠風議多在民間產生的重要原因，同時，這種狀況也說明了紮根於兩漢魏晉南北朝時期城鄉閭里村巷的民眾和民間社會，才是這一歷史時期歌謠輿論產生、傳播和發生影響的最重要的社會空間。

〔註126〕《南史》卷5《廢帝東昏侯紀》，頁152。
〔註127〕《北史》卷7《顯祖文宣帝紀》，頁260。
〔註128〕〔漢〕陸賈《新語》卷8《至德篇》，頁118。

三、官府機構成爲歌謠輿論傳播空間的原因和意義

　　除了閭裏村巷是兩漢魏晉南北朝時期歌謠輿論傳播的重要社會空間外，作爲國家統治機構的中央和地方的各級官府和官僚機構，有時也成爲歌謠輿論發生和傳播的重要社會空間。這樣的情況，除去前文所舉的臺閣爲丁謐等語：「臺中有三狗，二狗崖柴不可當，一狗憑默作疽囊」，征西大將軍府中爲郗超和王珣語：「髯參軍，短主簿，能令公喜，能令公怒」，人爲湘東王府中記室顏協語「二協」和人爲梁湘東王鎮西諮議參軍徐君蒨謠：「北路魚，南路徐」以及北齊時御史臺中爲宋遊道語：「見賊能討宋遊道」而外，我們還可以舉出一下一些例證：

　　鴻臚中爲韓暨韓宣語：《三國志》載，魏明帝時，韓宣擔任尙書大鴻臚，「宣前後當官，在能否之間，然善以己恕人。始南陽韓暨以宿德在宣前爲大鴻臚，暨爲人賢，及宣在後亦稱職，故鴻臚中爲之語曰：『大鴻臚，小鴻臚，前後治行曷相如。』」〔註 129〕

　　潘岳題閣道謠：《晉書・潘岳傳》記載說：「岳才名冠世，爲眾所疾，遂棲遲十年。出爲河陽令，負其才而郁郁不得志。時尙書僕射山濤、領吏部王濟裴楷等並爲帝所親遇，岳內非之，乃題閣道〔註 130〕爲謠曰：『閣道東，有大

〔註 129〕《三國志》卷 23《魏書・裴潛傳附子秀傳》，頁 675～676。

〔註 130〕關於閣道，辭書中有多種解釋，但比較合乎潘岳題詞地點的只可能有兩義：其一爲尙書省內的一段木制複道（《辭源》，頁 1766）式的建築，如《太平御覽》卷 218《職官部・都官尙書》引《南史》曰：「自晉已來，尙書官僚皆攜家屬居省，省在台城內下舍，門中有閣道，東西跨路通於朝堂。其第一即都官省，西抵閣道」。頁 1036。另外，《宋書・五行志》也說「晉惠帝永興二年七月甲午，尙書諸曹火，延崇禮闈及閣道。」頁 934。《宋書・始興王浚傳》還說：「（丹陽尹尹）弘二月二十一日平旦入直，至西掖門，聞宮中有變，率城內禦兵至閣道下。」頁 2439。但閣道還有一義爲橋梁，如《太平御覽》卷 391《人事部・笑》引《南史》曰：「宋司徒褚彥回送相州刺史王僧虔，閣道壞，墜水。僕射王儉馬驚，跌下車。謝超宗撫掌笑曰：『落水三公，墮車僕射。』」頁 1809。王僧虔所落之閣道，當是指橋一類的建築。如《太平御覽》卷 769《舟部・敘舟》引《南州異物志》曰：「外域人名船曰舡，大者長二十餘丈，高去水三二丈，望之如閣道，載六七百人，物出萬斛。」頁 3412。又《太平御覽》卷 952《木部・木》引《北魏書》曰：「崔亮爲雍州刺史。城北渭水，淺不通舡，行人艱阻。亮謂僚佐曰：『昔杜預乃造橋，況此有異長河；且魏、晉之日，亦自有橋。吾今決欲營之。』咸曰：『水淺不可爲浮橋，泛長無常，又不可施柱，恐難成立。』亮曰：『昔秦居咸陽，橫渡渭，以像閣道，此即以柱爲橋。今惟慮長柱不可得耳。』會天大雨，山水暴至，浮山長木數百根，藉此爲用，橋遂成立，百姓利之，

牛。王濟鞅，裴楷轙，和嶠刺促不得休。』」〔註131〕

桓溫府中為袁宏、伏滔語：《晉書·袁宏傳》載：袁宏，字彥伯，累遷大司馬桓溫府記室。溫重其文筆，專綜書記。然而袁宏「性強正亮直，雖被溫禮遇，至於辯論，每不阿屈，故榮任不至。與伏滔同在溫府，府中呼為『袁伏』。宏心恥之，每歎曰：『公之厚恩未優國士，而與滔比肩，何辱之甚。』」〔註132〕

省中為賀琛語：《梁書·賀琛傳》載：「（賀琛）遷員外散騎常侍。舊尚書南坐，無貂；貂自琛始也。頃之，遷御史中丞，參禮儀事如先。……俄復為尚書左丞，遷給事黃門侍郎，兼國子博士，未拜，改為通直散騎常侍，領尚書左丞，並參禮儀事。琛前後居職，凡郊廟諸儀，多所創定。每見高祖，與語常移晷刻，故省中為之語曰：『上殿不下有賀雅。』琛容止都雅，故時人呼

至今猶名崔公橋。」頁 4226。案《世說新語·政事篇》云：「山公以器重朝望，年逾七十，猶知管時任。貴勝年少，若和、裴、王之徒，並共言詠。有署閣柱曰：『閣東，有大牛，和嶠鞅，裴楷秋，王濟別嚩不得休。』」余嘉錫箋疏據程炎震引《宋書·五行志》的說法，並引《文選》李善注陸士衡《答賈謐詩》引謝承《後漢書》曰：「謝承父嬰為尚書侍郎，每讀高祖及光武之後將相名臣策文通訓，條在南宮，秘於省閣，唯台郎升複道取急，因得開覽」，因而認為閣道是指與尚書省相鄰的閣道。（見余嘉錫《世說新語箋疏》頁 168，上海古籍出版社，1993 年版）這種看法，其實只是指出了「閣道」兩種可能的含義之一。而且，《世說新語》明言這首歌謠是署於閣柱的。閣道而有柱，則其釋義又與前說第二項相近。另外，也是最重要的——在魏晉南朝北時期，在尚書省、御史台等中央政府官署的牆壁上隨意題字是被禁止甚至是犯法的行為。《初學記》卷 24《居處部·牆壁》即記載梁代沈約《奏彈御史孔燾題省壁悖慢事》一文說：「謹案：奉朝請台御史臣孔燾，海斥無聞，謬列華省，假攝去來，仕子常務。況東皐賤品，非藉豐資；旬日暫勞，豈云卑辱。而肆此醜言，題勒禁省，比物連類，非所宜稱。黜之流伍，實允朝憲。臣等參議，請以見事免燾所居官，輒下禁止。」（〔唐〕徐堅編《初學記》，中華書局，1962 年版，頁 585。又見《沈隱侯集》卷 1《彈文》，明張溥輯《漢魏六朝百三名家集》，江蘇古籍出版社，2002 年版，第 4 冊，頁 495。）孔燾因題字省壁而遭奏彈，就說明了這一點。而且，當時潘丘職務只是河陽令，並未出任台郎，很難有到尚書省題字的機會。所以，我們雖然可以認為上述兩種釋義都是有可能符合潘岳題詞地點的，但仍然以後一種釋義更為合適。另外，《文選》李善注認為秘閣指尚書省也是錯誤的，因此，余氏的解釋也就存在一定問題。關於此點，習作《何謂「秘閣」》（《文史知識》，2004 年第 2 期。）一文中曾經做過較為詳細的考證，茲不贅述。

〔註131〕《晉書》卷 55《潘岳傳》，頁 1502。
〔註132〕《晉書》卷 92《文苑傳·袁宏傳》，頁 2398。

之。」〔註133〕

　　大理寺中爲蘇珍之、宋世軌語：《北齊書‧宋世軌傳》載：「〔宋〕世軌，幼自嚴整。好法律，稍遷廷尉卿。洛州民聚結欲劫河橋，吏捕案之，連諸元徒黨千七百人。崔暹爲廷尉，以之爲反，數年不斷。及世軌爲少卿，判其事爲劫。於是殺魁首，餘從坐悉捨焉。時大理正蘇珍之亦以平幹知名。寺中爲之語曰：『決定嫌疑蘇珍之，視表見裏宋世軌。』時人以爲寺中二絕。」〔註134〕

　　省中爲祖珽裴讓之語：《太平御覽‧職官部》引《三國典略》記載說：「裴讓之十七舉秀才，爲屯田郎中，與祖班（當爲珽字）俱聘宋。邢邵〔註135〕省中語曰：『多奇多能祖孝徵，能賦能詩裴讓之。』讓之弟讞之、謀之、納之、誷之並清立，楊愔曰：『河東士族，京官不少；裴讓兄弟，都無鄉音，裴文季爲不亡也。』」〔註136〕

　　文林館〔註137〕中爲陸乂語：《北史‧陸乂傳》載：「（陸俟）子乂字旦，

〔註133〕《梁書》卷38《賀琛傳》。頁542～543。
〔註134〕《北齊書》卷46《宋世軌傳》，頁639。
〔註135〕此語殆不可解，筆者疑其有脫文。又《太平御覽》卷744《工藝部‧敘藝》引《後魏書》曰：「祖珽，字孝征，裴讓之，字士禮，俱崇文學。邢劭。省中爲之語曰：『多奇多能祖孝徵，能賦能詩裴讓之。』」頁3302。所說「俱崇文學邢劭」，亦不可解。筆者或疑「邢劭」二字爲衍文。另外，這句稱讚裴讓之和祖頲的歌謠，或許是邢邵在尚書省中的戲語。這是因爲，其一，邢邵和裴讓之爲同僚，且有過共事經歷，如《北齊書‧高德政傳》記載：「至五月初，帝發晉陽。德政又錄在鄴諸事條進於帝，帝令陳山提馳驛齎事條並密書與楊愔。大略令撰儀注，防察魏室諸王。山提以五月至鄴，楊愔即召太常卿邢邵、七兵尚書崔㥄、度支尚書陸操、詹事王昕、黃門侍郎陽休之、中書侍郎裴讓之等議撰儀注。」頁408。且邢劭與裴氏兄弟的關係較爲密切，如《北史‧裴謀之傳》載裴讓之的弟弟「（裴）謀之，字士令。少有風格，邢邵每云『我裴四』」。頁1386。其二，東魏、北齊之際，臺省府屬之間政治氣氛較爲輕鬆，同僚之間常有戲語談笑的風氣。加之邢劭個性詼諧，常多戲語，如《北史》記載：「魏、齊世，臺郎多不免交通餉饋。初，聿修爲尚書郎十年，未曾受升酒之遺。尚書邢邵與聿修舊款，每省中語戲，常呼聿修爲清郎。」頁1719。又《北史‧許惇傳》記載：「乾明中，邢邵爲中書監，德望甚高。……（許惇）與邢邵、魏收、陽休之、崔勵、徐之才比肩同列，諸人或談說經史，或吟詠詩賦，更相嘲戲，欣笑滿堂」。頁946。
〔註136〕《太平御覽》卷218《職官部‧屯田郎中》引《三國典略》，頁1039。另外，《北齊書》卷35《裴讓之傳》也說：「讓之少好學，有文俊辯，早得聲譽。魏天平中舉秀才，對策高第。累遷屯田主客郎中，省中語曰：『能賦詩，裴讓之。』爲太原公開府記室。與楊愔友善，相遇則清談竟日。愔每云：『此人風流警拔，裴文季爲不亡矣。』梁使至，帝令讓之攝主客郎。」頁465。
〔註137〕《北齊書》卷45《文苑傳‧序》載：「三年，祖珽奏立文林館，於是更召引文

襲爵始平侯。乂聰敏博學，有文才，年十九舉司州秀才。歷秘書郎、南陽王
文學、通直散騎侍郎，待詔文林館。兼散騎侍郎，迎陳使，還，兼中書舍人，
加通直散騎常侍。乂於《五經》最精熟，館中謂之石經。人爲之語曰：『《五
經》無對，有陸乂。』」〔註138〕

相府爲裴漢語：《周書・裴漢傳》曰：「（裴）漢字仲霄，操尙弘雅，聰敏
好學。嘗見人作百字詩，一覽便誦。魏孝武初，解褐員外散騎侍郎。大統五
年（539 年），除大丞相府士曹行參軍，補墨曹參軍。漢善尺牘，尤便簿領，
理識明瞻，決斷如流。相府爲之語曰：『日下粲爛有裴漢。』」〔註139〕

譚公府中爲裴鏡民語：李百藥《隋故益州總管府司馬裴君碑銘》曰：裴
鏡民「字君倩，河東聞喜人也。……晉蕩公受博陸〔註140〕之圖，處阿衡之寄，
爲其諸子精選府僚，避爲譚公大將軍記室，府中爲其語曰：『令德日新裴鏡
民』，昔馬越爲其世子辟王安期，取其儀形之美，蔣濟崇其府望辟阮嗣宗，重
其文學之譽。我貽羔雁，兼而有之。」〔註141〕

上述例證表明，從涉及的政府機構來說，兩漢魏晉南北朝時期歌謠輿論
發生的地點，涵蓋了尙書省、御史臺、大理寺、鴻臚寺、文林館等中央機構
和丞相府、大司馬府、大將軍府及藩王府等重要權力部門，幾乎可以說代表
了整個的中央政府統治機構。事實上，前文屢屢提到的「臺中」、「省中」、「寺
中」、「鴻臚中」等地點，正在一定程度上涵蓋了以「禁中」、「省中」和「三
臺」、「五省」及「九寺」爲代表的兩漢魏晉南北朝時期的重要的中央統治機
構。《文選・魏都賦》「禁臺省中，連闥對廊」李善注曰：「《魏武集》，荀欣等
曰：漢制，王所居曰禁中，諸公所居曰省中。」〔註142〕可見，禁中是皇帝所
居之地，而省中則是中央機構所在地。又《通典・職官典》說：「官司有三臺、

　　　　學士，謂之待詔文林館焉。」頁 603。《北齊書・文苑傳・劉逖傳》又載：「祖
　　　　珽執政，徙爲仁州刺史。祖珽既出，征還，待詔文林館，重除散騎常侍，奏門
　　　　下事。」頁 615。又《顏之推傳》載：「（顏之推）聰穎機悟，博識有才辯，工
　　　　尺牘，應對閑明，大爲祖珽所重，令掌知館事，判署文書。」頁 617～618。
〔註138〕《北史》卷 28《陸俟傳附印子乂傳》，頁 1018～1019。
〔註139〕《周書》卷 34《裴寬傳附弟漢傳》，頁 597。
〔註140〕西漢昭帝時，大將軍霍光輔政，受封爲博陸侯。《太平御覽》卷 201《封建部・
　　　　討亂定策封》引文穎注曰：「博，大；陸，平。取其嘉名，無此縣也。食邑北
　　　　海之河間。」頁 968。
〔註141〕〔清〕董誥等編《全唐文》卷 143 李百藥《隋故益州總管府司馬裴君碑銘》，
　　　　中華書局，1983 年版，頁 1451。
〔註142〕《文選》卷 6《魏都賦》，頁 99。

五省之號」，注引宋孝武帝詔曰：「昔二王兩謝，俱至崇禮。自今三臺五省，悉同此例。」又注云：「三臺，蓋兩漢舊名。五省，謂尚書、中書、門下、秘書、集書省也。」〔註143〕三臺究竟何謂？《通典》祇是說三臺為兩漢舊名，《初學記・職官部・尚書令》的「敘事」部分對此則做了說明：「尚書，秦置也。……漢因秦置之。（漢猶隸少府。魏晉以後，政歸臺閣，則不復隸矣。）故尚書為中臺，謁者〔註144〕為外臺，御史為憲臺，謂之三臺。」〔註145〕至於「九寺」，據《隋書・百官志》云：「太常、光祿、衛尉、宗正、太僕、大理、鴻臚、司農、太府，是為九寺。」〔註146〕總之，三臺、五省、九寺之說儘管不能完全符合兩漢魏晉南北朝時期歷代官制的沿革情況，但卻一向被視為對歷代政府中樞機構的概括。

　　從上面所舉歌謠風議所涉及的人員和官職來看，兩漢魏晉南北朝時期的歌謠輿論，也幾乎涉及到中央政府內的各類朝廷大員和重要僚屬。另外，這一時期還有許多的時政歌謠，涉及到到州、郡、縣等各級地方政府的官吏，祇是由於史籍未有明確記載表明其究竟發源於哪一個部門，本文對其才闕而不論。最後，從傳播於臺寺府屬的歌謠輿論所涉及的內容來講，既包括了人物臧否這一傳統的常見內容，也包含著不少反映兩漢魏晉南北朝時期政治鬥爭和權力分配矛盾等特點的重要資訊。因此可以說，作為上層統治機構的臺寺府屬和前面所講的城鄉巷路閭里一樣，也是兩漢魏晉南北朝時期歌謠輿論發生和傳播的重要社會空間，而且，就兩漢魏晉南北朝時期傳播於臺寺府屬的歌謠輿論所包含的重要的政治資訊而言，它們尤其值得關注和進一步發掘

〔註143〕《通典》卷19《職官一・歷代官制總序》，頁469。

〔註144〕按謁者在漢代即為中書令。如《初學記》卷11《職官部・中書令》即云：「中書令，漢武所置。出納帝命，掌尚書奏事，蓋周官內史之任。初漢武遊宴後庭，公卿不得入，始用宦者典尚書，通掌圖書章奏之事。其後遂罷尚書，改置中書謁者令，盡用宦者。故沈約《宋書・百官志》云：中書本尚書官是也。謝靈運《晉書》云：以其總掌禁中書記，謂之中書。漢武時司馬遷被腐刑之後，為中書令，則其職也。《漢書》不言謁者，史省文也。（其官本名曰中書謁者令，《漢書》直云遷為中書令，是史省文也。）」頁271。其在魏晉時期的沿革情況，《通典》卷21《職官典・中書令》說：「（西漢）成帝建始四年，改中書謁者令曰中謁者令，更以士人為之，皆屬少府。漢東京省中謁者令官。魏武帝為魏王，置秘書令，典尚書奏事，又其任也。文帝黃初初，改為中書令，又置監，以秘書左丞劉放為中書監，右丞孫資為中書令，並掌機密。」頁560～561。

〔註145〕《初學記》卷11《職官部・尚書令》，頁258～259。

〔註146〕《隋書》卷27《百官志》中，頁755。

和探討。圍繞著臺寺府屬於歌謠輿論的關係，下面要探討的，主要是兩個方面的問題，其一為臺寺府屬何以成為兩漢魏晉南北朝時期歌謠輿論傳播的重要社會空間，它們作為兩漢魏晉南北朝時期歌謠輿論傳播重要社會空間的社會意義究竟何在？其二，兩漢魏晉南北朝時期傳播於臺寺府屬的歌謠輿論所涉及內容的主要方面是什麼，它們是否可以反映出兩漢魏晉南北朝時期的一些政治特點？

官民並立的二元政治和社會結構是兩漢魏晉南北朝時期歌謠輿論相對集中於城鄉巷路閭里和臺寺府屬的根本原因，但是，臺寺府屬成為歌謠輿論發生和傳播的重要社會空間的具體原因則有多種。大體來說，政治鬥爭，權力的分配和爭奪，兩漢魏晉南北朝時期政府機構間的分權和制衡的關係以及自漢代以來品評人物的風氣，都是歌謠輿論發生於臺寺府屬等政府各個部門的重要原因。可以說，政治因素是臺寺府屬成為歌謠輿論發生的社會空間的根本原因，而臺寺府屬則是產生這類歌謠的現實空間和歷史舞臺。

與統治階層之間的政治鬥爭相關的歌謠，在史籍的記載中為數很多，和本文論題相關的，亦復不少。比如，以前面所舉時人為何晏鄧颺丁謐曹爽謗語「臺中有三狗，二狗崖柴不可當，一狗憑默作疽囊」為例，這首歌謠即反映了魏末曹氏和司馬氏政治集團之間激烈的政治鬥爭，因為當時何晏、鄧颺、丁謐都是曹氏集團中的重要人物。可以肯定的是，上述歌謠是司馬氏集團製造的用來攻擊曹氏集團重要成員的輿論工具。這段史實，已為治史者所熟知，而又可以為《晉書·宣帝紀》所記載的一首歌謠所證實：「曹爽用何晏、鄧揚、丁謐之謀，遷太后於永寧宮，專擅朝政，兄弟並典禁兵，多樹親黨，屢改制度。帝不能禁，於是與爽有隙。五月，帝稱疾不與政事。時人為之謠曰：『何、鄧、丁，亂京城。』」〔註147〕但是，我們在這裡討論的，倒不必限制在曹氏和司馬氏集團之間的政治鬥爭方面，而可以討論一下「臺中」在這次歌謠傳播中的作用和影響，因為它和這次政治歌謠輿論的產生有著密切的關係。在上述引文中，臺中是指尚書省，《三國志》已經明確指出丁謐是在尚書省任職。那麼何以以尚書省為重要代表的「臺閣」部門會在曹魏末年成為曹氏和司馬氏集團政治鬥爭的主要部門呢？原來，這和漢末以來曹操對中央權力機構部門的改造有關。曹操對東漢的官制進行了改革，建立了以丞相為首的外朝臺閣制，《宋書·百官志》說建安十三年（208年），「復置丞相」，以曹操為之。

〔註147〕《晉書》卷1《宣帝紀》，頁16。

丞相之下，據《三國志·魏書》的記載，有東曹、西曹（後省）、法曹等。丞相之下各曹的設置，是列曹尚書由內廷轉到外朝，由少府屬下轉為丞相屬下的開端，這是中央官制中的重要改革。建安十六年（西元 211 年），魏國初建，始置尚書、侍中以及六卿，而丞相之職未廢。曹操以魏公兼丞相，尚書於是成為丞相的屬官。尚書省真正成為最重要的權力機關，可以說是在曹操當政的時候。這時，中央的軍事權力也歸丞相掌握，曹操設置了中領軍和中護軍兩種軍職，以掌握內外諸軍。《晉書·職官志》稱中領軍為「魏官」，說是「建安四年，魏武丞相府自置」，〔註 148〕可見，中領、中護軍也都成為丞相府的屬官。總之，經過這一系列改造，臺閣就成為曹操時期壟斷政治權力和軍事權力的核心部門。此後，雖然又經過曹丕的改革，尚書省的權力相對削弱，但作為重要的權力執行機構，尚書省的作用和影響仍然是不可忽視的。因此，很自然的，曹氏和司馬氏的權力鬥爭也就會在臺閣中展開。因此，上述歌謠在尚書省和臺閣中發生，就有了合乎邏輯和歷史現實的解釋。

　　統治階層內部權力的分配和爭奪，往往也是歌謠輿論在政府機構中發生的重要原因。潘岳題閣道謠應該就是反映這種情況的代表之作。筆者在前面的注釋中已經指出，潘岳題寫歌謠的「閣道」，最有可能的地點只有兩個，一個是宮中尚書省臨近的一段複道的牆壁，另一個則是西晉首都洛陽城內某個達官貴人常常經過的橋梁。如果是前者，則和本文所論的臺寺府屬與歌謠輿論的關係更為密切，即使是後者，也與統治階層內部圍繞著權力的分配在尚書省、中書省等機構內的爭奪有關。《晉書·潘岳傳》在記載這則歌謠時即說潘岳「才名冠世，為眾所疾，遂棲遲十年。出為河陽令，負其才而郁郁不得志。時尚書僕射山濤、領吏部王濟、裴楷等並為帝所親遇，岳內非之」，乃題歌謠於閣道云云。事實上，潘岳「為眾所疾」而棲遲多年的原因，就在於掌選舉的尚書僕射山濤、吏部尚書王濟等的壓制。《太平御覽·人事部》引王隱《晉書》說：「潘岳，字安仁，清辯能屬文。早辟賈充府、太子舍人，出為河陽令。以仕次宜為郎，不得意。時僕射山濤領選，岳內非之，密作謠曰：『閣道東，有大牛。王濟鞅，裴楷秋，和嶠刺促不得休。』」〔註 149〕潘岳按照資歷和才能，本來應該做尚書郎或著作郎等郎官了，可是由於山濤等人的壓制，遲遲不得陞遷，所以潘岳才作歌謠來譏刺他們，發洩心中的不滿。另外，北

〔註 148〕《晉書》卷 24《職官志》，頁 740。
〔註 149〕《太平御覽》卷 465《人事部·謠》引王隱《晉書》，頁 2140。

朝時期祖珽和韋孝寬為斛律光所作的歌謠也屬於此類，關於斛律光歌謠的來龍去脈本文在探討歌謠傳播的問題時還要做詳細的論述。另外，前引《北齊書・宋世軌》傳所載大理寺中為蘇珍之、宋世軌語：「決定嫌疑蘇珍之，視表見裏宋世軌」，及北齊時期御史臺中為宋遊道語「見賊能討宋遊道」，也能夠細緻入微地反映了兩漢魏晉南北朝時期作為司法機構的大理寺或廷尉與作為糾察機構的御史臺之間微妙的分權與制衡的關係。筆者就這一問題已經有專文論述，〔註150〕這裡就不再贅述了。

至於屬於人物評論和臧否的歌謠，在兩漢魏晉南北朝時期是很多見的，這類歌謠俗語，一部分已經作為鄉里清議性質的內容在前面已經介紹過了，另外一部分，則多屬於政府機構同僚之間或主官與部屬上下級之間的品評，如鴻臚中為韓暨、韓宣語、尚書省中為賀琛語和相府中為裴漢語等，都屬於此類。這類歌謠，顯然是受漢代以來的清議和魏晉時期九品中正制下的人物品評風氣的影響而產生的，由於此點亦為治史者所熟知，筆者對此也不再多費筆墨了。

不過，通過上面的論述和分析我們還是可以看出，兩漢魏晉南北朝時期歌謠輿論的社會空間集中於城鄉閭里巷路和臺寺府屬等中樞機構及各級政府部門，還是能夠反映出兩漢魏晉南北朝時期的社會結構和政治體制的某些重要特點的。這就是本文所一再強調的官民並立的二元社會和政治結構對兩漢魏晉南北朝社會的深刻影響。筆者認為，只有從這個角度來考察兩漢魏晉南北朝時期歌謠輿論，才能夠真正把握住它們所反映的深刻社會和歷史意義。這也是本節內容所得出的基本結論。

行文至此，筆者又想順便對一些學者對歌謠社會屬性的理解談一些不同的看法。如有的學者認為「閭里所傳，或僅限於詩歌」，認為歌謠僅僅是民間社會和民間文化的產物。〔註151〕有的學者則從大傳統與小傳統或精英文化與通俗文化的認識角度出發，探討歌謠的社會屬性。比如余英時即認為「大傳統或精英文化是屬於上層知識階級的，而小傳統或通俗文化則屬於沒有受過正式教育的一般人民。由於人類學家和歷史學家所根據的經驗都是農村社會，這兩種傳統或文化也隱涵著城市與鄉村之分。大傳統的成長和發展必須靠學校和寺廟，因此比較集中於城市地區；小傳統以農民為主體，基本上是在農村中傳衍的。」並明確指出歌謠屬於通俗文化的範疇。余英時雖然也認

〔註150〕《〈北齊書・宋世軌傳〉「台欺寺久」淺釋》，《晉陽學刊》，2004年第6期。
〔註151〕任乃強《華陽國志校補圖注》序，上海古籍出版社，1987年版，頁6。

爲中國古代大傳統和小傳統之間不乏交流的渠道，比如漢代的「觀采風謠」
之類就是如此，但是他認爲「樂府采詩主要是因爲中央政府想要瞭解各地的
風俗」，是「承擔大傳統的統治階層對於各地的民間小傳統給予」的「全面而
深切的注意」。〔註152〕筆者認爲，余氏劃分的大傳統和小傳統的區別及其指出
的精英文化和通俗文化之間存在著交流的看法雖然不乏精闢的見解，但從總
體上看他仍然未能擺脫歌謠只能是民間文化和鄉村產物的這一傳統認識的窠
臼。通過本文的研究則可以較爲清楚地看出，兩漢魏晉南北朝時期歌謠的作
者除了占主體地位的民眾以外，有不少是政府的高級官吏，屬於社會的精英
階層和「上層知識階級」，而且就歌謠輿論的內容而言，統治階層內部的政治
和文化生活，也是史籍中所載兩漢魏晉南北朝時期歌謠的常見主題。因爲，
相對於生活於鄉村的「沒有受過正式教育」的民眾而言，身處廟堂之高的具
有良好文化修養的官員士大夫階層，在複雜的政局和急劇的世變的之下，同
樣會有難言的感受或不便公開的個人情緒需要表達，在這點上，官僚士大夫
和作爲社會底層的民眾是沒有什麼絕對的差別的。比如本文前引潘岳題閣道
之謠和後面將要談到的北齊陸法和題於自己家裏牆壁的讖詩，就分別表達了
統治階層內部的某些官僚仕宦不如意的憤懣之情和對當時統治者不滿的看
法。而這兩首歌謠，都因爲直接譏刺統治者的原因而不敢公開身份或公示於
人：潘岳是把自己的歌謠題於河橋之上而未題名，陸法和則是把自己的讖詩
題於自家的牆壁之內，直到他死後牆壁脫落，人們才看到這兩首讖詩。〔註153〕
因此，還是《毛詩序》說的好：「詩者，志之所之也，在心爲志，發言爲詩，
情動於中而形於言，言之不足，故嗟歎之，嗟歎之不足，故永歌之，永歌之
不足，不知手之舞之足之蹈之也。」〔註154〕而詩三百篇，有多半不正是所謂
的歌謠嗎？而《毛詩序》的作者卻並沒有把詩歌雅言或民間謠言界限分明地
分別看作是上層士大夫或下層民眾的專利。因此，民間歌謠和臺寺府屬歌謠
的文化定位問題，也就值得深入反思一番了。總之，本書認爲，就兩漢魏晉
南北朝時期的絕大部分歌謠俗語來看，它們固然是民眾傾訴內心感受和表達
政治意願的聲音，可以看作是屬於民眾文化或民間文化的範疇，但如果綜合

〔註152〕余英時，《士與中國文化》，上海人民出版社，1987 年版，頁 129～130、頁
　　　　134～135。
〔註153〕《北史》卷 89《藝術傳·陸法和傳》，頁 2945。
〔註154〕《十三經註疏》，頁 269～270。

考慮兩漢魏晉南北朝時期各類歌謠的創作者和受眾的身份，以及這一時期歌謠俗語的整體類別和性質，則兩漢魏晉南北朝時期乃至整個中國古代社會的歌謠俗語的屬性，其最佳的定位還是公眾輿論———一種源於社會各個階層的、包涵不同觀點和態度的社會輿論。

總之，城鄉閭里和臺寺府屬所代表的社會下層和上層空間，成爲兩漢魏晉南北朝時期歌謠輿論產生和傳播的兩個基本社會空間，的確可以稱得上是一個不爭的歷史事實。《文選‧魏都賦》在談到曹魏的都城鄴城的城市佈局時說：「設官分職，營處署居。夾之以府寺，班之以里閭。」從閭里與府寺所代表的民眾居住區與官府機構的交錯相鄰關係，我們不難體會出中國古代歌謠輿論所反映的官民互動關係何以如此多見，從中不僅可以看出兩漢魏晉南北朝時期歌謠輿論與社會結構的緊密關係，而且更足以啓發人們對兩漢魏晉南北朝的歌謠俗語的社會和文化背景給以更多的關注和思考。

第三章　從流言、訛言的流布看兩漢魏晉南北朝時期歌謠俗語產生和傳播的社會心理氛圍

一、從集群行為理論看我國古代的訛言和童謠

在我國古代歷史文獻中常見到一些被稱爲流言、訛言的言論。這些言論通常被視爲虛妄、謬誤、無稽或迷信的，是缺乏事實根據的傳聞或捏造的消息等，這一點與現代漢語所說的「謠言」十分相像。〔註1〕因此，它們常常與妖言、詩讖、民謠、童謠一起，被編入正史《五行志》中。〔註2〕在現代語言學、社會學、心理學、人類學和傳播學中，謠言都是一個重要的研究範疇。人們對謠言所下的定義很多，其中較有影響的包括：（1）謠言是一個「與當時事件相關聯的命題，是爲了使人們相信，一般以口傳媒介的方式在人們之間流傳，但是卻缺乏具體的資料以證實其確切性。」（2）謠言是一種「旨在使人們相信的宣言，它與當前時事有關，在未經官方證實的情況下廣泛流

〔註1〕 現代漢語中的「謠言」，定義爲「沒有事實根據的傳聞，捏造的消息」或「沒有事實根據的消息」，或「沒有事實根據的傳言」。見《現代漢語詞典》，商務印書館，1996年版，頁1462。

〔註2〕 香港學者呂宗力對流言和訛言的概念進行過探討，並對漢代的流言和訛言現象做了較爲深入的研究（見呂宗力《漢代的流言與訛言》，《歷史研究》2003年第2期）。本文在有關概念的界定和相關事例的分析中借鑒了呂文的一些觀點。另外，沈遠新的《政治謠言——界定、生存機制及其控制》（《探索》，2000年第1期）探討了現代政治謠言的產生和影響，其提出的謠言控制的概念對本文的寫作也有所啓示。

傳」。（3）謠言是一種「在人們之間私下流傳的，對公眾感興趣的事物、事件或問題的未經證實的闡述或詮釋。」卡普費雷指出了這幾個定義的侷限性，認為它們祇是就那些毫無根據的謠言進行的發揮，而沒有注意到謠言所傳播的資訊中的真實性成分。同時卡普費雷又給出了自己的定義：謠言是「在社會中出現並流傳的未經官方公開證實或已經被官方所闢謠的資訊。」〔註3〕從上述定義看來，謠言和我國古代史書中所常見的「妖言」、「訛言」、「流言」、「傳言」等意義基本是相同的。比如《辭源》所釋謠言的義項之一即為「沒有事實根據的傳聞」。但《辭源》同時也指出，在我國古代，謠言主要是指「民間流傳評議時政的歌謠、諺語。」〔註4〕綜上而言，所謂謠言、訛言、流言等詞語，在中國古代的歷史語境中，其含義是大同小異的，並且，有的情況下，謠言、訛言等和史書中常見的童謠、歌謠等在形式和內容上也是相同的。我們可以舉出一些例證來說明這一點。

《漢書‧成帝紀》載建始三年（西元前 34 年）九月，詔曰：「乃者郡國被水災，流殺人民，多至千數。京師無故訛言大水至，吏民驚恐，奔走乘城。」顏師古注曰：「訛，偽言」。〔註5〕《漢書‧五行志》記載：「成帝建始三年十月丁未，京師相驚，言大水至。渭水虒上小女陳持弓年九歲，走入橫城門，入未央宮尚方掖門，殿門門衛戶者莫見，至句盾禁中而覺得。」時人引京房《易傳》曰：「妖言動眾，茲謂不信，路將亡人，司馬死。」〔註6〕把妖言釋為難以憑信的傳言，意即「沒有事實根據的傳聞」。又《三國志‧魏書‧劉表傳》注引《搜神記》曰：「建安初，荊州童謠曰：『八九年間始欲衰，至十三年無孑遺。』言自中平以來，荊州獨全，及劉表為牧，民又豐樂，至建安八年九年當始衰。……是時，華容有女子忽啼呼云：『荊州將有大喪。』言語過差，縣以為妖言，繫獄月餘，忽於獄中哭曰：『劉荊州今日死。』華容去州數百里，即遣馬吏驗視，而劉表果死，縣乃出之。續又歌吟曰：『不意李立為貴人。』後無幾，太祖平荊州，以涿郡李立字建賢為荊州刺史。」〔註7〕這段史料，集中了童謠、妖言和歌謠三種形式，如果仔細分析，其性質、作用都十分相似。尤其文中將「言語過差」視為妖言，更與本文前面所指出的謠言的定義是一致的。又如《北齊書‧文襄

〔註3〕　〔法〕卡普費雷，《謠言》，上海人民出版社，1991 年版，頁 6～7、頁 18。
〔註4〕　《辭源》，商務印書館，1988 年版，頁 1583。
〔註5〕　《漢書》卷 10《成帝紀》，頁 306～207。
〔註6〕　《漢書》卷 27《五行志》上，頁 1474～1475。
〔註7〕　《三國志》卷 6《魏書‧劉表傳》，頁 214～215。

帝紀》載：「七月，王還晉陽……遇盜而殂，時年二十九。……時有童謠曰：『百尺高竿摧折，水底燃燈燈滅。』識者以爲王將殂之兆也。數日前，崔季舒無故於北宮門外諸貴之前誦鮑明遠詩曰：『將軍既下世，部曲亦罕存。』聲甚淒斷，淚不能已，見者莫不怪之。初，梁將蘭欽子京爲東魏所虜，王命以配廚。……（高澄）將欲受禪，與陳元康、崔季舒等屏斥左右，署擬百官。京將進食，王卻，謂諸人曰：『昨夜夢此奴斫我，宜殺卻。』京聞之，置刀於盤，冒言進食。王怒曰：『我未索食，爾何遽來！』京揮刀曰：『來將殺汝！』王自投傷足，入於床下。賊黨去床，因而見殺。先是訛言曰：『軟脫帽，床底喘』，其言應矣。」〔註8〕在這次事件中童謠、詩異和訛言也是先後發生、相輔相成的，其句式、形式、性質和作用也是完全相同的。

其實，謠言、妖言和流言，在形式上有時也是完全相同的。比如：「惠帝永熙中，河內溫縣有人如狂，造書曰：『光光文長，大戟爲牆。毒藥雖行，戟還自傷。』又曰：『兩火沒地，哀哉秋蘭。歸形街郵，終爲人歎。』」〔註9〕文中「狂人」所作的謠言，在形式上與史籍中常見的童謠和歌謠是完全一樣的，而在性質上又和妖言、流言相同。又《魏書·長孫肥傳》記載晉安帝隆安年間「中山太守仇儒不樂內徙，亡匿趙郡，推群盜趙準爲主。妄造妖言云：『燕東傾，趙當續，欲知其名，準水不足。』」〔註10〕由這個例證亦可見，所謂的「妖言」與歌謠、流言和謠言在形式和性質上也是多有相同的。關於歌謠、流言和謠言的密切關係，我們還可以舉出一個比較有說服力的例證：《後漢書·黨錮傳》載「初，桓帝爲蠡吾侯，受學於甘陵周福，及即帝位，擢福爲尚書。時同郡河南尹房植有名當朝，鄉人爲之謠曰：『天下規矩房伯武，因師獲印周仲進。』二家賓客，互相譏揣，遂各樹朋徒，漸成尤隙，由是甘陵有南北部，黨人之議，自此始矣。後汝南太守宗資任功曹范滂，南陽太守成瑨亦委功曹岑晊，二郡又爲謠曰：『汝南太守范孟博，南陽宗資主畫諾。南陽太守岑公孝，弘農成瑨但坐嘯。』因此流言轉入太學，……學中語曰：『天下模楷李元禮，不畏強禦陳仲舉，天下俊秀王叔茂。』又渤海公族進階、扶風魏齊卿，並危言深論，不隱豪強。自公卿以

〔註8〕　《北齊書》卷3《文襄帝紀》，頁37。
〔註9〕　見《文獻通考》卷309卷《物異考·詩異》。按這兩段歌謠，似與楊駿和楊后有關：「及楊駿居內府，以戟爲衛，死時又爲戟所害傷。楊后被廢，賈后絕其膳，八日而崩，葬街郵亭北，百姓哀之也。兩火，武帝諱；蘭，楊后字也。」頁2424～2425。
〔註10〕　《魏書》卷二六《長孫肥傳》，頁652。

下，莫不畏其貶議，屣履到門。」〔註11〕在這個例證中，謠言更是等同於歌謠和流言。

總之，我國史籍中的「謠言」、「訛言」，「妖言」和「流言」等，在我國古代的歷史語境中，除形式上有時略有差異外，在內容和性質上是基本相同的。正因如此，在我國古代史籍中，常有將童謠和訛言並列對舉的，如《魏書・崔浩傳》記載：「初，姚興死之前歲也，太史奏：熒惑在匏瓜星中，一夜忽然亡失，不知所在。或謂下入危亡之國，將爲童謠妖言，而後行其災禍。⋯⋯後八十餘日，熒惑果出於東井，留守盤遊，秦中大旱赤地，昆明池水竭，童謠訛言，國內喧擾。」〔註12〕

社會心理學將謠言和流言視爲一種集群行爲（Collective Behavior）。而社會心理學範疇內的集群行爲，是與處在既定的社會規範制約之下的群體行爲相對而言的。美國學者羅伯特・帕克認爲：「集群行爲是在公共和集體衝動的影響下發生的個人行爲，換句話說，那是社會互動的結果。」〔註13〕戴維・波譜諾則認爲，集群行爲「是指那些在相對自發的、無組織的和不穩定的情況下，因爲某種普遍的影響和鼓動而發生的行爲。」〔註14〕而社會心理學也指出「人們的行爲一般來說大都處在既定的社會規範的制約之下，但在一些特殊的情境中，也會產生一些不受通常的行爲規範所指導的、自發的、無組織的、無結構的、同時也是難以預測的群體行爲方式，這就是社會心理學所說的集群行爲。」〔註15〕而時尚、流言和謠言即屬於典型的社會集群現象。另外，社會控制機制減弱和失控、社會心理壓力的增加，也是集群行爲發生的主要原因。流言和謠言是一種較爲分散的集群行爲。流言和謠言是在社會大眾中互相傳播的關於人或事的不確切資訊。前者常常是無意訛傳的消息，而後者則是有意捏造的。流言和謠言的產生，常常有一定的社會政治背景。一般而言，社會突然發生事變時，是流言和謠言的易發期。它們都包含著一定的社會心理因素。那麼，這種「集群」所涉及的究竟是哪些社會階層和群

〔註11〕《後漢書》卷六十七《黨錮傳・序》，頁2186。

〔註12〕《魏書》卷三十五《崔浩傳》，頁808～809。

〔註13〕Park, R. E. & Burgess, E. W. *Introduction to the Science of sociology.* Chicago Ⅲ.： University of Chicago Press, 1921,P865.轉引自周曉虹著《現代社會心理學——多維視野中的社會行爲研究》，上海人民出版社，1997年版，頁399。

〔註14〕波譜諾：《社會學》（下冊），遼寧人民出版社，1988年版，頁566～567。

〔註15〕周曉虹著《現代社會心理學——多維視野中的社會行爲研究》，頁398。

體呢？

《太平廣記》中說：「猶以流俗小人，好傳浮偽之事」，〔註16〕這並不是毫無根據的臆斷。從史籍中所記載的大多數例證來看，訛言和流言的傳播者都是以普通百姓為主體的社會下層民眾。即使是上層官吏創作的政治性歌謠，也需要通過在民眾中的傳播來擴大其輿論影響。的確，載之於史籍的歌謠、俗語、訛言和流言，大多數是民眾集體創作的作品，但「它比起那些學者、文人的著作更集中著社會的智慧，凝結著大眾的藝能」，〔註17〕它們通常是世態人情的生動寫照，堪稱是社會精神和民眾心理意識的流露，能夠較為普遍地反應出民眾的心理狀況和政治意願。

《漢書‧劉向傳》說：「小人道長，君子道消，君子道消，則政日亂……君子道長，小人道消，小人道消，則政日治。……是以群小窺見間隙，緣飾文字，巧言醜詆，流言飛文，譁於民間。故《詩》云：『憂心悄悄，慍於群小。』小人成群，誠足慍也。」〔註18〕可見，劉向認為社會上的流言，是「群小」即社會上的民眾或官吏中別有用心的人所製造的，其流傳的主要社會空間也是民間，這種認識是比較符合歷史實際的。《漢書‧翟方進傳》記載綏和二年（西元前7年）春熒惑守心，翟方進奏記說：「往者數白，三光垂象，變動見端，山川水泉，反理視患，民人訛謠，斥事感名。三者既效，可為寒心。」可見，翟方進也認為，社會上訛謠的產生和流傳也是「民人」即社會大眾參與創作和傳播的結果。是什麼原因使得民眾成為傳播訛謠的主體呢？翟方進沒有進一步的分析和說明，但史書中卻不時透露出一些這方面的資訊。范曄在《後漢書‧梁統傳》後論裏說：「順帝之世，梁商稱為賢輔，豈以其地居亢滿，而能以願謹自終者乎？夫宰相運動樞極，感會天人，中於道則易以興政，乖於務則難乎御物。商協迴天之勢，屬雕弱之期，而匡朝恤患，未聞上術，憔悴之音，載謠人口。雖興粟盈門，何救阻饑之厄；永言終制，未解屍官之尤。況乃傾側孽臣，傳寵凶嗣，以致破家傷國，而豈徒然哉！」〔註19〕可見，還是所謂「孽臣凶嗣」即各級統治者的暴政和亂政所導致的破家傷國，給民眾造成了深重的社會災難，才使得「憔悴之音，載謠人口」——民眾的困苦

〔註16〕《太平廣記》卷61《女仙‧成公智瓊》，頁380。
〔註17〕《鍾敬文民間文學論集》（下），上海文藝出版社，1985年版，頁429。
〔註18〕《漢書》卷36《楚元王傳‧劉向傳》，頁1943、1945。
〔註19〕《後漢書》卷34《梁統傳》，頁1187。

和無望，才是民間訛謠流傳的根本原因，事實上這也是民眾成為流言、訛謠傳播主體的根源之所在。當然，我們不能一概把史書中所有的流言、訛謠都籠統地看作是民眾和民間社會的產物。如本文一再強調指出的那樣，歌謠的創作者或創作群體與歌謠的傳播者與傳播群體，既有普通民眾也有官僚上層，情況是很複雜的，不可一概而論。比如，下面這條史料就很能說明問題。

《南史・王玄謨》記載：「尋（王玄謨）為寧蠻校尉、雍州刺史，加都督。雍土多諸僑寓，玄謨上言所統僑郡無有境土，新舊錯亂，租課不時，宜加併合。見許。乃省並郡縣，自此便之。百姓當時不願屬籍。其年，玄謨又令九品以上租，使貧富相通，境內莫不嗟怨。人間訛言玄謨欲反」。〔註20〕

王玄謨在南雍州刺史任上省並郡縣，推行租稅改革，實行九品混通之制。這種租稅改革就牽涉的社會層面和對既得利益階層經濟利益的調整來說，可以說對普通民眾和官僚、地主都會產生較大的影響。因此，南雍州境內「嗟怨」王玄謨者，絕不會如史書字面的意思那樣單純是指普通百姓。事實上，為王玄謨製造政治謠言，在政治上必欲置之於死地而後快的人，想來是以官僚、地主居多。但是，這類謠言一旦產生，僅靠個別官僚和少數地主的力量又不足以迅速使其產生足夠的社會影響。歸根結底，這類社會歌謠必須借助民眾的力量才能得以在社會上大規模、快速地傳播。所以，對這次民間訛言事件中的謠言製造者和傳播者的情況，就應該給以具體的分析。

二、社會政治危機與流言和訛謠的產生

兩漢魏晉南北朝時期的社會訛言和流言，其發生和流傳的原因固然多種多樣，但其中首要的卻莫過於各種各樣的社會、政治和經濟危機。而且歷史上社會訛謠所涉及的社會、政治和經濟的因素又不是孤立的，往往是當局政治混亂在先，則社會騷動在後，而經濟措施的不當，更無異於給生活在水深火熱中的困苦無助、群心惶惶的民眾雪上加霜。

《後漢書・申屠剛傳》所載申屠剛賢良方正對策中即明確指出：「今承衰亂之後，繼重敝之世，公家屈竭，賦斂重數，苛吏奪其時，貪夫侵其財，百姓困乏，疾疫夭命。盜賊群輩，且以萬數，軍行眾止，竊號自立，攻犯京師，燔燒縣邑，至乃訛言積弩入宮，宿衛驚懼。自漢興以來，誠未有也。」〔註21〕

〔註20〕《南史》卷16《王玄謨傳》，頁466。
〔註21〕《後漢書》卷29《申屠剛傳》，頁1013。

這就明確指出，漢代的很多訛言事件，都是淵源於衰亂弊世的社會危機的。
再如獻帝初平三年（192 年），董卓被李肅、呂布等刺殺，董卓舊部群龍無首，
人心惶惶，而朝廷當權者在如何處置董卓舊部的問題上首鼠兩端，猶豫不決，
因此「百姓訛言，當悉誅涼州人，遂轉相恐動。其在關中者，皆擁兵自守。……
卓部曲將李傕、郭汜等先將兵在關東，因不自安，遂合謀為亂」〔註22〕毫無
疑問，漢末的政治亂局和軍閥衝突混戰所引發的社會政治和地域集團之間的
矛盾，〔註23〕無疑是這次訛言事件的直接原因。另外，比較黃巾起義前社會
上流傳的「蒼天已死，黃天當立，歲在甲子，天下大吉」的歌謠性流言，雖
然具有濃厚的宗教色彩，但也是漢末政局動蕩和社會動亂積累的突出矛盾的
一種表現。這一點從起義後「旬日之間，天下向應，京師震動」〔註24〕的社
會反應即可以看得出來。由於這段史實已為治史者所熟知，茲不贅述。不過
值得補充的是黃巾起義前在洛陽發生的一個小插曲，「熹平二年（173 年）六
月，雒陽民訛言虎賁寺東壁中有黃人，形容鬚眉良是，觀者數萬，省內悉出，
道路斷絕。」〔註25〕從這個例證中我們也可以一窺東漢末期人心荒亂、難以
安處的民心和民情狀況。

　　魏晉南北朝時期，是我國歷史上著名的亂世，黨爭、政爭不斷，政變、
民變頻發，其間發生的民間訛謠事件則更多，其原因也更為豐富。比如《三
國志・吳書・陸凱傳》載，孫吳時期，孫皓在位時期統治殘暴，生活淫佚，
給人民造成極大的災難。他又以建業宮不利，企圖移都。陸凱上疏說：「臣竊
見陛下執政以來，陰陽不調，五星失晷，職司不忠，奸黨相扶，是陛下不遵
先帝之所致。夫王者之興，受之於天，修之由德，豈在宮乎？而陛下不諮之

〔註22〕　《後漢書》卷 66《王允傳》，頁 2176。
〔註23〕　《後漢書》卷 66《王允傳》說：「董卓將校及在位者多涼州人，允議罷其軍。或
　　　　　說允曰：『涼州人素憚袁氏而畏關東。今若一旦解兵，則必人人自危。可以皇甫
　　　　　義真為將軍，就領其眾，因使留陝以安撫之，而徐與關東通謀，以觀其變。』
　　　　　允曰：『不然。關東舉義兵者，皆吾徒耳。今若距險屯陝，雖安涼州，而疑關東
　　　　　之心，甚不可也。』而在涼州人訛言恐動之後，董卓部將李傕、郭汜等率兵圍
　　　　　攻長安。城陷之後，「呂布奔走……招允曰：『公可以去乎？』允曰：『若蒙社稷
　　　　　之靈，上安國家，吾之願也。如其不獲，則奉身以死之。朝廷幼少，恃我而已，
　　　　　臨難苟免，吾不忍也。怒力謝關東諸公，勤以國家為念。』」頁 2176。可見，董
　　　　　卓舊部與王允所代表的漢室中央政權的矛盾，最後已經轉化為支援王允的關東
　　　　　地方武裝集團與涼州軍人武力集團的之間的地域政治、軍事權力矛盾。
〔註24〕　《後漢書》卷 71《皇甫嵩傳》，頁 2300。
〔註25〕　《後漢書》卷 117《五行志》，頁 3346。

公輔，便盛意驅馳，六軍流離悲懼，逆犯天地，天地以災，童歌其謠。縱令陛下一身得安，百姓愁勞，何以用治？」〔註 26〕這是由於孫皓的失政造成了六軍流離、百姓愁勞的局面，從而使得民眾怨聲載道、歌謠流傳。

統治階層之間爭權奪利的鬥爭，更是政治性訛言和流言的溫床。在魏晉南北朝時期，這樣的例證很多。

如曹魏正始年間，令狐愚爲曹爽長史，後出爲兗州刺史，因與王凌謀立白馬王彪，事泄俱死。《三國志‧魏書‧王凌傳》注引《魏略》敘述這件事情時說：「初東郡有僞言云：『白馬河出妖馬，夜過官牧邊鳴呼，眾馬皆應，明日見其迹，大如斛，行數里，還入河中。』又有謠言：『白馬素羈西南馳，其誰乘者朱虎騎。』楚王小字朱虎，故愚與王凌陰謀立楚王。乃先使人通意於王，言『使君謝王，天下事不可知，原王自愛』！彪亦陰知其意，答言『謝使君，知厚意也。』」〔註 27〕這則史料中的訛言和童謠，實際上是令狐愚和王凌擁立曹彪起事的一個前奏。又《晉書‧五行志》記載了晉惠帝時期的一系列所謂妖言：「永寧初，……忽有婦人詣大司馬門求寄產，門者詰之，婦曰：『我截臍便去耳。』是時，齊王冏匡復王室，天下歸功，識者爲其惡之，後果斬戮。永寧元年（302 年）十二月甲子，有白頭公入齊王冏大司馬府，大呼曰：『有大兵起，不出甲子旬。』冏殺之。明年十二月戊辰，冏敗，即甲子旬也。太安元年（302 年）四月癸酉，有人自雲龍門入殿前，北面再拜曰：『我當作中書監。』即收斬之。干寶以爲『禁庭尊秘之處，今賤人徑入而門衛不覺者，宮室將虛而下人逾上之妖也。』」而這些妖言的背景，則是「齊王冏唱義兵，誅除亂逆，乘輿反正」，而發生這一系列妖言、訛言之後，則是「帝北遷鄴，又遷長安，宮闕遂空焉。」〔註 28〕可見，這些妖言、訛言，看似荒誕不經，其實都是西晉時期八王之亂造成的政治動亂的反映。《晉書‧張昌傳》也記載，張昌起義時爲了製造輿論乃「造妖言云：『當有聖人出。』山都縣吏丘沈遇於江夏，昌名之爲聖人，盛車服出迎之，立爲天子，置百官。……又流訛言云：『江淮已南當圖反逆，官軍大起，悉誅討之。』群小互相扇動，人情惶懼，江沔間一時猋起，豎牙旗，鳴鼓角，以應昌，旬月之間，眾至三萬，皆以絳科頭，撍之以毛。江夏、義陽士庶莫不從之」〔註 29〕

〔註 26〕《三國志》卷 61《吳書‧陸凱傳》，頁 1404。
〔註 27〕《三國志》卷 28《魏書‧王凌傳附令狐愚傳》，頁 759。
〔註 28〕《晉書》卷 29《五行志》下，頁 907～908。
〔註 29〕《晉書》卷 100《張昌傳》，頁 2613。

張昌製造的謠言、瑞應之所以得到廣泛傳播和回應，雖然是他的努力渲染和流布的結果，但實際上也是與當時社會失度、民不聊生的社會現狀分不開的。南朝劉宋時期「湘中出天子」的訛言事件，也是與當時的政治鬥爭和民生凋敝有關。《宋書》載：「前廢帝諱子業，小字法師，孝武帝長子也。……世祖入伐元兇，被囚於侍中下省，將見害者數矣，卒得無恙。……去歲（大明六年，462 年）及是歲，東諸郡大旱，甚者米一升數百，京邑亦至百餘，餓死者十有六七。孝建以來，又立錢署鑄錢，百姓因此盜鑄，錢轉僞小，商貨不行。」永光元年（465年）秋八月「帝自率宿衛兵，誅太宰江夏王義恭、尚書令驃騎大將軍柳元景、尚書左僕射顏師伯、廷尉劉德願。改元爲景和元年。……時帝凶悖日甚，誅殺相繼，內外百司，不保首領。先訛言云：『湘中出天子。』帝將南巡荊湘二州以厭之。先欲誅除諸叔，然後發引。太宗與左右阮佃夫、王道隆、李道兒密結帝左右壽寂之、姜產之等十一人，謀共廢帝。戊午夜，帝於華林園竹林堂射鬼。……壽寂之懷刀入，姜產之爲副。帝欲走，寂之追而殞之，時年十七。」〔註30〕這段史料更顯示出，劉宋廢帝劉子業時期的「湘中出天子」的訛言事件，有著深刻的經濟和政治原因，它所揭示的訛言與社會經濟的凋敝和統治集團間權力鬥爭的關係，在研究魏晉南北朝時期訛言與社會和政治的關係中，無疑非常具有典型意義。因經濟原因而發生社會訛言的事件在南朝時期還有一次。據《隋書·食貨志》記載：「陳初，承梁喪亂之後，鐵錢不行。始梁末又有兩柱錢及鵝眼錢，於時人雜用，其價同，但兩柱重而鵝眼輕。私家多熔錢，又間以錫鐵，兼以粟帛爲貨。至文帝天嘉五年（564 年），改鑄五銖。初出，一當鵝眼之十。宣帝太建十一年（579 年），又鑄大貨六銖，以一當五銖之十，與五銖並行。後還當一，人皆不便。乃相與訛言曰：『六銖錢有不利縣官之象。』未幾而帝崩，遂廢六銖而行五銖。竟至陳亡。其嶺南諸州，多以鹽米布交易，俱不用錢云。」〔註31〕這則訛謠，深刻地反映出了南朝陳代貨幣經濟衰敗的歷史狀況。

當然，北朝時期也不乏因社會和政治的原因而引發社會訛言和流言的例證。如《北史·蘇威傳》載：「江表自晉已來，刑法疏緩，代族貴賤，不相陵越。平陳之後，牧人者盡改變之，無長幼悉使誦五教。威加以煩鄙之辭，百姓嗟怨。使還，奏言江表依內州責戶籍。上以江表初平，召戶部尚書張嬰，責以政急。時江南州縣又訛言欲徙之入關，遠近驚駭。饒州吳世華起兵爲亂，生臠縣令，

〔註30〕 《宋書》卷 7《前廢帝紀》，頁 141、143、144、146。
〔註31〕 《隋書》卷 24《食貨志》，頁 690。

啖其肉。於是舊陳率土皆反，執長吏，抽其腸而殺之，曰：『更使儂誦五教邪！』尋詔內史令楊素討平之。」〔註32〕按《資治通鑑》敘述這件事情來龍去脈甚詳，可資參考：「江表自東晉已來，刑法疏緩，世族陵駕寒門；平陳之後，牧民者盡更變之。蘇威復作《五教》，使民無長幼悉誦之，士民嗟怨。民間復訛言隋欲徙之入關，遠近驚駭。於是婺州汪文進、越州高智慧、蘇州沈玄憺皆舉兵反，自稱天子。署置百官。樂安蔡道人、蔣山李凌、饒州吳世華、溫州沈孝徹、泉州王國慶、杭州楊寶英、交州李春等皆自稱大都督，攻陷州縣。陳之故境，大抵皆反。大者有眾數萬，小者數千，共相影響。執縣令，或抽其腸，或臠其肉食之，曰：『更能使儂誦《五教》邪！』詔以楊素為行軍總管以討之。」〔註33〕由此可見，這次訛謠事件及隨後的江南大規模暴動，其直接原因，是發源於蘇威的命江南人士誦《五教》和依內州編列戶籍兩件事情，其根本原因則是南北長期分裂形成的政治隔閡和民族矛盾。筆者認為，這次訛謠事件也是南北朝由分裂到統一初期的文化和族群矛盾的反映。〔註34〕又《北史》載：隋朝初年時

〔註32〕《北史》卷63《蘇綽傳附子威傳》，頁2245。

〔註33〕《資治通鑑》卷177《隋紀》開皇十年，頁5529～5530。

〔註34〕中華書局《北史》校勘記於「尋令持節巡撫江南得以便宜從事過會稽踰五嶺而還」條下云：「《隋書》敘此事於何妥劾威，威罷官，再起為納言，從祠太山之後。此移置於前，承上文，則當在開皇十年。據本書卷十一《隋文帝紀》，蘇威被劾罷官在十二年，復起為納言在十四年，從祠太山在十五年正月，巡撫江南在十五年七月，與《隋書・蘇威傳》合。蓋《北史》據他書增入江南人民反抗隋朝統治事件，認為與蘇威巡撫江南有關。而吳世華等起義，確在平陳後一年，即開皇十年。故移置威出使事於前，卻不知其與本紀所記相矛盾。《通鑑》卷一七七開皇十年十一月，敘江南人民起義原因，亦有蘇威作五教，使民誦之等語，但十年及十五年都不敘蘇威出使江南事。大約是因有矛盾而故意迴避。」頁2256。上述史籍中所載蘇威作五教而引起江南民眾反抗的事實甚為關鍵，但學者們大多關注於蘇威巡撫江南的時間問題，史籍中對何為「五教」和為什麼其會引起民眾的反彈也語焉不詳。按《辭源》以五教為書名，認為「《新唐書・藝文志》子部儒家類有《五教》五卷，三國蜀譙周撰。《舊唐書・經籍志》作《譙子五教》」，並舉《北史・蘇威傳》「無長幼皆使誦五教」為證，認為彼《五教》即此五教。（《辭源》，頁74。）但是就《資治通鑑》和《北史・蘇威傳》所載史料來看，「五教」當為蘇威所作，而且並不一定是一部書籍，《辭源》此項釋義實謬。案《尚書・舜典》有「敬敷五教在寬」之說，朱熹在《白鹿洞書院揭示》中解釋說：「父子有親，君臣有義，夫婦有別，長幼有序，朋友有信。右五教之目。堯、舜使契為司徒，敬敷五教，即此是也。」（見《晦庵先生朱文公文集》卷74《雜著》，四部叢刊影印明嘉靖本。）筆者推測，蘇威所作「五教」或許即是體現這種社會倫理觀念的一些法令。而也許正是這些由北朝統治者推行的法令和法制建設與自「東晉已來，刑法疏緩」的江南社會和政治狀況

刺史多任武將，大多都不稱職，而和干子以老邁之年出任杞州刺史，由於不諳政務，導致賄賂公行，民眾生活困苦，柳彧上表曰：「伏見詔書以上杜國和干子爲杞州刺史，其人年垂八十。鐘鳴漏盡。前在趙州，暗於職務，政由群小，賄賂公行。百姓籲嗟，歌謠滿道，乃云：『老禾不早殺，餘種穢良田。』……干子弓馬武用，是其所長。臨人蒞職，非其所解。如謂優老尚年，自可厚賜金帛，若令刺舉，所損殊大。」〔註35〕可見，地方官員不稱職所造成的官員昏庸、吏治不清也是造成民眾歌謠的一個重要原因。

　　總之，兩漢魏晉南北朝時期的民間訛謠和流言，和同時期的童謠和歌謠一樣，其產生和在民間的廣泛傳播，都存在著深層的社會、政治或經濟原因。分析和探討這些原因，對於認識兩漢魏晉南北朝時期訛謠、流言和歌謠產生的社會背景和民眾心理，有著積極的意義。

三、民間信仰與政治操作對流言訛謠產生的影響

　　兩漢魏晉南北朝時期所發生的大規模的民間流言和訛言，還有些是與特定的宗教文化和民間信仰有關。其中最典型的莫過於漢哀帝建平四年（西元前3年）正月的民持詔籌驚走事件和在兩漢與北朝時期的洪水謠言事件。

　　《漢書・五行志》記載，哀帝建平四年正月，「民驚走，持稾或棷一枚，傳相付與，曰行詔籌。道中相過逢多至千數，或被髮徒踐，或夜折關，或逾牆入，或乘車騎奔馳，以置驛傳行，經歷郡國二十六，至京師。其夏，京師郡國民聚會里巷阡陌，設張博具，歌舞祠西王母。又傳書曰：『母告百姓，佩此書者不死。不信我言，視門樞下，當有白髮。』至秋止。」〔註36〕時人以爲這是漢哀帝的祖母傅太后參與政事造成的，如杜鄴就解釋這種現象說：「《春秋》災異，以指象爲言語。籌，所以紀數。民，陰，水類也。水以東流爲順走，而西行，反類逆上。象數度放溢，妄以相予，違忤民心之應也。西王母，婦人之稱。博弈，男子之事。於街巷阡陌，明離闌內，與疆外。臨事盤樂。炕陽之意。白髮，衰年之象，體尊性弱，難理易亂。門，人之所由；樞，其要也。居人之所由，制持其要也。其明甚著。今外家丁、傅並侍帷幄，布於列位，有罪惡者不坐辜罰，亡功能者畢受官爵。皇甫、三桓，詩人所刺，《春秋》所譏，亡以甚此。指象昭

　　　一時難以適應，故引起南方士民的反抗。
〔註35〕《北史》卷77《柳彧傳》，頁2623。
〔註36〕《漢書》卷27《五行志》下之上，頁1476。

昭，以覺聖朝，奈何不應！」〔註37〕又《漢書·天文志》記載此事不僅較《五行志》爲詳，而且有很大不同：「哀帝建平元年正月丁未日出時，有著天白氣，廣如一疋布，長十餘丈，西南行，讙如雷，西南行一刻而止，名曰天狗。傳曰：『言之不從，則有犬禍詩妖。』到其四年正月、二月、三月，民相驚動，讙嘩奔走，傳行詔籌祠西王母，又曰『從目人當來。』十二月，白氣出西南，從地上至天，出參下，貫天廁，廣如一匹布，長十餘丈，十餘日去。占曰：『天子有陰病。』其三年十一月壬子，太皇太后詔曰：『皇帝寬仁孝順，奉承聖緒，靡有解怠，而久病未廖。夙夜惟思，殆繼體之君不宜改作。《春秋》大復古，其復甘泉泰畤、汾陰后土如故。』」〔註38〕而《漢書·哀帝紀》的記載則是：建平「四年春，大旱，關東民傳行西王母籌，經歷郡國，西入關至京師。民又會聚祠西王母，或夜持火上屋，擊鼓號呼相驚恐。」〔註39〕綜合分析以上史料可見，這次行詔籌事件影響了二十六個郡，時間則持續了三個月之久，對民眾的生活秩序更是造成了極大的影響。雖然當時人或結合時政，或以天文星占學的觀點來解釋這次事件，但事實上都未得要領。

有學者研究指出，這次行詔籌事件，其實是與原始道教的末世論預言有關。漢行尚赤，爲火德。按照當時通行的五德終始論的政統邏輯，「漢行氣盡」〔註40〕說，實爲大水說的反映。漢尚赤，以火德勝，其性陽，大水將至，爲陰氣盛的表現。而對照上述記載解釋其文意，所謂「傳行詔籌」，就是在民眾中相互傳遞來自西王母的神秘「詔書」，具體而言就是人們相互傳遞的「槀」或「椒」。按顏師古注引如淳曰：「椒，麻干也。」因此很可能其上並無文字，是用來「行」傳西王母「詔」用的「籌」，象徵性很強。其所傳言「佩此書者不死」，表明人們認爲西王母具有拯救人們渡過災厄的神力。「持火上屋」的

〔註37〕《漢書》卷27《五行志》下之上，頁1476～1477。
〔註38〕《漢書》卷26《天文志》，頁1311～1312。
〔註39〕《漢書》卷11《哀帝紀》，頁342。
〔註40〕《三國志》卷1《魏書·武帝紀》注引魚豢《魏略》曰：「孫權上書稱臣，稱說天命。王以權書示外曰：『是兒欲踞吾著爐火上邪！』侍中陳群、尚書桓階奏曰：『漢自安帝已來，政去公室，國統數絕，至於今者，唯有名號，尺土一民，皆非漢有，期運久已盡，曆數久已終，非適今日也。是以桓、靈之間，諸明圖緯者，皆言『漢行氣盡，黃家當興』。殿下應期，十分天下而有其九，以服事漢，群生注望，遐邇怨歎，是故孫權在遠稱臣，此天人之應，異氣齊聲。……畏天知命，無所與讓也。』」又引《魏氏春秋》夏侯惇謂王曰：「天下咸知漢祚已盡，易代方起」，都是這種思想的反映。頁53～54。

做法，則是對大水恐慌的表現。因此人們不但以歌舞祠祀西王母，而且爭相傳遞和佩帶被認爲得自西王母的符書，冀以渡厄不死。這種訛言和傳說的廣泛流行，事實上就從政治神統和民眾意識兩個方面，對漢朝統治的正統性提出了質疑。這其實是與原始道教的《天官曆包元太平經》的「漢家逢天地之大終」預言爲核心的「天官曆」思想具有一致性。〔註41〕另外，筆者認爲，前面所討論的有關黃巾起義的歌謠和流言，事實上也可以看作是與原始道教的影響有關。

　　實際上，漢哀帝時期的行詔籌事件的發生，固然與西漢時期的西王母崇拜這一民間信仰有關，可是如果聯繫到兩漢時期的歷史背景和西漢哀帝時期微妙的政治形勢，這次事件發生的前提實際上還應該是兩漢時期以來的民間洪水謠言和洪水預言。可以說，正是這種民間災難謠言和預言的存在，並被當時的政治人物加以刻意的利用和推波助瀾，才造成了哀帝時期具有民間信仰和原始宗教色彩的行西王母詔籌事件的發生。而兩漢時期屢屢發生的重大洪水災害和新莽建立、兩漢易代之際獨特的政治形勢，更是這次事件發生的直接原因。這點，在下面所列的附表和隨後展開的簡單分析中就可以略見端倪。

兩漢時期重大水災一覽表

朝代	時　間	水　災　狀　況　及　危　害	出　處
西漢	高后三年	江水、漢水溢，流民四千餘家。	《漢書·高后紀》
西漢	高后四年	江水、漢水溢，流萬餘家。	《漢書·高后紀》
西漢	高后八年	秋，河南大水，伊、雒流千六百餘家，汝水流八百餘家。	《漢書·五行志》
西漢	文帝後三年	秋，大雨，晝夜不絕三十五日。藍田山水出，流九百餘家。漢水出，壞民室八千餘所，殺三百餘人。	《漢書·五行志》
西漢	元帝初元元年	九月，關東郡國十一大水，饑，或人相食。	《漢書·元帝紀》
西漢	元帝永光五年	夏及秋，大水。潁川、汝南、淮陽、廬江雨，壞鄉聚民舍，及水流殺人。	《漢書·五行志》
西漢	成帝建始三年	夏，大水，三輔霖雨三十餘日，郡國十九雨，山谷水出，凡殺四千餘人，壞官寺民舍八萬三千餘所。	《漢書·五行志》

〔註41〕姜生，《原始道教之興起與兩漢社會秩序》，《中國社會科學》2000年第6期。

西漢	成帝河平元年	河決於館陶及東郡金堤，泛濫兗、豫，入平原、千乘、濟南，凡灌四郡三十二縣，水居地十五萬餘頃，深者三丈，壞敗官亭室廬且四萬所。	《漢書・五行志》
東漢	和帝永元年間	元年七月，郡國九大水，傷稼。十二年六月，潁川大水，傷稼	《後漢書・五行志》
東漢	殤帝延平元年	五月，郡國三十七大水，傷稼。	《後漢書・五行志》
東漢	安帝永初年間	元年郡國四十一水出，漂沒民人。二年，大水。三年、四年、五年，大水。	《後漢書・五行志》
東漢	質帝本初元年	五月，海水溢樂安、北海，溺殺人、物。	《後漢書・五行志》
東漢	桓帝建和年間	二年七月，三年八月，京都大水。	《後漢書・五行志》
東漢	永興元年	秋，河水溢，漂害人、物。	《後漢書・五行志》
東漢	永壽元年	六月，雒水溢至津陽城門，漂流人、物。	《後漢書・五行志》
東漢	永康元年	八月，六州大水，勃海海溢，沒殺人。	《後漢書・五行志
東漢	靈帝建寧四年	二月，河水清。五月，山水大出，漂壞廬舍五百餘家。	《後漢書・五行志》
東漢	熹平年間	二年六月，東萊、北海海水溢出，漂沒人物。四年夏，郡國三水，傷害秋稼。	《後漢書・五行志》
東漢	中平五年	郡國六水大出。	《後漢書・五行志》
東漢	獻帝建安年間	二年九月，漢水流，害民人。十八年六月，大水。二十四年八月，漢水溢流，害民人。	《後漢書・五行志》

　　簡單地梳理一下史籍就會看出，西漢漢哀帝時期的行詔籌事件，並不是西漢時期發生的唯一的洪水謠言和洪水預言事件，如果聯繫到前此和後此的多次類似事件，並驅撥開籠罩其上的層層迷霧，那麼這些事件所涉及的歷史背景和政治因素就會昭然若揭了。下面，先讓我們看幾個類似的例證。

　　首先，《漢書・外戚傳》記載：「（漢成帝）建始元年（西元前 32 年）正月，白氣出於營室。……至其九月，流星如瓜，出於文昌，貫紫宮，尾委曲如龍，臨於鉤陳，此又章顯前尤，著在內也。其後則有北宮井溢，南流逆理，數郡水出，流殺人民。後則訛言傳相驚震，女童入殿，咸莫覺知。」〔註42〕這次民間洪水訛言和預言事件，先之以天象異常，繼之以數郡水害，〔註43〕

〔註42〕　《漢書》卷 97《外戚傳・孝成許皇后》，頁 3978～2979。
〔註43〕　據《漢書》卷 97《外戚傳・孝成許皇后傳》的記載，這次虐及數郡的水災，其直接原因是黃河水決口引起的：「夫河者水陰，四瀆之長，今乃大決，沒漂

－128－

隨後即起民間謠言，這與前面所舉的漢哀帝時期行西王母詔籌事件的發生簡
直是如出一轍。其次，《漢書‧成帝紀》又記載說載，建始三年「秋，關內大
水。七月，虒上小女陳持弓聞大水至，走入橫城門，闌入尚方掖門，至未央
宮鉤盾中。吏民驚上城。」九月，成帝詔書中又提到這件事情說：「乃者郡國
被水災，流殺人民，多至千數。京師無故訛言大水至，吏民驚恐，奔走乘城。」
〔註44〕這也是一次典型的洪水謠言引起的京師民眾的恐慌，而此前秋季的國
內大面積洪水災害無疑則是導致這次謠言流傳的主要原因。漢代水災不斷，
也引起當時一些學者的反思，比如「獨好《洪範》災異，又學天文月令陰陽」
的李尋，面對「時多災異」的局面，就曾經預言「漢家有中衰厄會之象」，而
其賴以立論的，就是洪水災異之說。史載：「帝舅曲陽侯王根為大司馬票騎將
軍，厚遇尋。是時多災異，根輔政，數虛己問尋。尋見漢家有中衰厄會之象，
其意以為且有洪水為災，乃說根曰：『竊見往者赤黃四塞，地氣大發，動土竭
民，天下擾亂之征也。彗星爭明，庶雄為桀，大寇之引也。此二者已頗效矣。
城中訛言大水，奔走上城，朝廷驚駭，女孽入宮，此獨未效。間者重以水泉
湧溢，旁宮闕仍出。月、太白入東井，犯積水，缺天淵。日數湛於極陽之色。
羽氣乘宮，起風積雲。又錯以山崩地動，河不用其道。盛冬雷電，潛龍為孽。
繼以隕星流彗，維、壎上見，日蝕有背鄉。此亦高下易居，洪水之征也。不
憂不改，洪水乃欲蕩滌，流彗乃欲掃除；改之，則有年亡期。故屬者頗有變
改，小貶邪猾，日月光精，時雨氣應，此皇天右漢亡已也」。〔註45〕李尋的解
釋，以五德終始說為理論依據，以「漢氣將盡說」為現實指歸，鼓吹火德將
盡、水德興盛和漢朝將亡的論調，如果將李尋的議論置入西漢末年漢家當「更
受命」的思想背景下，再聯繫到李尋和王根及王氏家族的密切關係，則王莽
代漢與西漢末期幾次的洪水謠言和預言的關係就很清晰地呈現出來了。

　　漢家當更受命的說法，最早見於《漢書‧李尋傳》：「初，成帝時，齊人
甘忠可詐造《天官曆》、《包元太平經》十二卷，以言『漢家逢天地之大終，
當更受命於天，天帝使真人赤精子，下教我此道。』忠可以教重平夏賀良、
容丘丁廣世、東郡郭昌等，……哀帝初立，司隸校尉解光亦以明經通災異得

　　　陵邑」。頁 3979。
〔註44〕《漢書》卷 10《成帝紀》。顏師古注引應劭曰：「無符籍妄入宮曰闌。掖門者，
　　　正門之旁小門也。」頁 306～307。
〔註45〕《漢書》卷 75《李尋傳》，頁 3181。

倖，白賀良等所挾忠可書。事下奉車都尉劉歆，歆以爲不合《五經》，不可施行。而李尋亦好之。……時，郭昌爲長安令，勸尋宜助賀良等。尋遂白賀良等皆待詔黃門，數詔見，陳說：『漢曆中衰，當更受命。成帝不應天命，故絕嗣。今陛下久疾，變異屢數，天所以譴告人也。宜急改元易號，乃得延年益壽，皇子生，災異息矣。得道不得行，咎殃且亡，不有洪水將出，災火且起，滌蕩民人。』」〔註46〕而《漢書・李尋傳》又說：「李尋字子長，平陵人也。治《尙書》，……獨好《洪範》災異，又學天文月令陰陽。……帝舅曲陽侯王根爲大司馬票騎將軍，厚遇尋。是時多災異，根輔政，數虛己問尋。尋見漢家有中衰厄會之象，其意以爲且有洪水爲災」，〔註47〕於是方向王根進言。這兩條史料告訴我們，李尋是王根厚遇的謀士，其接受、發揮並宣傳甘忠可的「漢家當更受命「的思想，正是爲王氏家族的政治利益服務的。

我們知道，從漢成帝時期王鳳以外戚之重而任大將軍時起，一直到王莽代漢的最終實現，其間存在一個王氏兄弟「作家門」的過程。這點，即使是古代史家也看得十分清楚。比如《漢書・五行志》就說：「元帝崩，皇太子立，是爲成帝。尊（王）皇后爲皇太后，（河平二年）以後弟鳳爲大司馬、大將軍，領尙書事，上委政，無所與。王氏之權自鳳起，……其後群弟世權，以至於莽，遂篡天下。」〔註48〕而王氏將由擅權而奪取漢家天下的趨勢，則幾乎更是當時深諳時局的人士都可以看出的事實。如「元帝初元四年，皇后曾祖父濟南東平陵王伯墓門梓柱卒生枝葉，上出屋。劉向以爲王氏貴盛將代漢家之象也。後王莽篡位，自說之曰：『初元四年，莽生之歲也，當漢九世火德之厄，而有此祥興於高祖考之門。門爲開通，梓猶子也，言王氏當有賢子開通祖統，起於柱石大臣之位，受命而王之符也。』」〔註49〕而對於以王鳳、王根和王莽爲代表的王氏家族而言，水和水德則具有特殊重要的意義。

《太平御覽・地部》在講到曹魏改漢代的雒水爲洛水的原因時說：「《魏略》曰：漢火行忌水，故去『洛』水而加佳。魏爲土，土，水之母，水得土而流，土得水而柔，故除佳加水。」〔註50〕由此可見，漢朝以火德自居，〔註51〕按照

〔註46〕《漢書》卷75《李尋傳》，頁3192。
〔註47〕《漢書》卷75《李尋傳》，頁3179。
〔註48〕《漢書》卷27《五行志》，頁1370～1371。
〔註49〕《漢書》卷27《五行志》，頁1412～1413。
〔註50〕《太平御覽》卷58《地部・水》，頁280。
〔註51〕關於漢代所對應的五行德性，自西漢初年以來一直到哀帝時期有一個變化的過

五行生克的道理（見下圖），在五行中最忌諱的是水。這樣，在漢代陰陽五行學說盛行的思想背景下，王氏家族為了為奪取漢朝政權而製造思想輿論，自然會在水和水德方面大做文章。正因如此，當漢成帝和漢哀帝統治時期出現較大的洪水災害和民間訛謠異動時，當政的王氏外戚統治者自然不會放過任何一次這樣的機會，或由其御用文人出面，或由王氏兄弟親自出面，對民間的洪水訛謠和洪水預言大加利用，更把民眾因洪水訛謠飛傳而造成的恐慌情緒和逃災避難的行動與民間的西王母崇拜等原始宗教信仰結合起來加以利用，最終上陞到德運嬗替的高度來為其代漢製造合法性的輿論。

五行生克關係圖

不過，從本文前面所列舉的兩漢時期的重大水災表和記載魏晉南北朝時期史事的《晉書》、《宋書》和《南齊書》等史籍中《五行志》所載的魏晉南北朝時期的情況來看，兩漢魏晉南北朝時期重大洪水災害發生的頻率和危害性都是驚人的，這也足以說明兩漢魏晉南北朝時期的民眾常常生活於洪水災害的陰影之下，有關洪水的訛謠和預言自有其滋生和延續流布的社會土壤。前面所舉的例證已足以說明至少我國古代歷史上的兩漢時期是這樣的。而從現存的文獻資料來看，世界各民族幾乎都有關於洪水預言和洪水訛謠等洪水神話的記載。西方的洪水神話，人們較為熟知的是《聖經·創世記》中「挪亞方舟」的故事。中國的古文獻中也有遠古時代洪水的神話故事。如《山海

程。劉邦建漢的時候依照五行相剋的道理把漢德定為水德，色尚黑，而至漢武帝元封七年，按照司馬遷、公孫卿、壺遂、兒寬等人的建議改漢德為土，色尚黃。而到了西漢哀、平之際，劉歆、劉向等學者倡五行相生之說，認為漢應為火德，色尚赤。王莽也支援這種看法。因此西漢末年漢為火德的觀念十分流行。但是，從上引李尋因水災所上王根之書中的解釋和《太平御覽·地部》所引《魏略》「漢火行忌水」的看法，則五行相克之說仍然是兩漢時期解釋王朝更替的五德終始說的主流，五行相生之說在這個方面並未發生廣泛的影響。

經·海內經》載：「洪水滔天。鯀竊帝之息壤以堙洪水，不待帝命。帝令祝融殺鯀於羽郊，鯀復生禹。帝乃命禹卒布土以定九州。」另外，我國的許多少數民族中，也有很多洪水神話或傳說。有學者認爲，這是「地球在冰河期末期，隨著氣候轉暖，冰解雪融，導致了世界性的大水災」的反映。〔註52〕還有的學者則指出，原始洪水神話所反映的是民間宗教「追思原始文化中敬畏大自然的深層精神指向」。〔註53〕但是，無論學者們對洪水神話的傳說如何解讀，這種神話傳說對中國古人有著潛移默化的影響則是不容置疑的。俗話說，人同此心，心同此理，人們受特殊環境的刺激和由此產生的心理反應往往是相似的。所以，在還談不上有任何科學的預警機制的中國古代，一旦自然條件有所變化，已經或即將發生水災的時候，這種洪水預言和由這種訛謠和預言所引起的民間恐慌情緒便很容易在民眾中間滋生和蔓延，更何況兩漢魏晉南北朝時期水災發生的頻繁又幾乎到了史不絕書的程度呢。

可以說，漢代的洪水訛謠和洪水預言在當時民眾的記憶裏打下了很深的心理印記，一有風吹草動，這種訛謠和預言便有滋生之勢。不過，產生這種訛謠和預言的社會土壤，隨著王莽禪漢的成功和其後東漢初期社會的安定而暫告消失，而且，伴隨著東漢後期佛、道二教的日漸發展，中國民眾的文化視野和信仰觀念也大大拓展。在此後的東漢魏晉南朝時期，都沒有足夠明確的文獻資料來證明兩漢時期多次發生的洪水訛謠和預言事件給這一時期的人們留下什麼歷史的記憶。不過，無獨有偶的是，在北朝時期，又有一次洪水訛言事件，證明了面對洪水災害，人們因驚懼而產生的易於產生和傳播洪水謠言的社會現象。

東魏時期，高洋部下殷州刺史劉豐，在聯合高岳攻打王思政時，建議以水攻之策以攻取長社。《北史·劉豐傳》載：「及王思政據長社，豐與高岳等攻之。先是訛言大魚道上行，百姓苦之。豐建水攻策，遏洧水灌城。水長，魚鼈皆遊焉。城將陷，豐與行臺慕容紹宗見（北有白氣，同入船。）忽有暴風從東北來，正晝昏暗，飛沙走礫，船纜忽絕，漂至城下。豐拍浮向土山，爲浪激，不時至。西人鈎之，並爲敵所害。」〔註54〕這次洪水之災，從根本

〔註52〕馮天瑜，《上古神話縱橫談》，上海文藝出版社，1983年版，頁166。

〔註53〕王健，《洪水·神話·宗教》，《世界宗教文化》，1998年第3期。

〔註54〕《北史》卷53《劉豐傳》，頁1902。另外，《北齊書》卷27《劉豐傳》未載魚行道上的民間傳言，只是說：「王思政據長社，世宗命豐與清河王岳攻之。豐建水攻之策，遂遏洧水以灌之，水長，魚鼈皆遊焉。」頁378。

上說衹是一場人為的災害。但是，值得玩味的是，在劉豐獻計水淹長社之前，民間就有魚行道上的訛言了。而魚行道上，的確可以看作是洪水災害的一種隱喻，也可以看作是洪水預言的一種委婉說法。可以看出，東魏時期的這次民間洪水訛謠和預言，與漢代發生的歷史民眾訛言行詔籌事件是很相似的。

總之，通過以上的分析可以看出，受特殊政治勢力操控和利用的流傳於民間的洪水預言和基於此而產生的民間原始宗教信仰，是兩漢魏晉南北朝時期民間訛言和流言發生和傳播的一個重要的民間信仰文化背景。

當然，兩漢魏晉南北朝時期民間訛言和流言傳播的民間信仰文化背景並不只表現為上面所說的洪水預言等，民間巫術文化和巫團組織也是民間謠言傳播的一個重要推動力量。比如《後漢書·臧宮傳》記載，建武十九年（43年）「妖巫維汜弟子單臣、傅鎮等，復妖言相聚，入原武城，劫吏人，自稱將軍。於是遣宮將北軍及黎陽營數千人圍之。賊穀食多，數攻不下，士卒死傷。」〔註55〕推斷維汜及其弟子們所傳播的「妖言」，或許即類似黃巾起義前所流傳的「蒼天已死，黃天當立」等煽動性言論，應當也屬於本文所研究的社會謠言之類。茲不具論焉。

四、恐慌與緊張：訛謠、流言傳播的社會心理氛圍

從社會心理學的角度看，社會流言和謠言的傳播一般主要有這樣幾個的存在條件：一是社會大眾具有某種共同的價值趨向，二是人們心理的普遍緊張和擔心，三是人們對處理事物的社會組織缺乏瞭解和信任。只要這三個條件一旦具備，謠言就有可能發生，而且其傳播的速度還會異常驚人。反過來說，流言和訛言的傳播，也會更進一步加重籠罩在社會上的恐慌心理，對民眾的生活秩序產生一時的強烈的影響。

從兩漢魏晉南北朝的歷史史實看，在歷次百姓煽動流傳歌謠訛言的過程中，歌謠訛言的迅速傳播也的確是與民間的緊張、恐懼的社會心理有密切的關係。比如《漢書·息夫躬傳》載，哀帝時期發生民間行詔籌事件後，息夫躬上言說：「往年熒惑守心，太白高而芒光，又角星茀於河鼓，其法為有兵亂。是後訛言行詔籌，經歷郡國，天下騷動，恐必有非常之變。可遣大將軍行邊兵，敕武備，斬一郡守，以立威，震四夷，因以厭應變異。」〔註56〕這條史

〔註55〕《後漢書》卷18《臧宮傳》，頁694。
〔註56〕《漢書》卷45《息夫躬傳》，頁2184。

料裏提到的「天下騷動」，即是對這次事件中民眾心理狀態的最簡潔的概括。
而前引《漢書‧五行志》所載漢代民眾在洪水恐慌下「或被髮徒踐，或夜折
關，或逾牆入，或乘車騎奔馳」和《漢書‧哀帝紀》所載「民……或夜持火
上屋，擊鼓號呼相驚恐」，則是對這種騷動的最生動的注解。實際上，不僅洪
水預言可以引起民眾的集群恐慌，生活於亂世之中的人們飽經世變，身心頻
受刺激，神經異常脆弱，洪水、火災和其他各種社會訛言和謠言，也往往能
夠刺激他們的心靈，從而形成民眾的大範圍的驚慌和恐懼情緒。比如東漢建
初二年（77 年），馬嚴擔任陳留太守，「時京師訛言賊從東方來，百姓奔走，
轉相驚動，諸郡遑急，各以狀聞。」〔註57〕又東漢桓帝時期，「是時連月火災，
諸宮寺或一日再三發。又夜有訛言，擊鼓相驚。」〔註 58〕這些都是漢代民眾
訛言相驚的典型例證。

　　魏晉南北朝時期，民間訛言導致的民眾恐慌事件也屢見於史籍的記載。
可以說，民間的訛言和流言與社會的恐慌心理氛圍幾乎是如影隨形、相伴終
始的。《宋書‧五行志》記載的幾件事情能夠很清楚地說明這種現象。如東晉
元帝太興四年（321 年），「吳郡民訛言有大蟲在紵中及欅樹上，螫人即死。晉
陵民又言曰，見一老女子居市，被髮從肆人乞飲，自言：『天帝令我從水門出，
而我誤由蟲門。若還，天帝必殺我。如何？』於是百姓共相恐動，云死者已
十數也。」次年，即晉元帝永昌元年（322 年），寧州刺史王遜遣子澄入質，
帶來渝、濮等少數民族數百人，結果「京邑民忽訛言寧州人大食人家小兒，
親有見其蒸煮滿釜甑中者。又云失兒皆有主名，婦人尋道，拊心而哭。於是
百姓各禁錄小兒，不得出門。尋又言已得食人之主，官當大航頭大杖考竟。
而日有四五百人晨聚航頭，以待觀行刑。朝廷之士相問者，皆曰信然，或言
郡縣文書已上。王澄大懼，檢測之，事了無形，民家亦未嘗有失小兒者，然
後知其訛言也。」又次年，大將軍王敦率軍順流而下，屯據姑熟。當時「百
姓訛言行蟲病，食人大孔，數日入腹，入腹則死。治之有方，當得白犬膽以
爲藥。自淮、泗遂及京都，數日之間，百姓驚擾，人人皆自云已得蟲病。又
云，始在外時，當燒鐵以灼之。於是翕然被燒灼者十七八矣。」民心驚擾，
故謠言宜作，因此「及錢鳳、沈充等逆兵四合，而爲王師所挫，逾月而不能
濟。北中郎將劉遐及淮陵內史蘇峻率淮、泗之眾以救朝廷，故其謠言首作於

〔註57〕《後漢書》卷 24《馬援傳》，頁 861。
〔註58〕《後漢書》卷 7《孝桓帝紀》注引《袁山松書》。頁 316。

淮、泗也。」〔註 59〕可見，連年的政治動盪、訛言流傳和百姓的恐懼相互交
織，幾乎打破了人們的心理承受底線，再加上有心者的故意煽動和無知者的
惶怖傳播，自然為洪水訛謠和類似歌謠的傳播提供了適宜的社會心理條件。

　　值得注意的是，一次社會訛言或流言所造成的民間恐慌心理，其持續時
間是很長的。前面所講的漢代行詔籌事件，持續事件即達三個月之久，而一
些局部的社會訛言事件，一般影響也可以達到一個月左右的事件。我們可以
舉例為證。如《南史・梁武帝紀》載，天監十三年（514 年）「夏六月，都下
訛言有根枨，取人肝肺及血，以飴天狗。百姓大懼，二旬而止。」〔註 60〕而
大同五年（539 年）「都下訛言天子取人肝以飴天狗，大小相警，日晚便閉門
持仗，數月乃止。」〔註61〕這兩次事件造成的民間恐慌，一次持續二十餘天，
一次更影響達數月之久。由此可見，訛謠和流言所造成的持續的社會恐慌心
理氛圍的影響是不可小視的。

〔註59〕《宋書》卷 31《五行志》，頁 901～902。
〔註60〕《南史》卷 6《梁武帝紀》，頁 194。
〔註61〕《南史》卷 7《梁武帝紀》，頁 214。

第四章　兩漢魏晉南北朝時期歌謠的傳播

一、斗粟興謠，逾里成誦

　　如前所述，民間歌謠是人民大眾的口頭詩歌，是能歌唱或能吟誦的韻文，是民間口承文學的形式之一。習慣上一般把能歌唱的民間歌謠叫民歌，把能吟誦的叫民謠。歷史上幾乎所有的歌謠都是因人而起、緣事而發，不僅和許多重要的史事相關，而且也包含著相當重要的政治和社會知識，是民眾生活與思想實踐的直接反映，是一種重要的「公眾輿論」，即特定群體在特定社會和歷史條件下的社會心理和感受的產物。但是，歌謠的社會輿論功能，必須通過傳播（spread）才能夠實現。傳播是歌謠實現其輿論功能和社會影響的最主要形式，也是歌謠從作者、傳播者到讀者和受眾之間不可或卻的一環。對古代歌謠的傳播的研究，不僅能夠加深對古代輿論和文化傳播的認識，也能夠使我們對古代歌謠及其社會影響的理解深化。兩漢魏晉南北朝時期是歌謠俗語特別豐富的時代，對這一時期歌謠的傳播進行研究，對中國古代歌謠的傳播研究具有一定的典型意義。

　　歌謠是民間口承文學藝術形式之一，雖然它一般不訴之於文字，但卻能夠以有聲的吟誦或歌唱訴之於人們的聽覺和感觀，給人以非常強烈的印象，又因為其內容所涉及的又多是社會焦點問題，所以往往為大眾所普遍關心。古人說，「斗粟興謠，逾里成誦」，[註1] 歌謠是非常易於在社會上傳播的。對於這一點，古代學者也早就有所認識。比如清人劉毓崧就從訓詁的角度指出：

〔註 1〕　《晉書》卷 39《馮統傳》，頁 1163。

「夫謠與遙同部，凡發於近地者，即可行於遠方。」〔註2〕同時，兩漢魏晉南北朝時期的人們大多生活在動蕩的社會，他們對政治和社會的變動特別敏感，因此能夠成爲歌謠傳播中自覺的主體。與其他社會資訊的傳播方式一樣，兩漢魏晉南北朝歌謠的傳播方式也主要是個體傳播和群體傳播兩類，但這兩類傳播方式又不是可以截然分開的：群體傳播必然包含著個體的行爲，個體傳播是群體傳播的組成部分。同時，即使同屬於個體傳播或群體傳播，其間也存在著不同的方法和途徑。而且任何一首歌謠的傳播方法都不是單一的，所有的歌謠在通過最初的個體傳播而成爲社會文化的一部分後，必然會再以群體傳播或社會傳播的方式向社會進一步輻射和擴散。

美國學者拉斯維爾認爲，一個完整的資訊傳播過程，必須具備五個要素，即傳者、訊息、媒介、受者和效果。〔註3〕作爲公眾輿論和社會資訊的歌謠的傳播，也不能離開這些因素的相互作用。但是，對歌謠的傳播進行研究，不僅要考慮到人的因素，還應該考慮到地域和時間的影響。同時，社會環境和社會心理氛圍也會對歌謠的傳播產生不可忽視的影響。此外，歌謠作爲民間文學，與文人創作的詩辭歌賦等作品在作者與讀者、傳播者和受眾等方面有明顯的區別。其傳播方式也和上述文學作品的傳播有一定差異。只有考慮到上述各個方面的因素，才能對兩漢魏晉南北朝歌謠的傳播情況做出合理的分析。當然，由於篇幅的限制，本文只能對其中的一些重要方面作初步的探討。

需要說明的是，儘管從理論上來講，兩漢魏晉南北朝時期的每一首歌謠都必然有一個從創作到在社會上流布開來的傳播過程，但由於我國古代史家對歌謠的政治功能和社會作用的認識不同，不同史家在著錄歌謠時的側重點和詳略亦有所不同。以正史爲例，在筆者爬梳史料時發現，《史記》、《漢書》和《後漢書》大多對當時有什麼歌謠和童謠以及這些歌謠是針對何人、何事所發的言之甚詳，而對這些歌謠的具體傳播者與傳播過程記載較少，〔註4〕這

〔註2〕 劉毓松《古謠諺》序，見杜文瀾輯《古謠諺》，中華書局，1958年版。
〔註3〕 張國良主編《傳播學原理》，復旦大學出版社，1995年版，頁32。
〔註4〕 比如《史記》卷118《淮南衡山列傳》載，西漢孝文帝十二年，「民有作歌歌淮南厲王曰：『一尺布，尚可縫；一斗粟，尚可舂。兄弟二人不能相容。』上聞之，乃歎曰：『堯舜放逐骨肉，周公殺管蔡，天下稱聖。何者？不以私害公。天下豈以我爲貪淮南王地邪？』」頁3080～3081。又如《漢書》卷97《外戚傳‧高祖呂皇后傳》載：「高祖崩，惠帝立，呂後爲皇太后，乃令永巷囚戚夫人，髡鉗衣赭衣，令舂。戚夫人舂且歌曰：『子爲王，母爲虜，終日舂薄暮，常與死爲伍！相離三千里，當誰使告女？』太后聞之大怒，曰：『乃欲倚女子

點對於探究兩漢時期歌謠的傳播造成了一定困難。因此，本文的研究，在資料的採用上，主要以魏晉南北朝時期的史料為主，而在有關探討中，對一二兩漢時期的典型史料隨文舉證，加以利用。這樣才能庶幾不留遺珠之憾，而克盡典型分析之美。因為如前文所述，歌謠如同新聞等社會資訊的傳播一樣，雖然途徑多端，但卻依然有科學的普遍規律可尋，只要分析的資料足夠豐富和典型，以魏晉南北朝時期的歌謠傳播史料為主，亦可以以管窺豹，揭示兩漢魏晉南北朝時期乃至整個中國古代歌謠的主要傳播途徑和傳播方式。

二、兩漢魏晉南北朝時期歌謠的傳播方式

　　兩漢魏晉南北朝歌謠俗語和中國古代所有的歌謠俗語一樣，其傳播方式主要有個體傳播和群體傳播兩種，但其中每一種都包含著許多具體的傳播方式和途徑。

　　個體傳播主要是單線式的口耳相傳，即人們之間互相告知，從一個人傳向另外一個人，然後不斷循環往復，最後達到在全社會流傳的目的。史籍中有很多這樣的例子，如東漢末年董卓擅權，把持朝政，引起朝臣得不滿，史載：「時，王允與呂布及僕射士孫瑞謀誅卓。有人書『呂』字於布上，負而行於市，歌曰：『布乎！』有告卓者，卓不悟。」〔註5〕在這首歌謠得傳播中，不僅「布乎」的歌謠是由專人〔註6〕在街市上通過歌唱而告知周圍的人們的，而且「有告卓者」的記載也說明這首在民間傳唱的歌謠也是通過口耳相傳告知董卓的。又晉惠帝元康五年（295年）十二月，「有石生於宜年里。晉惠帝永康元年，襄陽郡上言得鳴石，撞之，聲聞七八里。晉惠帝太安元年，丹陽湖熟縣夏架湖有大石浮二百步而登岸。民驚噪相告曰：「石來！」干寶曰：「尋有石冰入建業。」〔註7〕吳孫皓天璽元年，「吳郡臨平湖自漢末穢塞，是時一夕忽開除無草。長老相傳，此湖塞，天下亂；此湖開，天下平。吳尋亡，而

邪？』乃召趙王誅之。」頁3937。在這兩個例證中，雖然都明確記載漢文帝和呂後得聞淮南王歌和戚夫人歌，但卻沒有記載這兩首歌謠是通過何種途徑和方式傳到兩人耳中的。

〔註5〕　《後漢書》卷72《董卓傳》，頁2331。

〔註6〕　《三國志》卷6《魏書・董卓傳》注引《英雄記》說：「時有謠言曰：『千里草，何青青，十日卜，猶不生。』又作董逃之歌。又有道士書布為『呂』字以示卓，卓不知其為呂布也。」頁179。據此則知《後漢書》中於市里歌唱「布乎」歌謠的人是一位道士。

〔註7〕　《宋書》卷31《五行志》，頁926。

九服爲一。」〔註8〕又如南齊時虞願爲晉平太守，在郡不治生產，有善政。時「海邊有越王石，常隱雲霧。（百姓）相傳云『清廉太守乃得見』，願往觀視，清徹無隱蔽。」〔註9〕再如北周保定三年（563年），侯莫陳崇隨宇文邕幸原州，但宇文邕卻突然在某夜返回京師，人們都感覺難以理解。侯莫陳崇對他的親信常升說：「吾昔聞卜筮者言，晉公今年不利。車駕今忽夜還，不過是晉公死耳。」結果「於是眾皆傳之」。有人把這件事泄漏了出來。最後「護遣使將兵就崇宅，逼令自殺。」〔註10〕方才平息了這件事情。上述三個例證中都有「相告」、「相傳」和「眾皆傳之」等明確的字眼，說明這些謠言和資訊的傳播都是靠口耳相傳實現的。

歌謠口耳相傳的例證，有的不是十分明晰。比如《梁書・韋叡傳》載：天監四年（505年），韋叡率梁軍北伐，「叡遣長史王超宗、梁郡太守馮道根攻魏小峴城……叡按行山川，曰：『吾聞『汾水可以灌平陽，絳水可以灌安邑』，即此是也。』」〔註11〕這是韋叡通過別人得知有所謂「汾水可以灌平陽，絳水可以灌安邑」的童謠，並把它告訴了自己身邊的人。這一聞一告，正是歌謠口耳相傳的一個過程。再如《南史・臧質傳》載：「太武自廣陵北返，悉力攻盱眙，就質求酒。質封溲便與之，太武怒甚，築長圍一夜便合。質報太武書云：『爾不聞童謠言邪？虜馬飲江水，佛狸死卯年。……』時魏地童謠曰：『軺車北來如穿雉，不意虜馬飲江水。虜主北歸石濟死，虜欲度江天不徙。』故答書引之。」〔註12〕這是臧質通過書信告訴拓跋燾童謠，以使其知道戰爭形勢。又如《南史・卞彬傳》載：「彬險拔有才，而與物多忤。齊高帝輔政，袁粲、劉彥節、王蘊等皆不同，而沈攸之又稱兵反。粲、蘊雖敗，攸之尚存。彬意猶以高帝事無所成，乃謂帝曰：『比聞謠云『可憐可念屍著服，孝子不在日代哭，列管暫鳴死滅族』。公頗聞不？』……高帝不悅，及彬退，曰：『彬自作此。』」〔註13〕這是卞彬把自己所作的歌謠告訴蕭道成，以表達政治諷喻之意。

除了人們之間互相傳告之外，有的歌謠作者出於一定的考慮不適於直接出面傳播自己的歌謠作品，就採取了題壁的方式來傳播。題壁及其相關的文學傳

〔註8〕　《宋書》卷32《五行志》，頁938。
〔註9〕　《南齊書》卷53《良政傳・虞願傳》，頁917。
〔註10〕　《周書》卷16《侯莫陳崇傳》，頁269。
〔註11〕　《梁書》卷12《韋叡傳》，頁221～222。
〔註12〕　《南史》卷18《臧熹傳附燾子質傳》，頁514～515。
〔註13〕　《南史》卷72《文學傳・卞彬傳》，頁1767。

播形式早在先秦時期就已十分常見，但魏晉南北朝時期文人的題壁之風更爲盛行，題壁的形式也多種多樣。有的題於牆壁、石壁之上，有的則題於樹幹、碑刻之上。比如梁代劉孝綽少有盛名，爲當時著名的文士，「時重其文，每作一篇，朝成暮遍，好事者咸誦傳寫，流聞河朔，亭苑柱壁莫不題之。」〔註14〕北周申徽「性勤敏，凡所居官，案牘無大小，皆親自省覽。以是事無稽滯，吏不得爲奸。後雖歷公卿，此志不懈。出爲襄州刺史。時南方初附，舊俗，官人皆通餉遺。徽性廉愼，乃畫楊震像於寢室以自戒。及代還，人吏送者數十里不絕。徽自以無德於人，慨然懷愧，因賦詩題於清水亭。長幼聞之，競來就讀。遞相謂曰：『此是申使君手迹。』並寫誦之。」〔註15〕劉孝綽和申徽在南北朝時期一爲名士，一爲廉吏，都在民眾中享有一定的聲譽，他們的作品，就是通過題壁的方式廣爲傳播的。這兩個例證不僅說明魏晉南北朝時期文士們題壁之風的盛行，也說明了通過題壁的方式傳播詩歌的效率是很驚人的。正因如此，這種方式也被一些人所借用，成爲他們傳播歌謠和製造輿論的一種重要手段。

三國時期，孫皓遷都武昌，百姓溯流供給，不堪負擔，於是爲童謠說：「寧飲建業水，不食武昌魚。寧還建業死，不止武昌居。」孫皓爲了回應民怨，遣使者祭石印山下妖祠。使者「因以丹書岩曰：『楚九州渚，吳九州都。揚州士，作天子。四世治，太平矣』」〔註16〕以圖欺騙百姓。西晉潘岳才名冠世，但卻爲當權者所疾，遂棲遲十年，郁郁不得志。時山濤、王濟、裴楷等並爲帝所親遇。潘岳心內不滿，於是「乃題閣道爲謠曰：『閣道東，有大牛。王濟鞅，裴楷鞴，和嶠刺促不得休』」，〔註17〕抒發自己的政治憤懣。北齊天保中，陸法和在他家裏的牆壁上題寫了兩首讖詩，一首爲曰：「十年天子爲尚可，百日天子急如火，周年天子疊代坐。」另外一首爲：「一母生三天，兩天共五年。」〔註18〕但卻未敢直接宣示世人，後來牆壁剝落，這兩首讖詩才顯示出來，爲世人所見。

歌謠的個體傳播方式還有呼告和遣人散佈。《晉書・祈嘉傳》載：「祈嘉，字孔賓，酒泉人也。少清貧，好學。年二十餘，夜忽窗中有聲呼曰：『祈孔賓，祈孔賓！隱去來，隱去來！修飾人世，甚苦不可諧。所得未毛銖，所喪如山崖。』旦而逃去，西至敦煌，依學官誦書，貧無衣食，爲書生都養以自給，

〔註14〕　《南史》卷39《劉勉傳附劉孝綽》，頁 1012。
〔註15〕　《周書》卷32《申徽傳》，頁 557。
〔註16〕　《宋書》卷31《五行志》，頁 913。
〔註17〕　《晉書》卷55《潘岳傳》，頁 1502。
〔註18〕　《北史》卷89《藝術傳・陸法和傳》，頁 2945。

遂博通經傳，精究大義。」〔註19〕這是人在夜裏直接對人呼告歌謠。《晉書‧
苻堅載記》說，前秦時期，姚萇圍苻堅於長安。每夜有人在城外大呼說：「楊
定健兒應屬我，宮殿臺觀應坐我，父子同出不共汝。」苻堅根據一本叫做《古
符傳賈錄》的書認爲這是一種歌謠，又因爲此前長安境內流傳謠言說：「堅入
五將山長得。」因此苻堅決定率領一部分人馬出城另謀出路。〔註20〕《晉書》
中記載的這首謠言，即是有人通過在夜裏繞城呼告的方式傳播的。《南史‧張
敬兒傳》則記載了張敬兒讓兒童爲其傳播歌謠的故事：「（敬兒）性好卜術，
信夢尤甚，初征荊州，每見諸將帥，不遑有餘計，唯敍夢云：『未貴時，夢居
村中，社樹欻高數十丈。及在雍州，又夢社樹直上至天。』……又使於鄉里
爲謠言，使小兒輩歌曰：『天子在何處？宅在赤谷口，天子是阿誰？非豬如是
狗。』敬兒家在冠軍，宅前有地名赤谷。既得開府，又望班劍，語人曰：『我
車邊猶少班蘭物。』」〔註21〕《北齊書‧斛律光傳》說，斛律光想要攻打北周
宜陽和汾北等地，北周將軍韋孝寬乃作謠言說「百升飛上天，明月照長安」，
還說「高山不推自崩，槲樹不扶自豎」，並「令間諜漏其文於鄴」，把這首歌
謠傳播到北齊國內，結果斛律光因而被殺。〔註22〕

如果把《周書》和《北齊書》中的有關材料仔細比較、分析一下的話，
我們就能夠從這次事件中發現一首歌謠從創作到傳播再到發生影響的全過
程，很具有典型的意義。

《周書‧韋孝寬傳》記載說，天和五年（570 年），北齊經略汾北，韋
孝寬遂築城守之。「〔北齊〕丞相斛律明月至汾東，請與孝寬相見。明月云：
『宜陽小城，久勞戰爭。今既入彼，欲於汾北取償，幸勿怪也。』孝寬答曰：
『宜陽彼之要衝，汾北我之所棄。我棄彼圖，取償安在？且君輔翼幼主，位
重望隆，理宜調陰陽，撫百姓，焉用極武窮兵，構怨連禍！且滄、瀛大水，
千里無煙，復欲使汾、晉之間，橫屍暴骨？苟貪尋常之地，塗炭疲弊之人，
竊爲君不取。』孝寬參軍曲巖頗知卜筮，謂孝寬曰：『來年，東朝必大相殺
戮。』孝寬因令巖作謠歌曰：『百升飛上天，明月照長安。』百升，斛也。

〔註19〕　《晉書》卷 94《隱逸傳‧祈嘉傳》，頁 2456。
〔註20〕　《晉書》卷 114《苻堅載記》下，頁 2928。
〔註21〕　《南史》卷 45《張敬兒傳》，頁 1138。按史載張敬兒家在冠軍，宅前有地名
　　　　赤穀。始其母臥於田中，夢犬子有角舐之，已而有娠而生敬兒。故初名狗兒。
　　　　又生一子，因狗兒之名，復名豬兒。宋明帝嫌狗兒名鄙，改爲敬兒。
〔註22〕　《北齊書》卷 17《斛律金傳附子光傳》，頁 225。

又言：『高山不摧自崩，槲樹不扶自豎。』令諜人多齎此文，遺之於鄴。祖孝徵既聞，更潤色之，明月竟以此誅。」〔註23〕段材料說明，韋孝寬爲了離間北齊君臣關係，於是乃令部下做謠言，並派間諜傳播於北齊首都鄴城。北齊大臣祖珽對這首謠言又加以潤色，斛律光才被殺。那麼祖珽在這首歌謠傳播中的作用究竟又是怎樣的呢？原來，祖珽和斛律光素有積怨。《北齊書·斛律光傳》說：「(斛律)光入，常在朝堂垂簾而坐。祖珽不知，乘馬過其前。光怒，謂人曰：『此人乃敢爾！』後珽在內省，言聲高慢，光適過，聞之，又怒。珽知光忿，而賂光從奴而問之曰：『相王瞋孝徵耶？』曰：『自公用事，相王每夜抱膝歎曰：『盲人入，國必破矣！』穆提婆求娶光庶女，不許。帝賜提婆晉陽之田，光言於朝曰：『此田，神武帝以來常種禾，飼馬數千匹，以擬寇難，今賜提婆，無乃闕軍務也？』由是祖、穆積怨。」正因如此，當韋孝寬派人散佈的謠言傳到鄴城後，祖珽就立刻抓住機會「因續之曰：『盲眼老公背上下大斧，饒舌老母不得語。』令小兒歌之於路。提婆聞之，以告其母令萱。萱以饒舌斥己也，盲老公，謂珽也，遂相與協謀，以謠言啓帝曰：『斛律累世大將，明月聲震關西，豐樂威行突厥，女爲皇后，男尚公主，謠言甚可畏也。』」〔註24〕這段史料證明，祖珽在得到韋孝寬的歌謠後又做了三件事情：增加潤色詞句，加強歌謠的針對性；讓兒童在道路歌唱，形成童謠的輿論效果；把這首童謠告訴皇帝，發揮歌謠的政治作用。但是直接把這首歌謠告訴皇帝的並不是祖珽，而是鄭道蓋，但祖珽的作用卻十分微妙：「(祖珽)令其妻兄鄭道蓋奏之。帝問珽，珽證實。又說謠云：『高山崩，槲樹舉，盲老翁背上下大斧，多事老母不得語。』珽並云『盲老翁是臣』，云與國同憂戚，勸上行，語『其多事老母，似道女侍中陸氏』。」〔註25〕斛律光最終因這首歌謠而被殺。

　　把上述資料綜合起來，一首歌謠的完整的創作和傳播過程就清楚地呈現出來了：(背景) 斛律光計劃進攻北周→(起源) 韋孝寬製造謠言→(傳播) 派間諜傳播到鄴城→祖珽增益和潤色→讓兒童歌之於路，謠言成爲童謠→祖珽妻兄奏知皇帝→(解讀) 祖珽進而解釋→(影響和效果) 斛律光被殺。當然，由於史料的不足和歌謠眾口流傳的特性，我們不能夠爲每首歌謠都找出

〔註23〕　《周書》卷31《韋孝寬傳》，頁539～540。
〔註24〕　《北齊書》卷17《斛律金傳附子光傳》，頁225。
〔註25〕　《北齊書》卷39《祖珽傳》，頁519。

如此清晰和完整的傳播過程，但大體上歌謠的個體傳播都要通過這樣的途徑和方式，衹是中間的某些環節略有差別而已。

當然，歌謠的傳播並不總是由個人完成的，大多數歌謠在社會上的傳播主要還是依靠群體的力量來完成的。歌謠的群體傳播是是與它們易於傳唱的特點分不開的。由於歌謠具有音樂性，能夠以有聲的吟誦和婉轉的旋律感染人的心靈，特別容易為民眾所接受和在社會上流傳。即使是魏晉時期的雅歌古辭，也大多是「漢世街陌謠謳」，〔註26〕曾經為民眾於巷里道路上所吟唱，更何況是源自民間的歌謠呢？所以歌唱也是歌謠傳播的基本形式。我們可以舉出一些這樣的例證。

《後漢書》記載說：「汝南太守宗資任功曹范滂，南陽太守成瑨亦委功曹岑晊，二郡又為謠曰：『汝南太守范孟博，南陽宗資主畫諾。南陽太守岑公孝，弘農成瑨但坐嘯。』因此流言轉入太學，諸生三萬餘人，郭林宗、賈偉節為其冠，並與李膺、陳蕃、王暢更相褒重。學中語曰：『天下模楷李元禮，不畏強禦陳仲舉，天下俊秀王叔茂。』又渤海公族進階、扶風魏齊卿，並危言深論，不隱豪強。自公卿以下，莫不畏其貶議，屣履到門。」〔註27〕文中所引的二郡之謠就是通過民眾的集體傳播而流入太學的，同時，太學裏的學生受此歌謠的激勵和鼓舞而做的臧否當政人物的歌謠也是由群體創作和傳播的。除此以外，南北朝時期也不乏歌謠群體傳播的例證。比如，北魏將軍楊華，「少有勇力，容貌雄偉，魏胡太后逼通之，華懼及禍，乃率其部曲來降。」結果胡太后追思之不已，於是作《楊白華歌辭》，「使宮人晝夜連臂蹋足歌之，辭甚淒惋焉。」〔註28〕又據《宋書‧樂志》記載，流傳於民間的《阿子》、《歡聞哥》、《團扇哥》、《督護哥》和《懊憹哥》等歌謠，都是在民間廣泛流傳的歌謠：「《阿子》及《歡聞哥》者，晉穆帝升平初，哥畢輒呼『阿子！汝聞不？』……後人演其聲，以為二曲。《團扇哥》者，晉中書令王珉與嫂婢有情，愛好甚篤，嫂捶撻婢過苦，婢素善哥，而珉好捉白團扇，故制此哥。《督護哥》者，彭城內史徐逵之為魯軌所殺，宋高祖使府內直督護丁旿收斂殯埋之。逵之妻，高祖長女也，呼旿至閤下，自問斂送之事，每問，輒歎息曰：『丁督護！』其聲

〔註26〕《晉書》卷23《樂志》，頁716。按《文選‧西都賦》李善注引說文曰：「謳，齊歌也。」頁29。

〔註27〕《後漢書》卷67《黨錮列傳‧序》，頁2186。

〔註28〕《梁書》卷39《王神念傳附楊華傳》，頁556。

哀切，後人因其聲，廣其曲焉。《懊憹哥》者，晉隆安初，民間謳謠之曲。……《讀曲哥》者，民間爲彭城王義康所作也。其哥云『死罪劉領軍，誤殺劉第四』是也。凡此諸曲，始皆徒哥，既而被之弦管。又有因弦管金石，造哥以被之」。〔註29〕這些歌謠最初正是通過民間傳播，才得以廣泛流傳，並被「被之弦管」，最終上陞爲雅樂。

　　歌謠的傳唱情形大體上是這樣的：或者一人歌之於當路，或一人歌之而眾人和之，最後再在社會上散播開來。如《宋書·五行志》記載：「晉海西時，庾晞四五年中，喜爲輓歌，自搖大鈴爲唱，使左右齊和。又燕會，輒令倡妓作新安人歌舞離別之辭，其聲悲切。」〔註30〕不僅民歌是通過歌唱來傳誦的，童謠也是這樣。如北齊河清末年，「遊童戲者好以兩手持繩，拂地而卻上，跳且唱曰『高末』，高末之言，蓋高氏運祚之末也。」〔註31〕又東晉桓玄時，「朱雀門下，忽有兩小兒，通身如墨，相和作《芒籠歌》，路邊小兒從而和之數十人。歌云：『芒籠茵，繩縛腹。車無軸，倚孤木』聲甚哀楚，聽者忘歸。日既夕，二小兒還入建康縣。」〔註32〕又如北魏咸陽王元禧因遭猜忌而被賜死私第，其宮人歌曰：「可憐咸陽王，奈何作事誤。金床玉幾不能眠，夜蹋霜與露。洛水湛湛彌岸長，行人那得渡？」「其歌遂流至江表，北人在南者，雖富貴，弦管奏之，莫不灑泣。」〔註33〕這是歌謠因傳唱而遠播異國他鄉。還有的歌謠則是在宴會和民間聚會舞蹈中以伴歌的形式流傳。《樂府詩集·舞曲歌辭序》說：「自漢以後，樂舞浸盛。故有雅舞，有雜舞。雅舞用之郊廟、朝饗，雜舞用之宴會。晉傅玄又有十餘小曲，名爲舞曲。……前世樂飲酒酣，必自起舞。詩云「屢舞仙仙」是也。故知宴樂必舞。」〔註34〕而有舞又必有歌，如《晉書·五行志》記載說：「太康中，天下爲《晉世寧》之舞，手接杯盤而反覆之，歌曰『晉世寧，舞杯盤』。」〔註35〕前引《楊白華歌辭》，也是胡太后通過讓「宮人晝夜連臂蹋足歌之」的傳唱形式傳播的。

〔註29〕《宋書》卷19《樂志》，頁549～550。
〔註30〕《宋書》卷31《五行志》，頁902～903。
〔註31〕《北齊書》卷8《後主紀》，頁114。
〔註32〕《太平廣記》卷368《精怪一》，出《續齊諧記》。中華書局，1961年版，頁2926。
〔註33〕《魏書》卷21《獻文六王傳·咸陽王禧傳》，頁539。
〔註34〕《樂府詩集》卷52《舞曲歌辭》序，頁753。
〔註35〕《晉書》卷27《五行志》上，頁824。

三、兩漢魏晉南北朝時期與歌謠傳播有關的幾個直接因素

　　兩漢魏晉南北朝時期產生的歌謠之多，歌謠傳播的方法和途徑之豐富，傳播範圍之廣闊，都是前代所無法比擬的。這種情況的出現有著複雜的原因，這裡僅就兩漢魏晉南北朝時期的社會風尚與歌謠傳播的關係做一些探討。

　　首先，兩漢魏晉南北朝時期的歌舞風尚是這一時期歌謠產生和傳播的重要社會和文化背景。自漢代以來，歌舞之風，盛行於世，街陌謳謠，傳於眾口。「樂府之興，肇於漢魏」，〔註36〕自晉宋以來，則臻於其極。史載劉宋高祖時期「區宇宴安，方內無事，三十年間，氓庶蕃息，奉上供徭，止於歲賦，晨出莫歸，自事而已。……而民有所繫，吏無苟得。家給人足，即事雖難，轉死溝渠，於時可免。凡百戶之鄉，有市之邑，歌謠舞蹈，觸處成群，蓋宋世之極盛也。」〔註37〕南齊時期情況也差不多：「永明之世十許年中，百姓無雞鳴犬吠之警，都邑之盛，士女富逸，歌聲舞節，袨服華妝，桃花綠水之間，秋月春風之下，蓋以百數。」〔註38〕

　　其次，漢魏以來民間對時尚追逐和模倣的風氣，也對歌謠的傳播起到推波助瀾的作用。漢魏以來，百姓對社會時尚的愛好和模倣，使得盛行於一時一地的風尚會很快流傳開來。民諺說：「吳王好劍客，百姓多創瘢；楚王好細腰，宮中多餓死」，還說：「城中好高髻，四方高一尺；城中好廣眉，四方且半額；城中好大袖，四方全匹帛。」〔註39〕這都足以說明普通百姓對社會時尚模倣的風氣。劉宋侍中周朗曾經形容過南朝時這種風氣發展的程度。他說：「車馬不辨貴賤，視冠服不知尊卑。尙方今造一物，小民明已睥睨。宮中朝製一衣，庶家晚已裁學。」〔註40〕這種風氣有例爲證：南齊武帝蕭賾永明年間，「百姓忽著破後帽，始自建業，流於四遠，貴賤翕然服之。」〔註41〕又北周時期，大將獨孤信「風度弘雅，有奇謀大略。……既爲百姓所懷，聲振鄰國。……信在秦州，嘗因獵日暮，馳馬入城，其帽微側。詰旦，而吏民有戴帽者，咸慕信而側帽焉。」〔註42〕這種對時尚的模倣，和歌謠的傳播有異曲

〔註36〕唐・吳兢《樂府古題要解》序。上海博古齋據明汲古閣本影印學津討原本。
〔註37〕《宋書》卷92《良吏傳・序》，頁2261。
〔註38〕《南齊書》卷53《良政傳・序》，頁913。
〔註39〕《後漢書》卷24《馬援傳附子廖傳》，頁853。
〔註40〕《宋書》卷82《周朗傳附兄嶠傳》，頁2098。
〔註41〕《南史》卷5《齊廢帝郁林王紀》，頁138。
〔註42〕《周書》卷16《獨孤信傳》，頁267。

同工之處。因爲魏晉以來民間盛行的歌舞之風和不斷湧現的新歌謠曲，無疑也會成爲民間競相學唱的對象。

再次，民眾之間的互相煽動，也是歌謠訛言在民間得以傳播的重要原因。《太平廣記》中說：「猶以流俗小人，好傳浮僞之事」，〔註43〕這並不是沒有根據的。《晉書・張昌傳》記載，張昌起義時爲了製造輿論乃「造妖言云：『當有聖人出。』山都縣吏丘沈遇於江夏，昌名之爲聖人，盛車服出迎之，立爲天子，置百官。……又流訛言云：『江淮已南當圖反逆，官軍大起，悉誅討之。』群小互相扇動，人情惶懼，江沔間一時焱起，豎牙旗，鳴鼓角，以應昌，旬月之間，眾至三萬，皆以絳科頭，㩉之以毛。江夏、義陽士庶莫不從之」。張昌製造的謠言、瑞應之所以得到廣泛傳播和回應，雖然和他們自己的努力傳播有直接的關係，但是民間百姓的「互相煽動」也是分不開的。

在百姓煽動流傳歌謠訛言的過程中，歌謠的迅速傳播往往也和民間的緊張、恐懼的社會心理氛圍是有密切關係的。前引《宋書・五行志》所記載的東晉元帝太興四年（321年）吳郡民訛言大蟲齧人和晉元帝永昌元年（322）京邑民忽訛言寧州人大食人家小兒及王敦屯據姑熟威逼京師時百姓訛言行蟲病事件，就是這種社會心理的集中反映和典型例證。民心驚擾，故謠言宜作，因此《宋書》在記載了著三件民間訛謠事件後說：「及錢鳳、沈充等逆兵四合，而爲王師所挫，逾月而不能濟。北中郎將劉遐及淮陵內史蘇峻率淮、泗之眾以救朝廷，故其謠言首作於淮、泗也。」〔註44〕可見，連年的政治動蕩、訛言流傳和百姓的恐懼相互交織，幾乎打破了人們的心理承受底線，再加上有心者的煽動和無知者的傳播，自然爲歌謠的傳播提供了一定的社會條件。

總之，兩漢魏晉南北朝時期的歌謠俗語，雖然大多數在今天都難以考證其傳播的過程和源流，但是，它們在當時應該都是具有特定的傳播群體和傳播途徑的。通過以上的分析可以看出，大體而言，兩漢魏晉南北朝時期歌謠俗語的傳播主要是通過個體傳播和群體傳播來實現的，其具體的形式則有口耳相傳、題壁、歌誦傳唱和呼告等多種。同時，魏晉南北朝時期民間盛行的歌舞之風等社會文化和心理氛圍也都在一定程度上促進了歌謠的傳播。

〔註43〕《太平廣記》卷61《女仙・成公智瓊》引張茂先《神女賦》，頁380。
〔註44〕《宋書》卷31《五行志》，頁902。

第五章　兩漢魏晉南北朝時期歌謠風議與官民互動

一、從先秦采詩之官到兩漢魏晉南北朝的風俗巡使制度

（一）歌謠與先秦時期的采詩之官

　　如前所述，我國古代歷代王朝的統治者都非常重視歌謠的公眾輿論作用，從先秦到兩漢魏晉南北朝時期莫不如此。事實上，早在先秦時期，歌謠就被看作是反映民心民情的重要的社會文化形式。正因如此，歌謠也就成為先秦時期常見的采詩觀民風的主要對象。

　　在所有和文化有關的職業中，先秦時期的采詩官可以稱得上是中國最古老，同時也是最具有文化色彩的一種。早在遙遠的周代，他們的身影就已經出現在了周王朝的統治區域。後世給他們一個共同的名字叫做「風人」。《辭源》「風人」條說：「古有采詩之官，采四方風俗以觀民風，故謂所采詩為風，采詩者為風人。」並舉例證說：「三國魏曹植曹子建集八《求通親親表》：『是以雍雍穆穆，風人詠之。』南朝劉勰《文心雕龍》二《明詩》：『自王澤殄竭，風人輟采。』」〔註1〕采詩觀風是先秦時期具有悠久歷史的一種制度。雖然現

〔註1〕　《辭源》，商務印書館，1988 年版，頁 1853。關於風人之名，史書中多有記載，但都不如唐代詩人白居易說得顯豁和明白。《舊唐書》卷 166《白居易傳》載白居易與元稹書云：「聞『元首明、股肱良』之歌，則知虞道昌矣；聞五子洛汭之歌，則知夏政荒矣。言者無罪，聞者作誡，言者聞者，莫不兩盡其心焉。洎周衰秦興，採詩官廢，上不以詩補察時政，下不以歌泄導人情。用至於諂成之風動，救失之道缺。于時六義始刓矣。《國風》變為《騷辭》，五言始於蘇、李。

在我們已經無法確切考證出這種制度的起源，但它至少在周代曾經存在過是可以肯定的。《禮記・王制》曾經記載天子巡守，「命大師陳詩，以觀民風。」〔註2〕其後的史籍，對采詩觀風制度則有更具體的記載。《漢書・食貨志》說：「孟春之月，群居者將散，行人振木鐸徇於路，以采詩，獻之大師，比其音律，以聞於天子。」顏師古注說：「行人，遒人也，主號令之官。鐸，大鈴也，以木爲舌，謂之木鐸。徇，巡也。采詩，採取怨刺之詩也。」〔註3〕《隋書・經籍志》也說：「古者聖人在上，史爲書，瞽爲詩，工誦箴諫，大夫規誨，士傳言而庶人謗。孟春，徇木鐸以求歌謠，巡省觀人詩，以知風俗。過則正之，失則改之，道聽途說，靡不畢紀。」〔註4〕這些史料所說的就是先秦時期采詩觀風的制度。據這些文獻記載可知，風人或謂采詩之官，是官府派出的採察民間歌謠的專職官吏，他們每年在一定的時間之內深入民間，瞭解社會各個階層的思想狀況和輿論動向，記載民眾所創作和吟誦的關係民生和民情的歌謠，然後將這些歌謠進呈給太師，再由太師將其獻給帝王，供其參考，以瞭解社會動態，民心變化等。事實上，今天已經成爲我國古代文學經典的《詩經》，其中的《國風》，就曾經是周代各邦國民眾所吟唱的民歌。〔註5〕我們今天之所以還能夠看到它們，就是和采詩官的勞動分不開的。而據《漢書・禮樂志》記載，漢武帝時又在一定程度上恢復了這種採察民間歌謠的做法：「至武帝定郊祀之禮，祠太一於甘泉，……乃立樂府，采詩夜誦，有趙、代、秦、楚之謳。」關於這段史料，顏師古則做了具體的解釋：「采詩，依古遒人徇路，採取百姓謳謠，以知政教得失也。」〔註6〕先秦時期的統治者之所以如此重視

《詩》、《騷》皆不遇者，各繫其志，發而爲文。故河梁之句，止於傷別；澤畔之吟，歸于怨思。彷徨抑鬱，不暇及他耳。然去《詩》未遠，梗概尚存。故興離別則引雙鳧一雁爲喻，諷君子小人則引香草惡鳥爲比。雖義類不具，猶得風人之什二三焉。」（又見《全唐文》卷675白居易《與元九書》。）

〔註2〕　《十三經註疏》，頁1328。
〔註3〕　《漢書》卷24《食貨志》，頁1123。按僞古文《尚書》之《夏書・胤征》篇亦云：「每歲孟春，遒人以木鐸徇於路，官師相規，工執藝事以諫」。但孔穎達解釋說：「每歲孟春，遒人之官以木鐸徇於道路，以號令臣下，使在官之眾更相規闕；百工雖賤，令執其藝能之事以諫上之失常。」頁157。似乎和搜集民間歌謠無涉。
〔註4〕　《隋書》卷34《經籍志》，中華書局，1973年版，頁1012。
〔註5〕　《毛詩正義》卷一《國風・周南・關雎》孔穎達疏云：「國風者，國是風化之界，詩以當國爲別，故謂之國風。」（《十三經註疏》，頁269。）
〔註6〕　《漢書》卷22《禮樂志》，頁1045。

民間歌謠，主要還是意識到歌謠在社會和政治中的重要作用。這正如《隋書·文學傳序》所說：「上所以敷德教於下，下所以達情志於上，大則經緯天地，作訓垂範，次則風謠歌頌，匡主和民。或離讒放逐之臣，途窮後門之士，道轗軻而未遇，志鬱抑而不申，憤激委約之中，飛文魏闕之下，奮迅泥滓，自致青雲，振沈溺於一朝，流風聲於千載，往往而有。是以凡百君子，莫不用心焉。」〔註7〕清人曹一士也曾經對古代采詩觀風的目的做了一個很恰當的概括：「古者太史采詩以觀民風，藉以知列邦政治之得失、風俗之美惡，即《虞書》在治忽以出納五言之意，使下情之上達也。」〔註8〕從這些資料中可以看出兩點：其一，采詩觀風的詩主要是指「百姓謳謠」，即是民間歌謠；其二，采詩的目的是爲使下情上達，通過「觀民風」而「以知政教得失」。

　　采詩觀風的「風」是指風俗。民間歌謠之所以能夠成爲社會風俗的重要內容，是和歌謠的輿論影響和教化作用分不開的。《詩經·毛詩序》說：「風，風也，教也，風以動之，教以化之。」又說：「故詩有六義焉：一曰風，……上以風化下，下以風刺上，主文而譎諫，言之者無罪，聞之者足以戒，故曰風。」〔註9〕而歌謠之所以能夠使「聞之者足以戒」，乃是因爲它們寄託了民眾的情感和意願，大多是民眾心聲及其社會境況的反映。這也正如《詩經·毛詩序》所說：「情發於聲，聲成文謂之音，治世之音安以樂，其政和；亂世之音怨以怒，其政乖；亡國之音哀以思，其民困。故正得失，動天地，感鬼神，莫近於詩。」〔註10〕事實上，歷史上的民間歌謠也的確可以作爲民心、民情和社會風俗的鏡鑒。在我國古代，已經有學者認爲歌謠是社會風俗的產物，如漢代學者應劭就說：「風者，天氣有寒暖，地形有險易，水泉有美惡，草木有剛柔也。俗者，含血之類，象之而生，故言語歌謳異聲，鼓舞動作殊形，或直或邪，或善或謠也。」〔註11〕《漢書·五行志》有「天子省風以作樂」之說，應劭解釋說：「風，土地風俗也。」〔註12〕正因如此，民間歌謠有時還被稱爲謠俗和風謠。《漢書·韓延壽傳》記載說，韓延壽爲淮陽太守，治潁川。潁川多豪強，故民多怨仇。「延壽欲更改之，教以禮讓，恐百姓不從，

〔註7〕　《隋書》卷76《文學傳序》，頁1729。
〔註8〕　《清史稿》卷306《曹一士傳》，中華書局，1976年版，頁10526。
〔註9〕　《十三經註疏》，頁269。
〔註10〕　《十三經註疏》，頁271。
〔註11〕　〔漢〕應劭《風俗通義》，《漢魏叢書》，頁637。
〔註12〕　《漢書》卷27《五行志》下之上，頁1448。

乃歷召郡中長老爲鄉里所信向者數十人，設酒具食，親與相對，接以禮意，人人問以謠俗，民所疾苦」。顏師古解釋說：「謠俗謂閭里歌謠，政教善惡也。」〔註13〕《後漢書‧羊續傳》記載說，中平三年（186 年），羊續任南陽太守，上任伊始，羊續「當入郡界，乃贏服間行，侍童子一人，觀歷縣邑，采問風謠，然後乃進。」〔註14〕

先秦時期的采詩風人，在秦代就已經不見於史籍的記載了，後世帝王瞭解民間歌謠的方式和途徑，則有另外的制度性舉措。這就是兩漢時期的繡衣直指和魏晉南北朝時期的風俗巡使制度。但是無論如何，先秦時期的采詩之官的設置，都可以看作是後世相似制度和做法的濫觴。

（二）漢魏時期繡衣直指和風聞奏事關係略論

魏晉南北朝時期，御史有根據風聞彈劾官員的權力，這就是學者們所稱的御史風聞奏事制度。這種制度經過古今許多學者的研究，其性質和大體情況已經比較明晰。比如周一良先生就認爲，御史風聞彈事之源，當即漢代所謂以謠言奏劾之類，周先生並根據《通典》的說法，認爲自唐代開元之後，即罕有風聞彈舉之事。〔註15〕周天借鑒了周一良先生的研究成果，認爲「南北朝的御史風聞奏事，源於漢代的『三公謠言奏事』，東漢三公府掾及公卿均可以根據傳聞劾奏刺史二千石官僚，稱爲『謠言奏事』，至南北朝乃成爲御史的特殊權力。」〔註16〕而且認爲御史風聞奏事並不僅僅都是依據風聞，有的是由御史臺自行核實後方才奏劾的。並認爲南北朝時期開始的御史風聞奏事，在此後的封建社會中，一直保持了下去。上述觀點對研究魏晉南北朝時期的風聞奏事制度無疑都很有啓發意義。但在風聞奏事的起源、風聞奏事與謠言奏事以及與魏晉南北朝時期風俗巡使的關係方面仍然還有許多未發之覆需要進一步的研究和探討，另外，即使是上面所引述的成說，也存在著不少值得商榷之處。下面筆者就略陳管見，談談自己的幾點認識。

關於風聞奏事的起源，宋人洪邁在《容齋四筆》卷十一「御史風聞」條中說：「御史許風聞奏事，相承有此言，而不究所從來。以予考之，蓋自晉宋

〔註13〕《漢書》卷 76《韓延壽傳》，頁 3210～3211。

〔註14〕《後漢書》卷 31《羊續傳》，中華書局，1965 年版，頁 1110。

〔註15〕周一良《魏晉南北朝史箚記》，中華書局，1985 年版，頁 273～274。

〔註16〕周天《御史「風聞奏事」──中國古代權力制約史事談之十五》，《檢察日報》，2003 年 3 月 28 日。

以下如此」。〔註17〕並沒有把漢代的三公謠言奏事看作是御史風聞奏事制度的起源，而認爲這種制度的起源不易確認。杜佑在《通典・職官典》中對御史風聞奏事制度給了一個簡要的解釋：「御史爲風霜之任，彈糾不法，百僚震恐，官之雄峻，莫之比焉。舊制，但聞風彈事，提綱而已。其鞫案禁繫，則委之大理」。注云：「舊例，御史臺不受訴訟，有通辭狀者，立於臺門，候御史，御史徑往門外收採。知可彈者略其姓名，皆云：『風聞訪知』。」〔註18〕但杜佑無論是在《通典》正文還是在注釋中，都沒有明言御史「風聞奏事」起於何時，祇是籠統地說是「舊制」或「舊例」。可見古代學者對這個問題是沒有確切的結論的。但是，通過梳理史料，這個問題卻又不是不能考證清楚的。

　　《魏書・高道穆傳》記載御史中尉〔註19〕高道穆上疏莊帝說：「竊見御史出使，悉受風聞，雖時獲罪人，亦不無枉濫。何者？得堯之罰，不能不怨。守令爲政，容有愛憎。奸猾之徒，恒思報惡，多有妄造無名，共相誣謗。御史一經檢究，恥於不成，杖木之下，以虛爲實，無罪不能自雪者，豈可勝道哉。臣雖愚短，守不假器，繡衣所指，冀以清肅。若仍踵前失，或傷善人，則屍祿之責，無所逃罪。所以夙夜爲憂，思有悛革。如臣鄙見，請依太和故事，還置司直十人，名隸廷尉，秩以五品，選歷官有稱，心平性正者爲之。御史若出糾劾，即移廷尉，令知人數。廷尉遣司直與御史俱發，所到州郡，分居別館。御史檢了，移付司直覆問，事訖與御史俱還。中尉彈聞，廷尉科按，一如舊式。庶使獄成罪定，無復稽寬。爲惡取敗，不得稱枉。」〔註20〕在這份奏疏中，高道穆作爲御史臺長官，談論的是御史風聞奏事的弊端和改進的方法。這段材料有四處值得注意的地方，其一，北魏的御史擁有風聞奏事的權力，即所謂「中尉彈聞，……一如舊式」；其二，北魏的御史並非如《通典》所說僅僅是在御史臺內聽取風聞，而且還會經常出使州郡，收采風聞，即「御史出使，悉受風聞」；其三，御史出巡，其權力應該受到限制，與廷尉司直分別負責檢察和審理；其四，也是最爲重要的一點，就是高道穆把北魏

〔註17〕　〔宋〕洪邁著《容齋隨筆》，上海古籍出版社，1996 年版，頁 747～748。
〔註18〕　〔唐〕杜佑著《通典》，中華書局，1988 年版，頁 659～660。
〔註19〕　北魏的御史中尉即御史臺的最高長官，相當於南朝的御史中丞，其職責爲督司百僚，同時也參與機要，擁有選用御史的權力。參閱《通典》卷 24《職官六》（中華書局，1988 年版，頁 665。）、《魏書》卷 77《高道穆傳》和北魏時期的《侯剛墓誌》（見趙超《漢魏南北朝墓誌彙編》，天津古籍出版社，1992年版，頁 220）。
〔註20〕　《魏書》卷 77《高崇傳附子道穆傳》。頁 1717～1718。

的御史出巡與漢代的繡衣直指等同起來，所謂「繡衣所指，冀以清肅」，就說明了這種情況。《高道穆傳》中還有一段材料可以清楚地證明這一點：起初，御史中尉元匡負責選任御史，由於對御史職權的清楚認識和自己一貫的理想，高道穆非常希望能夠得到這個職位。於是他就給元匡寫了一封奏記，說自己「若得身隸繡衣，名充直指，雖謝周生騎上之敏，實有茅氏就鑊之心」。元匡得書後大喜說：「吾久知其人，適欲召之。」於是遂選用高道穆爲御史。在這條材料中，高道穆也把御史指稱爲繡衣直指。總之，高道穆認爲，北魏時期的御史風聞奏事，就是古代的繡衣直指的糾察不法。

《漢書‧百官公卿表》說：「御史大夫，秦官，位上卿，銀印青綬，掌副丞相。有兩丞，秩千石。一曰中丞，在殿中蘭臺，掌圖籍秘書，外督部刺史，內領侍御史員十五人，受公卿奏事，舉劾按章。成帝綏和元年（西元前 8 年）更名大司空，金印紫綬，祿比丞相，置長史如中丞，官職如故。哀帝建平二年（西元前 5 年）復爲御史大夫，元壽二年（西元前 1 年）復爲大司空，御史中丞更名御史長史。侍御史有繡衣直指，出討奸猾，治大獄，武帝所製，不常置。」〔註 21〕可見，西漢時期的繡衣直指正是由侍御史擔任，他們也負有外出糾察不法官吏的職責。從這條史料來看，兩漢時期的侍御史擁有「受公卿奏事，舉劾按章」的權力，雖然沒有明確說明他們有風聞奏事的權力，但這應該是其權力中應有的內容。繡衣直指雖然是侍御史中比較特殊的一類，主要職責是銜王命出討奸猾、糾察不法，但作爲侍御史中的一類，他們也應該同時擁有風聞奏事的權力。如漢武帝時期的江充「拜爲直指繡衣使者，督三輔盜賊，禁察逾侈。貴戚近臣多奢僭，充皆舉劾，……於是貴戚子弟惶恐，皆見上叩頭求哀，願得入錢贖罪。」〔註 22〕由於繡衣直指得到帝王的專寵，〔註 23〕所以一般權力很大，不僅能夠在朝中彈劾百官，還擁有「出討奸猾，理大獄」，甚至「所至專行誅賞」〔註 24〕的權力。如西漢末年，王莽令「中郎將、繡衣執法各五十五人，分填緣邊大郡，督大奸猾擅弄兵者。」〔註 25〕

〔註 21〕 《漢書》卷 21《百官公卿表》，頁 725～726。

〔註 22〕 《漢書》卷 45《江充傳》。頁 2177。

〔註 23〕 《後漢書》卷 14《宗室四王三侯傳‧齊武王演傳》注曰：「繡衣御史，武帝置，衣繡者，尊寵之也。」，頁 552。又《後漢書》卷 70《孔融傳》注雲「直指，無屈撓也。」頁 2265。

〔註 24〕 《後漢書》卷 81《獨行傳‧譙玄傳》注 1，中華書局，1964 年版，頁 2667。

〔註 25〕 《漢書》卷 99《王莽傳》中，頁 4125。

　　漢代的「三公謠言奏事」制度，據《後漢書・范滂傳》注引《漢官儀》
所載大體情形是這樣的：「三公聽採長史臧否，人所疾苦，還條奏之，是爲舉
謠言也。頃者舉謠言，掾屬令史都會殿上，主者大言。州郡行狀云何，善者
同聲稱之，不善者默爾銜枚。」〔註26〕由此我們可以得知漢代三公謠言奏事
制度的基本程式，即三公聽長史奏謠言→令史集會殿議→根據謠言決定郡縣
官吏的評陟。如果僅從三公採長史舉謠言這點來看，這很近似於先秦時期的
采詩之官的情況。但是，這條史料並沒有對三公長史的謠言來源途徑做出必
要的說明，而三公謠言奏事的全部程式和先秦采詩之官的派專人去民間收採
歌謠，謠言上報三公，三公再奏報天子，最後由天子決斷的程式和做法也有
很大的不同。因此，我們只能說「三公謠言奏事」有先秦采詩制度的某些影
子和淵源，而很難僅憑這條史料就認定漢代的「三公謠言奏事」制度與先秦
時期的采詩之官存在著明確的傳承關係。

　　周一良先生指出南北朝時期的御史風聞奏事，源於漢代的「三公謠言奏
事」，是具有豐富的史實依據的，其看法也很具有啟發意義。察《辭源》對於
「謠言」的解釋，即有一義爲：「沒有事實根據的傳聞」和譭謗。〔註27〕這已
經很近於「風聞」的意思了。但一則漢代負責風聞奏事的御史中丞本身在兩
漢時期並不屬於三公，〔註28〕二則在我國古代「謠言」還有他義，所以筆者

〔註26〕《後漢書》卷67《黨錮傳・范滂傳》注，頁2204。
〔註27〕《辭源》「謠言」、「謠諑」條，商務印書館，1988年版，頁1583。
〔註28〕關於漢代三公設置的情況，《通典》卷19《職官典・歷代職官總序・三公》說：
　　　　「周以太師、太傅、太保曰三公。漢以丞相、大司馬、御史大夫爲三公。後
　　　　漢又以太尉、司徒、司空爲三公。魏、晉、宋、齊、梁、陳、後魏、北齊皆
　　　　以太尉、司徒、司空爲三公。」頁488～489。按這只是籠統的說法，質之史
　　　　實，則並不完全準確，如御史大夫和大司空的名稱在西漢成帝和哀帝時不斷
　　　　反復，而漢代正式而明確地以丞相、大司馬、御史大夫爲三公的時間則在哀
　　　　帝時期（《漢書・哀帝紀》載，元壽二年五月，始「正三公官公職。大司馬衛
　　　　將軍董賢爲大司馬，丞相孔光爲大司徒，御史大夫彭宣爲大司空，封長平侯。」
　　　　頁344。），因此，兩漢魏晉南北朝時期三公的設置情況應以《初學記》卷11
　　　　《職官部》的說法爲更準確一些：「《禮記》云：三公無官，言有其人然後充
　　　　之，無其人則缺。（周武王時，齊太公爲太師；成王時，周公爲太傅，召公爲
　　　　太保。）秦漢之際，並無其官，至高後唯置太傅。（王陵爲太傅。）漢末以大
　　　　司馬、大司徒、大司空爲三公。……東漢已後，皆以太尉、司徒、司空爲三
　　　　公，（太尉與大司馬恒不兩置，歷代或以太尉或以大司馬爲三公。）師、傅、
　　　　保常曰上公。」頁251。不過，在西漢時期，也有以御史大夫爲三公之一的看
　　　　法。如漢景帝時期晁錯上削藩之議而導致七國之亂，景帝被迫誅晁錯以謝諸
　　　　王，針對這件事情，枚乘在《上書重諫吳王》中說「今漢親誅其三公，以謝

對周先生的推斷也並不能夠完全同意。案《辭源》「謠言」條下的第一個釋義即是「民間流傳評議時政的歌謠、諺語」，並舉例說明：「後漢書五七劉陶傳：『光和五年（182 年），詔公卿以謠言舉刺史、二千石爲民蠹害者』。」可見，漢代的三公謠言奏事所指的謠言，說的主要是歌謠，而與魏晉南北朝時期御史奏事所依據的風聞還存在著一定差異。這可以由很多例證證明，如南朝蕭梁時期，治書侍御史虞嚼以風聞彈劾伏暅的奏疏中就曾經說：「風聞豫章內史伏暅，去歲啓假，以迎妹喪爲解，因停會稽不去。入東之始，貨宅賣車。以此而推，則是本無還意。暅歷典二邦，少免貪濁，此自爲政之本，豈得稱功。……不忠不敬，於斯已及。請以暅大不敬論。」〔註29〕陳代徐陵爲東宮學士，「稍遷尚書度支郎。出爲上虞令，御史中丞劉孝儀與陵先有隙，風聞劾陵在縣贓汙，因坐免。」〔註30〕北魏肅宗時，賈思伯被徵爲給事黃門侍郎，「因請拜掃，還鄉里。未拜，以風聞免。」〔註31〕以上三個例證可以說明，魏晉南北朝時期的御史風聞奏事，所依據的風聞一般祇是指被彈劾人的劣迹和罪狀，而不是本文所研討的歌謠和諺語。〔註32〕

前過」，而《文選》李善注在此句下注云：「謂誅晁錯也。錯爲御史大夫，故曰三公。」（《文選》卷 39《上書》，頁 552。）據此，則西漢初期御史大夫作爲三公的一員也是一種習慣的看法。

〔註29〕 《梁書》卷 53《良吏傳・伏暅傳》，中華書局，1973 年版，頁 776。

〔註30〕 《陳書》卷 26《徐陵傳》，中華書局，1972 年版，頁 325。

〔註31〕 《魏書》卷 72《賈思伯傳》，中華書局，1974 年版，頁 1613。

〔註32〕 不過，也不能夠絕對地把歌謠風議排斥在御史風聞奏事的風聞之外。如《魏書》卷 22《任城王澄傳》就記載說，宣武帝拓跋恪時期，御史中尉、東平王匡奏請取景明元年以來内外考簿、吏部除書、中兵勳案並諸殿最，欲以案校竊階盜官之人，得到靈太后的批准，任城王元澄上表表示不同意這種做法，他列舉了許多理由，並說：「尋御史之體，風聞是司，至於冒勳妄考，皆有處別，若一處有風謠，即應攝其一簿，研檢虛實，若差舛不同，僞情自露，然後繩以典刑，人孰不服。豈有移一省之案，取天下之簿，尋兩紀之事，窮革世之尤，如此求過，誰堪其罪！斯實聖朝所宜慎重也。」據此則御史風聞奏事之風聞，應該也包含歌謠等内容。不過，這段文字仍然存在值得分析推敲之處。如上述引文中雖然提到風謠，但並不能僅僅據此就把歌謠風議等同於御史風聞奏事所依據的風聞。因爲正如文中所載，元匡檢校諸官所依據的只是景明元年以來的「内外考簿、吏部除書、中兵勳案並諸殿最」等政府的考課文檔，而都是尚書和吏部等各部門的的專門文件，並非專爲御史所提供的所謂「風聞」材料，因此元匡的這次行動本身並非風聞奏事，所依據的材料也不包含歌謠在内；另外，元澄所說的「若一處有風謠，即應攝其一簿，研檢虛實」等語，則只是假設如果社會上真的存在針對某位官員的歌謠風議等批評輿論，也應該由有司根據這些風謠，再結合具體的考課文件加以覆按和審核，而此處所講的有司，根據本節所

　　東晉江州刺史應詹說：「漢朝使刺史行部，乘傳奏事，猶恐不足以辨彰幽明，弘宣政道，故復有繡衣直指。今之艱弊，過於往昔，宜分遣黃、散若中書郎等循行天下，觀采得失，舉善彈違，斷截苟且，則人不敢爲非矣。」〔註33〕應詹認爲，漢代以刺史督察州郡，還不足以糾劾不法、監督地方官員，所以才設立繡衣直指一官，派御史出巡地方，以強化對地方官員的監察。但繡衣直指這種官職，至東漢末年已經不復存在。應詹所建議的派遣黃門侍郎、散騎侍郎和中書郎等巡行天下的做法，雖然是模倣兩漢繡衣直指，但巡使官員在身份和所負的任務方面，都已經有了很大的不同，成爲魏晉南北朝時期另外一種特別的監察制度，即風俗巡使制度。關於這一點，筆者在後面還有專門的論述，這裡就不再贅述了。

　　因此，我們可以明確地說，魏晉南北朝時期御史風聞奏事的現象起源於西漢時期的繡衣直指制度，而非漢代的「三公謠言奏事」。事實上，漢代的公卿「謠言奏事」制度在魏晉南北朝時期也得到繼承和發揚，但所舉謠言並非一般所說的的風聞，而是較爲特殊的歌謠和民謠。這就是魏晉南北朝時期經常可見的風俗巡使和歌謠免官現象。

（三）魏晉南北朝時期的風俗巡使制度

　　魏晉南北朝時期在我國古代是民間歌謠盛行的時期，而且這個時期幾乎所有的歌謠都是因人而起、緣事而發的，它們作爲一種公眾輿論，表達了對時政和統治上層的批評和意見。魏晉南北朝時期的統治者非常注重民間歌謠的輿論作用，經常派遣皇帝身邊的近侍分路巡行天下，收輯歌謠。魏晉南北朝時期的統治者非常注重民間歌謠的輿論作用，經常派遣皇帝身邊的近侍分路巡行天下，收輯歌謠。同時還賦予他們一定的權力，可以根據民間歌謠風議對地方官進行監督甚至黜置。這種使者由於大多負有巡行風俗、探察歌謠的使命，因此我們可以稱之爲風俗使者。

1、風俗使者設立的緣起

　　巡行風俗是魏晉南北朝時期比較常見的現象。三國時期，曹魏於延康元

引《魏書‧高道穆傳》的內容來推測最有可能的也是廷尉司直。總之，兩漢魏晉南北朝時期御史風聞奏事所依據的風聞也許並不能夠絕對地把歌謠風議排除在外，但大多數情況下所謂風聞還是如本文所論是指御史聽到的有關官員的劣迹和罪狀，而非本文所特指的歌謠風議。

〔註33〕《晉書》卷70《應詹傳》，頁1860。

年（220 年）二月「遣使者循行郡國，有違理掊克暴虐者，舉其罪。」〔註 34〕
孫吳也有遣使巡行風俗的記載：永安四年（261 年）八月「遣光祿大夫周奕、
石偉巡行風俗，察將吏清濁，民所疾苦，爲黜陟之詔。」〔註 35〕晉武帝司馬
炎也曾經下詔要求郡國守相要學習古代「三載一巡行屬縣」〔註 36〕的做法，
巡行地方風俗。魏晉以降，皇帝和州郡派使者巡行風俗的記載更是史不絕書。
如宋文帝元嘉三年（426 年）五月就曾經詔「遣大使巡行四方」〔註 37〕南齊高
帝建元元年（479 年）五月「詔遣大使分行四方，遣兼散騎常侍十二人巡行」。
〔註 38〕北朝時期，北魏道武帝天興三年（400 年）「分命諸官循行州郡，觀民
風俗，察舉不法。」〔註 39〕北魏元帝泰常二年（417 年）二月也「遣使者巡行
天下」〔註 40〕北齊武成帝太寧元年（561 年）十一月「詔大使巡行天下，求政
善惡，問人疾苦，擢進賢良」。〔註 41〕北周郭彥也曾經有過「爲東道大使，觀
省風俗」〔註 42〕的任職經歷。此外，地方官吏有時也派屬官巡行所轄區域，
比如劉宋時期，田亮爲南陽太守，就曾經「遣吏巡行諸縣。」〔註 43〕梁朝時
期蕭恢爲郢州刺史，上任伊始便「遣四使巡行州部」。〔註 44〕

　　爲什麼說風俗使者有採察歌謠的使命呢？一個例證是宋文帝的詔書：「可
遣大使巡行四方。……博采輿誦，廣納嘉謀，務盡銜命之旨，俾若朕親覽焉。」
〔註 45〕在這個詔書裏，宋文帝明確賦予了這些使者採察輿誦——即歌謠風議
的使命。另一個例證是梁天監元年（502 年）四月，梁武帝「詔分遣內侍，周
省四方，觀政聽謠，訪賢舉滯。」〔註 46〕另外，《魏書・崔挺傳》中記載時任
風俗使者的張彝曾親口對地方官崔挺說其主要使命是探察謠訟：「及散騎常侍
張彝兼侍中巡行風俗，見挺政化之美，謂挺曰：『彝受使省方，採察謠訟，入

〔註 34〕　《三國志》卷 2《魏書・文帝紀》，頁 58。
〔註 35〕　《三國志》卷 48《吳書・三嗣主傳・孫休傳》，頁 1159。
〔註 36〕　《晉書》卷 3《武帝紀》，頁 57。
〔註 37〕　《宋書》卷 5《文帝紀》，頁 75。
〔註 38〕　《南齊書》卷 2《高帝紀》下，頁 34。
〔註 39〕　《魏書》卷 2《太祖紀》，頁 36。
〔註 40〕　《魏書》卷 3《太宗紀》，頁 57。
〔註 41〕　《北齊書》卷 7《武成帝紀》，頁 90。
〔註 42〕　《周書》卷 37《郭彥傳》，頁 667。
〔註 43〕　《宋書》卷 100《自序・田子子亮傳》，頁 2451。
〔註 44〕　《南史》卷 52《鄱陽忠烈王恢傳》，頁 1295。
〔註 45〕　《宋書》卷 5《文帝紀》，頁 75。
〔註 46〕　《南史》卷 6《梁武帝紀》，頁 185。

境觀政，實愧清使之名。』」〔註47〕由此可見，魏晉南北朝時期的風俗使者一般都負有採察歌謠即聽取民間歌謠風議的任務。

　　當然，魏晉南北朝時期的巡使任務有多種，比如有的是為了救濟災荒、賑濟民生，但是，就所見的史料而言，大多數的巡使都負有「巡省風俗」、「採察風謠」的任務，因此，凡其使命中明確包括上述任務的巡使，都可以稱為風俗使者。魏晉南北朝時期的風俗使者制度的設立，既有歷史的淵源，更有現實的社會政治原因。我們有必要對風俗使者的巡行時間、使者人數和官職品級，以及他們的巡查內容和權力作一番全面的考察。

2、風俗使者巡行的時間

　　在魏晉南北朝時期的統治者看來，早在遠古時代古聖先王就有歲時巡行的制度。晉武帝即曾說過「古之王者，以歲時巡狩方岳，其次則二伯述職，不然則行人順省」。〔註48〕但實際上，從現在可考的資料來看，魏晉南北朝時期的巡行風俗應該是淵源於漢代的刺史和郡國守相巡行的制度。《後漢書·百官志》說：「秦有監御史，監諸郡，漢興省之，但遣丞相史分刺諸州……諸州常以八月巡行所部郡國，錄囚徒，考殿最。」〔註49〕晉武帝即認為這種制度就是風俗使者設立的濫觴，他說：「郡國守相，三載一巡行屬縣，必以春，此古者所以述職宣風展義也。見長吏，觀風俗，協禮律，考度量，存問耆老，親見百年。錄囚徒，理冤枉，詳察政刑得失，知百姓所患苦。」〔註50〕事實上，在西漢末期才開始有派遣風俗使者的記錄：平帝元始四年（4年）「選明達政事能班化風俗者八人。時並舉（譙）玄，為繡衣使者，持節，與太僕王惲等分行天下，觀覽風俗」。〔註51〕這條資料是史書中有明確記載的有關風俗使者的最早記錄。這次巡行雖然由於政局的動亂半途而廢，但卻開了派遣專任使者巡行風俗的先河。東漢後期，由於「朝多寵倖，祿不序德」，外戚擅權，政治混亂，天下連有災異，順帝乃於永和六年（141年）「詔遣八使巡行風俗，皆選素有威名者，乃拜舉為侍中，與侍中杜喬、守光祿大夫周栩、前青州刺史馮羨、尚書欒巴、侍御史張綱、兗州刺史郭遵、太尉長史劉班並守光祿大

〔註47〕　《魏書》卷57《崔挺傳》，頁1264。
〔註48〕　《晉書》卷21《禮志下》泰始四年賜刺史二千石長吏詔。頁652。
〔註49〕　《後漢書》卷118《百官志》五，頁3617。
〔註50〕　《晉書》卷3《武帝紀》泰始四年六月丙申詔。頁57。
〔註51〕　《後漢書》卷81《獨行傳·譙玄傳》。頁2667。

夫，分行天下。……舉於是劾奏貪猾，表薦公清，朝廷稱之。」〔註52〕東晉江州刺史應詹認為「漢朝使刺史行部，乘傳奏事，猶恐不足以辨彰幽明，弘宣政道，故復有繡衣直指。今之艱弊，過於往昔，宜分遣黃、散若中書郎等循行天下，觀采得失，舉善彈違，斷截苟且，則人不敢為非矣。」〔註53〕

上述幾條史料基本上能夠讓我們理清風俗使者制度發展的大致脈絡：漢代以刺史和郡國守相督察州郡，但還不足以監督地方官員，所以才設立繡衣直指一官，派御史出巡地方，以強化對地方官員的監察。但繡衣直指這種官職，至東漢末年已不復存在。應詹建議的派遣黃門侍郎和散騎侍郎等巡行天下的做法，雖然是模倣漢代的繡衣使者，但巡使官員在身份和使命方面，都已經與東漢的繡衣使者有很大的不同，成為魏晉南北朝時期一種特殊的監察制度，即風俗巡使制度。這種制度為魏晉南北朝各代沿襲，在派出使者的時間、人數、官職品級、巡查內容和權力上都有一定的規律可循。

首先來看一下風俗使者巡行的時間。西漢州刺史每年秋八月巡行諸郡，在時間上對後世風俗使者制度有一定的影響。比如，三國時期，孫吳派遣光祿大夫周奕、石偉巡行風俗是在永安四年（261年）秋八月。〔註54〕南齊延興元年（494年）詔遣大使巡行風俗也是在秋八月。〔註55〕北齊孝昭帝皇建元年（560年）詔分遣大使巡省四方，觀察風俗也是在八月。〔註56〕

但是西晉武帝卻認為古代「郡國守相，三載一巡行屬縣」，〔註57〕這雖然講的是兩漢時期的情況，但卻也是晉武帝所理解的古代風俗巡使制度的藍圖。因此就西晉時期來說，風俗使者的派出應該是每三年一次的。〔註58〕下面的資料可以證明這一點：泰始二年（266年）春正月，晉武帝「遣兼侍中侯

〔註52〕《後漢書》卷61《周舉傳》，頁2029。
〔註53〕《晉書》卷70《應詹傳》，頁1860。
〔註54〕《三國志》卷48《吳書・三嗣主傳・孫休傳》
〔註55〕《南齊書》卷5《海陵王傳》。
〔註56〕《北齊書》卷6《孝昭帝紀》。
〔註57〕《晉書》卷3《世祖武帝紀》，頁57。
〔註58〕儘管史書中有關風俗巡使的資料很多，但依情理推斷，這絕非是歷史上各朝所派的風俗使者的全部記錄。所以無論是本文提出的風俗巡使巡行時間的「秋八月」說還是「三載一巡行」說，都缺乏史籍中精確的連續性記錄來證明。另外，魏晉南北朝時期的戰爭和政治紛爭不斷，政權嬗替和皇位轉換頻繁，這也很難保證每一朝代都能夠做到長期的有規律地派遣風俗使者。所以，筆者本節所得的有關巡行使者巡行時間的結論，只是根據現有史料做出的合理推測或假說。

史光等持節四方，循省風俗」，〔註59〕泰始四年晉武帝又命「使持節侍中副給事黃門侍郎銜命四出，周行天下，」以「訪求得失損益諸宜，觀省政教，問人間患苦。」〔註60〕

　　從泰始二年到泰始四年，時間上正符合每三載一巡行的「古例」。不過，古人對時間的間隔和時間段的界定似乎並不是十分嚴密。所謂每三年一次，既可以理解為每隔一年巡行一次的模式，即「1－2－2」的模式；也可以理解為每隔兩年巡行一次的模式，即「1－1－2－2」的模式。事實上，這樣的時間模式在魏晉南北朝風俗使者的巡行記錄中都有。我們可以舉出以下例證來說明：

　　南齊高帝建元元年（479年）五月「詔遣大使分行四方」，〔註61〕建元三年十二月又「命散騎常侍虞炎等十二人巡行諸州郡，觀省風俗。」〔註62〕魏明元帝永興三年（411年）二月「詔北新侯安同等持節巡行并、定二州及諸山居雜胡、丁零，問其疾苦，察舉守宰不法者。」〔註63〕永興五年二月又「詔使者巡行天下，招延俊彥，搜揚隱逸。」〔註64〕明元帝神瑞元年（414年）冬十一月復「詔使者巡行諸州，校閱守宰資財，非自家所齎，悉簿為贓。守宰不如法，聽百姓詣闕告之。」〔註65〕魏文成帝興安二年（453）冬十一月，「行幸信都、中山，觀察風俗」。〔註66〕太安初年（455年）又「遣使者二十餘輩循行天下，觀風俗，視民所疾苦」。〔註67〕這是每隔一年巡行一次的例證，也是魏晉南北朝時期絕大部分風俗巡使派出的時間模式。每隔兩年巡行一次的例證也有，如北齊武成帝大寧元年（561年）十一月「詔大使巡行天下，求政善惡，問人疾苦，擢進賢良。」〔註68〕河清三年（564年）九月又「詔遣十二使巡行水潦州」。〔註69〕但這樣的例證並不是太多。

　　上面這些史料，既包括西晉、南齊時期的，也包括北魏和北齊時期的，

〔註59〕《晉書》卷3《世祖武帝紀》，頁53。

〔註60〕《晉書》卷21《禮志下》泰始四年賜刺史二千石長吏詔。頁652。

〔註61〕《南齊書》卷2《高帝紀》，頁34。

〔註62〕《南史》卷4《齊太祖紀》，頁112。

〔註63〕《北史》卷1《太宗明元帝紀》，頁27。

〔註64〕《北史》卷1《太宗明元帝紀》，頁28。

〔註65〕《北史》卷1《太宗明元帝紀》，頁29。

〔註66〕《魏書》卷6《高宗紀》，頁113。

〔註67〕《魏書》卷110《食貨志》，頁2851。

〔註68〕《北史》卷8《北齊武成帝紀》，頁282。

〔註69〕《北齊書》卷7《武成帝紀》，頁93。

應該具有一定的代表性。通過以上例證可以看出，西漢州刺史每年秋八月巡行諸郡的制度對魏晉南北朝風俗巡使制度有一定的影響，但其影響是比較小的。三年一巡行州郡的時間模式才是魏晉南北朝風俗巡使的時間主流。至於巡行時間是在秋天還是春天，則並無嚴格的規定。在魏晉南北朝時期，春夏秋冬四季大體上都有風俗巡使的記錄。另外，由於改朝換代、新帝登基或其他重大的政治事件或人事變動的發生，中央政府也往往派出風俗使者巡行天下，以觀察輿論、瞭解民情。比如南燕建平元年（400 年），慕容德即皇帝後，「遣其度支尚書封愷、中書侍郎封逞觀省風俗」；〔註 70〕元嘉三年，宋文帝在誅殺司徒徐羨之等後立即「分遣大使巡行天下，併兼散騎常侍，班宣二十四條詔書。」〔註 71〕元嘉三十年五月，在克定京邑、誅殺劉劭和劉濬之後也「遣兼散騎常侍樂詢等十五人巡行風俗。」〔註 72〕北齊孝昭帝皇建元年（560 年）八月任命高湛為右丞相，高淹為太傅，高淴為大司馬，在完成這些重大的人事變動之後，也下詔「分遣大使巡省四方，觀察風俗。」〔註 73〕這些因特殊政治事件和政治目的而設的風俗使者，都是在特定的歷史和政治背景下派遣的，實屬特例，與前面所論的風俗使者的派出時間規律並不矛盾。

3、風俗使者的人數、官職和品秩

關於風俗使者的人數，史書大多以「分遣使者巡行郡國」或「遣使巡行四方」等語籠統言之，難以確考。但是兩漢時期僅有的兩次風俗使者的記載，人數都是八人，這似乎和當時的行政區劃有關。從兩漢末期的政區分佈來看，這八名使者很可能是分八路巡行除司州以外的其他各州。〔註 74〕魏晉南北朝時期，由於各政權長期的分裂割據和頻繁轉換，各個政權的疆域和行政區劃前後很不一致。〔註 75〕所以很難講清楚風俗使者人數和當時的行政區劃之間的關

〔註 70〕 《晉書》卷 127《慕容德載記》，頁 3168。
〔註 71〕 《南史》卷 33《裴松之傳》，頁 863。
〔註 72〕 《宋書》卷 6《孝武帝紀》，頁 112。
〔註 73〕 《北齊書》卷 6《孝昭帝紀》，頁 82。
〔註 74〕 西漢時期以州為地方最大行政單位，在古九州（冀州、幽州、並州、兗州、青州、揚州、荊州、豫州、雍州）的基礎上，《宋書・州郡志》說西漢初「又立徐、梁二州。武帝攘卻胡、越，開地斥境，南置交趾，北置朔方，改雍曰涼，改梁曰益，凡為十三州，而司隸部三輔、三河諸郡。東京無復朔方，改交趾曰交州，凡十二州；司隸所部如故。」頁 1027。
〔註 75〕 以魏晉南朝為例，據《宋書・地理志》所言，三國鼎立時期，吳得揚、荊、交三州，蜀得益州，魏得其餘九州。吳又分交為廣。魏末平蜀，又分益為梁。

係。但每當史書採用「分遣使者巡行天下」的說法時，大概仍然採取這種分州巡使的辦法。如前面所舉齊高帝建元元年和建元三年兩次所派遣的風俗使者都是十二人，宋文帝元嘉三十年六月所遣使者爲十五人，北魏文成帝太安元年（455年）六月所遣使者爲二十人，〔註76〕這些使者的人數應有一定的含義在裏面。事實上，通過爬梳幾條資料，我們也能夠大體上看出一些規律。《宋書》載：「元嘉初，太祖遣大使巡行四方，兼散騎常侍孔默之、王歆之等上言：『宣威將軍，陳、南頓二郡太守李元德，清勤均平，奸盜止息。彭城內史魏恭子，廉恪修愼，在公忘私，安約守儉，久而彌固。前宋縣令成浦，治政寬濟，遺詠在民。前銅陽令李熙國，在事有方，民思其政。山桑令何道，自少清廉，白首彌厲。應加褒賚，以勸於後。』」〔註77〕引文中孔默之、王歆之上言所提到的地方，銅陽、山桑、南頓在劉宋時期都屬於汝南郡，而當時新蔡帖治汝南，陳郡帖治南頓，彭城和汝南郡相隔也不遠。實際上就應該是孔默之和王歆之作爲一路風俗使者巡行所經歷的幾處郡縣。〔註78〕北朝時期的風俗使者也是分道巡行的，比如在世宗時，薛曇寶就曾持節爲南道大使，受命巡行天下。〔註79〕宣武帝景明年間源懷也曾經爲使持節，加侍中、行臺，巡行北邊六鎮、恒燕朔三州。〔註80〕這種做法還爲西魏北周所沿襲，比如郭彥在北周孝閔帝時期，就曾經「爲東道大使，觀省風俗。」〔註81〕還有一個比較有說服力的證據，北齊天保初年，李獎

晉武帝太康元年，天下統一，共有 16 個州。後又分涼、雍爲秦，分荊、揚爲江，分益爲寧，分幽爲平，共有 20 州。東晉除僑置州外，有 12 個州，而劉宋疆域比較穩定的時期有州 19 個。《隋書・地理志》又講，梁天監十年，有州 23 個，其後南朝疆域日狹而析置州郡愈多，到陳代則有州 42 個。

〔註76〕《魏書》卷 5《高宗文成帝紀》記載這次派出的風俗使者爲 30 人。而《魏書》卷 110《食貨志》則記載這次派出的風俗使者爲 20 餘人，《北史》卷 2《高宗文成帝紀》亦記載這次巡行是以尚書穆眞爲首的 20 人。另外，《太平御覽》卷 102《皇王部・後魏高宗文成皇帝》也記載這次風俗使者的人數爲 20 人。綜合以上資料分析，應以《魏書・食貨志》所載的 20 人爲準。

〔註77〕《宋書》卷 92《良吏傳・江秉之傳》，頁 2270。

〔註78〕《宋書》卷 36《州郡志二》載：「銅陽令，漢舊縣。晉成帝咸康二年，省並新蔡，後又立。」「新蔡太守，晉惠帝分汝陰立，今帖治汝南。」頁 1082。「山桑令，前漢屬沛，後漢屬汝南，《晉太康地志》屬譙。」頁 1073。「南頓令，漢舊縣，何故屬汝陽，晉武帝改屬汝南。」頁 1084。據此則銅陽、山桑、南頓都屬於汝南郡。

〔註79〕《魏書》卷 44《薛野賭傳》，頁 999。

〔註80〕《魏書》卷 41《源賀傳附子懷傳》，頁 926。

〔註81〕《周書》卷 37《郭彥傳》，頁 667。

「兼侍中、冀瀛滄三州大使，觀察風俗」。〔註82〕察看一下北齊時期的地圖即知，這三個州在當時正是處於鄴都東北方呈品字形的一片行政區域。〔註83〕李獎一人兼任冀州、瀛州和滄州風俗使者的事實，正足以說明魏晉南北朝時期風俗使者分路巡使的特點。

魏晉南北朝時期的風俗使者一般是由侍中、散騎常侍和黃門侍郎等皇帝的近侍擔任。比如晉武帝泰始二年（268年）正月「遣兼侍中侯史光等持節四方，循省風俗」；〔註84〕泰始四年，使「使持節侍中副給事黃門侍郎銜命四出，周行天下。」〔註85〕宋文帝元嘉三年（426年）「分遣大使巡行天下，併兼散騎常侍，班宣二十四條詔書」；〔註86〕元嘉四年遣大使巡行天下，散騎常侍袁愉即膺其任；〔註87〕元嘉三十年又遣兼散騎常侍樂詢等十五人巡行風俗。〔註88〕齊高帝建元元年五月「詔遣大使分行四方，遣兼散騎常侍十二人巡行」；〔註89〕建元三年十二月又命散騎常侍虞炎等十二人巡行諸州郡，觀省風俗。〔註90〕

上述風俗使者中，除晉武帝泰始二年派遣的使者候史光爲侍中，泰始四年派出的使者爲給事黃門侍郎外，其餘都是散騎常侍或兼散騎常侍。考《宋書·百官志》：「侍中，四人。掌奏事，直侍左右，應對獻替。法駕出，則正直一人負璽陪乘。殿內門下眾事皆掌之。……侍中本秦丞相史也，使五人往來殿內東廂奏事，故謂之侍中。……魏、晉以來，置四人，別加官不主數。秩比二千石。」〔註91〕「給事黃門侍郎，四人，與侍中俱掌門下眾事。郊廟臨軒，則一人執麾。……董巴《漢書》曰：『禁門曰黃闥，中人主之，故號曰黃門令。』然則黃門郎給事黃闥之內，故曰黃門郎也。魏、晉以來員四人，秩六百石。」〔註92〕「散騎常侍，四人。掌侍左右。秦置散騎，又置中常侍，

〔註82〕《北史》卷100《序傳·涼武昭王李暠傳附思穆子獎傳》，頁3337。
〔註83〕郭沫若主編《中國史稿地圖集》上冊，地圖出版社，1979年版，頁72。
〔註84〕《晉書》卷3《世祖武帝紀》，頁53。
〔註85〕《晉書》卷21《禮志下》，頁652。
〔註86〕《南史》卷33《裴松之傳》，頁863。
〔註87〕《宋書》卷91《孝義傳·郭世道傳》載：「元嘉四年，遣大使巡行天下，散騎常侍袁愉表其（郭世道）淳行，太祖嘉之，敕郡牓表閭門，蠲其稅調，改所居獨楓里爲孝行焉。」頁2244。
〔註88〕《宋書》卷6《孝武帝紀》，頁112。
〔註89〕《南齊書》卷2《高帝紀》下，頁34。
〔註90〕《南史》卷4《齊高帝紀》，頁112。
〔註91〕《宋書》卷39《百官志上》，頁1238～1239。
〔註92〕《宋書》卷40《百官志下》，頁1243。

散騎並乘輿車後；中常侍得入禁中。皆無員，並爲加官。……魏文帝黃初初，置散騎，合於中常侍，謂之散騎常侍，……秩比二千石。」〔註93〕從以上資料中我們可以看出，魏晉南朝的風俗使者無論品秩如何，一般都是皇帝的近臣和近侍。

十六國何北朝時期的情況也大致相同。如南燕建平元年（400年），「遣其度支尚書封愷、中書侍郎封逞觀省風俗。」〔註94〕魏明元帝永興三年（411年）「詔北新侯安同等持節巡行并、定二州」；〔註95〕文成帝太安元年「遣尚書穆伏眞等三十人，巡行州郡，觀察風俗」；〔註96〕孝文帝延興中，侍郎崔鑒受詔出使齊州，觀省風俗；〔註97〕宣武帝景明二年（501年），詔源懷爲使持節，加侍中、行臺，巡行北方六鎮三州，兼采風俗；孝明帝正光元年（520年）四月，詔尚書長孫稚巡撫北藩，觀察風俗；〔註98〕孝明帝正光元年，（源恭）「爲行臺左丞，巡行北邊」；〔註99〕世宗時遣使巡行四方，散騎常侍薛曇寶持節擔任南道大使。〔註100〕東魏孝靜帝元善見孝靜初（約534～538年），「兼給事黃門侍郎（封子繪），與太常卿李元忠等並持節出使，觀省風俗」。〔註101〕

上述風俗使者中，除安同只記其爵位而未述其官職外，封愷爲度支尚書，穆伏眞和長孫稚爲尚書，源懷爲侍中、行臺，源恭爲行臺左丞，封逞、崔鑒並爲中書侍郎，薛曇寶爲散騎常侍，封子繪爲給事黃門侍郎，李元忠爲太常卿。《隋書·百官志》記載，通直散騎常侍，員外散騎常侍，黃門侍郎，都是二千石官。中書侍郎，千石。尚書左右丞、尚書，六百石，以上並爲四品。行臺尚書左右丞，爲從四品。度支尚書即隋代的戶部尚書，爲從五品，也都是皇帝的近臣。

魏晉南北朝時期的風俗使者都由皇帝的近侍擔任，是因爲近侍作爲皇帝

〔註93〕《宋書》卷40《百官志下》，頁1244。

〔註94〕《晉書》卷127《慕容德載記》，頁3168。

〔註95〕《北史》卷1《太宗明元帝紀》，頁27。

〔註96〕《魏書》卷5《高宗文成帝紀》，頁114。

〔註97〕《魏書》卷49《崔鑒傳》載：「鑒頗有文學，自中書博士轉侍郎，延興中受詔使齊州，觀省風俗，行兗州事。」頁1103。

〔註98〕《魏書》卷9《肅宗孝明帝紀》，頁230。

〔註99〕《魏書》卷41《源賀傳附子雍弟子恭傳》，頁926。

〔註100〕《魏書》卷44《薛曇寶傳》，頁999。

〔註101〕《北齊書》卷21《封隆之傳附子子繪傳》，頁304。

寵信的官員，他們的出使可以省卻外朝部門的許多繁縟程式，在上情下達和下情上達的過程中擁有獨特的優勢。他們既可以保證皇帝的意圖得到最直接和毫無保留的執行，也可以用最簡捷和秘密的方式把地方的民情和輿論直接傳達給皇帝。從而成為帝王君主們獲取地方政情和公眾輿論的最佳媒介。

4、風俗使者的任務和權力

風俗使者的權力都是帝王直接賦予的，其權力依其使命而定。漢代的風俗使者權力很大。西漢譙玄和太僕王惲等持節巡行風俗時，擁有「所至專行誅賞」的權力。東漢的風俗使者也能做到「其刺史、二千石有臧罪顯明者，驛馬上之；墨綬以下，便輒收舉。」〔註102〕魏晉南北朝時期風俗使者的基本的任務則主要是觀察政情和收集歌謠等公眾輿論，其權力較漢代為弱，但也不排除有例外的情況。總的說來，魏晉南北朝時期風俗使者的任務和權力主要有以下幾個方面。

首先，風俗使者的任務主要是觀察風俗、宣揚禮教。如泰始二（266年）年正月，晉武帝遣兼侍中侯候史光等持節四方，循省風俗，其主要任務是「除禳祝之不在祀典者」，〔註103〕即掃除淫祀，淨化社會風俗。晉武帝泰始四年六月丙申詔反映出皇帝賦予風俗使者的一般使命是「見長吏，觀風俗，協禮律，考度量，存問耆老，親見百年。錄囚徒，理冤枉，詳察政刑得失，知百姓所患苦……敦喻五教，勸務農功，勉勵學者」，同時還要旌揚舉薦「好學篤道，孝弟忠信，清白異行者」以及糾察處置「不孝敬於父母，不長悌於族黨，悖禮棄常，不率法令者」，以達到「揚清激濁，舉善彈違」、「述職宣風展義」的目的。〔註104〕簡而言之，就是讓風俗使者巡行天下，以「訪求得失損益諸宜，觀省政教，問人間患苦。」〔註105〕宋文帝則賦予風俗使者考察地方官員和撫恤孤老的權力：「其宰守稱職之良，閭巷一介之善，詳悉列奏，勿或有遺。若刑獄不恤，政治乖謬，傷民害教者，具以事聞。其高年、鰥寡、幼孤、六疾不能自存者，可與郡縣優量賑給。」〔註106〕比如在元嘉四年，宋文帝遣大使巡行天下，散騎常侍袁愉瞭解到郭世道的孝義後即上表報告他的德行，於是「太祖嘉之，敕郡牓表閭門，蠲其稅調，改所居獨楓里

〔註102〕《後漢書》卷61《周舉傳》，頁2029。
〔註103〕《晉書》卷3《武帝紀》，頁53。
〔註104〕《晉書》卷3《武帝紀》泰始四年六月丙申詔，頁59。
〔註105〕《晉書》卷21《禮志下》泰始四年賜刺史二千石長吏詔，頁652。
〔註106〕《宋書》卷5《文帝紀》，頁75。

爲孝行焉。」〔註107〕南齊建元三年蕭道成派遣大使巡行天下，發現「義興陳玄子四世一百七十口同居。武陵郡邵榮興、文獻叔八世同居。東海徐生之、武陵范安祖、李聖伯、范道根五世同居。零陵譚弘寶、衡陽何弘、華陽陽黑頭疎從四世同居，並共衣食」，於是「詔表門閭，蠲租稅。」〔註108〕北朝風俗使者的基本任務和南朝沒有什麼不同。如北魏武帝時，分遣侍臣巡行郡國，其使命即爲「問民疾苦，考察守令，黜陟幽明，文武應求、道著丘園者，皆加褒禮。」〔註109〕孝明帝時，詔遣大使巡行四方，其任務也是「問疾苦，恤孤寡，黜陟幽明。」〔註110〕

其次，風俗使者還有糾察地方官吏和瞭解民眾疾苦的使命。宋文帝在派出風俗使者的時候就說：「其宰守稱職之良，閭閻一介之善，詳悉列奏，勿或有遺。若刑獄不恤，政治乖謬，傷民害教者，具以事聞。」〔註111〕陳宣帝太建二年（570年）五月，分遣大使巡行州郡，其使命則主要是瞭解人民疾苦，省理冤屈。〔註112〕北朝各國由於民族組成複雜，所以更注重瞭解處於社會底層的各民族的生活，如北魏明元帝永興三年（411年）派風俗使者巡行天下，其使命主要是「巡行并、定二州及諸山居雜胡、丁零，問其疾苦，察舉守宰不法者。」神瑞元年（414年）十一月，他又派使者巡行諸州，其任務則是「校閱守宰資財，非自家所齎，悉簿爲贓。守宰不如法，聽百姓詣闕告之。」爲了更好地完成這種使命，風俗使者還被賦予公開聽取和審理民眾冤屈地權力。另外，爲了保證風俗使者的權力能夠廉潔、公正的執行，北魏孝文帝還規定了對風俗使者權力的監督方法：在銜命巡行期間，如果「使者受財，斷察不平，聽詣公車上訴。」〔註113〕北魏的風俗巡使對地方官真正起到了監察和震懾作用，僅文帝太和八年（484年）的一次巡行，即「糾守宰之不法，坐贓死者四十餘人，」以致達到了「食祿者局蹐，賕謁之路殆絕」的震懾效果。〔註114〕

〔註107〕《宋書》卷91《孝義傳・郭世道傳》，頁2244。
〔註108〕《南齊書》卷55《封延伯傳》，頁959。
〔註109〕《魏書》卷8《世宗宣武帝紀》，頁191。
〔註110〕《魏書》卷9《肅宗孝明帝紀》，頁225。
〔註111〕《宋書》卷5《文帝紀》，頁75。
〔註112〕《陳書》卷5《宣帝紀》，頁78。
〔註113〕《魏書》卷5《高宗文成帝紀》，頁114。
〔註114〕《魏書》卷111《刑罰志》，頁2877。

　　再次，持節出的使風俗使者被看作是代表皇帝巡行，其擁有的權力更大。就筆者所見的史料來看，魏晉南北朝時期以持節的身份巡行風俗的使者人數是有限的。在魏晉南朝時期，只有西晉泰始二年派遣的候史光、皇甫陶和荀廙持節循省風俗和泰始四年詔使侍中副給事黃門侍郎巡行兩次。而北朝時期風俗使者的持節巡行則主要集中在北魏和北齊時期，前面所舉的例證中，源懷、薛曇寶、安同和封子繪都是持節巡行的。這一方面說明皇帝不輕易以全權授人，同時也說明持節使者的權力是很大的。如北魏源懷持節「巡行北邊六鎮、恒燕朔三州，賑給貧乏，兼采風俗，考論殿最，事之得失，皆先決後聞。」《魏書》還舉了源懷巡行中處理邊將的兩個具體例子，說明持節風俗使者擁有對地方官直接黜置的權力：「時后父于勁勢傾朝野，勁兄于祚與懷宿昔通婚，時為沃野鎮將，頗有受納。懷將入鎮，祚郊迎道左，懷不與語，即劾祚免官。懷朔鎮將元尼須與懷少舊，亦貪穢狼藉，置酒請懷，謂懷曰：『命之長短，由卿之口，豈可不相寬貸？』懷曰：『今日之集，乃是源懷與故人飲酒之坐，非鞫獄之所也。明日公庭，始為使人撿鎮將罪狀之處。』尼須揮淚而已，無以對之。懷既而表劾尼須。」〔註115〕

　　此外，魏晉南北朝時期的風俗使者有時還兼有別的任務，比如招攬賢才，搜揚隱逸，〔註116〕巡行邊鎮，封賞將士〔註117〕等等。有的還執行一些行政事務，甚至暫時代理州郡長官職務等。〔註118〕但這並非風俗使者的主要使命，屬於不多見的特例，在此不必贅述。

　　綜上所述，風俗巡行是魏晉南北朝時期一種常見的現象，風俗使者在出使時間、使者人數、官職和巡查內容及權力方面，都有一定的規律，可以說是魏晉南北朝時期一種重要的政治制度。它在反映民情、考察官吏，特別是在溝通公眾輿論與統治階層的關係方面，發揮著重要的作用，對魏晉南北朝時期的社會和政治有一定的影響。它對於強化和彌補魏晉南北朝時期的行政監察，對於魏晉南北朝時期行政體制的良性運轉，都具有積極的意義。

〔註115〕《魏書》卷 41《源賀傳附子懷傳》，頁 926。
〔註116〕魏明元帝帝拓跋嗣永興五年（413）春二月己卯，「詔使者巡行天下，招延俊彥，搜揚隱逸。」見《北史》卷 1《太宗明元帝紀》，頁 28。
〔註117〕《晉書》卷 127《慕容德載記》：「遣其度支尚書封愷、中書侍郎封逞觀省風俗，所在大饗將士。」頁 3168。
〔註118〕《魏書》卷 49《崔鑒傳》載：「鑒頗有文學，自中書博士轉侍郎，延興中受詔使齊州，觀省風俗，行兗州事。」頁 1103。

二、兩漢魏晉南北朝時期統治者對歌謠風議的反應和舉措

（一）歌謠與官吏的陞遷與黜置

魏晉南北朝時期的選官和監察制度因民族、地域和時代的差異而有所不同，這已為前輩學者和時賢先進所證明。但除去通常的考課任官以外，魏晉南北朝時期還存在以歌謠風議陞遷和黜置官員的情況。這似乎還未引起學者們的足夠關注，值得作進一步的發掘和探討。這裡先舉幾個例證。

先看漢末魏晉時期：

漢末「大將軍竇武、太傅陳蕃謀誅閹官，反為所害。太祖（曹操——筆者注）上書陳武等正直而見陷害，姦邪盈朝，善人壅塞，其言甚切；靈帝不能用。是後詔書敕三府：舉奏州縣政理無效，民為作謠言者免罷之。」〔註119〕同時人公孫度「字升濟，本遼東襄平人也。……後舉有道，除尚書郎，稍遷冀州刺史，以謠言免。」〔註120〕

晉代以謠言免官的例證也很多。比如《晉書・石苞傳》載：「自諸葛破滅，苞便鎮撫淮南，士馬強盛，邊境多務，苞既勤庶事，又以威德服物。淮北監軍王琛輕苞素微，又聞童謠曰：『宮中大馬幾作驢，大石壓之不得舒。』因是密表苞與吳人交通。先時望氣者云『東南有大兵起』。及琛表至，武帝甚疑之。會荊州刺史胡烈表吳人欲大出為寇，苞亦聞吳師將入，乃築壘遏水以自固。帝聞之，謂羊祜曰：『吳人每來，常東西相應，無緣偏爾，豈石苞果有不順乎？』祜深明之，而帝猶疑焉。會苞子喬為尚書郎，上召之，經日不至。帝謂為必叛，欲討苞而隱其事。遂下詔以苞不料賊勢，築壘遏水，勞擾百姓，策免其官。遣太尉義陽王望率大軍征之，以備非常。又敕鎮東將軍、琅邪王伷自下邳會壽春。苞用掾孫鑠計，放兵步出，住都亭待罪。帝聞之，意解。及苞詣闕，以公還第。苞自恥受任無效而無怨色。」〔註121〕在這條史料中，石苞因謠言而受到晉帝的猜疑，如若不是用孫鑠之計，作出待罪的姿態，得以自我剖白，也難逃被免官甚至殺身的命運。

晉武帝伐吳，任命王濬為主將，也和童謠有關係。史載：「武帝謀伐吳，詔濬修舟艦。濬乃作大船連舫，……舟楫之盛，自古未有。濬造船於蜀，其木柿

〔註119〕《三國志》卷1《魏書・武帝紀》注引《魏書》，頁3。
〔註120〕《三國志》卷8《魏書・公孫度傳》，頁252。
〔註121〕《晉書》卷33《石苞傳》，頁1002。

蔽江而下。……尋以謠言拜濬爲龍驤將軍、監梁益諸軍事。」〔註122〕《晉書·羊祜傳》詳細地記載了王濬以童謠拜將的原因：「時吳有童謠曰：『阿童復阿童，銜刀浮渡江。不畏岸上獸，但畏水中龍。』祜聞之曰：『此必水軍有功，但當思應其名者耳。』會益州刺史王濬徵爲大司農，祜知其可任，濬又小字阿童，因表留濬監益州諸軍事，加龍驤將軍，密令修舟楫，爲順流之計。」〔註123〕

南朝各代，尤其是歌謠盛行的宋代〔註124〕以歌謠任官的情況更爲常見，比如：

宋初，「太祖遣大使巡行四方，兼散騎常侍孔默之、王歆之等上言：『宣威將軍、陳南頓二郡太守李元德，清勤均平，奸盜止息。彭城內史魏恭子，廉恪修慎，在公忘私，安約守儉，久而彌固。前宋縣令成浦，治政寬濟，遺詠在民。前銅陽令李熙國，在事有方，民思其政。山桑令何道，自少清廉，白首彌厲。應加褒齎，以勸於後。』乃進元德號寧朔將軍，恭子賜絹五十匹，穀五百斛；浦、熙國、道各賜絹三十匹，穀二百斛。」〔註125〕

劉宋後期，廢帝劉昱年長以後，在權力上與戴法興產生矛盾，劉昱每「欲有所爲，法興每相禁制，」史載：「帝意稍不能平。所愛幸閹人華願兒有盛寵，賜與金帛無算，法興常加裁減，願兒甚恨之。帝常使願兒出入市里，察聽風謠，而道路之言，謂法興爲眞天子，帝爲應天子。願兒因此告帝曰：『外間云宮中有兩天子，官是一人，戴法興是一人。官在深宮中，人物不相接；法興與太宰、顏、柳一體，吸習往來，門客恒有數百，內外士庶，莫不畏服之。法興是孝武左右，復久在宮闈，今將他人作一家，深恐此坐席非復官許。』帝遂發怒，免法興官，遣還田里，仍復徙付遠郡，尋又於家賜死」。〔註126〕

南齊王延之，由於在宋齊禪代中他與尚書令王僧虔採取表面的政治中立態度，不黨附劉宋，也不諂事蕭道成。時人稱讚他們爲：「二王持平，不送不迎。」爲齊太祖蕭道成所贊許，後來官運亨通：「三年，〔註127〕出爲使持節、都督江州豫州之新蔡晉熙二郡諸軍事、安南將軍、江州刺史。建元二年，進

〔註122〕《晉書》卷42《王濬傳》，頁1208。
〔註123〕《晉書》卷34《羊祜傳》，頁1017。
〔註124〕《宋書》卷92《良吏傳》：「凡百戶之鄉，有市之邑，歌謠舞蹈，觸處成群，蓋宋世之極盛也。」頁2261。
〔註125〕《宋書》卷92《良吏傳·江秉之傳》，頁2270。
〔註126〕《宋書》卷94《恩幸傳》，頁2304。
〔註127〕劉宋順帝劉准升明三年，同年齊高帝蕭道成即位，即改元爲建元元年。

號鎮南將軍。」〔註128〕

十六國和北朝時期，因歌謠而任免甚至誅殺官員的情況也很多見。

東晉孝宗升平元年（357年，前秦壽光3年），符生夢到大魚食蒲，長安又流行民謠說：「東海大魚化為龍，男便為王女為公。問在何所洛門東。」東海是符堅的封地，當時符堅為龍驤將軍，其府第在洛門東面。符生不知道民謠講的是符堅，結果因為謠夢的原因，誅殺了侍中、太師、錄尚書事魚遵和他的七子、十孫。當時又流傳謠言說：「百里望空城，郁郁何青青。瞎兒不知法，仰不見天星。」符生為了避禍，把所有的空城都破壞掉來禳避之。金紫光祿大夫牛夷害怕禍延自己，請求出鎮上洛。符生說：「卿忠肅篤敬，宜左右朕躬，豈有外鎮之理。」改授中軍。牛夷十分恐懼，回到家就自殺了。〔註129〕

北魏的裴延俊在擔任幽州刺史的時候，因為當時水旱不調，他於是上表請求興修水利。他實地勘查地形，充分利用舊督亢渠和戾陵諸堰，安排人力，並親自督造，不久就修造成功，能夠灌溉田地百萬餘畝，百姓收成比以前增加了許多倍，百姓因以賴之。他還命令主簿酈惲修建學校，勵行教育，結果禮教大行，社會風氣有很大好轉，百姓都作歌來讚揚他。他在州為官五年，考績為天下第一。後來升任太常卿，先後做過七兵殿中二尚書、散騎常侍、中書令、御史中尉，又以本官兼侍中、吏部尚書。〔註130〕

北齊河間王孝琬「怨執政，為草人而射之。和士開、祖珽譖之於上皇曰：『草人以擬聖躬也。……又，魏世謠言：『河南種穀河北生，白楊樹端金雞鳴。』河南、北者，河間也。孝琬將建金雞大赦耳。』上皇頗惑之。會孝琬得佛牙，置第內，夜有光。上皇聞之，使搜之，得填庫矟幡數百。上皇以為反具，收訊。諸姬有陳氏者，無寵，誣孝琬云：『孝琬常畫陛下像而哭之。』其實世宗像也。上皇怒，使武衛赫連輔玄倒鞭撾之。……折其兩脛而死。」〔註131〕北齊隨州刺史厙狄士文，隋初轉任貝州刺史，其下屬司馬京兆韋焜、清河令河東趙達等十人都非常苛刻，只有長史為政寬緩，「時人語曰：『刺史羅剎政，司馬蝮蛇瞋，長史含笑判，清河生吃人。』上聞，歎曰：『士文暴過猛獸。』

〔註128〕《南齊書》卷32《王延之傳》，頁585。
〔註129〕《晉書》卷112《符生載記》，頁2878。
〔註130〕《魏書》卷69《裴延俊傳》，頁1529。
〔註131〕《資治通鑒》卷169《陳紀》文帝天康元年，頁5260～5261。《北齊書》卷11《河間王孝琬傳》、《北史》卷52《齊宗室諸王傳》同。

竟坐免。」〔註132〕

　　周隋之際的梁彥光：「在岐州，其俗頗質，以靜鎮之，合境大安，奏課連最，為天下第一。及居相部，如岐州法。鄴都雜俗，人多變詐，為之作歌，稱其不能理政。上聞而譴之，竟坐免。」按《北史》記載「初，齊亡後，（相州）衣冠士人，多遷關內，唯技巧商販及樂戶之家，移實州郭。由是人情險詖，妄起風謠，訴訟官人，萬端千變。」梁彥光雖然是當時著名的循吏，可是在相州歌謠輿論盛行的民風背景和直接針對他為「戴帽餳」〔註133〕的歌謠影響下，最終還是被免去了官職。

　　上述例證說明，在魏晉南北朝時期以歌謠任免和黜置官吏的情況，是比較普遍的現象。雖然在這些例證中，官員陞遷和被黜置的原因有多種多樣，有的是因為官員能力的原因，有的則是軍事或政治權力鬥爭的結果，有的還包含著包括政治、軍事和人際關係等多方面在內的複雜因素。我們不可能逐個分析每首歌謠背後的政治和社會背景，但我們可以從一些例證中來明確這一點。比如，前面所舉的石苞因歌謠險些被誅的事件和王濬因歌謠而被委以伐吳重任的史實，就都分別涉及到較為複雜的政治和軍事背景。這裡，我們就對這兩件事情尤其是石苞歌謠事件作一些簡單的分析，以表明兩漢魏晉南北朝時期的官員因歌謠而受任用和遭黜置的事件往往都有多種緣由，而不僅僅是因一兩首歌謠單獨造成的結果。

　　石苞險些因「宮中大馬幾作驢，大石壓之不得舒」的歌謠而丟官喪命的事件是西晉歷史上的一個特別耐人尋味的政治事件。說它耐人尋味，並不在於這件事情的曲折離奇，而在於這件事情所牽涉到的複雜的政治因素，實際上是晉初政治形勢的微妙反映。首先，這件事是發生在西晉伐吳前夕晉吳隔長江軍事對峙的歷史背景之下。在擊敗孫吳諸葛誕進擊壽春的軍事行動後，石苞長期擔任都督揚州諸軍事的職務，擔負著防備孫吳北侵和準備伐吳軍事活動的雙重使命。由於石苞「士馬強盛」，統領著強大的軍事力量，具備擁兵自重的條件，因此，他既受到晉武帝的依賴，也容易招致晉武帝的猜疑。特別是司馬炎父兄幾代正是在長期統兵作戰中控制了曹魏軍權並進而得移

〔註132〕《北齊書》卷15《厙狄干傳附子士文傳》。《北史》卷54《厙狄干傳》略同，　　　　　但以士文為厙狄干孫，《隋書》卷74《厙狄士文傳》同。

〔註133〕《北史》卷86《循吏傳·梁彥光傳》，頁2880～2881。按一年以後，梁彥光　　　　　起復，自己請求再為相州刺史，他發摘奸隱，例行教化，結果相州士人「人　　　　　皆克勵，風俗大改。」

魏祚的，更容易對握有兵符的統軍將領產生疑忌。正因如此，在晉武帝召石苞之子石喬覲見而石喬不至時，才會發生晉武帝「遣太尉義陽王望率大軍征之，以備非常。又敕鎮東將軍、琅邪王伷自下邳會壽春」的軍事討伐石苞的局面。其次，孫吳與西晉的軍事對峙和由此導致的雙方將領的軍事和政治鬥爭則是有關石苞將欲謀反的歌謠產生的直接原因。史載：「寶鼎三年，皓命奉（孫吳大將丁奉）與諸葛靓攻合肥。奉與晉大將石苞書，構而間之，苞以征還。」〔註134〕正是敵方的造謠構陷，才使得有關石苞謀反的歌謠流布到西晉首都，引起晉武帝的警覺。再次，石苞個人處理人際關係的能力不高，導致上下級關係緊張，也增加了政治對手在皇帝面前譖毀他的機會。淮北監軍王琛的採謠言以進譖〔註135〕和石苞與其參軍孫楚的不和，〔註136〕都屬於這種情況。所以，儘管石苞作為司馬氏政治集團的重要成員對司馬氏竭盡忠心，在魏晉禪代中也發揮了獨特的作用，〔註137〕但還是免不了受司馬炎的猜忌。以上三點就是石苞險些因歌謠受誅的深層原因。另外，石苞採用掾屬孫鑠的計策得以脫險，也不像《晉書·石苞傳》說的那樣簡單，而是充滿了

〔註134〕《三國志》55《吳書·丁奉傳》，頁1302。

〔註135〕王琛輕視石苞，與石苞的出身「素微」不無關係。據《晉書》卷33《石苞傳》載，石苞出身縣吏，給別人趕過車：「石苞，字仲容，渤海南皮人也。雅曠有智局，容儀偉麗，不修小節。……縣召為吏，給農司馬。會謁者陽翟郭玄信奉使，求人為御，司馬以苞及鄧艾給之。」頁1000。而據《三國志·魏書·三少帝紀》注引《世語》的記載，他甚至還販過鐵：「初，青龍中，石苞鬻鐵於長安，得見司馬宣王，宣王知焉。後擢為尚書郎，歷青州刺史、鎮東將軍。」頁147。

〔註136〕《晉書》卷56《孫楚傳》載：「孫楚，字子荊，太原中都人也。……楚才藻卓絕，爽邁不群，多所陵傲，缺鄉曲之譽。年四十餘，始參鎮東軍事。……楚後……參石苞驃騎軍事。楚既負其材氣，頗侮易於苞，初至，長揖曰：『天子命我參卿軍事。』因此而嫌隙遂構。苞奏楚與吳人孫世山共訕毀時政，楚亦抗表自理，紛紜經年」。頁1539、1542。

〔註137〕石苞曾經在高貴鄉公被弒事件中發揮了輿論煽動作用。《晉書》卷33《石苞傳》載：「苞因入朝。當還，辭高貴鄉公，留語盡日。既出，白文帝曰：『非常主也。』數日而有成濟之事。」頁1001。又《晉書》卷44《華表傳》說的更為明白：「正元初，石苞來朝，盛稱高貴鄉公，以為魏武更生。時聞者流汗沾背」。頁1260。又在司馬師死後葬禮規格的定調和魏晉禪代等事件中，石苞也發揮了重要的作用，《晉書·石苞傳》載：「文帝崩，賈充、荀勖議葬禮未定。苞時奔喪，慟哭曰：『基業如此，而以人臣終乎！』葬禮乃定。後每與陳騫諷魏帝以曆數已終，天命有在。及禪位，苞有力焉。」頁1001。所以西晉建立後，石苞也得到了極高的政治酬傭，官拜大司馬，躋身三公之位。

偶然和僥倖的色彩。史載：「苞辟河內孫鑠爲掾，鑠先與汝陰王駿善，駿時鎮許昌，鑠過見之。駿知臺已遣軍襲苞，私告之曰：『無與於禍！』鑠既出，馳詣壽春，勸苞放兵，步出都亭待罪，苞從之。帝聞之，意解。」〔註138〕

　　王濬固然是因童謠而被加封爲龍驤將軍，統領益州水軍伐吳的。但他之所以能夠在伐吳一役中建立功勳卻並不是偶然的事件，而是當時的征南大將軍羊祜刻意栽培和謀劃的結果。實際上，雖然羊祜早在晉武帝咸寧四年（278）即西晉舉兵伐吳的前兩年就已逝世，但西晉伐吳的成功，卻多半是羊祜苦心經營和精心籌劃的結果。王濬衹是因具備領兵作戰的傑出將才並受知於羊祜才得以因緣際會，在重重的阻力和掣肘之下率益州水軍攻克建業的。這一點，只要看一下本文以《資治通鑒》記載的資料爲主所列的《西晉伐吳進程表》就可以十分清楚了，茲不具論。

西晉伐吳進程表

時　　間	伐吳決策及執行過程	出　　處
泰始五年（269年）	晉武帝接受羊祜的建議決定伐吳，以羊祜都督荊州諸軍事，鎮襄陽；羊祜墾田八百餘頃，積累了伐吳所需的軍糧。羊祜認爲伐吳宜藉上流之勢，所以密表王濬復爲益州刺史，使治水軍。尋加濬龍驤將軍，監益、梁諸軍事。但王濬雖受中制募兵，卻無虎符。	《資治通鑒》卷79
咸寧二年（276年）	晉武帝以司馬駿爲征西大將軍，羊祜爲征南大將軍。祜上疏請伐吳，晉武帝同意但賈充、荀勖、馮紞等人皆以伐吳爲不可。唯度支尙書杜預、中書令張華與帝意合，贊成其計。	《資治通鑒》卷80
咸寧四年	羊祜入朝，面陳伐吳之計，帝善之並欲使祜統率諸將，祜曰：「取吳不必臣行，但既平之後，……功名之際，臣不敢居。若事了，當有所付授，願審擇其人也。」	《資治通鑒》卷80
咸寧五年	王濬、杜預上疏請伐吳，得到張華的支援，而王渾不同意。冬，十一月，〔註139〕大舉伐吳，司馬伷出塗中，王渾出江西，王戎出武昌，杜預出江陵，王濬、唐彬下巴、蜀。以賈充爲大都督，爲諸軍節度。	《資治通鑒》卷80
太康元年（280年）	王濬攻克建業，伐吳成功。孫皓詣王濬軍門降。初，詔書使王濬至建業，受王渾節度。克建業之前，王渾要濬暫過論事，濬不聽，舉帆直指建業。晉武帝聞吳平，執爵流涕說：「此羊太傅之功也。」	《資治通鑒》卷80

〔註138〕《資治通鑒》卷80《晉紀》武帝泰始四年，頁2507～2508。
〔註139〕《晉書》卷42《王濬傳》謂爲太康元年正月，即西元279年。

太康元年	王渾以濬不待己至而先入建業受降，意甚愧忿，將攻濬。濬至京師，有司奏濬違詔，又奏濬赦後燒賊船百三十五艘，請付廷尉審理；詔勿推。渾、濬爭功不已，帝命劉頌校其事，以渾爲上功，濬爲中功。〔註140〕	《資治通鑒》卷 80

　　不過，即使這樣，我們也不能否認歌謠在這些官吏任免中所起到無可替代的輿論影響作用。毋寧這樣說，諸多的例證都可以表明，作爲公眾輿論的歌謠，因在社會上大範圍的傳播，且涉及的往往多是政治人物和各級官吏，從而產生重要的社會影響，因而也特別受到兩漢魏晉南北朝統治者的重視。可以說，在兩漢魏晉南北朝時期，正是那些眾口流傳的歌謠俗語，在統治者和普通民眾之間形成了一種特殊的交流介質和輿論氛圍，使得普通民眾（還有一部分官吏）與統治集團（皇帝和官僚階層）之間產生了一種互動關係：一方面，皇帝的昏庸和官僚的貪虐使得人民生活困苦，民眾憤而呼號，以民謠和童謠的形式對他們進行指責和詈罵，或者皇帝的英明和地方官吏的寬惠給百姓帶來安寧和利益，民眾喜而作歌頌揚他們。這些歌謠通過一定途徑上達皇帝耳中，使其不斷調整和加強統治措施，並對地方官僚加以相應的任用、獎懲和調換（參見下圖）。這樣就可以不致壅閉政情民心，使統治上層和下層民眾之間得以良性的互動，達到民情和政情動態適應的狀態，從而使整個國家機器和政治體制得以更加健康穩定地運轉。本文前面所列舉的兩漢魏晉南北朝時期以歌謠任官的例證即是這種互動關係的一個方面的表現和反映。

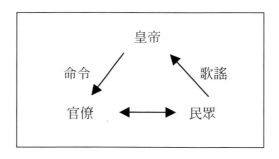

　　當然，前面的例證祇是說明歌謠與兩漢魏晉南北朝時期官員陞遷與黜置

〔註140〕《晉書》卷 42《王濬傳》云：「時人咸以濬功重報輕，博士秦秀、太子洗馬孟康、前溫令李密等並表訟濬之屈。帝乃遷濬鎮軍大將軍，加散騎常侍，領後軍將軍。……後又轉濬撫軍大將軍、開府儀同三司，加特進，散騎常侍、後軍將軍如故。」頁 1216。

的關係，這祇是歌謠俗語與官民互動關係的一個方面。而且，受筆者繪圖技藝的限制，上面的圖示也過於簡單，無法表現出這一時期以歌謠俗語這種公眾輿論爲媒介或工具的官民互動的複雜性和多樣性。事實上，兩漢魏晉南北朝時期統治者之間、統治者與普通民眾之間以歌謠爲介質或工具的互動形式，還有更爲複雜和豐富的表現。下面，筆者將結合具體的個案，以具體的例證來進一步這種互動關係的多個方面。

（二）歌謠與統治集團的互動關係

自西漢末期設立風俗使者起，兩漢魏晉南北朝時期的數百年間，各朝各代所派遣的風俗使者真正可以說是不絕於路。那麼這些采擇民間歌謠風議的使者們聽到的都是什麼樣的聲音呢？

正像前面所說的那樣，漢末魏晉南北朝時期的歌謠除少數是對所謂良吏和廉吏的讚美外，其餘的幾乎全部是民眾對貪官虐吏的憤恨怒斥和對生活疾苦的籲嗟呼告之聲。

東漢末宦官專權，四侯跋扈，「皆競起第宅，樓觀壯麗，窮極伎巧。金銀罽氁，施於犬馬。……其僕從皆乘牛車而從列騎。又養其疏屬，或乞嗣異姓，或買蒼頭爲子，並以傳國襲封。兄弟姻戚皆宰州臨郡，辜較百姓，與盜賊無異。」天下百姓苦其荼毒，爲之語曰：「左迴天，具獨坐，徐臥虎，唐兩墮。」〔註141〕這首民謠已經爲治史者所熟知。桓帝之初，「涼州諸羌一時俱反，南入蜀、漢，東抄三輔，延及并、冀，大爲民害。命將出眾，每戰常負，中國益發甲卒，麥多委棄，但有婦女獲刈之也。」天下童謠曰：「小麥青青大麥枯，誰當獲者婦與姑。丈人何在西擊胡，吏買馬，君具車，請爲諸君鼓嚨胡。」史臣解釋說：「吏買馬，君具車者，言調發重及有秩者也。請爲諸君鼓嚨胡者，不敢公言，私咽語。」〔註142〕總之都是人民不堪戰禍和徭役重負的反映。

三國時期，國家分裂，戰禍連年，地處武昌的人民身居軍事要衝，諸役繁雜，又加上地險水急，生活難以安生，於是有童謠說：「寧飲建業水，不食武昌魚，寧還建業死，不止武昌居。」〔註143〕東晉王恭鎮京口，舉兵誅王國寶。有民謠說：「昔年食白飯，今年食麥麩。天公誅謫汝，教汝撚嚨喉。嚨喉喝復喝，京口敗復敗。」又王恭在京口，百姓間忽云：「『黃頭小兒欲作賊，

〔註141〕《後漢書》卷78《宦者傳‧單超傳》，頁2528。
〔註142〕《後漢書》103《五行志一‧謠》，頁3281。
〔註143〕《三國志》卷61《吳書‧陸凱傳》，頁1401。

阿公在城，下指縛得。』又云：『黃頭小人欲作亂，賴得金刀作籓扞。』黃字上恭字頭也，小人恭字下也，尋如謠言者焉。」〔註144〕表現了人民生活在頻繁的戰亂下每況愈下的疾苦和對王恭的憤恨。劉宋時期王玄謨性嚴刻少恩，而將軍宗越對待下級更為苛酷，軍士們都說：「寧作五年徒，不逢王玄謨。玄謨猶自可，宗越更殺我。」〔註145〕劉宋孝武帝大明年間，員外散騎侍郎奚顯度苛虐無道，對待服役地百姓「動加捶撲，署雨寒雪，不聽暫休，人不堪命，或有自經死者。人役聞配顯度，如就刑戮」，殘酷無比。當時建康縣考訊囚徒，有時用方木塊壓人的額頭和踝脛，於是民間流傳民謠說：「寧得建康壓額，不能受奚度拍。」人們開玩笑時竟然也說：「勿反顧，付奚度。」〔註146〕有的歌謠還直接把憤怒的聲討指向皇帝，南齊皇帝蕭寶卷，荒淫無道，他把閱武堂改成芳樂苑，又在苑中栽花種柳，建立酒店街市，讓宮女宦官扮成小販，他自己親自賣肉，並讓他寵愛的潘妃沽酒。天天遊樂無度，不理政事。百姓於是作歌謠說：「閱武堂，種楊柳。至尊屠肉，潘妃酤酒」，〔註147〕表達了對他的失望和憤慨。北齊顯祖高洋嗜酒淫泆，肆行狂暴，極盡荒淫無道之能事，他有一次在路上問一個婦人說：「天子何如？」婦人憤慨地回答說：「顛顛癡癡，何成天子！」〔註148〕帝殺之。皇帝如此，下級官員就更為苛酷，前面所舉「刺史羅剎政，司馬蝮蛇瞋，長史含笑判，清河生吃人」的民謠，也反映出這一點。這裡不再過多舉例。

當風俗巡使把民間的訛言、俗語和歌謠彙報給皇帝時，兩漢魏晉南北朝時期的統治者們對這些來自民間的聲音和輿論又是怎樣的反映和回應呢？

首先，民眾的歌謠，作為民間的一種輿論和風議，是對統治者和官僚集團政績和品質的公開化評判，是民眾心聲的直接反映。由於它具有在民間迅速和廣泛傳播的特點，可以影響到公眾輿論和人心嚮背，當這些歌謠通過風俗使者上達「天聽」後，又可以直接影響到地方官吏的仕途前景。所以，民間的批判性歌謠能夠對一些官吏起到一定程度的震懾和警示作用。

東漢靈帝中平三年（186年），江夏兵趙慈反叛，殺南陽太守秦頡，朝廷於是任命羊續為南陽太守。羊續進入南陽郡界時，並沒有直接去衙門聽政，

〔註144〕《晉書》卷28《五行志》，頁848。
〔註145〕《宋書》卷76《王玄謨傳》，頁1976。
〔註146〕《宋書》卷94《恩幸傳·戴明寶傳附奚顯度傳》，頁2306。
〔註147〕《南史》卷5《齊廢帝東昏侯紀》，頁155。
〔註148〕《北史》卷7《齊顯祖文宣帝紀》，頁260。

而是微服入境，在民間悄悄搜尋百姓對南陽官員的歌謠風議，「觀歷縣邑，採問風謠，然後乃進。其令長貪挈，吏民良猾，悉逆知其狀」，得到消息的南陽郡諸官無不感到驚恐，結果「郡內驚竦，莫不震懾。」〔註149〕

北齊廢帝高殷乾明元年，天下歌謠都認為相王高演應該取代皇帝之位。丞相從事中郎陸杳將出使，臨別，對吏部郎中王晞說：「相王功格區宇，天下樂推，歌謠滿道，物無異望。杳等伏隸，願披赤心。而忽奉外使，無由面盡短誠，寸心謹以仰白。」王晞於是對高演轉述了陸杳的話。高演說：「若內外咸有異望，趙彥深朝夕左右，何因都無所論？自以卿意試密與言之。」讓王晞試探趙彥深的態度。趙彥深對王晞說：「我比亦驚此音謠，每欲陳聞，則口噤心戰。弟既發論，吾亦欲昧死一披肝膽。」於是他們就共同勸進高演即帝位。〔註150〕在這次事關帝位的重大政治事件中，歌謠發揮了製造輿論，推波助瀾的作用，雖然這種歌謠未必是真正源自民間的，很可能是陸杳等勸進大臣一手炮製的產物，可是當它傳入某些大臣的耳中時，仍然能夠製造出頗具刺激性的震驚效應。

正因歌謠風議在魏晉南北朝的政治和社會生活中的重要作用，所以不僅歌謠本身，甚至以采集歌謠為目的的風俗使者的出使和巡行，都會對地方官員產生一定的震懾作用。如北魏時期，元法壽任安州刺史。他先讓自己的親信微服入境，觀察風俗，收輯民間的歌謠風議，入境後便根據收集到的情況大行賞罰，結果「境內肅然」，風氣大變。〔註151〕

其次，反映人民疾苦和政治黑暗的歌謠風議，實質上反映的是社會統治秩序和政治運行機制的問題，所以會引起統治者的思考和反省，有時也會帶來統治者政策的改變和回應。他們對歌謠的第一種回應即是調整地方官員，即根據民間的歌謠風議來黜置和任免官員，關於這一點，本文前面已經列舉了大量的史實，此處不再過多論述。

統治者第二個反映即是根據歌謠的內容來調整和改變政策和統治手法，甚至會利用歌謠來為政權禪代製造輿論。這樣的例證也有很多，比如：

《後漢書》記載說，「汝南舊有鴻郤陂，成帝時，丞相翟方進奏毀敗之。建武中，太守鄧晨欲修復其功。聞（許）楊曉水脈，召與議之。楊曰：『昔成

〔註149〕《後漢書》卷31《羊續傳》，頁1110。
〔註150〕《北史》卷24《王憲傳附雲子晞傳》，頁889。
〔註151〕《魏書》卷16《陽平王熙傳附他孫法壽傳》，頁394。

帝用方進之言，尋而自夢上天，天帝怒曰：『何故敗我濯龍淵？』是後民失其利，多致饑困。時有謠歌曰：『敗我陂者翟子威，飴我大豆，亨我芋魁。反乎覆，陂當復。』昔大禹決江疏河以利天下。明府今興立廢業，富國安民，童謠之言，將有徵於此。誠願以死效力。』晨大悅，因署楊爲都水掾，使典其事。楊因高下形勢，起塘四百餘里，數年乃立。百姓得其便，累歲大稔。」〔註152〕《後漢書》還記載說，東漢末年，軍閥混戰，北方軍閥公孫瓚與劉虞發生衝突，初平二年（191年），「瓚破禽劉虞，盡有幽州之地，猛志益盛。前此有童謠言：『燕南垂，趙北際，中央不合大如礪，唯有此中可避世。』瓚自以爲易地當之，遂徙鎭焉。乃盛修營壘，樓觀數十，臨易河，通遼海。」〔註153〕在這次事件中，公孫瓚就是根據當時流傳的童謠徙鎭幽州的。當然，這首流行於幽州的童謠所反映的政治形勢，只不過是漢末時期軍閥混戰，民不聊生的天下形勢眞實寫照而已。

　　孫皓天紀年間，孫吳民間流行一首童謠說：「阿童復阿童，銜刀遊渡江。不畏岸上虎，但畏水中龍。」這首童謠傳入晉武帝耳中後，根據童謠的暗示（因爲王濬小字爲阿童）加封王濬爲龍驤將軍。結果因爲用人得當，「及征吳，江西眾軍無過者，而王濬先定秣陵」，取得了伐吳戰爭的勝利。在淝水之戰時，民間盛行一句謠言，叫做「堅不出項」，苻堅的部下群臣因此勸苻堅停在項地指揮六軍，但是苻堅求勝心切，沒有聽從群臣根據民謠提出地建議。結果在前秦戰敗後，很多人都認爲苻堅的失敗是未聽從謠言地緣故。〔註154〕

　　南朝蕭梁時期有一個很好的例證可以說明統治集團與民間歌謠的互動關係。天監十三年（514年），有一個北魏的降人王足向蕭衍獻計，說可以建築一道圍堰攔截淮水來淹灌北魏的壽陽。王足爲了證明自己計策的正確性，就引用了北方的一首童謠說：「荊山爲上格，浮山爲下格，潼沱爲激溝，並灌鉅野澤。」認爲這是壽陽一帶地勢和水利的最好說明。蕭衍聽後深以爲然，於是就派遣水工陳承伯、材官將軍祖㐷觀察地形，並讓康絢假節、都督淮上諸軍事，主持監造淮水圍堰。雖然陳承伯和祖㐷都認爲淮水沙土漂輕，不堅實，難以建築成工程浩大的圍堰。但蕭衍仍然「發徐、揚人，率二十戶取五丁以築之」，當時「役人及戰士，有眾二十萬。」這些大軍和民夫「於鍾離南起浮山，北抵巉石，依

〔註152〕《後漢書》卷82《方術傳・許楊傳》，頁2710。
〔註153〕《後漢書》卷79《公孫瓚傳》，頁2362～2363。
〔註154〕《晉書》卷114《苻堅載記下》，頁2918。

岸以築土，合脊於中流。」在兩年多的時間裏，克服重重困難，到天監十五年四月，終於完成了這一浩大的工程。圍堰「長九里，下闊一百四十丈，上廣四十五丈，高二十丈，深十九丈五尺。夾之以堤，並樹杞柳，軍人安堵，列居其上。其水清潔，俯視居人墳墓，了然皆在其下」，〔註155〕在對北魏的軍事鬥爭中，發揮了非常重要的作用。追溯這件事情的緣起，不能不歸之於北魏的那首民間歌謠。北朝的歌謠也發揮著重要的作用。北魏後期，有一個叫宋世良的人做清河太守。當時清河郡東南有個地方叫做曲堤，有姓成的一家大姓踞堤自守，在那裡居住，很多盜賊也聚集在那裡。百姓不堪忍受群盜的騷擾，就作歌謠說：「寧度東吳會稽，不歷成公曲堤。」宋世良聽到後，決定採取措施，於是製定八條命令，禁止強盜，強盜們在曲堤不能立足，不得不轉奔他處。老百姓歡欣感戴，又作歌謠說：「曲堤雖險賊何益，但有宋公自屏迹。」〔註156〕這也可以說是歌謠和地方官員的一次良性互動，反映了歌謠作為一種社會輿論的重要作用。

西元398年，北魏的軍隊攻入後燕的中山，後燕的皇帝慕容寶出奔於薊，其宗室慕容詳乘機僭號。當時後燕的車騎大將軍、冀州牧慕容德鎮守鄴城。時後秦皇帝姚興的太史令高魯派其外甥王景暉給慕容德送來玉璽一紐，上面並刻有圖識秘文，說：「有德者昌，無德者亡。德受天命，柔而復剛。」暗含慕容德受命於天，他做皇帝可以復興燕國的意思。當時又有歌謠說：「大風蓬勃揚塵埃，八井三刀卒起來，四海鼎沸中山頹，惟有德人據三臺。」〔註157〕於是慕容德的部下認為慕容詳僭號於中山，而北魏的軍隊又揚威於冀州，不知道慕容寶的生死存亡，再加上讖緯和謠言的暗示，所以都極力勸慕容德即皇帝位。慕容德假意拒絕，但終於還是在這一年做了皇帝。北齊宣帝高洋的即位經歷和慕容德十分相似。也是通過謠言和讖語來製造輿論。史載：「時訛言上黨出聖人。帝聞之，將從一郡。而郡人張思進上言，殿下生於南宮，坊名上黨，即是上黨出聖人，帝悅而止。先是童謠曰：『一束槁，兩頭然，河邊羖羝飛上天。』槁然兩頭，於文為高。河邊羖羝為水邊羊，指帝名也。於是徐之才盛陳宜受禪。帝曰：『先父亡兄，功德如此，尚終北面，吾又何敢當。』之才曰：『正為不及父兄，須早升九五。如其不作，人將生心，且讖云：『羊

〔註155〕《梁書》卷18《康絢傳》，頁292。
〔註156〕《北史》卷26《宋隱傳附宋世良傳》，頁942。
〔註157〕《晉書》卷127《慕容德載記》，頁3163。

飲盟津角挂天。』盟津，水也，羊飲水，王名也，角挂天，大位也。又陽平郡介面星驛傍有大水，土人常見群羊數百，立臥其中，就視不見。事與讖合，願王勿疑。』帝以問高德正。德正又贊成之，於是始決。」〔註158〕當然，上述兩個例證中的民謠未必是源自民間的，皇帝的廢立也不是民眾可以決定的。不過，這些謠言在一定程度上同樣可以視爲社會輿論的產物和反映。後燕被魏師攻破，政權搖搖欲墜，人民即將淪爲亡國之餘，慕容德此時即位有利於慕容鮮卑部落的穩定和發展。北齊高洋做皇帝，在一定程度上也是人民對東魏末期荒亂政局厭倦的產物，符合民眾的利益。所以在這兩次事件中，民謠的輿論作用同樣不可忽視。

魏晉南北朝時期，有的統治者出於對民間歌謠的忌諱和恐懼，有時還會採取改元和祈禳的手法來回應流傳於民間的歌謠。比如：

《江表傳》載：「初丹楊刁玄使蜀，得司馬徽與劉廙論運命曆數事。玄詐增其文以誑國人曰：『黃旗紫蓋見於東南，終有天下者，荊、揚之君乎！』又得中國降人，言壽春下有童謠曰『吳天子，當西上』。晧聞之，喜曰：『此天命也。』即載其母妻子及後宮數千人，從牛渚陸道西上，云青蓋入洛陽，以順天命。行遇大雪，道塗陷壞，兵士被甲持仗，百人共引一車，寒凍殆死。兵人不堪，皆曰：『若遇敵便當倒戈耳。』晧聞之，乃還。」〔註159〕在這次孫晧西上的事件中，就是孫晧聽信了刁玄所引述的童謠，認爲是天命的暗示，所以就採取相應的行動，來回應童謠，以答天命，祇是最後因爲兵士的反對而作罷。

前秦苻生性格殘暴，經常借各種理由殺人，很多大臣和百姓都不堪忍受他的統治，因此他也經常懷疑有人謀反或威脅他的帝位。前面已經講過，他因爲一首民謠誅殺了太師魚遵一家十八人。在他統治的壽光年間，有一次太白星犯東井星，有大臣對說：「東井，秦也，太白罰星，必有暴兵起於京師。」苻生本來認爲太白犯東井祇是天下將乾旱的徵兆，沒有在意。但當時又流行一首民謠說：「百里望空城，郁郁何青青。瞎人（苻生生而少一目）不知法，仰不見天星。」於是才明白是有人將要不利於自己。苻生不知道所謂的「法」是暗指苻法，難以找到替罪羊，於是就把前秦所有的空城統統破壞以禳避之。〔註160〕這個例子也說明民間歌謠對統治者會產生比較大的影響。

〔註158〕《北史》卷7《北齊文宣帝紀》，頁258。
〔註159〕《三國志》卷48《孫晧傳》注，頁1168。
〔註160〕《魏書》卷95《臨渭氐苻健傳附子生傳》，頁2076。

　　東晉哀帝司馬丕隆和初年，民間有童謠說：「升平不滿斗，隆和那得久！桓公入石頭，陛下徒跣走。」司馬丕聽到後感到十分晦氣，因為他前面的皇帝穆帝司馬聃後期改年號為升平，結果改元還不到五年就死去。於是司馬丕改年號為「興寧」。百姓又作歌說：「雖復改興寧，亦復無聊生。」僅過了三年，司馬丕就死掉了。時人解釋說「不滿斗」意指升平年號不會達到十年。〔註161〕在這次事件中，晉哀帝兩次改元來回應民謠的詛咒，幻想通過改元來達到消災祈福的目的，但最終卻在民眾的詛咒聲中死去。這充分反映了人民對昏庸的當權者的極度憎惡，也反映出東晉後期上層統治集團和普通民眾之間的緊張對立關係。從這兩首童謠中也可以看出穆帝和哀帝昏庸的統治給人民帶來的深重災難和困苦生活，不然人民不會如此極度地表達對當權者的憎惡的。梁代同樣有過一次因民謠而建年號的事情。候景之亂後，候景掌握了梁朝的執政大權，他立梁宗室臨賀王蕭正德為皇帝，即位於儀賢堂，同時改年號為「正平」。採用這個年號是為了因應民間的童謠。原來當時民間流行的一首童謠包含有「正平」這樣的字眼，所以候景為蕭正德選擇了這個年號以應之。〔註162〕

　　梁中大通五年（533年），北魏永熙二年，孝武帝拓跋修想依靠關中大行臺賀拔岳和荊州刺史賀拔勝兄弟對抗權臣高歡，結果被高歡反擊，攻入洛陽，拓跋修不得不西逃關中。在此之前，天象有所變化：「熒惑入南斗，去而復還，留止六旬」，梁武帝蕭衍聽到民間有謠諺說「熒惑〔註163〕入南斗，天子下殿走」，於是光腳下殿以禳除災難。後來蕭衍聽到北魏孝武帝西逃的事情，羞愧地說：「虜亦應天象邪！」〔註164〕又《太平寰宇記》引《梁陳故事》也曾經記載說：梁武時有童謠云「夫子之居在三餘」。〔註165〕於是梁武帝於餘干、餘杭、

〔註161〕《晉書》卷28《五行志中》，頁846。
〔註162〕《梁書》卷56《候景傳》，頁843。
〔註163〕古人認為熒惑星（即火星）主各種災異現象。而南斗六星中的北二星又被看作「天府庭」，所主之事與天子有關。如果熒惑星長期在南斗中停留，則表示有大臣謀反，天下將會改元易政。關於這種觀點，可參見《史記‧天官書》，《晉書‧天文志上》和《隋書‧天文志》下的有關論述。不過，熒惑入南斗似乎也和宰輔大臣有關。如《晉書》卷78《陶回傳》記載：「會熒惑守南斗經旬，導語回曰：『南斗，揚州分，而熒惑守之，吾當遜位以厭此謫。』」頁2066。
〔註164〕《資治通鑑》卷156《梁紀》武帝中大通六年，頁4853。
〔註165〕《太平寰宇記》卷94，轉引自《先秦漢魏晉南北朝詩‧梁詩》卷29《雜歌謠辭‧謠辭》，頁2144。關於長興和三餘的關係，《水經註疏》卷40《浙江水注》「北過餘杭，東入於海」句下注云：「（浙江）又逕永興縣南，縣在會稽東北

餘姚爲禳厭之法。因爲其時長興有餘干山、餘暨水、餘魚里。但史籍卻指出，這首歌謠其實不是針對梁武帝時期而發的，而是暗喻陳高祖陳霸先的興起，因爲陳霸先是長興三餘人。

上述例證都可以說是兩漢魏晉南北朝時期的統治者對社會歌謠風議的積極反應。但是，統治者對歌謠風議所採取的態度和措施不僅取決於當時的政治環境和社會局勢，還受統治者個人的因素、尤其是受統治集團的政治屬性之影響。正因如此，統治者對歌謠風議，特別是一些影響社會安定的政治和社會性訛謠和流言，常常會採取限制或打擊的反制措施。

（三）統治者對社會訛謠和流言的態度及反制措施

兩漢魏晉南北朝時期訛謠和流言的傳播，就其積極方面來說，在某種意義上可以起到溝通社會輿論、傳播社會資訊的作用，在中國古代缺乏官民溝通和互動的機制下，這無疑有利於普通民眾瞭解與其息息相關的社會事件及國家的政情和民情。但是，在絕大多數的情況下，訛言和流言等社會謠言的傳播，不僅在民眾中造成了普遍的緊張和恐慌情緒，而且由於民眾驚惶失措所造成的攜妻挈子、四處逃奔等非理性行爲，還嚴重地影響了民眾的生活和社會的正常秩序。另外，有的政治性謠言和流言還被一些原始宗教和民間巫團組織利用來號召民眾，聚眾起義，這同時也會直接威脅到政府的權威和統治。因此，在兩漢魏晉南北朝的統治者看來，不加限制地任由社會訛言和流言在社會史傳播的危害性是不言而喻的。因此，在中國歷史上，自先秦時期以來，統治者對社會訛言和流言的態度及反制措施都是非常嚴厲的。

《周禮·地官上·大司徒》記載：「以鄉八刑糾萬民：一曰不孝之刑，二曰不睦之刑，三曰不姻之刑，四曰不弟之刑，五曰不任之刑，六曰不恤之刑，七曰造言之刑，八曰亂民之刑。」鄭玄注曰：「糾猶割察也。……造言，訛言惑眾。」賈公彥疏云：「『七曰造言之刑』者，有造浮僞之言者，亦刑之。……云『造言，訛言惑眾』者，案《王制》『行僞而堅，言僞而辨』，與此造言一也，是訛言惑

一百二十里，故餘暨縣也。闔閭弟夫概之故邑也。王莽之餘衍也。漢末，童謠云：天子當興東南三餘之間。故孫權改曰永興，縣濱浙江。」（趙云：按永興故漢之餘暨，與餘姚、餘杭而爲三，故爲三餘也。會貞按：《通典》武康下引《輿地志》，漢烏程之餘不鄉地。漢末，童謠曰，天子當興東南三餘之間，吳乃改會稽之餘暨爲永興，分餘不爲永安，以協謠言，亦見《元和志》。）頁3324～3325。

眾也。」〔註166〕可見，中國在先秦時期，即有感於「訛言惑眾」的社會危害，對訛言和謠言的製造者加以嚴厲的打擊。有史料可以證明，這種法令至少在秦代還得到了延續，比如《史記・高祖本紀》裏就記載劉邦在攻佔咸陽後，召諸縣父老豪傑曰：「父老苦秦苛法久矣，誹謗者族，偶語者棄市。」而這條史料中所說的誹謗和偶語，大部分應該就是政治性歌謠或傳言。《史記集解》引應劭曰：「秦禁民聚語。偶，對也。」瓚曰：「始皇本紀曰『偶語經書者棄市』。」〔註167〕這裡只解釋了「偶語」的含義，而未對「誹謗」的意義做出解釋。據《史記・秦始皇本紀》載始皇三十四年李斯上書所說：「非博士官所職，天下敢有藏《詩》、《書》、百家語者，悉詣守、尉雜燒之。有敢偶語詩書者棄市。」〔註168〕而《史記集解》引應劭曰：「禁民聚語，畏其謗己。」〔註169〕則所謂誹謗者民眾聚語與私論經書都算誹謗的內容。但《秦始皇本紀》又載秦始皇命盧生求不死之藥，後盧生逃去，始皇大怒曰：「盧生等吾尊賜之甚厚，今乃誹謗我，以重吾不德也。諸生在咸陽者，吾使人廉問，或為訛言以亂黔首。」〔註170〕據此則所謂誹謗又包含民間對秦始皇的流言和評論。而其後民間又流傳「始皇帝死而地分」和「今年祖龍死」〔註171〕等傳言，可見所謂誹謗的含義是較為豐富的，除了私論經書等外，最重要的就是民間評論時政的流言和傳言。因而劉邦才與秦父老約法三章，「余悉除去秦法」，從而獲得了民眾的擁護。從這條史料中可以看出，秦代對流傳訛言和流言的行為是處以極刑的，而且，相對於私論經書和民眾聚語的處罰來看，流傳謠言的誹謗罪是要連坐宗族的，而「偶語」者，其罪則止於己身，只處置一人。〔註172〕值得注意的是，劉邦雖然以廢除秦代的苛法號召民眾，並以誹謗罪為例說明秦法的苛酷，可是在漢朝建立後，對製造「妖言」即訛言和流言的刑法卻並沒有廢除，甚至直到東漢時期，這種刑法還存在著。當然，

〔註166〕《十三經註疏》，頁707～708。

〔註167〕《史記》卷8《高祖本紀》，362。

〔註168〕《史記》卷6《秦始皇本紀》，頁255。

〔註169〕《史記》卷6《秦始皇本紀》，頁255。

〔註170〕《史記》卷6《秦始皇本紀》，頁258。

〔註171〕《史記》卷6《秦始皇本紀》記載：「三十六年，熒惑守心。有墜星下東郡，至地為石，黔首或刻其石曰『始皇帝死而地分』。始皇聞之，遣御史逐問，莫服，盡取石旁居人誅之，因燔銷其石。」又載：「有人持璧遮使者曰：『為吾遺滈池君。』因言曰：『今年祖龍死。』使者問其故，因忽不見，置其璧去。」頁259。

〔註172〕《史記索隱》對「偶語者棄市」解釋說：「禮云『刑人於市，與眾棄之』，故今律謂絞刑為『棄市』是也。」頁363。

構成極刑的訛言和流言，大多是政治性傳言，和普通的民間訛言和流言性質上存在著一定差別。

如《漢書‧高后紀》即載：「元年春正月，詔曰：『前日孝惠皇帝言欲除三族罪、妖言令，議未決而崩。今除之。』」對於這項決議，顏師古注曰：「罪之重者戮及三族，過誤之語以爲妖言，今謂重酷，皆除之。」〔註173〕但是，呂后這項決定並沒有得到徹底地執行，因爲在《漢書‧文帝紀》裏又記載文帝二年詔書說：「古之治天下，朝有進善之旌，誹謗之木，所以通治道而來諫者也，今法有誹謗、訞言之罪，是使眾臣不敢盡情，而上無由聞過失也。將何以來遠方之賢良？其除之。民或祝詛上，以相約而後相謾，吏以爲大逆，其有他言，吏又以爲誹謗。此細民之愚，無知抵死，朕甚不取。自今以來，有犯此者勿聽治。」而顏師古注曰：「高后元年詔除妖言之令，今此又有訞言之罪，是則中間曾重複設此條也。訞與妖同。」〔註174〕

而且，在東漢時期，所謂的妖言惑眾罪依然存在。《後漢書‧章帝紀》所載章帝二年詔就說：「《書》云：『父不慈，子不祇，兄不友，弟不恭，不相及也。』往者妖言大獄，所及廣遠，一人犯罪，禁至三屬，莫得垂纓仕宦王朝。如有賢才而沒齒無用，朕甚憐之，非所謂與之更始也。諸以前妖惡禁錮者，一皆蠲除之，以明棄咎之路，但不得在宿衛而已。」〔註175〕關於東漢時期的妖言惑眾罪的處罰案例，我們可以舉出很多。比如《後漢書‧清河孝王慶傳》記載：「（安）帝所生母左姬，字小娥，小娥姊字大娥，犍爲人也。初，伯父聖坐妖言伏誅，家屬沒官，二娥數歲入掖庭，及長，並有才色。小娥善《史書》，喜辭賦。和帝賜諸王宮人，因入清河第。」〔註176〕左姬的伯父遭妖言之獄的連坐，左姬一家也遭受沒官的處罰。又謝承《後漢書‧楊秉傳》載：「秉奏『參取受罪臧累億。牂柯男子張攸，居爲富室，參橫加非罪，云造訛言，殺攸家八人，沒入廬宅。」〔註177〕張攸也是因訛言之罪導致八口家人被殺的。另外，前引《三國志‧魏書‧劉表傳》所載那位大呼「荊州將有大喪」的華容女子，也是因「言語過差」而被「縣以爲妖言，繫獄月餘」〔註178〕的，顯然也是東漢末年妖言罪的受害者。

〔註173〕《漢書》卷3《高後紀》，頁96。
〔註174〕《漢書》卷4《文帝紀》，頁118。
〔註175〕《後漢書》卷3《章帝紀》，頁147～148。
〔註176〕《後漢書》卷55《章帝八王傳‧清河孝王慶傳》，頁1803。
〔註177〕周天遊輯注《八家後漢書輯注‧謝承後漢書》卷4《楊賜傳附楊秉傳》，上海古籍出版社，1986年版，頁91。
〔註178〕《三國志》卷6《魏書‧劉表傳》，頁214。

而據史籍記載，曹魏時期也仍然存在著妖言誹謗之罪，而且相應刑罰依然十分苛酷。如《三國志・魏書・高柔傳》載：「文帝踐阼，以柔爲治書侍御史，賜爵關內侯，轉加治書執法。民間數有誹謗妖言，帝疾之，有妖言輒殺，而賞告者。柔上疏曰：『今妖言者必戮，告之者輒賞。既使過誤無反善之路，又將開凶狡之群相誣罔之漸，誠非所以息奸省訟，緝熙治道也。……臣愚以爲宜除妖謗賞告之法，以隆天父養物之仁。』帝不即從，而相誣告者滋甚。帝乃下詔：『敢以誹謗相告者，以所告者罪罪之。』於是遂絕。」〔註179〕事實上，從魏晉以後一直到南北朝時期，雖然有的朝代缺乏明確的歷史記載，但所謂妖言誹謗之罪應該是一直都存在的。茲舉兩事爲證。《南齊書・王奐傳》記載，南齊武帝蕭賾永明十一年（483 年），御史中丞孔稚珪彈奏雍州刺史王奐王說「（王）奐啓錄小府長史劉興祖，虛稱『興祖扇動山蠻，規生逆謀，訕言誹謗，言辭不遜』。敕使送興祖下都，奐慮所啓欺妄，於獄打殺興祖，詐啓稱自經死。」〔註180〕雖然王奐以妖言誹謗的罪名把劉興祖投入獄中並打殺致死屬於誣陷和政治迫害，但這種迫害之所以能夠實行，正是以妖言誹謗罪的存在爲前提。又《魏書・孝文帝紀》記載，孝文帝太和二十一年（498 年）二月「定州民王金鈎訕言惑眾，自稱應王。丙寅，州郡捕斬之。」〔註181〕但是，無論歷代王朝妖言誹謗之罪的廢立情況如何，有一點是可以肯定的，就是每當社會上的政治性謠言、訛言或流言造成一定的興論影響，直接威脅到統治者的地位時，他們對謠言的製造者的處罰則肯定是很嚴酷的。

有意思的是，兩漢魏晉南北朝時期，軍隊裏面，也有對謠言惑眾的嚴厲處罰。《太平御覽》記載唐代的《衛公兵法》說：「褰旗斬將，陷陣摧鋒，上賞。破敵所得資物僕馬等，並給戰士。每收陣之後，裨將虞候輩收斂，付總管均分之。與敵鬥，旗頭被傷，救得者重賞。漏泄軍事，斬之；背軍逃走，斬之；後期，斬之；行列不齊、旌旗不整、金革不鳴，斬之；與敵私交通，斬之；或說道釋、祈禱鬼神、陰陽卜筮、災祥訛言以動眾心，並與其人往還言議，斬之；無故驚軍，叫呼奔走，謬言煙塵，斬之。」〔註182〕《衛公兵法》雖然是唐代的作品，但在其敘述軍法時，卻是遠溯兩漢魏晉南北朝的，所以書中所載災祥訛言以動眾心斬之的論述，應該也是能夠反映出兩漢魏晉南北

〔註179〕《三國志》卷24《魏書・高柔傳》。頁 684～685。
〔註180〕《南齊書》卷49《王奐傳》，頁 849。
〔註181〕《魏書》卷七《高祖孝文帝紀》，頁 181。
〔註182〕《太平御覽》卷 296《兵部・法令》。頁 1367～1368。

朝時期的情況。

　　不過，歷史上大多數的民間訛言和流言都不是政治性的，而是社會性的。而且，即使是政治性的謠言和流言，其表述方式也是很模糊的，而且往往會通過獨特的「假象寄興」〔註183〕的比喻象徵方式來委婉地表達其政治內涵和批評指向，因而不易爲統治者很快察覺和認識清楚，所以此類訛言和流言的製造和傳播者往往能夠逃脫統治者的懲罰。但是，如前所述，不論是政治性謠言還是社會性謠言，都會對當時的民眾生活和社會秩序產生較大的影響，對於這一點，兩漢魏晉南北朝時期的統治者的認識是很清楚的。所以，在嚴厲打擊政治性謠言的同時，兩漢魏晉南北朝時期的各級政府和官吏，也很注意對一些社會性訛言和流言進行引導或反制。

　　控制各種政治性和社會性謠言，除了打擊、處罰以外，毫無疑問，最有效的辦法就是加強對民眾的引導和溝通，減弱社會訛言和流言的影響，從而增強民眾拒斥謠言的觀念、心理準備和信心。如採用官方闢謠的形式，就是一種促使政治謠言消失的重要方式。同時，相應改革和改善引發社會謠言的政治措施和吏治，則是消除各種流言和訛言的根本途徑。《詩經》說：「人之訛言，寧莫之懲」，〔註184〕或許就是這個道理。對於這些道理，兩漢魏晉南北朝時期的統治者的認識也是比較清楚的。所以在對社會訛言和流言給以打壓懲處的同時，也認識到「流言之細，曷足以紆天功」，〔註185〕社會上的各種訛

〔註183〕我國古代的歌謠大多是以「假象寄興」形式來表達其所指代的意象的具體寓意的。「象」是《周易》中的一個概念，它含有擬象和象徵的含義，如《易傳・繫辭》說：「是故《易》者，象也。象也者，像也」，「聖人有以見天下之賾，而擬諸其形容，象其物宜，是故謂之象」。後人以其作爲一種研究文學特別是詩歌等文體中假象（文學語言所塑造的形象）和寄興（所抒發的情感和願望）關係的理論。這種關係，正如摯虞在《文章流別論》中所說：「假象盡辭，敷陳其志」（《太平御覽》卷585《文部・敘文》，頁2635。），又如王弼所說：「夫象者，出意者也。言者，明象者也。」還如韓康伯所云「立象所以表出其意，作其言者，顯明其象。……象以表意，言以盡象。」（《周易注》卷10《周易略例》，〔魏〕王弼著，〔晉〕韓康伯注，四部叢刊影印宋刊本）筆者認爲，這種通過表象來探討詩歌或歌謠所表達的內容的方法也很適合用來分析和解釋中國古代訛謠流言等歌謠特別是那些以隱晦的語言來指斥時政的歌謠的含義。

〔註184〕《毛詩正義》卷11《小雅・鴻雁之什・庭燎》。孔穎達正義曰：「懲，止也。箋云：『訛，僞也。』言時不令小人好詐僞，爲交易之言，使見怨咎，安然無禁止。」（《十三經註疏》，頁433。）可見《詩經》時代的統治者對訛言是不加禁止和懲處的，認爲應該使其自然澄清，自動安定。

〔註185〕《魏書》卷47《盧玄傳附盧道約傳》。頁1049。

謠不足以構成對其統治的現實性的嚴重威脅,所以兩漢魏晉南北朝時期的統治者有時也採取改善施政及誘導闢謠、安定民眾的辦法來平息社會訛謠的影響。我們還是可以試舉數例為證。

西漢時期發生訛言行詔籌事件後,漢成帝就以郡國地震、民訛言行籌和日蝕等原因,徵召孔光,罷免了孫寵、息夫躬以及侍中諸曹黃門郎數十人。對此,當時的大臣鮑宣上書成帝說:「陛下父事天,母事也,子養黎民,即位已來,父虧明,母震動,子訛言相驚恐。今日蝕於三始,誠可畏懼。小民正月朔日尚恐毀敗器物,何況於日虧乎!陛下深內自責,避正殿,舉直言,求過失,罷退外親及旁仄素餐之人,徵拜孔光為光祿大夫,發覺孫寵、息夫躬過惡,免官遣就國,眾庶歡然,莫不說喜。天人同心,人心說則天意解矣。」〔註186〕可見,鮑宣認為漢成帝的「避正殿,舉直言,求過失,罷退外親及旁仄素餐之人」等政治舉措正是消除民間流言和訛言、恢復民眾安定心理和對政府信心的最佳方法。又如《後漢書·安帝紀》載永初元年十一月戊子,安帝敕司隸校尉、冀、并二州刺史說:「民訛言相驚,棄捐舊居,老弱相攜,窮困道路。其各敕所部長吏,躬親曉喻。若欲歸本郡,在所為封長檄;不欲,勿強。」〔註187〕對這次發生在司、冀、并三州的民間訛言相驚事件,朝廷就採取了讓地方長吏躬親曉喻、安定疏導的辦法。又如《晉書·冉閔載記》說:「石祇使劉顯帥眾七萬攻鄴。時閔潛還,莫有知者,內外凶凶,皆謂閔已沒矣。射聲校尉張艾勸閔親郊,以安眾心,閔從之,訛言乃止。」〔註188〕

通過以上的例證可以看出,對於對民眾生活和社會秩序有較大影響的訛言和流言,兩漢魏晉南北朝時期的統治者並不是聽之任之或束手無策的,他們往往能夠針對不同社會性質的訛謠和流言,採用打擊懲處或溝通疏導的手法,給以回應和反制。

總之,通過本章的分析可以看出,在兩漢魏晉南北朝時期,歌謠作為一種公眾輿論,與當時的政治和社會有著密切的關係,它們作為一種公眾輿論,是民眾對現實政治和生活的反映,表達了對時政和統治上層的批評和意見。因此,民間歌謠也可以看作社會下層民眾提出政治要求、參與社會政治的一種重要的手段。另外,按照西方行政學的原理,借助公共輿論可以加強對政

〔註186〕《漢書》卷72《鮑宣傳》,頁3091~3092。
〔註187〕《後漢書》卷5《孝安帝紀》,頁209。
〔註188〕《晉書》卷107《冉閔載記》,頁2795。

府人事管理活動的關注，有助於提高對政府官員系統的監控。〔註189〕在我國古代兩漢魏晉南北朝時期法制和相關監察制度都還不健全的情況下，〔註190〕作為公眾輿論的歌謠風議的傳播和影響，在一定程度上正可以彌補這方面的不足。因此，可以說，歌謠俗語也是對兩漢魏晉南北朝時期官員進行輿論監督的一個有效形式。而且，如本文研究所見，兩漢魏晉南北朝時期統治者也是非常重視歌謠風議的社會輿論作用的，他們不僅經常派風俗使者去民間收輯歌謠，還將民間的歌謠風議以此作為考課和監察地方官員的重要方式。有的統治者也注意從民間歌謠的輿論導向中吸取經驗，及時調整統治政策和措施，來因應民眾的呼聲和要求，並對一些會危及社會秩序和鼓動政治動亂的訛謠、流言加以控制和疏導。這樣，就在統治者和民眾之間通過歌謠形成了一種互動關係。這種互動對於我國古代的社會機制及其良性運轉，無疑具有一定的積極意義。

〔註189〕楊百揆等著《西方文官系統》，四川人民出版社，1985年版，頁322。

〔註190〕儘管有學者認為以御史監察系統和諫官言諫系統構成的中國古代監察制度使「歷史悠久」、「制度完備」，但是，這些學者也認為，兩漢魏晉南北朝時期只是中國古代監察制度的形成和發展時期，體制還不夠完備，系統也不夠嚴密。（見邱永明《中國監察制度史》，華東師範大學出版社，1992年版，頁1～2。）而且，兩漢魏晉南北朝時期的御史監察體系，其權力受多方牽制，官員個人的素質對監察效果有直接而重要的影響，富於人治色彩。因而對這種監察體系的評價應該適度。

第六章　吏道、官事與民謠──兩漢魏晉南北朝歌謠俗語與官僚政治的關係

　　本文已經以不同的專題探討了兩漢魏晉南北朝時期歌謠的產生、傳播和以歌謠爲中介的官民互動的情況。可以看出，作爲一種特殊的公眾輿論的歌謠在兩漢魏晉南北朝社會和政治生活中都有著十分重要的影響。更值得注意的是，兩漢魏晉南北朝時期的史籍中，既記載了大量的反映民眾疾苦的歌謠，也反覆出現過吏道乖錯和官事浸耗的主題。比如《漢書·路溫舒傳》載漢宣帝時期，路溫舒上書說：「臣聞秦有十失，其一尚存，治獄之吏是也。……治獄吏則不然，上下相驅，以刻爲明；深者獲公名，平者多後患。故治獄之吏皆欲人死，非憎人也，自安之道在人之死。是以死人之血流離於市，被刑之徒比肩而立，大辟之計歲以萬數，……獄吏專爲深刻，殘賊而亡極，媮爲一切，不顧國患，此世之大賊也。故俗語曰：『畫地爲獄，議不入；刻木爲吏，期不對。』此皆疾吏之風，悲痛之辭也。」〔註1〕這首歌謠反映了民眾對漢代獄吏專爲深刻、殘酷無情的痛恨。又漢成帝時，御史中丞薛宣上疏說：「（今）吏多苛政，政教煩碎，大率咎在部刺史，或不循守條職，舉錯各以其意，多與郡縣事，至開私門，聽讒佞，以求吏民過失，譴呵及細微，責義不量力。郡縣相迫促，亦內相刻，流至眾庶。……夫人道不通，則陰陽否隔，和氣不興，未必不由此也。《詩》云：『民之失德，乾餱以愆。』鄙語曰：『苛政不親，煩苦傷恩。』」〔註2〕這首歌謠則反映了漢代上至刺史，下至郡縣官吏對民眾

〔註1〕　《漢書》卷51《路溫舒傳》，頁2369～2370。
〔註2〕　《漢書》卷83《薛宣傳》，頁3386。

的壓迫與苛刻，反映了中國古代官僚制度下缺乏有效監督的各級官員「不循守條職」而各自為政侵害民眾利益的現象。而應劭在《風俗通義》則記載：「頃者，廷尉多牆面而苟充茲位，持書侍御史不復平議，讞當糾紛，豈一事哉！里語曰：『縣官漫漫，冤死者半。』」〔註3〕這首歌謠則說明昏庸的官吏對民眾的巨大危害。又如《後漢書・五行志》載：「桓帝之初，京都童謠曰：『城上烏，尾畢逋。公為吏，子為徒。一徒死，百乘車。車班班，入河間。河間姹女工數錢，以錢為室金為堂。石上慊慊舂黃粱。梁下有懸鼓，我欲擊之丞卿怒。』」范曄認為：「案此皆謂為政貪也。城上烏，尾畢逋者，處高利獨食，不與下共，謂人主多聚斂也。……梁下有懸鼓，我欲擊之丞卿怒者，言永樂主教靈帝，使賣官受錢，所祿非其人，天下忠篤之士怨望，欲擊懸鼓以求見，丞卿主鼓者，亦復諂順，怒而止我也。」〔註4〕這首歌謠則反映了在貪官污吏橫行，暴政、酷政肆虐的情況下，廣大民眾深受其害卻遭受壓制，哭訴無門的現象。又如《南史・蕭恪傳》載：「（蕭）恪字敬則，弘雅有風則，姿容端麗。位雍州刺史。年少未閒庶務，委之群下，百姓每通一辭，數處輸錢，方得聞徹。賓客有江仲舉、蔡薳、王臺卿、庾仲容四人，俱被接遇，並有蓄積。故人間歌曰：『江千萬，蔡五百，王新車，庾大宅。』遂達武帝。帝接之曰：『主人憒憒不如客。』」〔註5〕這首歌謠則反映了梁代地方官員和屬吏不顧民眾死活和疾苦，而一味貪財納賄的事實。總之，這類反映吏治腐敗的歌謠在兩漢魏晉南北朝時期十分常見，它們所包含的產生這種現象的深層政治和社會原因，是十分值得探討的。

　　本節所要探討的，就是為什麼在兩漢魏晉南北朝時期會產生這種反映吏治腐敗和民生疾苦的歌謠特別是民謠，它們又和兩漢魏晉南北朝的「吏道」和「官事」即當時的選舉體制和官僚政治存〔註6〕在什麼樣的關係。換句話說，

〔註3〕《太平御覽》卷226《職官部・持書御史》引《風俗通》，頁1074。
〔註4〕《後漢書》卷113《五行志》，頁3281～3282。
〔註5〕《南史》卷52《梁南平元襄王偉傳附子恪傳》，頁1292。
〔註6〕吏道在史籍中通常有兩義，一為選官途徑，如《史記》卷30《平準書》載，漢武帝時期置武功爵：「諸買武功爵官首者試補吏，先除；千夫如五大夫；其有罪又減二等；爵得至樂卿：以顯軍功。」由此「軍功多用越等，大者封侯卿大夫，小者郎吏。吏道雜而多端，則官職耗廢。」頁1423。目前學者們的研究多從此義入手，如趙光懷《論漢代「吏道」》（河南師範大學學報，2002年第4期）一文就是探討漢代官員仕進途徑的。吏道另外一義為為官或為吏之道，如《漢書》卷83《薛宣傳》載，薛宣的兒子薛惠「為彭城令，（薛）宣從臨淮遷至陳

就是以長時段的觀點來看，兩漢魏晉南北朝時期歌謠之所以產生和發生影響的最重要的制度性和社會性根源是什麼。就史籍中所提供的大量史料而言，筆者認為，兩漢魏晉南北朝時期歌謠產生和發生影響的最根本的原因乃是在於當時的各級政府和官吏的施政對民眾生活造成的影響，而這一切顯然又是與兩漢魏晉南北朝時期的官僚政治存在著密切的關係。具體而言，兩漢魏晉南北朝時期的選官蝟濫及貪官酷吏對民眾利益的侵害，是歷史上很多時政歌謠產生的主要原因。與此相對應的，則是民眾對一部分尚德愛民的官吏的讚美，這也是兩漢魏晉南北朝時期歌謠產生的原因一個重要方面。

《後漢書・劉瑜傳》載，延熹八年，太尉楊秉舉賢良方正，及到京師，上書陳事曰：「臣在下土，聽聞歌謠，驕臣虐政之事，遠近呼嗟之音，竊為辛楚，泣血漣如。幸得引錄，備答聖問，泄寫至情，不敢庸回。誠願陛下且以須臾之慮，覽今往之事，人何為咨嗟，天曷為動變。」〔註7〕而南朝著名文學家謝靈運的《撰征賦》裏又說：「降俊明以鏡鑒，迴風猷以昭宣。道既底於國難，惠有覃於黎元。士頌歌於政教，民謠詠於渥恩。兼《采苣》之致美，協《漢廣》之發言。」〔註8〕這兩則史料告訴我們，中國古代的歌謠所反映的內容，主要有兩類，其一是對生活困苦和社會災難的呼號和批判，其二是對生活富

留，過其縣，橋梁郵亭不修。宣心知惠不能，留彭城數日，案行舍中，處置什器，觀視園菜，終不問惠以吏事。惠自知治縣不稱宣意，遣門下掾送宣至陳留，令掾進見，自從其所問宣不教戒惠吏職之意。宣笑曰：『吏道以法令為師，可問而知。及能與不能，自有資材，何可學也？』眾人傳稱，以宣言為然。」頁3397。本文所講吏道在此兩義基礎上既有所保留，又有所引申，其含義既指兩漢魏晉南北朝時期的官吏選舉途徑和制度，也指官吏在位期間的作為和表現。官事在史籍中通常指公事，如《史記》卷3《殷本紀》說：「曹圉辛，子冥立。」《史記集解》引宋忠的話解釋說：「冥為司空，勤其官事，死於水中，殷人郊之。」頁92。又《漢書》卷92《遊俠傳・陳遵傳》載，杜陵人陳遵為河南太守，「既至官，……召善書史十人於前，治私書謝京師故人。遵馮几，口占書吏，且省官事」。頁3711。上述兩例證中的官事一詞，就是指官事。另外，官事還有一個很重要的含義為官僚政治和政府統治。如《史記・酷吏列傳》載太史公曰：「自郅都、杜周十人者，此皆以酷烈為聲。然郅都伉直，引是非，爭天下大體。張湯以知陰陽，人主與俱上下，時數辯當否，國家賴其便。趙禹時據法守正。杜周從諛，以少言為重。自張湯死後，網密，多詆嚴，官事浸以秏廢。」頁3154。又《晉書》卷《衛瓘傳》引崔瑗作《草書勢》曰：「書契之興，始自頡皇。寫彼鳥迹，以定文章。爰暨末葉，典籍彌繁。時之多僻，政之多權。官事荒蕪」。頁1066。本文所用官事的概念即指此義。

〔註7〕　《後漢書》卷57《劉瑜傳》，頁1855。
〔註8〕　《宋書》卷67《謝靈運傳》，頁1751。

足和社會安定的感恩與讚美，而這兩類歌謠又都是和官府的「政教」分不開的，所謂「驕臣虐政之事，遠近呼嗟之音」和「頌歌於政教，民謠詠於渥恩」就很典型地概括出了民間歌謠與兩漢魏晉南北朝時期官僚政治之間的密切關係。當然，上面所講歌謠與官僚政治的關係祗是從制度的層面來看的。但是，相對於中國古代的政治現實而言，一切政治制度只不過是權力結構和社會秩序的穩定化形式，在具體的層面上，還要由各級官吏及其行政措施表現出來。具體到歌謠與官僚政治的關係來說，歷史上許多對循吏的讚美和對酷吏的批評歌謠則是對這種關係的兩種典型的表達形式。

一、吏道與民謠：循吏和酷吏的典型意義

我國有關兩漢魏晉南北朝時期史事的典籍中，記載了很多民眾對當時官吏讚美或批評的歌謠。下面按時代順序簡要地舉一些例證。

先看兩漢時期。《漢書·溝洫志》載：史起爲鄴令，引漳水溉鄴，以富魏之河內。民歌之曰：「鄴有賢令兮爲史公，決漳水兮灌鄴旁，終古舄鹵兮生稻梁。」〔註9〕《漢書·馮立傳》載：「立居職公廉，治行略與野王相似，而多知有恩貸，好爲條教。吏民嘉美野王、立相代爲太守，歌之曰：『大馮君，小馮君，兄弟繼踵相因循，聰明賢知惠吏民，政如魯、衛德化鈞，周公、康叔猶二君。』後⋯⋯更歷五郡，所居有迹。年老卒官。」〔註10〕又《後漢書·岑彭傳》載，岑熙「少爲侍中、虎賁中郎將，朝廷多稱其能。遷魏郡太守，招聘隱逸，與參政事，無爲而化。視事二年，輿人歌之曰：『我有枳棘，岑君伐之。我有蟊賊，岑君遏之。狗吠不驚，足下生氂。含哺鼓腹，焉知凶災？我喜我生，獨丁斯時。美矣岑君，於戲休茲！』」〔註11〕《後漢書·賈琮傳》載：交址官員多以聚斂爲務，民不聊生，聚爲盜賊。賈琮擔任刺史後，「即移書告示，各使安其資業，招撫荒散，蠲復徭役，誅斬渠帥爲大害者，簡選良吏試守諸縣，歲間蕩定，百姓以安。巷路爲之歌曰：『賈父來晚，使我先反；今見清平，吏不敢飯。』在事三年，爲十三州最，徵拜議郎。」〔註12〕《後漢書·延篤傳》載延篤「遷左馮翊，又徙京兆尹，其政用寬仁，憂恤民黎，

〔註9〕 《漢書》卷29《溝洫志》，頁1677。
〔註10〕 《漢書》卷79《馮奉世傳附子立傳》，頁3305。
〔註11〕 《後漢書》卷17《岑彭傳》，頁663。
〔註12〕 《後漢書》卷31《賈琮傳》，頁1112。

擢用長者，與參政事，郡中歡愛，三輔咨嗟焉。先是陳留邊鳳爲京兆尹，亦有能名，郡人爲之語曰：『前有趙張三王，後有邊延二君。』」〔註13〕

　　魏晉南北朝時期，這類的歌謠更爲多見。如《晉書‧良吏傳》載鄧攸「在郡刑政清明，百姓歡悅，爲中興良守。後稱疾去職。郡常有送迎錢數百萬，攸去郡，不受一錢。百姓數千人留牽攸船，不得進，攸乃小停，夜中發去。吳人歌之曰：『紞如打五鼓，雞鳴天欲曙。鄧侯拖不留，謝令推不去。』」〔註14〕《梁書‧丘仲孚傳》記載，丘仲孚爲曲阿令，值王敬則謀反來攻，「敬則軍至，值瀆涸，果頓兵不得進，遂敗散。仲孚以距守有功，遷山陰令，居職甚有聲稱，百姓爲之謠曰：『二傅沈劉，不如一丘。』前世傅琰父子、沈憲、劉玄明，相繼宰山陰，並有政績，言仲孚皆過之也。」〔註15〕《南史‧陸襄傳》載，中大通六年（535年）陸襄爲鄱陽內史，大同元年（535年），郡人鮮于琮聚衆謀反，攻略郡縣，「襄先已率人吏修城隍爲備，及賊至破之，生獲琮。時鄰郡豫章、安成等守宰案其黨與，因求貨賄，皆不得其實。或有善人盡室罹禍，唯襄郡枉直無濫。人作歌曰：『鮮于抄後善惡分，人無橫死賴陸君。』又有彭、李二家，先因忿爭，遂相誣告。襄引入內室，不加責誚，但和言解喻之。二人感恩，深自悔咎。乃爲設酒食令其盡歡，酒罷同載而還，因相親厚。人又歌曰：『陸君政，無怨家。鬥既罷，讎共車。』在政六年，郡中大寧。」〔註16〕《魏書‧裴延俊傳》載：裴延俊擔任幽州刺史的時候，因地制宜，興修水利，「溉田百萬餘畝，爲利十倍，百姓至今賴之。又命主簿酈惲修起學校，禮教大行，民歌謠之。在州五年，考績爲天下最。」〔註17〕《北史‧元淑傳》載：「贊弟淑，字買仁。……孝文時，爲河東太守。河東俗多商賈，罕事農桑，人至有年三十不識耒耜。淑下車勸課，躬往教示，二年間，家給人足，爲之謠曰：『泰州河東，杼柚代舂。元公至止，田疇始理。』」〔註18〕又《北史‧崔伯謙傳》載，天保初崔伯謙任濟北太守：「恩信大行，富者禁其奢侈，貧者勸課周給。縣公田多沃壤，伯謙咸易之以給人。又改鞭，用熟皮爲之，不忍見血，示恥而已。朝貴行過郡境，問人太守政何似？對曰：『府君恩化，古者所無。』誦人爲歌曰：『崔府君，能臨政。

〔註13〕《後漢書》卷64《延篤傳》，頁2103～2104。
〔註14〕《晉書》卷90《良吏傳‧鄧攸傳》，頁2340。
〔註15〕《梁書》卷53《良吏傳‧丘仲孚傳》，頁771。
〔註16〕《南史》卷48《陸慧曉傳附厥弟襄傳》，頁1198～1199。
〔註17〕《魏書》卷69《裴延俊傳》，頁1529。
〔註18〕《北史》卷15《常山王遵傳附贊弟淑傳》，頁573。

退田易鞭布威德，人無爭。』客曰：『既稱恩化，何因復威？』對曰：『長吏憚其威嚴，人庶蒙其恩惠，故兼言之。』」〔註19〕《北史‧裴俠傳》載，裴俠出任河北郡守的時候，躬履儉素，愛民如子，時「有丁三十人，供郡守役，俠亦不以入私，並收庸爲市官馬。歲時既積，馬遂成群。去職之日，一無所取。人歌曰：『肥鮮不食，丁庸不取；裴公貞惠，爲世規矩。』俠嘗與諸牧守俱謁周文，周文命俠別立，謂諸牧守曰：『裴俠清愼奉公，爲天下之最。』令眾中有如俠者，可與之俱立。眾皆默然，無敢應者。周文乃厚賜俠，朝野服焉，號爲『獨立使君』。」〔註20〕

　　兩漢魏晉南北朝時期關於酷吏和貪官的歌謠，也很多見。《後漢書‧樊曄傳》載：「隗囂滅後，隴右不安，乃拜曄爲天水太守。政嚴猛，好申韓法、善惡立斷。人有犯其禁者，率不生出獄，吏人及羌胡畏之。道不拾遺……涼州爲之歌曰：『游子常苦貧，力子天所富。寧見乳虎穴，不入冀府寺。大笑期必死，忿怒或見置。嗟我樊府君，安可再遭值！』」〔註21〕《資治通鑑》載，西晉永嘉中王浚把持朝政，酷虐無道，「於是士民駭怨，而浚矜豪日甚，不親政事，所任皆苛刻小人，棗嵩、朱碩，貪橫尤甚。北州謠曰：『府中赫赫，朱丘伯；十囊、五囊，入棗郎。』調發殷煩，下不堪命，多叛入鮮卑。」〔註22〕前引《宋書‧奚顯度傳》所載「寧得建康壓額，不能受奚度拍」和「勿反顧，付奚度」〔註23〕兩首歌謠則是對奚顯度苛虐無道的咒罵和諷刺。又《南史‧王瑩傳》載梁武帝時期王瑩爲左光祿大夫、開府儀同三司、丹陽尹。其「既爲公，須開黃合。宅前促，欲買南鄰朱侃半宅。侃懼見侵，貨得錢百萬，瑩乃回合向東。時人爲之語曰：『欲向南，錢可貪；遂向東，爲黃銅。』」〔註24〕又《魏書‧皇后傳》記載，北魏宣武帝靈皇后胡氏後「幸左藏，王公、嬪、主已下從者百餘人，皆令任力負布絹，即以賜之，多者過二百匹，少者百餘匹。唯長樂公主手持絹二十匹而出，示不異眾而無勞也。世稱其廉。儀同、陳留公李崇，章武王融並以所負過多，顛僕於地，崇乃傷腰，融至損腳。時人爲之語曰：『陳留、章武，傷腰折股。貪人敗類，穢我明主。』」

〔註19〕《北史》卷32《崔鑒傳附從孫伯謙傳》，頁1162。
〔註20〕《北史》卷38《裴俠傳》，頁1401。
〔註21〕《後漢書》卷77《酷吏傳‧樊曄傳》，頁2491。
〔註22〕《資治通鑑》卷88《晉紀》愍帝建興元年，頁2804。
〔註23〕《宋書》卷94《恩幸傳‧戴明寶傳附奚顯度傳》，頁2306。
〔註24〕《南史》卷23《王誕傳附藻弟子瑩傳》，頁622。

〔註25〕這首歌謠則反映了北魏大臣愛財如命的醜惡嘴臉。又《北齊書‧厙狄士文傳》載，厙狄士文在隋初任貝州刺史，「至州，發摘奸吏，尺布斗粟之贓，無所寬貸，得千人奏之，悉配防嶺南。親戚相送，哭聲遍於州境。至嶺南，遇瘴癘死者十八九，於是父母妻子唯哭士文。士文聞之，令人捕搦，捶楚盈前，而哭者彌甚。司馬京兆韋焜、清河令河東趙達十人並苛刻，唯長史有惠政，時人語曰：『刺史羅剎政，司馬蝮蛇瞋，長史含笑判，清河生吃人。』上聞，歎曰：『士文暴過猛獸。』竟坐免。」〔註26〕總之，兩漢魏晉南北朝時期貪虐苛酷的官吏，是十分常見的。

　　不過，上述歌謠所涉及的官吏，除一部分中央高級官員外，主要可以歸結為兩種類型，一種是在任時注意發展經濟或興辦教育，造福一方民眾，另一種則是以嚴刑峻法或嚴重剝削對待百姓，對民眾生活造成極大的侵害。這兩種官吏，在我國古代的史書中有專門的術語稱之，即循吏和酷吏。

　　循吏和酷吏，是自《史記》和《漢書》為這兩類官吏立傳以來我國古代正史中所確定的兩種官員類型。司馬遷在《史記》中第一次為所謂的「循吏」作傳，《史記索隱》開宗明義地解釋所謂循吏者，「本法循理之吏也」，而司馬遷對循吏的定義是：「奉法循理之吏，不伐功矜能，百姓無稱，亦無過行」，〔註27〕「不教而民從其化，近者視而倣之，遠者四面望而法之」。因此司馬遷認為：「法令所以導民也，刑罰所以禁奸也。文武不備，良民懼然身修者，官未曾亂也。奉職循理，亦可以為治，何必威嚴哉？」〔註28〕可見，司馬遷認為循吏的標準在於謹守成法，無為而化，最根本的一點是不要侵擾百姓，這頗具有黃老之道的色彩。班固在《漢書》中所認定的循吏在內涵上和司馬遷所講雖然有所不同，但大體上還是一脈相承的。他說：「漢興之初，反秦之敝，與民休息，凡事簡易，禁罔疏闊，而相國蕭、曹以寬厚清靜為天下帥，民作『畫一』之歌。孝惠垂拱，高后女主，不出房闥，而天下晏然，民務稼穡，衣食滋殖。至於文、景，遂移風易俗。是時，循吏如河南守吳公、蜀守文翁之屬，皆謹身帥先，居以廉平，不至於嚴，而民從化。」〔註29〕這是班固講漢初的情況，這點他與司馬遷對循吏的認識並無二致。可是，班固又在《漢書‧循吏傳》裏記載，龔遂擔任渤海

〔註25〕《魏書》卷13《宣武靈皇后胡氏傳》，頁338～339。

〔註26〕《北齊書》卷15《厙狄干傳附子士文傳》，頁199。

〔註27〕《史記》卷130《太史公自序》，頁3317。

〔註28〕《史記》卷119《循吏列傳》，頁3099～3100。

〔註29〕《漢書》卷89《循吏傳‧序》，頁3623。

太守，「至渤海界，郡聞新太守至，發兵以迎，遂皆遣還，移書敕屬縣悉罷逐捕盜賊吏。諸持鋤鉤田器者皆爲良民，吏無得問，持兵者乃爲盜賊。遂單車獨行至府，郡中翕然，盜賊亦皆罷。渤海又多劫略相隨，聞遂教令，即時解散，棄其兵弩而持鉤鋤。盜賊於是悉平，民安土樂業。遂乃開倉廩假貧民，選用良吏，尉安牧養焉。遂……乃躬率以儉約，勸民務農桑，令口種一樹榆，百本薤、五十本蔥、一畦韭，家二母彘、五雞。民有帶持刀劍者，使賣劍買牛，賣刀買犢，曰：『何爲帶牛佩犢！』春夏不得不趨田畝，秋冬課收斂，益蓄果實菱芡。勞來循行，郡中皆有蓄積，吏民皆富實。獄訟止息。」〔註30〕在這裡，班固刻畫的龔遂這一官員形象已經由「無爲」轉爲「有爲」，通過不懈的努力造福一方百姓。這其實可以說是班固對漢代循吏的典型看法。從龔遂的事迹中我們也可以看出，班固意中的循吏，應該是既關心百姓的疾苦，愛惜民力，注意發展地方經濟，改善民眾生活，又重視教化，崇尚德治。這就是典型的儒家思想裏的爲官之道了。

兩《漢書》中表彰循吏的例證有很多，重視民生和發展農業經濟方面，如穎川太守黃霸「使郵亭鄉官皆畜雞豚，以贍鰥寡貧窮者。然後爲條教，置父老師帥伍長，班行之於民間，勸以爲善防奸之意，及務耕桑，節用殖財，種樹畜養，去食穀馬」；〔註31〕南陽太守召信臣「爲人勤力有方略，好爲民興利，務在富之。躬勸耕農，出入阡陌，止舍離鄉亭，稀有安居時。行視郡中水泉，開通溝瀆，起水門提關凡數十處，以廣溉灌，歲歲增加，多至三萬頃。民得其利，畜積有餘。信臣爲民作均水約束，刻石立於田畔，以防分爭。禁止嫁娶送終奢靡，務出於儉約」；〔註32〕山陽太守秦彭「興起稻田數千頃，每於農月，親度頃畝，分別肥墝，差爲三品，各立文簿，藏之鄉縣。於是奸吏局蹐，無所容詐」。〔註33〕重視社會教化方面，如黃霸「力行教化而後誅罰，務在成就全安長吏」；〔註34〕衛颯爲桂陽太守，「郡與交州接境，頗染其俗，不知禮則。颯下車，修庠序之教，設婚姻之禮。期年間，邦俗從化」；〔註35〕山陽太守任延「以禮訓人，不任刑罰。崇好儒雅，敦明庠序。每春秋饗射，

〔註30〕 《漢書》卷89《循吏傳・龔遂傳》，頁 3639～3640。
〔註31〕 《漢書》卷89《循吏傳・黃霸傳》，頁 3629。
〔註32〕 《漢書》卷89《循吏傳・召信臣傳》，頁 3642。
〔註33〕 《後漢書》卷76《循吏傳・秦彭傳》，頁 2467。
〔註34〕 《漢書》卷89《循吏傳・黃霸傳》，頁 3631。
〔註35〕 《後漢書》卷76《循吏傳・衛颯傳》，頁 2459。

輒修陞降揖讓之儀。乃爲人設四誡，以定六親長幼之禮。有遵奉教化者，擢爲鄉三老，常以八月致酒肉以勸勉之」。〔註36〕茲不一一列舉。

《論語・子路》中有一個故事，很好地表達了儒家的治國和爲官之道：「子適衛，冉有僕。子曰：『庶矣哉！』冉有曰：『既庶矣，又何加焉？』曰：『富之。』曰：『既富矣，又何加焉？』曰：『教之。』」〔註37〕聯繫這樣的儒家學說，再來概括司馬遷和班固所認爲的循吏之道〔註38〕的典型特點，基本上可以用庶、富、教、安四個字來概括。在這裡，庶是一個隱含的但十分重要的前提，〔註39〕富是經濟和民生方面的要求，教是禮儀教化和文化建設的要求，安則是對社會秩序方面的要求。一位地方官只有在這四個方面做好了，所轄境內達到民多而富，既教且安，才可以稱爲循吏。

與循吏相對應的是酷吏。酷吏的標準在《史記》和《漢書》中似乎並沒有什麼根本的差異。司馬遷在曆數了漢代的酷吏後說：「自郅都、杜周十人者，此皆以酷烈爲聲。然郅都伉直，引是非，爭天下大體。張湯以知陰陽，人主

〔註36〕《後漢書》卷76《循吏傳・秦彭傳》，頁2467。

〔註37〕〔魏〕何晏注，〔宋〕邢昺疏，《論語註疏》卷13《子路》，《十三經註疏》，頁2507。

〔註38〕循吏之道的說法，見嚴可均輯《全後漢文》卷102《漢故司隸校尉忠惠父魯君碑》：「君諱峻，字仲嚴，山陽昌邑人。……君……體純和之德，秉仁義之操，治《魯詩》，兼通《顏氏春秋》，博覽群書，無物不刊，學爲儒宗，行爲士表，漢□始住，佐職牧守，敬恪恭儉，州裏歸稱。舉孝廉，除郎中、謁者、河內大守丞。喪父如禮，辟司徒府，舉高第侍御史東郡頓丘令，視事四年，比縱豹、產，化行如流。遷九江大守，□殘酷之刑，行循吏之道，統政□載，穆若清風，有黃霸召信臣在潁南之歌。」頁1025。

〔註39〕庶，即保持和增殖人口，這雖然只是漢代循吏標準的一個隱含的前提，但卻是十分重要的方面。因爲促進人口的增長，也是漢代和中國古代地方官吏的重要任務。如《後漢書・百官志》注引胡廣曰：「秋冬歲盡，各計縣戶口墾田，錢穀入出，盜賊多少，上其集簿」。頁3623。漢代地方官員上計包含人口的指標，就是一個最爲簡明的例證。出土的漢成帝時期東海郡郡府的文書檔案《尹灣漢簡》的《集簿》部分就記載說，當時東海郡「戶廿六萬六千二百九十，多前二千六百廿九。其戶萬一千五百六十二，獲流口百卅九萬七千三百五十三。……男子七十萬六千六十四人，女子六十八萬八千一百卅二人。女子多前七千九百廿六。」這顯示了東海郡一年來戶口增加的具體數目，文中將男女總數分別統計，並特別注明了女子「多前」和「獲流」的情況，其意即在顯示東海郡政府在鼓勵人口增殖和安置流民方面的工作成績。（連雲港市博物館等編《尹灣漢墓簡牘》，中華書局，1997年版，頁77～78。）這說明，漢代的地方官吏，的確是把人口指標當作自己政績的一個重要方面來上報朝廷，以求封賞的。

與俱上下，時數辯當否，國家賴其便。趙禹時據法守正。杜周從諛，以少言為重。自張湯死後，網密，多詆嚴，官事浸以秏廢。九卿碌碌奉其官，救過不贍，何暇論繩墨之外乎！然此十人中，其廉者足以為儀錶，其汙者足以為戒，方略教導，禁奸止邪，一切亦皆彬彬質有其文武焉。雖慘酷，斯稱其位矣。至若蜀守馮當暴挫，廣漢李貞擅磔人，東郡彌僕鋸項，天水駱璧推咸，河東褚廣妄殺，京兆無忌、馮翊殷周蝮鷙，水衡閻奉樸擊賣請，何足數哉！何足數哉！」〔註40〕班固在《漢書‧酷吏傳》文後的議論幾乎與司馬遷的觀點全同，可見二人對酷吏的看法是一致的。就《史》、《漢》諸書來看，雖然司馬遷和班固都對郅都、杜周等酷吏嚴格執法、打擊不法之徒的行為加以肯定，但他們對漢代酷吏的整體評價則基本是負面的。如《史記》稱寧成「好氣，為人小吏，必陵其長吏；為人上，操下如束濕薪，滑賊任威」；〔註41〕周陽由「最為酷暴驕恣。所愛者，撓法活之；所憎者，曲法誅滅之。所居郡，必夷其豪；為守，視都尉如令；為都尉，必陵太守，奪之治」；〔註42〕王溫舒「善事有勢者，即無勢者，視之如奴。有勢家，雖有奸如山，弗犯；無勢，雖貴戚，必侵辱」；〔註43〕咸宣「治主父偃及淮南反獄，所以微文深詆殺者甚眾，稱為敢決疑」；〔註44〕嚴延年「眾人所謂當死者，一朝出之；所謂當生者，詭殺之。吏民莫能測其意深淺，戰慄不敢犯禁。桉其獄，皆文致不可得反」。〔註45〕所以《漢書》說：「上替下陵，奸軌不勝，猛政橫作，刑罰用興。曾是強圉，掊克為雄，報虐以威，殃亦凶終」；〔註46〕《後漢書》也說：「故臨民之職，專事威斷，族滅奸軌，先行後聞。肆情剛烈，成其不橈之威；違眾用己，表其難測之智。至於重文橫入，為窮怒之所遷及者，亦何可勝言！」〔註47〕更為嚴重的是，官吏以酷虐臨民，所造成的民間恐怖氛圍和激起的民怨，都足以和造成「官事浸以秏廢」，從根本上動搖國家的統治基礎。

但是，循吏在歷史上之所以被讚美和崇敬，正說明這類官吏在古代是如何之少，所以歷代史書對其事迹無不畢載，對民眾對這些官吏的讚美性的歌

〔註40〕《史記》卷 122《酷吏列傳》，頁 3154。
〔註41〕《史記》卷 122《酷吏列傳》，頁 3134。
〔註42〕《史記》卷 122《酷吏列傳》，頁 3135。
〔註43〕《漢書》卷 90《酷吏傳‧王溫舒傳》，頁 3657。
〔註44〕《漢書》卷 90《酷吏傳‧咸宣傳》，頁 3661。
〔註45〕《漢書》卷 90《酷吏傳‧嚴延年傳》，頁 3669。
〔註46〕《漢書》卷 100 下《敘傳》下，頁 4266。
〔註47〕《後漢書》卷 77《酷吏傳‧序》，頁 2487。

謠更是多方采擇，近乎每事必書。而歷史上施政極端酷虐的酷吏也確數少見，更多的則是歷代可見的數目龐大的貪官污吏，他們雖無酷吏之名，但卻行酷吏之實，他們對民眾的瘋狂掠奪和橫征暴斂對百姓所造成的侵害絲毫也不遜色於酷吏。因此，就中國古代官吏的情況而論，除了占大多數的普通的官吏以外，餘下的官吏基本上可以納入循吏和酷吏兩種類型。而且，就中國古代官吏對民眾和社會的影響及其在人們心目中留下的歷史印象來說，這兩種官吏相對於歷史上大多數默默無聞的普通官吏來說，更具有代表性和典型性。而歷史上循吏和酷吏的施政行為及其影響，也基本上可以代表我國古代官僚政治對民生和社會所造成的積極和消極影響的兩個方面。因此，從這個角度來研究和分析兩漢魏晉南北朝歌謠俗語與官僚政治的關係，也就具有了特別的典型意義。

二、親民之吏與百姓之本：統治者對各級官吏重要性的認識和道德期望

兩漢魏晉南北朝時期嚴整系統的地方的行政建制和官僚體系的組織結構和人員構成，對本文的研究具有特殊重要的意義，但是，這些內容在嚴耕望先生的《中國地方行政制度史》的《兩漢地方行政制度》和《魏晉南北朝地方行政制度》〔註48〕兩書中已經有很明白清楚的論述了，我們無需再重複這些內容。本文只擬通過一些具體的例證來探討一下兩漢魏晉南北朝時期各級官吏的重要性和統治者對他們的道德冀望與行政期待，以及這種冀望和期待的現實成效。

需要說明的是，雖然在本文中常常以「官吏」一詞作為兩漢魏晉南北朝時期各級官員的通稱，可是正如治史者所習知的那樣，官和吏在中國古代的史籍和官僚制度中實際上是既有聯繫又有區別的兩個概念。官的概念，如果按照《禮記正義》孔穎達疏的說法，則「其諸侯以下，及三公至士，總而言之，皆謂之官。官者，管也，以管領為名，若指其所主，則謂之職，故《周禮》云『設官分職』」。〔註49〕而本文所談的官僚體系中的吏的概念，即如《說文》中所云：「吏，治人者也」，屬於官僚統治階層中的一部分成員。如果以

〔註48〕　參見嚴耕望《中國地方行政制度史》甲部、乙部，臺灣中央研究院歷史語言
　　　　研究所 1990 年版。
〔註49〕　〔漢〕鄭玄注、〔唐〕孔穎達疏《禮記正義》卷 11《王制》第五。頁 1322。

《漢書·百官公卿表》的劃分爲依據，那麼吏祇是對職位低微的官員的稱呼，其量化的標準，大體上則是「秩四百石至二百石，是爲長吏。百石以下有斗食、佐史之秩，是爲少吏。」〔註50〕可見，官和吏作爲政府的官員，雖然存在權位和職責的差異，但是在臨民視事和作爲官僚集團的一分子的性質上則是相同的。〔註51〕因此，除非在特別的論述兩漢魏晉南北朝時期官吏的不同入仕途徑的部分，本文在論述兩漢魏晉南北朝官僚政治的大部分內容裏，都把官吏和官僚作爲同一概念，並沒有也無需作過於細膩的區分。

歷史文獻和學者們的研究都告訴我們，以州刺史、郡太守（漢代則還有郡國守相）、縣令、鄉長（亭長）和里長爲主體的輔以各級行政組織內功曹掾屬等官吏群體，大體上構成了兩漢魏晉南北朝時期官僚組織的基本結構。在這個結構體系中，不同等級的官僚雖然權責不同，但卻各有其獨特的不可替代的重要性。關於這一點，兩漢魏晉南北朝時期的統治者們的認識是很清楚的。

《漢書·循吏傳序》稱：「及至孝宣，由仄陋而登至尊，興於閭閻，知民事之艱難。自霍光薨後始躬萬機，屬精爲治，五日一聽事，自丞相已下各奉職而進。及拜刺史守相，輒親見問，觀其所由，退而考察所行以質其言，有名實不相應，必知其所以然。常稱曰：『庶民所以安其田里而亡歎息愁恨之心者，政平訟理也。與我共此者，其唯良二千石乎！』以爲太守，吏民之本也。數變易則下不安，民知其將久，不可欺罔，乃服從其教化。故二千石有治理效，輒以璽書勉勵，增秩賜金，或爵至關內侯，公卿缺則選諸所表以次用之。是故漢世良吏，於是爲盛，稱中興焉。」〔註52〕曹魏時期，何曾上魏明帝疏請隱核郡守疏說：「臣聞爲國者以清靜爲基，而百姓以良吏爲本。……郡守之權雖輕，猶專任千里，比之於古，則列國之君也。上當奉宣朝恩，以致惠和，下當輕利而除其害。得其人則可安，非其人則爲患。故漢宣稱曰：『百姓所以安其田里，而無歎息愁恨之心者，政平訟理也。與我共此者，其惟良二千石

〔註50〕《漢書》卷19上《百官公卿表》上，頁742。

〔註51〕當然，在東晉南朝時期，還有一類爲國家直接控制的稱爲「吏」的民戶，屬於國家的依附民。另外，在魏晉南北朝時期，在官府服役之人有時也冠以「吏」名，屬於役吏的性質。這兩類吏在原則上均不屬於本文研究所包括的範疇。關於這兩類吏的性質和情況，可參看曹文柱先生的《略論東晉南朝時期的「吏」民》（《北京師院學報》，1982年第2期）和汪征魯的《魏晉南北朝選官體制研究》上編第二章《「吏」之研究》（福建人民出版社，1995年版，第91～113頁）。

〔註52〕《漢書》卷89《循吏傳》，頁3624。

乎！』此誠可謂知政之本也。」〔註53〕在這段史料裏，都指出了「百姓以良吏為本」這一中國古代統治者的根本認識，並進一步闡明了二千石長吏即州郡守牧等〔註54〕在國家行政系統中的極端重要性。

《後漢書・顯帝紀》載：「甲子，西巡狩，幸長安，祠高廟，遂有事於十一陵。歷覽館邑，會郡縣吏，勞賜作樂。十一月甲申，……進幸河東，所過賜二千石、令長已下至於掾史，各有差。」又載：「（永平五年）冬十月，行幸鄴。與趙王栩會鄴。……詔曰：『豐、沛、濟陽，受命所由，加恩報德，適其宜也。今永平之政，百姓怨結，而吏人求復，令人愧笑。重逆此縣之拳拳，其復元氏縣田租更賦六歲，勞賜縣掾史，及門闌走卒。』」〔註55〕這兩條資料都顯示出漢顯帝不僅對二千石賞賜和優撫有加，他對縣令長已下至於掾史及門闌走卒也是十分重視的。為什麼會這樣呢？

在漢代，縣令是被統治者看作是郡之大吏的，〔註56〕地位相當重要。《北堂書鈔》卷七十八引《晉起居注》載《掾屬作令詔》（元年）說：「百里長吏，親民之要也。」而所謂百里長吏，其實就是縣令、長一級的官吏。因為《漢書》說過：「縣令、長，……掌治其縣。萬戶以上為令，秩千石至六百石。減萬戶為長，秩五百石至三百石。皆有丞、尉，秩四百石至二百石，是為長吏。」〔註57〕又東漢末曹操在其《選舉令》中也曾經說過：「今鄴縣甚大，一鄉萬數千戶，兼人之吏，未易得也。」〔註58〕可見，所謂百里長吏的縣令和縣長及其屬吏，在中國古代的統治者看來，正是古代官僚體系中對民眾實行直接統治的官員，他們與普通民眾的聯繫也較為緊密。因為是親民之官，所以地位

〔註53〕《晉書》卷33《何曾傳》，頁994。

〔註54〕《文獻通考》卷63《職官考・郡尉》說：「自秦置三十六郡，而郡官有守，有尉，有丞。然考之《西漢・百官表》稱，郡守掌治郡，秩二千石，有丞，秩六百石；郡尉掌佐守典武職，秩比二千石，有丞，秩亦六百石。是守、尉皆二千石，而俱有丞以佐之。尉之尊蓋與守等，非丞掾以下可擬也。」頁569。

〔註55〕《後漢書》卷2《顯宗孝明帝紀》，頁104、108。

〔註56〕《後漢書》卷17《岑彭傳》載：「岑彭字君然，南陽棘陽人也。王莽時，守本縣長。漢兵起，攻拔棘陽，彭將家屬奔前隊大夫甄阜。阜怒彭不能固守，拘彭母妻，令效功自贖。彭將賓客戰鬥甚力。及甄阜死，彭被創，亡歸宛，與前隊貳嚴說共城守。漢兵攻之數月，城中糧盡，人相食，彭乃與說舉城降。諸將欲誅之，大司徒伯升曰：『彭，郡之大吏，執心堅守，是其節也。今舉大事，當表義士，不如封之，以勸其後。』」頁653。

〔註57〕《漢書》卷19上《百官公卿表》上，頁742。

〔註58〕《北堂書鈔》77《設官部・吏》，頁339。

特別重要。而且，縣令的屬吏主簿、縣丞和縣尉等，因爲直接掌管刑獄之事，是處理民眾訴訟事務的最基層官吏，其對民眾的影響尤其重要。

在兩漢魏晉南北朝的行政體系中，還有比縣級官吏與民眾更直接的長吏，即三老、鄉長和亭長等，他們當中的很多人在兩漢魏晉南北朝時期的行政系統中也許算不得是官，只能算作吏，但卻是和民眾聯繫十分密切的人物。《文獻通考・職役考》說：「漢高祖二年，舉民年五十以上，有修行，能帥眾爲善，置以爲三老，鄉一人；擇鄉三老一人爲縣三老，與縣令、丞、尉以事相教，復勿繇戍，以十月賜酒肉。十里一亭，亭有長。十亭一鄉，鄉有三老、有秩、嗇夫、遊徼。三老掌教化，嗇夫職聽訟、收賦稅，遊徼徼循禁賊盜。縣大率方百里，其民稠則減，稀則曠，鄉、亭亦如之。皆秦制也（《漢官儀》曰：『……十里一亭，亭長、候。五里一郵，郵間相去二里半，司奸盜。亭長持二尺版以劾賊，執繩以收執賊。』）。水心葉氏曰：『……古者百里之狹，自爲朝廷，由後世觀之，疑若煩民。然三老、嗇夫、遊徼，猶各有職掌，近民而分其責任。』」〔註59〕

我們可以舉出幾個例證來說明縣令及其屬吏和鄉、亭長等的具體施政情況及其對民眾的影響。《漢書・酷吏傳》載，西漢永始、元延間，長安貴戚驕恣，地方豪徒多行不法，社會治安嚴重混亂，朝廷對此束手無策，尹賞擔任長安令後，「修治長安獄，穿地方深各數丈，致令闢爲郭，以大石覆其口，名爲『虎穴』。乃部戶曹掾史，與鄉吏、亭長、里正、父老、伍人，雜舉長安中輕薄少年惡子，無市籍商販作務，而鮮衣凶服被鎧扞持刀兵者，悉籍記之，得數百人。」〔註60〕對這些不法之徒給予了嚴酷打擊後，社會治安狀況才有所好轉。這條史料說明，地方縣令施政所依靠的主要力量就是掾史屬吏和鄉、亭、里等基層官吏。再如《後漢書・循吏傳》載：「仇覽字季智，一名香，除留考城人也。少爲書生淳默，鄉里無知者。年四十，縣召補吏，選爲蒲亭長。勸人生業，爲制科令，至于果菜爲限，雞豕有數，農事既畢，乃令子弟群居，還就黌學。其剽輕遊恣者，皆役以田桑，嚴設科罰。躬助喪事，賑恤窮寡。期年稱大化。……鄉邑爲之諺曰：『父母何在在我庭，化我鴟梟哺所生。』」〔註61〕這則史料基本可以說明亭長這一級官吏在兩漢魏晉南北朝時期的施政狀況及其對民眾生活的直接影響。

〔註59〕《文獻通考》卷12《職役考・歷代鄉黨版籍職役》，頁124。
〔註60〕《漢書》卷90《酷吏傳・尹賞傳》，頁3673。
〔註61〕《後漢書》卷76《循吏傳・仇覽傳》，頁2479～2480。

　　當然，在中國古代基層官吏中，與民眾聯繫最緊密的還要算是閭長或里長，他們在我國古代典籍中通常被稱為閭胥。比如《周禮‧地官司徒‧閭胥》說：「閭胥，各掌其閭之征令。以歲時各數其閭之眾寡，辨其施捨。凡春秋之祭祀、役政、喪紀之數，聚眾庶；既比，則讀法，書其敬敏任恤者。」賈公彥疏云：「閭胥官卑而於民為近，……云『書其敬敏任恤』者，……閭胥親民更近，故除任恤六行之外，兼記敬敏者也。」〔註62〕關於兩漢魏晉南北朝時期閭里與民眾社會生活的關係，本文已經有所論述，這裡不再重複。

　　總之，從以上分析可以看出，從州郡長官到基層閭胥的官吏組織，大體上構成了兩漢魏晉南北朝時期統治者賴以臨民和治民的層級官僚系統。對於這些官吏的重要性，歷代統治者的認識都是十分清楚的，正因如此，對於這些官吏的人選及其在才能和品質方面的要求，兩漢魏晉南北朝時期的統治者也有特殊的標準和特別的期望。

　　《左傳‧桓公二年》載臧哀伯諫宋莊公說：「君人者將昭德塞違，以臨照百官，猶懼或失之。故昭令德以示子孫……國家之敗，由官邪也。官之失德，寵賂章也。」〔註63〕《左傳》裏所提出的這種官德繫乎國運的思想對其後的中國歷代統治者都產生了重要的影響。〔註64〕如北魏天興三年十二月《官號詔》裏就說：「上古之治，尚德下名，有任而無爵，易治而事序，故邪謀息而不起，奸慝絕而不作。周姬之末，下陵上替，以號自定，以位制祿，卿世其官，大夫遂事，陽德不暢，議發家陪，故釁由此起，兵由此作。秦漢之弊，捨德崇侈，能否混雜，賢愚相亂，庶官失序，任非其人。於是忠義之道寢，廉恥之節廢，退讓之風絕，毀譽之議興，莫不由乎貴尚名位，而禍敗及之矣。……來者誠思成敗之理，察治亂之由，鑒殷周之失，革秦漢之弊，則幾於治矣。」〔註65〕可見，在中國古代統治者看來，政治的清明，行政的好壞乃至國家的治亂興衰，端賴君主和宰輔及各級地方官吏道德與操守的優劣。官德如此重要，那麼，兩漢魏晉南北朝時期，官吏道德和操守的基本準則又是怎樣的呢？這值得略微探討一下。

〔註62〕《周禮註疏》卷12《地官司徒‧閭胥》，頁186。
〔註63〕《春秋左傳正義》卷5《桓公二年》，頁91。
〔註64〕如唐代大臣張九齡就曾經說過：「宰相代天治物，有其人然後授，不可以賞功。國家之敗，由官邪也。」（《新唐書》卷126《張九齡傳》，頁4425。）幾乎就是援引了《左傳》的原話。
〔註65〕《魏書》卷2《太祖道武帝紀》，頁37。

　　早在我國先秦時期的經典裏，官員的道德都是被頻頻強調的主題。如《尚書·虞書·皋陶謨》裏就記載皋陶要求其諸侯和百官說「日嚴祗敬六德，亮采有邦。翕受敷施，九德咸事，俊乂在官。百僚師師，百工惟時，撫於五辰，庶績其凝。」孔安國注曰：「僚、工皆官也。師師，相師法。百官皆是，言政無非。」據此，則《尚書》裏強調的「六德」不止是對邦國諸侯而且是對全體官僚提出的要求。而「六德」如果據《周禮·地官司徒》所云則是「知、仁、聖、義、忠、和」，這顯然是儒家的官吏道德標準。當然，對官吏爲政之德一再強調的最著名的先秦典籍莫過於《論語》了。《論語·爲政》裏說：「爲政以德，譬如北辰，居其所而眾星共之」，認爲道德是官員施政的最主要標準，只要以德施政，則其一切行爲都自然會受到民眾的擁護。這種思想基本上可以代表兩漢以降以儒家學說爲主導意識形態的中國歷代王朝對官員道德方面的要求。甚至，在中國歷史上以法家思想爲主導的秦代，對官吏的道德操守也是十分重視的。如雲夢秦簡《爲吏之道》就說：「爲吏之道，必精潔正直，慎謹堅固，審悉無私，微密纖察，安靜毋苛，審當賞罰。……臨材（財）見利，不敢苟取；臨難見死，不取苟免。」〔註66〕認爲官員爲政必須具備廉潔正直、有義有節的官德和吏道。總而言之，上述例證都說明，在中國古代的政治思想中，爲吏有道，爲官有德是普遍一致的基本標準。

　　兩漢魏晉南北朝時期，對官員之德又有了更爲具體的要求。《後漢書·百官志》注引應劭《漢官儀》曰：「世祖詔：『方今選舉，賢佞朱紫錯用。丞相故事，四科取士。一曰德行高妙，志節清白；二曰學通行修，經中博士；三曰明達法令，足以決疑，能案章覆問，文中御史；四曰剛毅多略，遭事不惑，明足以決，才任三輔令：皆有孝悌廉公之行。自今以後，審四科闢召，及刺史、二千石察茂才尤異孝廉之吏，務盡實覈，選擇英俊、賢行、廉絜、平端於縣邑，務授試以職。有非其人，臨計過署，不便習官事，書疏不端正，不如詔書，有司奏罪名，並正舉者。」〔註67〕這條史料裏所提到的漢代四科取士，首重道德，其次才是才能方面的要求，而孝、悌、廉、公則是對官吏道德方面的具體要求和標準。史籍中有很多資料可以作爲這種標準的具體佐證。如《後漢書·皇甫嵩傳》載：「黃巾既平，……嵩奏請冀州一年田租，以

〔註66〕 睡虎地秦墓竹簡整理小組編，《睡虎地秦墓竹簡·爲吏之道》，文物出版社，1978 年版，頁 281～282。
〔註67〕 《後漢書》卷 114《百官志》太尉條，頁 3559。

瞻饑民，帝從之。百姓歌曰：『天下大亂兮市爲墟，母不保子兮妻失夫，賴得皇甫兮復安居。』嵩溫恤士卒，甚得眾情，每軍行頓止，須營幔修立，然後就舍帳。軍士皆食，己乃嘗飯。吏有因事受賂者，嵩更以錢物賜之，吏懷慚，或至自殺。」〔註68〕這裡強調的是廉，即不貪污受賄。而《益都耆舊傳》載會稽民爲張霸語曰：「城上烏，哺父母，府中諸吏皆孝友。」這裡強調的則是孝。所以《文獻通考·職官考》引劉公非《送焦千之序》說：「東西漢之時，賢士長者未嘗不仕郡縣也。自曹掾、書史、馭吏、亭長、門闌、街卒、遊徼、嗇夫，盡儒生學士爲之。才試於事，情見於物，則賢不肖較然。故遭事不惑，則知其智；犯難不避，則知其節；臨財不私，則知其廉；應對不疑，則知其辯。如此，則察舉易，而賢公卿大夫自此出矣。」〔註69〕又魏晉南北朝時期也有一些史料證明朝廷重視和褒獎官德的事實，如南朝宋初遣大使巡行四方，兼散騎常侍孔默之、王歆之等上言：「宣威將軍、陳南頓二郡太守李元德，清勤均平，奸盜止息。彭城內史魏恭子，廉恪修愼，在公忘私，安約守儉，久而彌固。前宋縣令成浦，治政寬濟，遺詠在民。前銅陽令李熙國，在事有方，民思其政。山桑令何道，自少清廉，白首彌厲。應加褒齎，以勸於後。」〔註70〕這裡所強調的和兩漢時期幾乎一樣，都是清廉、公正等。

　　筆者認爲，在中國古代歷代王朝把官員的道德放在對官員素質要求的首要的地位固然有其值得肯定之處，但也必須指出，這種尚德的做法其實是中國古代專制政體下的官僚政治的必然產物，其實質和最深層的歷史背景則是中國古代的人治傳統。而且，就兩漢魏晉南北朝時期的歷史事實來看，崇尚官德的政治傳統，往往必然導致一個認識誤區，那就是中國古代政治的清明，政府施政的好壞，乃至整個官僚體系的行政效率的保證，都要依賴從皇帝、宰輔及地方各級官吏的道德與操守，而缺乏科學的、可行的、有效的制度性保證。其實，在中國古代官員尚德的政治傳統背後，其所隱含未示的背景就是是在中國古代的官僚和行政體制下，對官員如何施政和施政效果缺乏制度性的引導和監督，因此只能依靠官員個人的道德素質來保證。這就造成了君主個人的勤政有爲和地方官吏的清濁，只能在有限的時段和地域內發生影響。中國古代帝王、官僚和全體民眾一致追求的社會的安定和政治的清明，

〔註68〕《後漢書》卷71《皇甫嵩傳》，頁2302。
〔註69〕《文獻通考》卷35《選舉考·吏道》，頁330。
〔註70〕《宋書》卷92《良吏傳·江秉之傳》，頁2270。

僅僅取決於個別帝王和官吏的道德是遠遠不夠的。而這樣的歷史教訓在兩漢魏晉南北朝時期卻並不罕見。茲舉兩證，以明其例。

西漢時期，高祖在位時「與民休息，凡事簡易，禁罔疏闊，……民作『畫一』之歌。」及至漢武帝之世，「外攘四夷，內改法度，民用凋敝，奸軌不禁」，結果造成「海內虛耗」，而「及至孝宣，由仄陋而登至尊，興於閭閻，知民事之艱難。自霍光薨後始躬萬機，屬精爲治，五日一聽事，自丞相已下各奉職而進。及拜刺史守相，輒親見問，觀其所由，退而考察所行以質其言，有名實不相應，必知其所以然。……故二千石有治理效，輒以璽書勉厲，增秩賜金，或爵至關內侯，公卿缺則選諸所表以次用之。是故漢世良吏，於是爲盛，稱中興焉。」〔註71〕政治的清明和社會的興衰幾乎完全繫於個別帝王的勵精圖治與否。南齊時期，也幾乎發生過相同的情況。《南史·循吏列傳》記載：「齊高帝承斯奢縱，輔立幼主，思振人瘼，風移百城。爲政未期，擢山陰令傅琰爲益州刺史，乃損華反樸，恭己南面，導人以躬，意存勿擾。……永明繼運，垂心政術，杖威善斷，猶多漏網，長吏犯法，封刃行誅。郡縣居職，以三周爲小滿。水旱之災，輒加振恤。十許年中，百姓無犬吠之驚，都邑之盛，士女昌逸，歌聲舞節，袨服華妝。桃花淥水之間，秋月春風之下，無往非適。明帝自在布衣，達於吏事，及居宸扆，專務刀筆。未嘗枉法申恩，守宰由斯而震。屬以魏軍入伐，疆場大擾，兵車連歲，不遑啓居，軍國糜耗，從此衰矣。繼以昏亂，政由群孽，賦調雲起，徭役無度。守宰多倚附權門，互長貪虐，裒刻聚斂，侵擾黎甿。天下搖動，無所措其手足。」〔註72〕

如果說官德的不可依恃還祇是道德和精神層面的事情，那麼兩漢魏晉南北朝時期的選舉蝟濫則無疑又在體制的層面加劇了這種趨勢，造成了官吏貪酷、民怨四起的局面。這種情況，在當時的一些歌謠中就能夠形象地反映出來。如《漢書·石顯傳》載：「顯與中書僕射牢梁、少府五鹿充宗結爲黨友，諸附倚者皆得寵位。民歌之曰：『牢邪石邪，五鹿客邪！印何累累，綬若若邪！』言其兼官據勢也。」〔註73〕又《三國志·夏侯玄傳》注引魏略說：「故蔣濟爲護軍時，有謠言『欲求牙門，當得千匹；百人督，五百匹』」。〔註74〕《魏略》又載：「鄧

〔註71〕　《漢書》卷103《循吏列傳·序》，頁3624。
〔註72〕　《南史》卷70《循吏列傳·序》，頁1696～1697。
〔註73〕　《漢書》卷93《佞倖傳·石顯傳》，頁3727。
〔註74〕　《三國志》卷9《魏書·夏侯玄傳》注引《魏略》，頁299～230。

颺字玄茂，鄧禹後也。……正始初，乃出爲潁川太守，轉大將軍長史，遷侍中尙書。颺爲人好貨，前在內職，許臧艾授以顯官，艾以父妾與颺，故京師爲之語曰：『以官易婦鄧玄茂。』每所薦達，多如此比。」〔註75〕這兩首歌謠則說明曹魏時期的文臣武將也是官以賄成，既無才識，且無廉恥。如《晉書・慕容超載記》載：「尙書都令史王儼詔事五樓，遷尙書郎，出爲濟南太守，入爲尙書左丞，時人爲之語曰：『欲得侯，事五樓。』」〔註76〕又《南史・恩倖傳》載：「茹法珍，會稽人，梅蟲兒，吳興人，齊東昏時並爲制局監，俱見愛幸。自江祏、始安王遙光等誅後，及左右應敕捉刀之徒並專國命，人間謂之刀敕，權奪人主。都下爲之語曰：『欲求貴職依刀敕，須得富豪事御刀。』」〔註77〕這都是以依附權勢而得官的例證。這類事例，在魏晉南北朝時期是很常見的。

西漢以下至漢魏晉南北朝時期，因選舉不實而造成的官員蝟濫的情況也很多見。如《後漢書・孝和孝殤帝紀》載永元五年（93 年）三月詔曰：「選舉良才，爲政之本。科別行能，必由鄉曲。而郡國舉吏，不加簡擇，……二千石曾不承奉，恣心從好，司隸、刺史訖無糾察。今新蒙赦令，且復申敕，後有犯者，顯明其罰。在位不以選舉爲憂，督察不以發覺爲負，非獨州郡也。是以庶官多非其人。」〔註78〕又順帝陽嘉元年（132 年）詔曰：「間者以來，吏政不勤，故災咎屢臻，盜賊多有。退省所由，皆以選舉不實，官非其人，是以天心未得，人情多怨。《書》歌股肱，《詩》刺三事。」〔註79〕次年，郎顗上疏說：「今選舉牧守，委任三府。長吏不良，既咎州郡，州郡有失，豈復不歸貢舉者？」書奏，帝復使對尙書，顗對曰：「今選舉皆歸三司，非有周、召之才，而當則哲之重，每有選用，輒參之掾屬，公府門巷，賓客塡集，送去迎來，財貨無已。其當遷者，競相薦謁，各遣子弟，充塞道路，開長奸門，興致浮僞，非所謂率由舊章。尙書職在幾衡，宮禁嚴密，私曲之意，差不得通，偏黨之恩，或無所用。選舉之任，不如還在機密。」〔註80〕這三則史料說明了制度性原因在官吏選舉中造成的弊端。南北朝時期因制度和人爲的原因造成的選舉乖實的情況也有很多例證。如《南史・明帝紀》載：

〔註75〕《三國志》卷9《魏書・曹爽傳》注引《魏略》，頁 288。
〔註76〕《晉書》卷 128《慕容超載記》，頁 3181。
〔註77〕《南史》卷 77《恩倖傳・茹法珍傳、附梅蟲兒傳》，頁 1933。
〔註78〕《後漢書》卷 4《孝和孝殤帝紀》，頁 176。
〔註79〕《後漢書》卷 6《孝順孝沖孝質帝紀》，頁 261。
〔註80〕《後漢書》卷 30《郎顗傳》，頁 1067。

劉宋時期，「阮佃夫、楊運長、王道隆皆擅威權，言爲詔敕，郡守令長一缺十除，內外混然，官以賄命，王、阮家富於公室。」〔註81〕而陳代吏部尙書徐陵也曾經指出：「梁元帝承侯景之凶荒，王太尉接荊州之禍敗，爾時喪亂，無復典章，故使官方，窮此紛雜。永定之時，聖朝草創，干戈未息，亦無條序。府庫空虛，賞賜懸乏，白銀難得，黃箭易營，權以官階，代於錢絹，義存撫接，無計多少，致令員外、常侍，路上比肩，咨議、參軍，市中無數，豈是朝章，應其如此？今衣冠禮樂，日富年華，何可猶作舊意，非理望也。」〔註82〕反映了南朝時期賣官鬻爵和選舉蝟濫的嚴重情況。《魏書‧獻文帝紀》載和平六年（465 年）九月獻文帝詔曰：「先朝以州牧親民，宜置良佐，故敕有司，班九條之制，使前政選吏，以待俊乂，必謂銓衡允衷，朝綱應敘。然牧司寬惰，不祗憲旨，舉非其人，愆於典度。」〔註83〕又《通典》卷十六所載北魏孝明帝時清河王懌所上《官人失序表》裏也說：「孝文帝制，出身之人，本以門品高下有恒，若準資蔭，自公卿令僕之子，甲乙丙丁之族，上則散騎秘著，下逮御史長兼，皆條例昭然，文無虧沒。自此，或身非三事之子，解褐公府正佐；地非甲乙之類，而得上宰行僚。自茲以降，亦多乖舛。……此雖官人之失，相循已久，然推其彌漫，抑亦有由。……今之所置（中正），多非其人。乞明爲敕制，使官人選才，備依先旨，無令能否乖方，違方易務；並革選中正，一依前軌。庶清源有歸，流序允穆。」〔註84〕這兩則史料則反映了北魏時期中正選舉只問出身門第、不論才能高低的制度性弊端。

另外，東漢至魏晉南朝時期，還有很多歌謠形象地反映了官員選舉中的弊病和問題。比如王莽當政時期，安眾侯劉崇與相張紹進攻宛，不得入而敗。竦與崇族父劉嘉詣闕自歸，王莽赦而弗罪。竦爲崇作奏。莽大說。後又封竦爲淑德侯。長安爲之語曰：「欲求封，過張柏松。力戰鬥，不如巧爲奏。」〔註85〕又東漢建立之前，更始帝留玄在長安，「其所授官爵者，皆群小賈豎，或有膳夫庖人，多著繡面衣、錦袴、襜褕、之於，罵詈道中。長安爲之語曰：

〔註81〕《南史》卷 3《明帝紀》，頁 84。

〔註82〕《陳書》卷 26《徐陵傳》，頁 332～333。

〔註83〕《魏書》卷 6《顯祖獻文帝紀》，頁 126。

〔註84〕〔唐〕杜佑撰《通典》卷 16《選舉典‧雜議論》，王文錦等點校，中華書局，1988 年版，頁 390～393。

〔註85〕《漢書》卷 99《王莽傳》上。

『竈下養，中郎將。爛羊胃，騎都尉。爛羊頭，關內侯。』」〔註86〕如果說這兩首歌謠所反映的還是非常時期的非常情況的話，那東漢時期的選舉蝟濫則是不容否認的事實。史載東漢順帝之末，京都童謠曰：「直如弦，死道邊。曲如鈎，反封侯。」當時「大將軍梁冀貪樹疏幼，以爲己功，專國號令，以贍其私。太尉李固以爲清河王雅性聰明，敦詩悅禮，加又屬親，立長則順，置善則固。而冀建白太后，策免固，徵蠡吾侯，遂即至尊。固是日幽斃於獄，暴屍道路，而太尉胡廣封安樂鄉侯、司徒趙戒廚亭侯、司空袁湯安國亭侯云。」〔註87〕東漢「靈、獻之世，〔註88〕閹官用事，群奸秉權，危害忠良。臺閣失選用於上，州郡輕貢舉於下。夫選用失於上，則牧守非其人矣；貢舉輕於下，則秀、孝不得賢矣。故時人語曰：『舉秀才，不知書；察孝廉，父別居。寒素清白濁如泥，高第良將怯如雞。』又云：『古人欲達勤誦經，今世圖官勉治生。』蓋疾之甚也。」〔註89〕又東漢時期，黃琬爲五官中郎將，「時陳蕃爲光祿勳，深相敬待，數與議事。舊制，光祿舉三署郎，以高功久次才德尤異者爲茂才四行。時權富子弟多以人事得舉，而貧約守志者以窮退見遺，京師爲之謠曰：『欲得不能，光祿茂才。』」〔註90〕三國曹魏時期陳思王曹植曾經上疏陳審舉之義曰：「五帝之世非皆智，三季之末非皆愚，用與不用，知與不知也。既時有舉賢之名，而無得賢之實，必各援其類而進矣。諺曰：『相門有相，將門有將。』」〔註91〕西晉八王之亂時期，趙王倫把持朝政，永寧元年（301年），大封群下：「以梁王肜爲宰衡，何劭爲太宰，孫秀爲侍中、中書監、驃騎將軍、儀同三司，義陽王威爲中書令，張林爲衛將軍，其餘黨與，皆爲卿、將，超階越次，不可勝紀；下至奴卒，亦加爵位。」而且「是歲，天下所舉賢良、秀才、孝廉皆不試，郡國計吏及太學生年十六以上者皆署吏；守令赦日在職者皆封侯；郡綱紀並爲孝廉，縣綱紀並爲廉吏。府庫之儲，不足以供賜與。應侯者多，鑄印不給，或以白板封之。」以至「每

〔註86〕　《後漢書》卷11《劉玄傳》，頁471。
〔註87〕　《後漢書》卷103《五行志》謠條，頁3281。
〔註88〕　《樂府詩集》卷87《雜歌謠辭》特別說明這首歌謠是民眾針對桓靈之世「更相濫舉」的情況而作的。
〔註89〕　《抱朴子‧審舉篇》，見楊明照《抱朴子外篇校箋》上，卷15，中華書局，1991年版，頁393。按「高第良將怯如雞」一句，《太平御覽》卷496《人事部‧諺》下引《抱朴子》作「高第良將怯如蠅」。頁2268。
〔註90〕　《後漢書》卷61《黃瓊傳附孫琬傳》，頁2040。
〔註91〕　《三國志》卷19《魏書‧陳思王植傳》。頁572。

朝會，貂蟬盈坐，時人爲之諺曰：『貂不足，狗尾續。』」〔註92〕又《隋書·經籍志》載：「史官廢絕久矣，漢氏頗循其舊，班、馬因之。魏、晉已來，其道逾替。南、董之位，以祿貴遊，政、駿之司，罕因才授。故梁世諺曰：『上車不落則著作，體中何如則秘書。』於是屍素之儔，盱衡延閣之上，立言之士，揮翰蓬茨之下。」〔註93〕

當然，僅僅從歌謠俗語的角度來觀察兩漢魏晉南北朝時期官員選舉蝟濫的情況，是遠遠不夠全面和系統的。比如兩漢魏晉南北朝時期的官吏選拔途徑還有察舉、徵闢等多種途徑，另外，州郡等地方長官的自闢曹掾屬吏也是一種重要的官吏選拔方式，而且，其選拔的官吏多爲直接治民的事務性官吏，〔註94〕他們對民眾的影響也更爲直接一些。然而，嘗一臠而可知一鑊之味，從本文以上所引用的相關歌謠和背景資料中，相信讀者已經能夠對兩漢魏晉南北朝時期官員選舉蝟濫的情況有了生動的認識。總之，兩漢魏晉南北朝時期由各種途徑和各種原因造成的選舉蝟濫，是這一時期不少官員得以冒身進階，躋身政府官員之列的主要原因。而一旦這類官員得以蒞職臨民，施展其權力，也就是百姓將要遭受嚴重盤剝和壓迫的開始。

三、貪官污吏對民眾利益的侵害和歌謠風議的產生

兩漢魏晉南北朝各種制度和人爲因素造成的選舉問題，其後果集中地表現在兩個方面，一是官吏人數的急劇增多，二是官吏素質的普遍下降。官吏數量的增多，其直接的後果就是社會食祿階層的增加，這當然會造成民眾經濟負擔的加重。但這還不是兩漢魏晉南北朝時期官吏蝟濫最嚴重的後果，事實上，官吏素質的下降和由此造成的吏道迫促和各級官吏對民眾誅求無度才是民眾疾苦的直接成因。總之，這兩個後果都對兩漢魏晉南北朝時期的社會和民眾產生了極大的影響。

兩漢魏晉南北朝時期官吏冗多的情況，雖然缺乏具體的統計數位來佐證，但是卻能夠由自漢以來不斷的省官之議裏略知一二。比如，《後漢書·光

〔註92〕《資治通鑒》卷84《晉紀》惠帝永寧元年，頁2651～2652。
〔註93〕《隋書》卷33《經籍志》二，頁992。
〔註94〕也許可以用兩則漢代的謠諺來說明這個問題，〔漢〕韓嬰《韓詩外傳》卷5引鄙語二則論述「古者，所以知今也」的道理時說曰：「不知爲吏，視已成事」，「前車覆，後車不誡，是以後車覆也。」（《漢魏叢書》，頁48。）由此可見，地方政府的屬吏主要是從事事務性工作，重經驗、能力但對道德和操守方面要求不高。

武帝紀》載光武帝建武六年（30 年）「六月辛卯詔曰：『夫張官置吏，所以為人也。今百姓遭難，戶口耗少，而縣官吏職所置尚繁，其令司隸、州牧各實所部，省減吏員。縣國不足置長吏可併合者，上大司徒、大司空二府。』於是條奏並省四百餘縣，吏職減損，十置其一。」〔註 95〕而《隋書・儒林傳・劉炫傳》載：「（牛）弘嘗從容問炫曰：『案《周禮》士多而府史少，今令史百倍於前，判官減則不濟，其故何也？』……弘又問：『魏、齊之時，令史從容而已，今則不遑寧舍，其事何由？』炫對曰：『齊氏立州不過數十，三府行臺，遞相統領，文書行下，不過十條。今州三百，其繁一也。往者州唯置綱紀，郡置守丞，縣唯令而已。其所具僚，則長官自闢，受詔赴任，每州不過數十。今則不然，大小之官，悉由吏部，纖介之迹，皆屬考功，其繁二也。省官不如省事，省事不如清心。官事不省而望從容，其可得乎？』」〔註 96〕而《隋書・楊尚希傳》也載楊尚希見天下州郡過多，上表說：「自秦併天下，罷侯置守，漢、魏及晉，邦邑屢改。竊見當今郡縣，倍多於古，或地無百里，數縣並置，或戶不滿千，二郡分領。具僚以眾，資費日多，吏卒人倍，租調歲減。清幹良才，百分無一，動須數萬，如何可覓？所謂民少官多，十羊九牧。」〔註 97〕考古資料和史籍中，對兩漢魏晉南北朝時期政府官吏的數位多有記載，可以成為上述論斷的直接證據。比如尹灣漢簡的集簿中記載說，西漢成帝時期東海郡共有「縣三老卅八人，鄉三老百七十人，孝悌、力田各百廿人，凡五百六十八人。吏員二千二百三人。」此外，還有「令七人，長十五人，相十八人，丞卅四人，尉卅三人，有秩卅人，斗食五百一人，佐使亭長千一百八十二人，凡千八百卅人。」〔註 98〕由此可見，西漢末年一個郡中的吏員和食祿之人的數額是非常驚人的。另外，《三國志・傅嘏傳》則說傅嘏為河南尹，時「郡有七百吏」，〔註 99〕而《三國志・杜恕傳》也說孟康代杜恕為弘農郡守，時「郡領吏二百餘人，涉春遣休，常四分遣一。」〔註 100〕雖然上述資料中所記載的數目龐大的郡縣吏不會全部是治民之吏，但其中具有臨民治事資格的官吏的數目肯定也不在少數。這點從尹灣漢簡的資料中即可以看出。又《魏

〔註 95〕　《後漢書》卷 1《光武帝紀》，頁 49。
〔註 96〕　《隋書》卷 75《儒林傳・劉炫傳》，頁 1721。
〔註 97〕　《隋書》卷 46《楊尚希傳》，頁 1253。
〔註 98〕　《尹灣漢墓簡牘》，頁 77。
〔註 99〕　《三國志》卷 21《魏書・傅嘏傳》，頁 624。
〔註 100〕　《三國志》卷 16《魏書・杜畿傳附子恕傳》，頁 506。

志》記載說：「賈洪，字叔業。家貧好學，應州辟。其時州中自參事以下百餘人，惟洪與嚴苞字文通才學最高，故眾爲之語曰：『州中曄曄賈叔業，辯論胸胸嚴文通。』」〔註101〕按這條史料中記載的所謂「自參事以下百餘人」，都懷有一定的才學或經術特長，應該是當時州中屬吏中地位較高的群體，其身份和普通的州郡應役之吏決然不同。而這類州郡屬吏的數量也有百餘人之多，也直接能夠印證兩漢魏晉南北朝時期政府官吏的冗餘狀況。總之，以上例證都可以證明，兩漢魏晉南北朝選官途徑的多樣化造成了官員數量的大大增加。

隨著官吏選舉的蝟濫和官吏數量的增加，自然會帶來官吏道德和素質難以保障的問題。而因官吏苛酷所造成的吏道迫促又是民眾利益受到侵犯的主要原因。在兩漢魏晉南北朝時期，吏道迫促幾乎是一個普遍的現象，這在當時的一些政治和文化人物中也存在一定共識。《文選》載張華《答何劭二首》其一說：「吏道何其迫？窘然坐自拘。」李善注引班彪《與金昭卿書》曰：「遠在東垂，吏道迫促。」〔註102〕這說明無論在漢代還是在晉代，官吏的貪功求進所造成的急政，已經成爲較爲普遍的現象。袁宏《後漢紀》中也說：「法者，民之儀錶也，法正則民愨。吏民凋弊，所從久矣。不求其本，浸以益甚。吏政多欲速，又州官秩卑而任重，競爲小功，以求進取，生凋弊之俗。」〔註103〕這裡所揭示的吏政急速、民生凋敝的現象，無疑是張華和班彪所云「吏道迫促」的最佳注腳。〔註104〕吏道迫促，反映的其實是兩漢魏晉南北朝時期統治者施政的一個重要特點，也道出了這一時期民眾與政府緊張關係的社會根源。事實上，因官吏貪虐和吏治不良所造成的兩漢魏晉南北朝時期官吏對民眾利益侵害的例證是比比皆是的。比如《漢書·於定國傳》載漢元帝曾經下詔說：「惡吏負賊，妄意良民，至亡辜死；或盜賊發，吏不亟追而反繫亡家，後不敢復告，以故浸廣；民多冤結，州郡不理，連上書者交於闕廷；二千石選舉不實，是以在位多不任職。民田有災害，吏不肯除，收趣其租，以故重困。」〔註105〕《後漢書·章帝紀》載章帝建初五年（80年）三月詔曰：「孔

〔註101〕《太平御覽》卷265《職官部·州從事》，頁1241。
〔註102〕《文選》卷24載張華《答何劭二首》之一並李善注。頁343。
〔註103〕〔晉〕袁宏撰，周天遊校注《後漢紀》卷16，天津古籍出版社，1987年版，頁444。
〔註104〕有關中國古代的急政和緩政的產生和影響及其與官吏和民眾的關係，可參看王子今先生的《漫說急吏緩民》一文，見《中國黨政幹部論壇》，1995年第1期。
〔註105〕《漢書》卷71《于定國傳》，頁3043。

子曰：『刑罰不中，則人無所措手足。』今吏多不良，擅行喜怒，或案不以罪，迫脅無辜，致令自殺者，一歲且多於斷獄，甚非爲人父母之意也。有司其議糾舉之。」〔註106〕《後漢書・明帝紀》載中元二年（58年）十二月甲寅漢明帝詔說：「今選舉不實，邪佞未去，權門請托，殘吏放手，百姓愁怨，情無告訴。……又郡縣每因徵發，輕爲奸利，詭責羸弱，先急下貧。」〔註107〕這就把百姓愁怨與官吏貪殘、誅求無度的關係揭示無疑。而東漢和帝永元五年（94年）三月詔裏也說：「選舉良才，爲政之本。科別行能，必由鄉曲。而郡國舉吏，不加簡擇，……二千石曾不承奉，恣心從好，司隷、刺史訖無糾察。今新蒙赦令，且復申敕，後有犯者，顯明其罰。在位不以選舉爲憂，督察不以發覺爲負，非獨州郡也。是以庶官多非其人。下民被姦邪之傷，由法不行故也。」〔註108〕又《後漢書・殤帝紀》也記載延平元年（106年）七月庚寅殤帝詔曰：「夫天降災戾，應政而至。間者郡國或有水災，妨害秋稼。朝廷惟咎，憂惶悼懼。而郡國欲獲豐穰虛飾之譽，遂覆蔽災害，多張墾田，不揣流亡，競增戶口，掩匿盜賊，令奸惡無懲，署用非次，選舉乖宜，貪苛慘毒，延及平民。」〔註109〕由此可見兩漢時期自州郡長官至郡縣官吏因選舉非人、吏不勝職而造成的民生凋敝的狀況。

　　這樣的狀況在南北朝時期不僅毫無二致，而且還有變本加厲的趨勢。如《梁書・武帝紀》所載大同七年「禁守宰誅求詔」就說：「古人云，一物失所，如納諸隍，未是切言也。朕寒心消志，爲日久矣，每當食投箸，方眠徹枕，獨坐懷憂，憤慨申旦，非爲一人，萬姓故耳。州牧多非良才，守宰虎而傅翼，楊阜是故憂憤，賈誼所以流涕。至於民間誅求萬端，或供廚帳，或供廄庫，或遣使命，或待賓客，皆無自費，取給於民。又復多遣遊軍，稱爲遏防，奸盜不止，暴掠繁多，或求供設，或責腳步。又行劫縱，更相枉逼，良人命盡，富室財殫。此爲怨酷，非止一事。」〔註110〕而梁代大臣賀琛的「條奏時務封事」裏也說：「天下戶口減落，誠當今之急務。雖是處雕流，而關外彌甚，郡不堪州之控總，縣不堪郡之裒削，更相呼擾，莫得治其政術，惟以應赴征斂爲事。百姓不能堪命，各事流移，或依於大姓，或聚於屯封，蓋不獲已而竄

〔註106〕　《後漢書》卷3《肅宗孝章帝紀》，頁140
〔註107〕　《後漢書》卷3《明帝紀》，頁98。
〔註108〕　《後漢書》卷4《和帝紀》，頁176。
〔註109〕　《後漢書》卷4《殤帝紀》，頁198。
〔註110〕　《梁書》卷3《武帝紀》，頁86。

亡，非樂之也。國家於關外賦稅蓋微，乃至年常租課，動致逋積，而民失安居，寧非牧守之過。東境戶口空虛，皆由使命繁數。夫犬不夜吠，故民得安居。今大邦大縣，舟舸銜命者，非惟十數，復窮幽之鄉，極遠之邑，亦皆必至。每有一使，屬所搔擾；況復煩擾積理，深為民害。駑困邑宰，則拱手聽其漁獵；桀黠長吏，又因之而為貪殘。縱有廉平，郡猶制肘。故邑宰懷印，類無考績，細民棄業，流冗者多，雖年降復業之詔，屢下蠲賦之恩，而終不得反其居也。」〔註 111〕賀琛的這個封事，簡直把南朝時期地方政府一級誅求一級，地方長吏以誅求聚斂為務，嚴酷剝削、侵擾百姓的事實揭露無遺。雖然這則封事主要說明的是關外的情況，可是賀琛也明確說當時梁朝境內是「是處雕流」，內地嚴酷的情況和關外相比只有量的差別，而無質的不同。南朝如此，北朝時期的情況也大致相同。《魏書・孝文帝紀》載延興二年（472 年）十二月詔書曰：「頃者已來，官以勞升，未久而代，牧守無恤民之心，競為聚斂，送故迎新，相屬於路，非所以固民志、隆治道也。自今牧守溫仁清儉、克己奉公者，可久於其任。歲積有成，遷位一級。其有貪殘非道、侵削黎庶者，雖在官甫爾，必加黜罰。著之於令，永為彝準。」〔註 112〕孝文帝禁令的嚴格正說明北魏州郡牧守剝削人民的慘重。北齊官吏侵害民眾的程度比北魏還要嚴重。《資治通鑒》記載說齊主「寵任陸令萱、穆提婆、高阿那肱、韓長鸞等宰制朝政，宦官鄧長顒、陳德信、胡兒何洪珍等並參預機權，各引親黨，超居顯位。官由財進，獄以賄成，競為奸諂，蠹政害民。舊蒼頭劉桃枝等皆開府封王，其餘宦官、胡兒、歌舞人、見鬼人、官奴婢等濫得富貴者，殆將萬數，庶姓封王者以百數，開府千餘人，儀同無數，領軍一時至二十人，侍中、中常侍數十人，乃至狗、馬及鷹亦有儀同、郡君之號，有鬥雞，號開府，皆食其干祿。諸嬖幸朝夕娛侍左右，一戲之賞，動逾鉅萬。既而府藏空竭，乃賜二三郡或六七縣，使之賣官取直。由是為守令者，率皆富商大賈，競為貪縱，賦繁役重，民不聊生。」〔註 113〕

　　除了上面對兩漢魏晉南北朝時期官吏侵害民眾的宏觀概括以外，我們還可以舉出幾個具體的例證來說明這一時期地方官吏貪殘的面目及他們對民眾盤剝的殘酷。比如《續漢書》載：「侯參為益州刺史，有豐富者輒誣以大逆，

〔註 111〕《梁書》卷 38《賀琛傳》，頁 543～544。
〔註 112〕《魏書》卷 7《高祖孝文帝紀》上，頁 138。
〔註 113〕《資治通鑒》卷 172《陳紀》宣帝太建七年，頁 5339～5340。

皆誅滅之，沒於財物。太尉衷奏參，檻車徵於道，自殺。京兆尹袁逢於旅舍，閱參輜重三萬餘斤兩，皆金銀珍玩，不可勝數。」《華陽國志》也記載說：「李盛爲太守，貪財重賦，國人詈之曰：『盧鵲何喧喧，有吏來在門。披衣出門應，府縣欲得錢。語窮乞請期，吏怒反見尤。』」《吳書》則記載說：「交州刺史米符多以鄉人虞褒、劉彥之徒分作長史，侵虐百姓，強賦於民，黃魚一頭，收稻一秤，百姓怨叛，山賊並起。」《後魏書》又記載說：「元誕爲齊州刺史。在州貪暴，大爲民患，馬牛無不逼奪。有沙門爲誕采藥還，誕曰：『師從外來，有何得？』對曰：『惟聞王貪，願王早代。』誕曰：『齊州七萬家，吾每家未得三升錢，何得言貪？』」〔註114〕又《魏書》記載說，元修義爲吏部尚書「唯專貨賄，授官大小，皆有定價。時中散大夫高居者，有旨先敘，時上黨郡缺，居遂求之。修義私已許人，抑居不與。……居對大眾呼天唱賊。人問居曰：『白日公庭，安得有賊？』居指修義曰：『此座上者，違天子明詔，物多者得官，京師白劫，此非大賊乎？』脩義失色。居行罵而出。」〔註115〕記載這一時期貪官對民眾大肆誅求的具體情節的資料，史書中也不乏例證。比如《續漢書》曰：「劉寵，字祖榮。遷會稽太守，正身率下，郡中大治，徵入爲將作大匠。山陰民去治數十里，有若那水，在山谷間，五六老翁，年七八十，聞遷，相率共送寵，人齎百錢。寵見勞來，曰：『父老何乃日自苦遠來？』皆對曰：『山父鄙老，生未嘗到郡縣。他時，吏發求不已，民間或夜行不絕，狗吠竟夕，人不得安。自明府下車以來，狗不吠夜，吏希至人間。某年老，遭值聖化，聞當見棄去，故戮力來送。』寵謝之，爲選受壹大錢。故寵在會稽號爲『取一錢』，其清如是。」〔註116〕劉寵雖然是一位清官廉吏，可是正是這位清官的存在更對比出了一般貪官污吏的貪婪而無恥的面目。這條史料中說得清楚，在劉寵以前擔任會稽太守的官員，大多都是些貪官污吏，而「吏發求不已，民間或夜行不絕，狗吠竟夕，人不得安」幾句話，則道出了兩漢魏晉南北朝時期地方官員在屬吏的配合下一味以聚斂爲務，聯合盤剝誅求民眾所造成民不聊生的狀況。而上面所舉的幾位官員，只不過是兩漢魏晉南北朝時期眾多的貪官污吏的代表而已。

　　兩漢魏晉南北朝時期官吏多以聚斂爲務，其主要原因固然是選舉乖錯，官

〔註114〕以上諸例證，都見於《太平御覽》卷492《人事部‧貪》，頁2249～2250。
〔註115〕《魏書》卷19《元修義傳》，頁451。
〔註116〕《太平御覽》卷835《資產部‧錢》上，頁3729。

非其人而致，但是，值得注意的是，俸祿的問題也是導致兩漢魏晉南北朝時期官吏貪財聚斂的一個原因。西漢宣帝就曾經坦率地說：「吏不廉平，則治道衰。今小吏皆勤事，而奉祿薄，欲其毋侵漁百姓，難矣。」〔註117〕事實上，魏晉南北朝時期，很多有識之士也認識到了這一點。比如，曹魏時期大臣高堂隆上書說：「將吏奉祿，稍見折減，方之於昔，五分居一；諸受休者又絕廩賜，不應輸者今皆出半：此爲官入兼多於舊，其所出與參少於昔。而度支經用，更每不足，牛肉小賦，前後相繼。反而推之，凡此諸費，必有所在。且夫祿賜穀帛，人主所以惠養吏民而爲之司命者也，若今有廢，是奪其命矣。既得之而又失之，此生怨之府也。」〔註118〕而東晉簡文帝在咸安二年（372年）也下詔說：「往事故之後，百度未充，群僚常俸，並皆寡約，蓋隨時之義也。然退食在朝，而祿不代耕，非經通之制。今資儲漸豐，可籌量增俸。」〔註119〕承認官員的俸祿偏低，難以自給。晉代大臣溫嶠也承認俸祿是保證官吏清廉的一個重要條件，他說：「今江南六州之土，尚又荒殘，方之平日，數十分之一耳。三省軍校無兵者，九府寺署可有並相領者，可有省半者，粗計閒劇，隨事減之。荒殘之縣，或同在一城，可併合之。如此選既可精，祿俸可優，令足代耕，然後可責以清公耳。」〔註120〕如果官吏沒有俸祿，其情況就更是不可想像的了，但這在南朝劉宋時期卻的確發生過，史書記載：「及泰始、泰豫之際，……軍旅不息，府藏空虛，內外百官並斷祿奉。在朝造官者皆市井傭販之子。而又令小黃門於殿內埋錢以爲私藏。以蜜漬鱁鮧，一食數升，噉臘肉常至二百臠。奢費過度，每所造製，必爲正御三十，副御、次副又各三十。須一物，輒造九十枚。天下騷然，民不堪命。宋氏之業，自此衰矣。」〔註121〕而宋人劉攽等所作的《舊本魏書目錄敘》也指出：「拓跋氏乘後燕之衰，蠶食并、冀，暴師喋血三十餘年，而中國略定。其始也，公卿方鎮皆故部落酋大，雖參用趙魏舊族，往往以猜忌夷滅。爵而無祿，故吏多貪墨。」〔註122〕也指出了北魏初年官吏無爵祿時期貪污聚斂的情況。而這種情況，直至孝文帝太和八年（484年），班俸祿之制後才有所改變。

總之，上述研究證明，兩漢魏晉南北朝時期所常見的對循吏的讚美或對

〔註117〕宣帝神爵三年八月詔，見《漢書》卷8《宣帝紀》，頁263。
〔註118〕《三國志》卷25《魏書・高堂隆傳》，頁715。
〔註119〕《晉書》卷9《簡文帝紀》，頁223。
〔註120〕《晉書》卷67《溫嶠傳》，頁1789。
〔註121〕《南史》卷三《明帝紀》，頁84。
〔註122〕劉攽、范祖禹等撰《舊本魏書目錄敘》，《魏書》，頁3065。

酷吏的批評性的歌謠，其產生固然與當時的政治、社會和文化背景有關，但是與兩漢魏晉南北朝時期官僚政治的諸多方面如官吏選舉的蝟濫、官吏道德的不可憑信乃至官吏俸祿的增減陞降等具體的問題也存在者密切的關係。可以說，由選官體制的缺點和選舉途徑蝟濫所導致的兩漢魏晉南北朝官吏選舉中的先天不足和過分注重官德而缺乏對官吏施政的有效監督〔註123〕和保障機制（如俸祿）的後天失調，才是兩漢魏晉南北朝時期酷吏、貪官大量湧現的深層的制度性原因。明白了此點，我們對兩漢魏晉南北朝時期民間歌謠所反映的「驕臣虐政之事，遠近呼嗟之音」才能夠有更深切地體會和瞭解。

〔註123〕監察或者監控是保障官僚行政體制運行的必不可少的環節，在任何性質的政府中都佔有特殊重要的地位。從理論上來講，如果對官吏缺乏必要而有效的監察，各級政府中的主官或權力決策者就有可能發生決策失誤、濫用職權和不負責任的現象，而政府屬吏和政務人員也有可能發生違反政治和政務規則、引發官民矛盾的現象發生。（參見《西方文官系統》第9章《文官系統的監控》，頁 316～331。）對照我國兩漢魏晉南北朝時期的行政體制和官僚政治狀況而言，這種監察和監控體系無疑是頗爲薄弱的。又按崔寔《政論》說：「今典州郡者，自違詔書，縱意出入。每詔書所欲禁絕，雖重懇惻罵詈極，筆由復廢舍，終無悛意。故里語曰：『州郡記，如霹靂；得詔書，但掛壁。』」（此段資料係據《初學記》卷24《居處部・牆壁》（頁585）和《太平御覽》卷496《人事部・諺》（頁 2268）所載崔寔《政論》引文合在一起所得。）這種上有政策，下有對策，地方政府任意怠慢中央政令現象的出現，說明漢代官僚政治體制不僅缺乏對官員的有效監督，而且還由於行政管轄權力的「中央→州→郡→縣」層級體制的劃分導致了中央政府權威的依次遞減，並最終對地方失去了有效控馭的局面。而且，就兩漢魏晉南北朝時期的政治體制的基本一致性來看，這種情況不僅是對漢代情況的概括，事實上也能夠成爲對魏晉南北朝乃至整個中國中古社會行政體制缺陷的概括。如果這種分析符合兩漢魏晉南北朝時期的歷史事實的話，則這一時期反映吏治腐敗的歌謠產生的原因就不僅是中央政府對地方官員施政是否具有有效監督的問題了，而是整個官僚政治體系在施政上上下脫節，各自爲政所造成的實力官員濫用權力、侵害民眾利益的問題了。本文由於對這一問題搜集資料不足，思考還不成熟，所以還不能深入討論。但是無論如何，這一問題都是很值得繼續研究，以求得較爲準確的答案。

結語：歷史古歌的千年迴響

唐代詩人白居易有一首《采詩官——監前王亂亡之由也》的詩說：

采詩官，采詩聽歌導人言。

言者無罪聞者誡，下流上通上下泰。

周滅秦興至隋氏，十代采詩官不置。

郊廟登歌贊君美，樂府豔詞悅君意。

若求興諭規刺言，萬句千章無一字。

不是章句無規刺，漸及朝廷絕諷議。

諍臣杜口為冗員，諫鼓高懸作虛器。

一人負扆常端默，百闢入門兩自媚。

夕郎所賀皆德音，春官每奏唯祥瑞。

君之堂兮千里遠，君之門兮九重閟。

君耳唯聞堂上言，君眼不見門前事。

貪吏害民無所忌，奸臣蔽君無所畏。

君不見厲王胡亥之末年，群臣有利君無利。

君兮君兮願聽此，欲開壅蔽達人情，先向歌詩求諷刺。〔註1〕

這首詩是元和四年詩人擔任左拾遺這一諫官職位時所作的五十首新樂府詩中的最後一首。作者在談到這組詩歌的宗旨時說：「其辭質而徑，欲見之者易喻也。其言直而切，欲聞之者深誡也。其事核而實，使採之者傳信也。其體順而肆，可以播於樂章歌曲也。」這五十首詩歌都是「首章標其目，卒章顯其志」，〔註2〕

〔註1〕 《全唐詩》卷427，中華書局出版社，1999年版，頁4722。
〔註2〕 《全唐詩》卷426。頁4701。

從題目到內容都寄託著詩人的深意。而這首《采詩官》，作為全部組詩中的最後一首，更擔負著卒章顯志的特殊功能，所以更值得深思和玩味。儘管這首詩中所言的內容，有的地方是不準確的，如「周滅秦興至隋氏，十代采詩官不置」，這點在本文第五章的「從先秦采詩之官到兩漢魏晉南北朝的風俗巡使制度」一節已經辨之甚詳，此處無需贅述。但這祇是這首詩的白璧微瑕之處，絲毫也不會影響這首詩在中國古代詩歌中的耀眼光彩。因為，詩人在這首詩中對統治者設置采詩官的意義以及對歌謠俗語的「規刺」和「開壅蔽達人情」的社會作用的清醒認識，無疑是最能夠發人深思，促人猛醒的。而此組詩歌「新樂府」的標識和《采詩官》一詩「監前王亂亡之由也」的主旨，也包含著希望當政者能夠像漢武帝一樣，設置樂府機構，探察民間歌謠輿誦、瞭解民眾疾苦和心聲的深切寓意。作者的願望固然沒有實現，但這首詩歌卻足以激發起人們的思古之幽情，讓我們穿越歷史的時空，在千年歷史古歌的回響中對中國古代歌謠俗語的社會和政治功能有更為清醒和明晰的認識。

的確，我國史籍和文獻中所記載的豐富歌謠俗語，既包含著統治者亂政的憤恨，對社會動亂和生活疾苦的哀號和指斥，也有對廉吏、良吏和學人君子的讚美和頌揚，更有對貪官污吏的嫉恨和詛咒、對昏庸顢頇的庸吏的諷刺和揶揄，真是刺貪刺虐之音，哀告無助之語，滿目盈耳，無所不有。這些歌謠，傾注了當事者的愛與恨、樂與怨，可以說既真切表達了中國古代社會各個階層的政治和社會感受，也隱約包含著他們各自的政治期望和生活願望，彷彿能夠把人牽引到千百年前的前朝往古，在歷史發生的現場感受這些歌謠的律動與魅力。當然，歲月流轉，時空移置，隨著朝代的更叠，時光的流逝，中國古代的大部分歌謠俗語已經皆如過眼雲煙，湮沒塵封於歷史的深處了。然而，在兩漢魏晉南北朝時期眾多的歌謠俗語中，卻有兩首歌謠能夠穿越歷史的時空，留給筆者難以磨滅的印象，常常在耳邊回響、飄蕩。

一首是《後漢書・五行志》所載：「小麥青青大麥枯，誰當獲者婦與姑。丈人何在西擊胡，吏買馬，君具車，請為諸君鼓嚨胡。」一首是《三國志・陸凱傳》所載：「寧飲建業水，不食武昌魚，寧還建業死，不止武昌居。」前者將漢末民族紛爭和軍閥混戰給人民造成的苦難——家人的遭遇清晰地表現出來：丈夫出去應兵役，家裏只有婆婆和兒媳，長勢良好的小麥和成熟的大麥，雖然似乎預示了莊稼將有豐收之相，但相對於戰亂頻仍和妻離子散的社會和家庭命運，在農民口裏卻用一個「枯」字來對待本應感到喜悅的糧食豐

收的金黃之色。而歌謠中沒有交待的老人和孩子的命運，更給人留下豐富的想像空間，讀來眞是令人唏噓不已。後一首歌謠，則以民眾在建業和武昌生活的生死抉擇相對比，來說明在孫皓暴政的統治之下的民眾，還有比死亡更可怕的事情。本來，「民不畏死，奈何以死懼之」〔註3〕是人們都熟悉的中國古代百姓對統治者暴政最爲底線的態度，但這首歌謠所描述的孫吳民眾在孫皓暴政下寧可去死，也不願在武昌忍受繁重勞役的殘酷事實卻別開生面地表現出孫皓統治的無以復加的殘暴和苛酷。有這樣兩首歌謠時時縈繞耳邊腦際，那些兩漢魏晉南北朝時期文人墨客的頌聖歌時之作和流連山水、吟誦性情的詩歌作品，無論其文筆多麼優美，詞藻如何華麗，都不由得不顯得相形見絀了。

本文對歌謠的定位是「公眾輿論」，前面的探討表明，兩漢魏晉南北朝時期的統治者通常對歌謠這種公眾輿論是重視的。除了前面所舉的種種例證外，《漢書·王嘉傳》還記載說，漢哀帝因爲愛幸侍中董賢，遂下詔益封賢二千戶，及賜孔鄉侯、汝昌侯、陽新侯國。丞相嘉封還詔書並上封事諫哀帝及太后說：「臣聞爵祿土地，天之有也。……王者代天爵人，尤宜愼之。裂地而封，不得其宜，則眾庶不服，感動陰陽，其害疾自深。今聖體久不平，此臣嘉所內懼也。高安侯賢，佞倖之臣，陛下傾爵位以貴之，單貨財以富之，損至尊以寵之，主威已黜，府藏已竭，唯恐不足。財皆民力所爲，孝文皇帝欲起露臺，重百金之費，克己不作。今賢散公賦以施私惠，一家至受千金，往古以來貴臣未嘗有此，流聞四方，皆同怨之。里諺曰：『千人所指，無病而死。』臣常爲之寒心。」〔註4〕王嘉用「千人所指，無病而死」的里諺說明社會輿論的影響和威力，而歌謠無疑是所有社會輿論中最爲尖刻和最具諷刺性的一類。但是，以歌謠爲代表的公眾輿論，固然在某些情況下會受到統治者的重視，並以之作爲黜置官吏和調整施政措施的依據，但在大多數情況下卻常常是自生自滅，不爲統治者所重視和採納。事實上，在中國古代君主專制的條件下，幻想統治者更多地傾聽民間的聲音和歌謠輿論發揮更大的政治和社會作用，也是不切實際的。相反，歷史上卻不乏統治者封鎖和壓制歌謠輿論的記載。除本文前面所舉諸例證外，最著名的則是召公諫歷王止謗的故事。《國語·周語》記載：「厲王虐，國人謗王。邵公告曰：『民不堪命矣！』

〔註3〕 《老子道德經》第七十四章，《二十二子》，頁8。
〔註4〕 《漢書》卷86《王嘉傳》，頁3498。

王怒，得衛巫，使監謗者，以告，則殺之。國人莫敢言，道路以目。王喜，告邵公曰：『吾能弭謗矣，乃不敢言。』邵公曰：『是障之也，防民之口，甚於防川。川壅而潰，傷人必多，民亦如之。是故為川者決之使導，為民者宣之使言。故天子聽政，使公卿至於列士獻詩，瞽獻曲，史獻書，師箴，瞍賦，矇誦，百工諫，庶人傳語，近臣盡規，親戚補察，瞽史教誨，耆艾修之，而後王斟酌焉，是以事行而不悖。民之有口，猶土之有山川也，財用於是乎出，猶其有原隰衍沃也，衣食於是乎生。口之宣言也，善敗於是乎興，行善而備敗，其所以阜財用衣食者也。夫民慮之於心而宣之於口，成而行之，胡可壅也？若壅其口，其與能幾何？』王不聽，於是國莫敢出言，三年乃流王於彘。」〔註5〕壓制和控制社會輿論的危害性，在這則歷史故事裏表現無遺，但是這種教訓似乎並未引起中國古代統治者們的足夠重視，歷史上防民之口甚於防川的帝王和故事反而是史不絕書。因此，歌謠俗語作為公眾輿論的社會政治調節功能，在中國古代尤其是兩漢魏晉南北朝時期所發揮的積極作用始終是有限的。

當然，兩漢魏晉南北朝時期的歌謠俗語，尤其是作為社會下層的廣大民眾所創作和傳播的歌謠，還具有一種特別的社會功能，是本文前面所不曾講到的。若要清楚地闡述這個問題，還要從歌謠俗語的文化定位談起。如前所述，學者們對歌謠的文化定位存在不同的觀點。余英時把歌謠看作是相對於精英文化的通俗文化，謝貴安先生認為歌謠諺語是「是風行於群眾之中的一種潛流文化」，認為歌謠這種下層潛流文化文化是相對於統治階層的主流文化而產生的：「主流文化通過官方的傳播途徑，通過法令、教育、學術研討等各種方式加以擴散，並通過壓制潛流文化的方式使自己一花獨放。主流文化傳播的是適應統治階級需要的倫理道德、價值觀念、行為方式及相關知識，所以這種文化在很大程度上不能滿足下層社會人的需要。於是，不可避免地，適合下層社會的潛流文化就應運而生並在廣大人們群眾中流傳開來。」〔註6〕因此謠諺是「中下層群眾的專用語言」。〔註7〕本文則認為兩漢魏晉南北朝時期的歌謠俗語雖然大部分都是民眾心聲的反映，但有一部分也反映了統治階層的政治感受和意願，因此不能簡單地以上層文化和下層文化來區分歌謠俗

〔註5〕 《國語·周語上》，頁10～13。
〔註6〕 謝貴安，《中國謠諺文化——謠諺與古代社會·前言》PI－II。
〔註7〕 《中國謠諺文化》，頁1。

語的性質，而應該從其社會作用和影響方面著眼將其視爲一種公眾輿論。不
過，在探討歌謠俗語的社會輿論功能時，上述的討論中涉及的精英文化、主
流文化和下層文化的概念還是很有啓發意義的，如果聯想到國外法蘭克福學
派對大眾文化的意識形態功能的批判則更是如此。

　　法蘭克福學派的大眾文化概念不是指從民眾之中產生的文化，而是特指
當代資本主義社會通常由政府和資產階級控制的電臺、報紙、影視和音樂塑
造和倡導的流行文化。在法蘭克福學派看來，當代資本主義的大眾文化寄生
於大眾傳播技術、家庭和閒暇，把藝術、政治、宗教和哲學與商業溶合起來，
是意識形態與社會物質基礎的融合，是資本主義商品制度的組成部分。它在
閒暇時間操縱廣大群眾的思想和心理，培植支援統治和維護現狀的順從意
識，起到推銷和加強資本主義意識形態的獨特社會功能。〔註8〕如果拋開法蘭
克福大眾文化理論產生的獨特社會和時代背景不論，則其指出的大眾文化，
其實和中國學者所說的主流文化很相似。而如果把這種大眾文化和主流文化
的概念引入到中國古代歷史和文化特別是古代歌謠的研究中，則相對於歌謠
俗語而言，統治者的詔令、文告、祀文、詩歌和經籍文章都應該屬於大眾文
化的範疇，它們寄寓著統治階層的道德標準、價值觀念和政治理想，因此當
這種大眾文化被廣泛傳播和流布的時候，其實也包含著宣傳和強化統治階層
意識形態的政治作用。枯燥的理論難免使人生厭，這裡還是舉一個具體的例
證。曹魏時期，宮中宴飲所奏魏武帝所作《對酒歌》云：「對酒歌，太平時，
吏不呼門，王者賢且明。宰相股肱皆忠良，咸禮讓，民無所爭訟，三年耕有
九年儲，倉穀滿盈。班白不負戴，雨澤如此，百穀用成。卻走馬以糞其上田。
爵公侯伯子男，咸愛其民，以黜陟幽明，子養有若父與兄。犯禮法，輕重隨
其刑。路無拾遺之私，囹圄空虛，冬節不斷人，耄耋皆得以壽終。恩德廣及
草木昆蟲。」〔註9〕在這首歌裏，王者賢明，宰相忠良，官吏守法，百姓知禮，
政治清明，民眾安居樂業，簡直是一副世外桃源的景象。這可以說是中國古

〔註8〕　參見鄭端《法蘭克福學派的大眾文化批判及其現實意義》(《中國青年政治學
　　　　學報》，1997 年第 4 期) 和楊樂強《哲學文化的意識形態功能——法蘭克福學
　　　　派文化批判理論探析》(《江漢論壇》2000 年第 3 期)。這方面的著作主要有馬
　　　　爾庫塞《單向度的人》(上海譯文出版社，1989 年版)、霍克海默《批判理論》
　　　　(重慶出版社，1989 年版)、霍克海默和阿多爾諾《啓蒙辯證法》(重慶出版
　　　　社，1990 年版) 和馬丁‧傑著，單世聯譯《法蘭克福學派史 (1923～1950)》
　　　　(廣東人民出版社，1996 年版)。

〔註9〕　《樂府詩集》卷 27《相和歌辭‧相和曲》中，頁 403。

代統治者當政的最高理想，但其所言的太平盛世景象，在歷史上眞可謂是百年難得一見。而如果單從史籍的記載來看，在兩漢魏晉南北朝將近八百年的漫長歷史時期內，只有南朝劉宋初年劉裕當政的時期和南齊永明年間的情況還差堪比擬。而兩漢魏晉南北朝時期的歷史歌謠，尤其是反映官吏盤剝和民眾疾苦的歌謠，所描繪和揭示的現象卻無一不與這種官方詩文大相徑庭，截然相反。所以從這個意義上說，曹操《對酒歌》這種詩歌及與這種詩歌雅樂類似的反映統治階層政治理想、生活情趣的詩歌文章，只不過是中國古代統治者推銷其意識形態的載體而已。正因如此，筆者才可以得出一個觀點，即兩漢魏晉南北朝時期民眾因政治荒亂和生活疾苦而發出的批評性歌謠俗語，在客觀上起到廣大民眾自發地揭露統治階層意識形態虛僞性的作用，或者換句話說，民間的歌謠俗語，作爲一種公眾輿論，在某種程度上也起到一種反大眾文化的社會功能。

　　總之，中國古代歌謠包含的政治、文化和社會資訊是十分豐富的，因此對它們的探討和研究也是十分必須和重要的。本文祇是對兩漢魏晉南北朝時期歌謠俗語的初步梳理和探討，高水準的研究還有待時賢和後來者的開拓。探索歷史的奧秘是一件既讓人興趣盎然又無比艱辛的過程，史才卓越如司馬遷者，雖然以「究天人之際，通古今之變」自許，還受到後人「雖探古人之情，亦未必能得其實」〔註10〕的議論，駑鈍如筆者者，更不敢以得歷史之實以期許。不過，無論如何，兩漢魏晉南北朝時期的千年古歌都不應該僅僅在歷史歲月中空蕩地回響，它們應該引起人們足夠的重視和反思，從而讓人們對歌謠俗語這種特殊的公眾輿論的文化定位和社會作用有新的體認和理解。

〔註10〕《史記》卷59《絳侯周勃世家》注引《史記索隱》載孟康、晉灼語，頁2078。

參考文獻

一、經籍類

1. 十三經注疏，中華書局，1979 年版

二、正史類

1. 《史記》，〔漢〕司馬遷撰，中華書局，1959 年版。
2. 《漢書》，〔漢〕班固撰，中華書局，1962 年版。
3. 《後漢書》，〔南朝宋〕范曄撰，中華書局，1965 年版。
4. 《三國志》，〔晉〕陳壽撰，〔劉宋〕裴松之注，中華書局，1959 年版。
5. 《晉書》，〔唐〕房玄齡等撰，中華書局，1974 年版。
6. 《宋書》，〔梁〕沈約撰，中華書局，1974 年版。
7. 《南齊書》，〔梁〕蕭子顯撰，中華書局，1972 年版。
8. 《梁書》，〔唐〕姚思廉撰，中華書局，1973 年版。
9. 《陳書》，〔唐〕姚思廉撰，中華書局，1973 年版。
10. 《南史》，〔唐〕李延壽撰，中華書局，1975 年版。
11. 《魏書》，〔北齊〕魏收撰，中華書局，1974 年版。
12. 《北齊書》，〔唐〕李百藥撰，中華書局，1972 年版。
13. 《周書》，〔唐〕令狐德棻等撰，中華書局，1971 年版。
14. 《北史》，〔唐〕李延壽撰，中華書局，1974 年版。
15. 《隋書》，〔唐〕魏徵等撰，中華書局，1973 年版。
16. 《新唐書》，〔宋〕歐陽修、宋祁撰，中華書局，1975 年版。
17. 《資治通鑒》，〔宋〕司馬光編著，中華書局，1982 年版。

三、諸子、專集、類書類

1. 《二十二子》，上海古籍出版社，1986 年版。
2. 《後漢紀校注》，〔晉〕袁宏撰，周天遊校注，天津古籍出版社，1987 年版。
3. 《四民月令校注》，〔東漢〕崔寔著，石聲漢校注，中華書局，1965 年版。
4. 《抱朴子内篇校釋》，〔晉〕葛洪著，王明校釋，中華書局，1988 年版。
5. 《抱朴子外篇校箋》，〔晉〕葛洪著，楊明照校箋，中華書局，1991、1997 年版。
6. 《顏氏家訓集解》，〔北齊〕顏之推著，王利器集解，中華書局，1993 年版。
7. 《世說新語箋疏》，〔宋〕劉義慶著，余嘉錫箋疏，上海古籍出版社，1993 年版。
8. 《洛陽伽藍記校注》，〔北魏〕楊衒之著，范祥雍校注，上海古籍出版社，1978 年版。
9. 《齊民要術校釋》，〔北魏〕賈思勰著，繆啓愉校釋，中國農業出版社，1998 年版。
10. 《水經注疏》，〔北魏〕酈道元著，〔民國〕楊守敬、熊會貞疏，段熙仲點校，陳橋驛復校，江蘇古籍出版社，1989 年。
11. 《文選》，〔梁〕蕭統編，〔唐〕李善注，中華書局，1977 年版。
12. 《六臣注文選》，〔唐〕李周翰等注，上海古籍出版社，1993 年版。
13. 《文心雕龍注》，〔南朝梁〕劉勰著，范文瀾注，人民文學出版社，1958 年版。
14. 《荊楚歲時記》，〔南朝梁〕宗懍著，〔隋〕杜公瞻注，〔清〕陳運溶麓山精舍叢書輯本。
15. 《樂府古題要解》，〔唐〕，吳兢著，上海博古齋據明汲古閣本影印學津討原本。
16. 《藝文類聚》，〔唐〕歐陽詢等撰，中華書局上海編輯所，1965 年版。
17. 《初學記》，〔唐〕，徐堅等編，中華書局，1962 年出版。
18. 《通典》，〔唐〕杜佑著，中華書局，1988 年版。
19. 《樂府詩集》，〔宋〕，郭茂倩編撰，喬象鍾、陳友琴等點校，中華書局，1979 年版。
20. 《太平御覽》，〔宋〕李昉等編，中華書局，1960 年版。
21. 《太平廣記》，〔宋〕李昉等編，中華書局，1961 年版。
22. 《文獻通考》，〔元〕馬端林著，中華書局，1986 年版。

23. 《漢魏叢書》，〔明〕程榮纂輯，吉林大學出版社，1992 年影印明萬曆新安程氏刊本。

24. 《漢魏六朝百三名家集》，〔明〕張溥輯，江蘇古籍出版社，2002 年影印版。

25. 《全上古三代秦漢魏晉南北朝文》，，嚴可均輯，中華書局影印本。

26. 《廿二史考異》，〔清〕錢大昕著，商務印書館，1958 年版。

27. 《廿二史劄記》，〔清〕趙翼著，中華書局，1963 年版。

28. 《十七史商榷》，〔清〕王鳴盛著，商務印書館，1959 年版。

29. 《四庫全書總目提要》，〔清〕永瑢等著，中華書局，1965 年版。

30. 《古謠諺》，〔清〕杜文瀾著，周紹良點校中華書局，1958 年版。

四、專著、譯著類

1. 《隋唐制度淵源略論稿》，陳寅恪著，中華書局，1963 年版。

2. 《管錐編》，錢鍾書著，中華書局，1979 年版。

3. 《魏晉南北朝史》，王仲犖著，上海人民出版社，1979 年版。

4. 《讀史集》，何茲全先生著，上海人民出版社，1982 年版。

5. 《中國古代社會》，何茲全先生著，河南人民出版社，1991 年版。

6. 《魏晉南北朝史劄記》，周一良著，中華書局，1985 年版。

7. 《魏晉南北朝史論叢》，唐長孺著，三聯書店，1955 年版。

8. 《魏晉南北朝史論叢續編》，唐長孺著，三聯書店，1959 年版。

9. 《魏晉南北朝隋唐史三論》，唐長孺著，武漢大學出版社，1993 年版。

10. 《民間文學概論》，鍾敬文主編，上海文藝出版社，1980 年版。

11. 《中國官僚政治研究》，王亞南，中國社會科學出版社，1981 年版。

12. 《周予同經學史論著選集》，周予同著，朱維錚編，上海人民出版社，1983 年版。

13. 《先秦漢魏晉南北朝詩》，逯欽立輯，中華書局，1983 年版。

14. 《漢魏制度叢考》，楊鴻年著，武漢大學出版社，1985 年版。

15. 《西方文官系統》，楊伯揆等著，四川人民出版社，1985 年版。

16. 《論吳哥及其它》，天鷹著，上海文藝出版社，1987 年版。

17. 《中國古代童謠賞析》，雷群明著，湖南文藝出版社，1988 年版。

18. 《古今俗語集成》，溫端政主編，山西人民出版社，1989 年版。

19. 《歌謠論集》，鍾敬文編，上海文藝出版社，1989 年據上海北新書局，1927 年版影印。

20. 《秦漢史》，林劍鳴著，上海人民出版社，1989 年版。

21. 《察舉制度變遷史稿》，閻步克著，遼寧大學出版社，1989 年版。

22. 《中國歷代童謠輯注》，高殿石輯注，山東大學出版社，1990 年版。

23. 《現代輿論學》，徐向紅著，中國國際廣播出版社，1991 年版。

24. 《外國政治制度與監察制度概要》，林修坡著，北京大學出版社，1991 年版。

25. 《中國監察制度史》，邱永明著，華東師範大學出版社，1992 年版。

26. 《中國民歌與鄉土社會》，楊民康著，吉林教育出版社，1992 年版。

27. 《歌謠學概要》，趙曉蘭著，電子科技大學出版社，1993 年。

28. 《中國古代歌謠精品賞析》，葉桂剛、王貴元主編，北京廣播學院出版社，1993 年版。

29. 《社會反三和弦——民族、民俗與中國政治》，宋抵著，吉林教育出版社，1993 年版。

30. 《謠諺與古代社會》，謝貴安著，華中理工大學出版社，1994 年版。

31. 《中國社會結構的演變》，馮爾康著，河南人民出版社，1994 年版。

32. 《傳播學原理》，張國良主編，復旦大學出版社，1995 年版。

33. 《魏晉南北朝童謠研析》，龔顯宗著，（臺灣）國語日報出版社，1995 年版。

34. 《樂府文學史》，羅根澤著，東方出版社，1996 年版。

35. 《兩漢經學史》，章權才著，臺北萬卷樓圖有限公司，1996 年版。

36. 《魏晉南北朝隋唐經學史》，章權才著，廣東人民出版社，1996 年版。

37. 《中國社會通史·魏晉南北朝卷》，曹文柱師主編，山西教育出版社，1996 年版。

38. 《中國政治制度通史·秦漢、魏晉南北朝卷》，白剛主編，人民出版社，1996 年版。

39. 《民俗學概論》，鍾敬文主編，上海文藝出版社，1998 年版。

40. 《士大夫政治演生史稿》，閻步克著，北京大學出版社，1998 年版。

41. 《七世紀前中國的知識、思想與信仰世界》，葛兆光著，復旦大學出版社，1998 年社版。

42. 《中國近世謠諺》，張守常輯，北京出版社，1998 年版。

43. 《中國經濟通史·魏晉南北朝卷》，高敏著，經濟日報出版社，1998 年版。

44. 《魏晉南北朝史論》，黎虎先生著，學苑出版社，1999 年。

45. 《荊楚歲時記研究》，蕭放著，北京師範大學出版社，2000 年版。

46. 《中國文化通史·魏晉南北朝卷》，曹文柱師主編，中央黨校出版社，2000 年版。

47. 《秦漢法律與社會》，于振波著，湖南人民出版社，2000 年版。

48. 《二十世紀中國民俗學經典‧史詩歌謠卷》，苑利主編，社會科學文獻出版社，2002 年版。

49. 《士與中國文化》，〔美〕余英時著，上海人民出版社，1987 年版。

50. 《馬克斯韋伯與現代政治理論》，戴維‧比瑟姆著，浙江人民出版社，1989 年版。

51. 《99 大眾傳播模式論》，〔英〕丹尼斯‧麥奎爾著，祝建華譯，上海譯文出版社，1989 年版。

52. 《官僚制》，〔英〕阿爾布羅著，閻步克譯，知識出版社，1990 年版。

53. 《社會學》，〔美〕L‧布魯姆，P‧塞爾茨内克，D‧B 達拉赫，著張傑等譯，四川人民出版社，1991 年版。

54. 《帝國的政治體系》，〔美〕S‧N 艾森斯塔德著，閻步克譯，貴州人民出版社，1992 年版。

55. 《人類學——人及其文化研究》，〔英〕泰勒著，連樹聲譯，上海文藝出版社，1993。

56. 《二十世紀西方宗教人類學文選》，史宗主編，上海三聯書店，1995 年版。

57. 《經濟與社會》，〔德〕馬克斯‧韋伯著，林榮遠譯，商務印書館，1998 年版。

58. 《儒教和道教》，〔德〕馬克思‧韋伯著，王容芬譯，商務印書館，1999 年版。

59. 《幽靈的節日——中國中世紀的信仰與生活》，〔美〕史太文著，侯旭東譯，浙江人民出版社，1999 年版。

60. 《組織中的傳播和權力：話語、意識形態和統治》，〔美〕丹尼斯‧K‧姆貝著，陳德民等譯，中國社會科學出版社，2000 年版。

五、論文類

1. 〈兩漢俸祿制度研究〉，張兆凱，中國社會經濟史研究，1996 年第 1 期。

2. 〈秦漢的自然經濟與商品經濟〉，林甘泉，中國經濟史研究，1997 年第 1 期。

3. 〈論民謠的輿論特徵〉，文言，民間文化，1997 年第 2 期。

4. 〈漢代應驗「讖言」例釋〉，孫家州，中國哲學史，1997 年第 2 期。

5. 〈現代民謠：一種特殊的政治文化〉，房洪鑄，社會科學，1997 年第 11 期。

6. 〈六朝民歌之「隱語」及其遺韻〉，陳林，中國音樂，1998 年第 1 期。

7. 〈漢代長安城的營建規模〉，史念海，中國歷史地理論叢，1998 年第 2 期。

8. 〈上古采詩與漢樂府民歌〉，洛保生，河北學刊，1998 年第 3 期。

9. 〈論王公貴人對南朝樂府民歌的接受〉，陳橋生，北京大學學報，1998 年第 3 期。

10. 〈詩歌民謠中的諧音雙關〉，房秋風，平頂山師專學報，1998 年第 5 期。

11. 〈兩漢社會各階層新論〉，馬新，山東大學學報，1999 年第 1 期。

12. 〈政治參與的限制因素〉，焦文峰，南京社會科學，1999 年第 3 期。

13. 〈南北朝民歌風格不同論〉，張毅平，貴州民族學院學報，2000 年第 1 期。

14. 〈政治謠言——界定、生存機制及其控制〉，沈遠新，探索，2000 年第 1 期。

15. 〈南朝民歌的地域特色〉，馬華祥，河南師範大學學報，2000 年第 2 期。

16. 〈符號與象徵〉，胡傳勝，南京化工大學學報，2000 年第 2 期。

17. 〈論魏晉南朝詩歌中的象徵意象〉，祝菊賢，咸陽師範專科學校學報，2000 年第 4 期。

18. 〈魏晉南北朝時期的商品經濟和傳統市場〉，蔣福亞，中國經濟史研究，2001 年第 3 期。

19. 〈論六朝詩歌的傳播與接受〉，李正春，蘇州鐵道師範學院學報，2001 年第 4 期。

20. 〈漢代的類宗教迷信和民間信仰〉，丁毅華，南都學壇，2001 年第 4 期。

21. 〈北朝鄉里制與村民的生活世界〉，侯旭東，歷史研究，2001 年第 6 期。

22. 〈象徵：符號與隱喻——象徵本體論詩學探源〉，賀昌盛，華中科技大學學報，2002 年第 1 期。

23. 〈漢晉佛教譯經與晉宋民歌的語言〉，陳開勇，龍延，敦煌學輯刊，2002 年第 1 期。

24. 〈論北朝民歌的民族風格〉，馬華祥，新鄉師範高等專科學校學報，2002 年第 1 期。

25. 〈南朝民歌《四月歌》所反映的民俗佛教內容研究〉，陳開勇，吉首大學學報，2002 年第 2 期。

26. 〈從樂府詩集看古代詩的傳播與音樂的關係〉，徐明，河北學刊，2002 年第 5 期。

27. 〈漢代的流言與訛言〉，呂宗力，歷史研究，2003 年第 2 期。

後　記

　　本書是筆者於 2002～2005 年在北京師範大學歷史系攻讀博士學位的成果，也是本人在北師大六年的學習生活的一個小結。曾記當年把論文交給曹文柱老師和寄送評委之際，心裏的感覺真是「一則以喜，一則以懼」：高興的是畢業論文終於有了一個較為完整的初稿，可以拿出來向師友請教了；擔心的是限於自己的學術修養和功底，論文中有待完善乃至存在錯誤的地方一定還有不少，貽笑大方總是難免的事情。

　　我自 1999 年 9 月以來，一直跟隨曹老師學習魏晉南北朝史。曹老師性格謙和，溫文爾雅，所以聽老師談學論道，每每有如坐春風之感。雖然自己資質魯鈍，但是六年以來頤步相積，耳濡目染，在老師的言傳身教、提攜督促之下，自己對魏晉南北朝社會史的研究狀況和方向也有了初步的瞭解。而六年以來，曹老師對我生活上的關心，經濟上的照顧，更不是我一枝拙筆、幾分筆墨所能記敘和表達於萬一的。自己只能加倍努力學習，刻苦鑽研，來報答老師孜孜教我、育我的一片苦心！

　　師大歷史系名師雲集，學術氛圍濃厚。在這裡負笈六年的經歷，使自己得聆諸名師的殷殷教誨，受益匪淺。除曹老師的悉心教導以外，黎虎老師的治學方法，趙世瑜老師的社會史研究理論和實踐都給我以豐厚的學術養份。黎老師對阿干之歌的考證，趙老師把歌謠看作是公眾輿論的學術觀點，都給本文以很大的幫助和啓發，後者更成為本文立論的一個重要理論基點。另外，在論文開題和寫作的過程中，也得到了曹大為老師、王子今老師的關心和指點，王老師還特別以他的關於秦漢民間謠諺的研究論文見告。香港科技大學呂宗力教授，是研究中古謠言的專家，筆者也曾經有當面請教的機會，受益

良多。所有這些，都是應該感謝的。

　　論文寫作過程中，所得到的與師弟師妹們推敲探討的樂趣，更是令人難忘。師兄朱帆、師弟楊更興、劉小平、師妹夏德美和好友蘇小華，都曾經和我討論過許多問題。師弟陶賢都學問紮實、根底深厚，作為同宿舍的好友，我們朝夕相處，更有充裕的時間往復探討一些問題，甚得切磋問難之樂趣。外文學院陶文好、李建剛博士，對我這位年輕的舍友多所照顧和幫助，摯友呂厚軒、劉偉博士也對我的學業給以多方的支援和關心。所有這些，都是非常值得感念的。

　　當然，現在所拿出的這篇論文，就整體的水平而言離老師的要求和自己的期望還有一定距離，遠沒達到完善的程度。古詩云「十年磨一劍」，學界更有「板凳寧坐十年冷，文章不放一句空」的說法。可惜，論文完成至今，雖有七年寶貴光陰，但由於自己學術興趣的駁雜，並沒有沈潛下來對本書作精細的修改和補充。所以，惴惴然交付出版的書稿以後，現在要做的就是虛心恭請學界同行及老師和學友們的批評和指正了。

李傳軍

2012 年 3 月於青島